거의 모든 시간의 역사

시곗바늘 위를 걷는 유쾌한 지적 탐험

# 거의 모든
## TIMEKEEPERS
# 시간의 역사

사이먼 가필드 지음 · 남기철 옮김

다산
초당

벤, 제이크, 찰리, 잭, 저스틴에게

그리고 레나 갬사를 추억하며

엘리스: 영원이란 어느 정도의 시간인가요?

흰 토끼: 때로는 단 1초가 영원이 되기도 하지.

# 시간에 사로잡힌 사람들

나와 내 가족은 지금 이집트에 있다. 시간에 관한 이야기를 시작하기에 제격일 고대 이집트가 아닌 현대 이집트다. 멋진 해변이 있고 피라미드를 보러 관광객이 찾아오며 작열하는 태양이 지중해를 달구는, 런던에서 발행하는 여행 전문 잡지 《콘데 나스트 트래블러CondéNast Traveller》에 소개된 곳 말이다. 우리 가족은 힘든 한 해를 보내고 휴가를 즐기러 이집트에 왔다. 알렉산드리아 인근 해변의 위쪽에 위치한 레스토랑에 앉아 밖을 내다보니 이집트 현지인으로 보이는 어부가 바닷가에서 낚시를 하고 있다. 저녁 식사로 먹을 숭어를 잡고 있는 듯하다.

식사를 마치고 어부가 물고기를 잡고 있는 장소로 천천히 발걸음을 옮겼다. 어부는 영어를 조금 할 줄 알았다. 그는 잡은 물고기를 우리에게 보여주었는데 많이 잡지는 못했다. 하지만 내가 보기에 그에게는 가능성이 있었다. 낚시에 대한 지식이 조금 있는 나는 어부에게 물고기가 잘 잡힐 만한 포인트인 바위가 있는 곳으로 자리를 옮겨보라고 했다. 낡은 접이식 낚싯대를 지금의 위치보다 더 멀리 던질 수 있고 오늘 필요한 물고기를 빨리 잡을 가능성이 더 컸기 때문이다.

그러자 어부는 "내가 왜 그렇게 해야 하죠?"라고 물었다.

우리는 어부에게 빠른 시간에 더 많은 물고기를 잡아 풍성한 생선 요리로 저녁 식사를 즐기고 남은 물고기는 시장에 내다 팔라고 말했다. 그렇게 하면 낚싯대도 새로 장만하고 물고기를 담을 아이스박스도 새로 살 수 있다는 이야기도 해주었다.

어부는 "내가 왜 그렇게 해야 하죠?"라고 다시 한 번 물었다.

우리는 그렇게 하면 빠른 시간에 훨씬 더 많은 물고기를 잡을 수 있고, 시장에 가서 팔 수도 있으며, 어선을 구입하여 더 깊은 바다로 나가 큰 그물을 이용해 엄청 빠른 시간 내에 물고기를 많이 잡을 수 있다고 말했다. 그러면 당신은 저인망 어선 선주로 성공하게 되고 사람들은 당신을 선장님이라고 부르게 될 것이라고 말해주었다.

그러자 어부가 이번에는 "내가 왜 그렇게 해야 하냐고요?"라고 짜증을 내며 대꾸했다.

현대사회에 살면서 야망과 빠른 속도에 익숙해져 있는 우리에게는 정말 답답한 노릇이었다. 우리는 어부에게 이렇게 설명했다. 큰 어선이 있으면 금방 많은 물고기를 잡아 생선시장을 좌지우지하는 인물이 될 것이다, 생선 가격을 마음대로 정하고 더 많은 어선을 사서 어부들을 고용하여 물고기를 많이 잡으면 꿈이 이루어지고 조기 은퇴하여 호화여행을 다니거나 바닷가에 앉아 낚시나 하면서 시간을 보낼 것이다. 그러자 어부가 이렇게 말했다.

"나는 지금 그렇게 살고 있는 거 같은데요?"

**

이번에는 윌리엄 스트레이치William Strachey라는 영국인의 사례를 간략하게 살펴보자. 1819년에 태어난 윌리엄 스트레이치는 학창시절부터 공무원이 되고 싶었다. 결국 공무원이 된 그는 1840년대 중반 인도 캘커타(지금의 콜카타)의 식민성植民省에서 일하게 되었다. 그는 인도에 살면서 인도인들, 특히 캘커타 사람들이 만든 시계가 가장 정확하다고 확신했다(당시 인도에서 최고급으로 여긴 시계는 영국제였을 것이다). 5년 후 그는 고국으로 돌아와서도 캘커타의 시간에 맞추어 생활하기로 결심했다. 정말 대단한 결심이었다. 캘커타 시간은 런던 시간보다 무려 5시간 30분이나 빨랐다.

윌리엄 스트레이치는 빅토리아시대의 저명한 비평가이자 전기작가인 리턴 스트레이치Lytton Strachey의 삼촌이다. 리턴 스트레이치의 전기를 쓴 마이클 홀로이드Michael Holroyd는 스트레이치 가문에서 가장 괴짜가 윌리엄 스트레이치였다고 했다. 스트레이치 가문에 기이한 행동을 하는 인사가 워낙 많았다는 점을 고려한다면 윌리엄 스트레이치는 정말 특이했던 듯하다.*

80대 중반에 세상을 떠난 윌리엄 스트레이치는 영국에서 무려 50년이 넘는 세월을 캘커타 시간에 맞추어 살았다. 다른 사람들이 차를 마시면서 쉬는 시간에 아침을 먹었으며 밤에 촛불을 켜놓고 점심을 먹었다. 기차 여행을 할 때도 캘커타 시간을 기준으로 했으며 쇼핑이나 은행 업무 같은 일상생활도 캘커타 시간에 정확히 맞추었다. 그런데 1884년에 사정이 조금 복잡해졌다. 캘커타 시간이 다른 인도 도시들의 시간보다 24분 빨라지면서 런던 시간보다 5시간 54분이 빨라진 것이다. 그러다 보니 윌리엄 스트레이치도 캘커타 시간을 정확히 맞추는 것이 불가능해졌다.

윌리엄 스트레이치의 여러 친구는 그의 기이한 행보에 익숙해졌다(그에게 친구가 많았다는 의미는 아니다). 하지만 그가 1867년 파리엑스포에서 첨단장치가 달린 침대를 사들이면서 가족들의 인내심은 한계에 다다랐다. 이 침대에는 정해진 시간에 주인을 침대에서 밀어내 깨우는 시계장치가 달려 있었다. 윌리엄 스트레이치는 이 장치를 이용해 자신을 침대에서 욕조로 떨어지게 만들었다. 하지만 그렇게 만든 장치를 이용해 잠에서 깨어난 첫날, 몹시 화가 난 윌리엄 스트레이치는 시계장치를 부수고 말았다. 마이클 홀로이드에 따르면 윌리엄 스트레이치는 덧신 장화를 신은 채 여생을 보냈다고 한다. 또한 사망 직전에는 조카에게 다양한

---

• 리턴 스트레이치의 삼촌들 가운데 바틀 삼촌은 권위 있는 책 한 권을 썼다. 그 당시에 권위가 있었다는 뜻이다. 버마(지금의 미얀마)에서 자생하는 난초에 관한 책이었다. 한 사람 더 있다. 트레버 삼촌은 클레멘티나라는 이름을 가진 여인과 결혼했는데, 이 여인은 랭커스터 게이트에 있는 조카 리턴의 집에 올 때마다 거실 카펫 위에 앉아 '차파티'라는 인도인들이 먹는 팬케이크처럼 둥글넓적하게 구운 빵을 하루 종일 만들며 시간을 보냈다. 트레버 삼촌과 클레멘티나 사이에서 낳은 아이들 가운데 하나는 곰을 끌어안고 장난치다가 목숨을 잃었다.

색상의 컬러 팬티를 유산으로 물려주었다.

\*\*

이집트 어부의 여유 있는 삶과 스트레이치의 광기의 중간쯤에 조화로운 삶이 존재할 것이다. 사람들은 이집트 어부 같은 여유 있는 삶을 원하는가? 아니면 스트레이치처럼 시계에 맞춘 삶을 원하는가? 요즘 사람들은 둘 다 원한다. 우리는 아무 걱정 없이 사는 사람들을 부러워하면서도 좀처럼 오랫동안 시간의 여유를 갖지 못한다. 하루 24시간 중 많은 시간을 활용하려 하면서 시간만 낭비할까 봐 고심한다. 온종일 일하면서도 성과는 신통치 않다. 소중한 시간이라는 개념을 만들어내 다른 시간들과 구별하기도 한다. 침대 머리맡에 시계를 두고 자지만 그 시계를 부수어버리고 싶은 마음이 간절하다.

요즘은 시간이 사람들에게서 도망치고 있다는 느낌이 든다. 과거에는 수동적으로 소비했던 시간을 요즘 사람들은 대단히 적극적으로 이용한다. 시간이 사람들의 일상사를 지배하는 모습을 초창기 시계를 만든 장인들이 보았다면 절대 이해하지 못할 것이 분명하다. 기술의 발전으로 모든 것이 옛날에 비해 훨씬 빨라졌다. 미래에는 모든 것이 더욱더 빨라진다는 사실을 모두 알고 있기에 지금 빠른 것은 빠른 것이 아니라고 생각한다. 윌리엄 스트레이치가 그토록 집착했던 타임존은 인터넷이라는 영원히 꺼지지 않는 밝은 빛 때문에 무용지물이 되다시피 했다. 이런 모습을 초창기 시계 장인들이 보았다면 시계추는 예나 지금이나 똑같은 속도로 움직인다고 충고했을 것이다. 달력도 예나 지금이나 변함없이 1년은 365일이라고 강조했을 것이다. 서두름이라는 가마솥을 머리 위에 얹은 것은 우리 자신이다. 시간이 빠르게 흘러가는 듯이 보이는 것은 우리가 그렇게 살고 있기 때문이다.

이 책은 인간들의 시간에 대한 강박적인 집착을 다루었다. 시간 측정, 시간 통제, 시간 판매, 시간에 관한 영화 만들기, 약속 시간 이행, 시간의 불멸화 그리고 시간의 의미화를 갈망하는 인간의 모습을 소재로 삼았다. 지난 250년간 시간은 어떻게 우리 일상에 파고들어 지배적인 영향력을 행사했을까? 수천 년 동안 하늘의 별자리를 보면서 방향을 찾다가 지금은 왜 전화와 컴퓨터로 정확한 정보를 얻으려 하는 걸까? 그것도 하루에 한두 번이 아니라 지속적이고 강박적으로. 이 책을 쓴 의도는 크게 두 가지로 나눌 수 있다. 하나는 독자들의 이해를 돕기 위해 시간과 관련하여 벌어진 이야기를 전하는 것이고, 다른 하나는 사람들이 전부 미친 듯이 시간에 집착했는지를 알아보고자 함이다.

나는 최근에 '분더리스트Wunderlist'라는 스마트폰 앱을 구매했다. 일정관리 애플리케이션으로 '개인적으로 해야 할 일과 직장에서 할 일을 구분하고 동기화하고' '해야 할 일을 빨리 볼 수 있고' '앱을 손가락으로 문질러 투데이 위젯과 함께 해야 할 일을 볼 수 있게' 만들었다. 그런데 '분더리스트' 앱을 사기까지 선택의 어려움을 겪었다. Tick Task Pro, Eisenhower Planner Pro, gTasks, iDo Notepad Pro, TinyTimer, 2Day 2Do, Little Alarms, 2BeDone Pro, Calendar 366Plus, Howler Timer, Tasktopus, Effectivator 등 수백 개의 일정관리 애플리케이션이 있었기 때문이다. 비즈니스나 생산성 관련 앱은 대부분 시간 절약,

시간 관리, 속도 향상 등 우리 삶의 모든 면에서 효율성과 관련이 있다. 2016년 1월 현재, 비즈니스나 생산성 관련 앱이 교육, 엔터테인먼트, 여행, 책, 건강 관리, 스포츠, 음악, 사진, 뉴스 관련 앱을 합친 것보다 더 많다. 물론 이런 앱들도 효율성 증진이나 시간 단축과 관련이 있다. 어쩌다 우리가 사는 세상이 이 지경이 되었을까?

**

그런 의문에 대한 답을 찾고자 이 책은 시간과 관련 있는 중요 순간들을 살펴볼 것이다. 이 책에는 우리 시대의 시간 개념을 증언해줄 사람들이 나온다. 그들 가운데에는 유명 예술가, 운동선수, 발명가, 작곡가, 영화감독, 작가, 연설가, 과학자, 시계제조자 등이 있다. 이 책에 실린 이야기들은 시간을 비현실적인 존재가 아닌, 우리 삶의 주인공, 때때론 우리 가치의 유일한 척도가 되는 실질적인 존재로 볼 것이다. 그리고 우리가 시간을 측정하고 인지하는 개념이 우리의 삶을 향상시키거나, 옭아매거나, 혹은 모든 걸 뒤엎어버린 사례들을 살펴볼 것이다. 어떤 사람들은 빠르게 진행되는 일상생활의 속도를 줄이는 방법을 제시하기도 하지만, 이 책에서만큼은 빠른 속도의 일상생활이 우리들의 책임은 아니다. 이 책은 이론물리학에 관한 책이 아니며, 따라서 시간이 현실에 있는지, 상상 속에 있는지 확인하려는 시도는 하지 않는다. 또는 우주에서 벌어진 빅뱅 이전의 시기에 무슨 일이 있었는지도 살펴보지 않는다. 이 책은 산업혁명이라는 빅뱅 이후의 일들을 조망한다. 그리고 SF나 정신을 어지럽게 하는 시간여행 기술에 관해 언급하지도 않을 것이다. 그런 것에 관해 이야기하자면 독자 여러분들의 할아버지를 죽이러 과거로 여행을 떠나거나 중세의 황금천 들판The Field of Cloth of Gold에서 잠에서 깨어나는 장황한 이야기를 해야 한다. 그것은 물리학자들이 할 일이며 텔레비전 드라마 「닥터 후」에 열광하는 사람들의 몫이다. 차라리 영화배우 그루초 막스Groucho Marx가 했다는 유머 한 토막을 소개하겠다. "시간 파리는 화살을 좋아하고 초파리는 바나나를 좋아한다Time flies like an arrow but fruit flies like a banana." ('시간은 화살처럼 빨리 지나가고 과일은 바나나처럼 날아간다'는 중의적 해석이 가능한 문장이다 – 옮긴이)*

이 책은 화살처럼 날아가는 현대사회의 시간을 추적한다. 현대사회의 속도는 기차나 공장과 관련이 깊다. 하지만 우리의 여행은 주로 문화적인 것이며 때로는 철학적인 내용도 담겨 있다. 그리고 베토벤의 교향곡이나 오랜 전통을 지닌 스위스의 시계 제조 이야기로 탄력이 붙는다. 때로는 아일랜드나 유대 희극인들의 지혜를 분석하기도 할 것이다. 연대순보다는 현재와 과거를 오가는 방식으로 서술했다(예를 들면 초창기 영화 이야기가 초창기 사진 이야기보다 먼저 나온다). 시간은 과거를 돌아보는 속성이 있기 때문이다. 그러나 늦게 나오든 빨리 나오든 간에 종국에는 "당신은 파텍 필립을 소유하는 것이 아니라 다음 세대를 위해 잠시 맡아두는 것입니다"라는 카피를 사용한 광고 책임자가 누구인지까지 추

---

* 이 유머는 그루초 막스가 한 말로 알려져 있는데, 실제로 그가 그런 말을 했는지 확인하려고 즐거운 주말을 낭비할 사람이 있을 것이다. 그런데 이 표현은 1966년 9월 하버드대학 앤서니 G. 외팅어 교수가 《사이언티픽 아메리칸Scientific American》에 컴퓨터 사용에 관해 쓴 글에서 비롯된 것으로 여겨진다.

적해낼 것이다. 아, 그를 죽일 생각은 없다. 책 후반부에서는 시간을 절약한 전문가의 지혜를 평가하고자 한다. 또한 CD 한 장의 용량이 결정된 이야기와 6월 30일에 여행을 떠나기 전에 진지하게 생각해야 하는 이유를 설명한다.

일단 축구 경기 이야기부터 시작해보자. 시간이 전부나 다름없는 이벤트다.

:

"시간이란 무엇인가? 나에게 그런 질문을 하는 자가 없을 때는 아는 것 같다가도 막상 묻는 자가 있어 설명하려면 알 수가 없다."

— 아우구스티누스

"우리는 연륜이 아니라 행적으로 산다. 호흡으로 사는 것이 아니라 생각을 하며 산다. 숫자가 아니라 감동으로 산다. 우리는 심장 박동으로 시간을 셈해야 한다."

— 아리스토텔레스

:

Timekeepers

# 3부 _ 잡힐 듯 잡히지 않는

# Timekeepers

1부

–

# 자연의 것에서 인간의 것으로

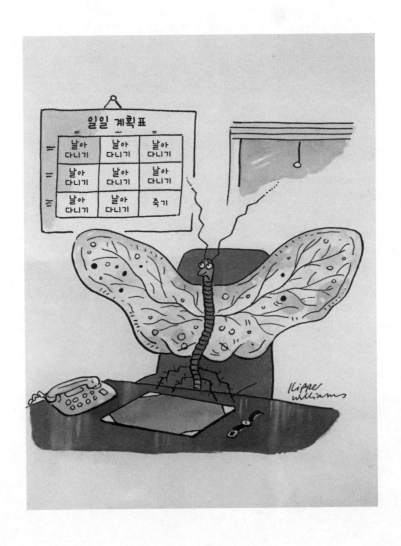

# 시간의 충돌

## 축구 경기장을 나와 사고를 당하다

/

미국의 영화감독이자 배우인 멜 브룩스Mel Brooks는 「프로듀서」란 영화
에서 히틀러를 코믹하게 묘사했는데, 그가 그런 영화를 만들 수 있었던
것은 시간의 흐름 때문이었다. 그는 이런 말을 남겼다. "비극은 내 손가
락이 잘렸을 때지만 희극은 당신이 시궁창에 빠져 죽었을 때다." 독자
여러분도 '시간이 지나면 비극은 희극이 된다'는 말을 한 번쯤은 들어
보았을 것이다. 이는 어느 정도 시간이 지나면 상황을 재평가하여 끔직
한 불행조차 유쾌하게 만든다는 뜻이다.

\*\*

나는 아들 제이크와 함께 축구 경기를 보러 갔다. 우리는 전후반 경기가

끝나고 연장전 3분이 지났을 때 경기장을 빠져나와 자전거를 타고 하이드파크로 향했다. 첼시는 시즌 첫 경기에서 디에고 코스타와 에덴 아자르가 한 골씩 넣어 레스터를 2대 0으로 가볍게 이겼다. 아들과 나는 기쁜 마음으로 축구 경기장을 빠져나왔다. 8월 말의 햇볕이 내리쬐는 하이드파크는 관광객들로 북적였지만 자전거를 타고 집으로 돌아가는 길은 즐겁기만 했다.

이번 시즌 경기 일정은 두 달 전에 공개되었고 경기 시간은 방송사를 통해 한 달 정도 후에 발표되었다. 그러나 막상 개막일이 다가왔을 때 예전과 달라진 것은 아무것도 없었다. 아들과 만날 시간과 점심 먹을 시간을 정했고 주문한 피자를 기다렸다 계산한 뒤 경기장으로 갔으며 개찰구에 줄을 서서 들어갔다. 경기가 시작되기 전 이번에도 변함없이 영국의 록그룹 블러Blur가 부른 「파크라이프Parklife」가 흘러나왔고 대형 스크린에는 첼시의 과거 영광의 장면이 나왔다. 경기 자체도 다르지 않았다. 응원하는 팀이 이기고 있을 경우에는 경기 종료 휘슬이 울릴 때까지 시간이 매우 더디게 가는 듯하지만, 이와 반대로 응원하는 팀이 지고 있을 경우에는 시간이 너무 빨리 가는 것처럼 보였다.

아들과 나는 경기장 출입구의 혼잡을 피하기 위해 경기 종료 1분을 남기고 자리에서 일어났다. 시간을 고려하여 타협한 것이다. 혼잡을 피하려 일찍 나오면 경기 종료 직전 터질지도 모를 마지막 골을 보지 못할 가능성이 있지만 1분 일찍 일어남으로써 10분 먼저 경기장을 빠져나올 수 있다. 많은 관중이 경기 종료 전에 자리를 떴다. 어찌 보면 경기장에 온 본래 목적에 어긋나는 선택이었다. 우리는 풀럼로드에서 인파를 헤치며 자전거를 몰았다. 기운 넘치는 스물네 살의 막내아들 제이크는 나를 앞서 박물관 거리를 따라가다가 앨버트홀을 지나갔다. 하이드 파크의 장점은 자전거 도로와 보행자 인도가 명확히 구분되어 있다는 것이다. 내가 이름도 들어보지 못한 어느 아티스트의 전시회가 열리고 있는 서펀타인 갤러리를 지날 무렵이었다. 갑자기 눈언저리가 깊이 찢어지는 느낌과 함께 얼굴에서 피가 흘러내렸다. 선글라스는 박살이 났고 자전거는 길가에 나동그라졌다. 오른쪽 팔꿈치에 감각이 없어지면서 심한 통증이 몰려왔다. 지나가던 사람들이 몰려들었다. 찌푸리는 그들의 얼굴을 통해 내 머리의 상처가 심각한 수준임을 알 수 있었다. 누군가 구급차를 불렀고 또 다른 누군가는 종이 타월로 내 머리를 감쌌다. 종이 타월이 순식간에 붉게 물들었다.

이런 일을 당해본 사람들은 사고 순간 시간이 멈춘 듯했다고 말한다. 사고 순간은 슬로 모션처럼 느리지 않았지만 평소보다 길게 느껴졌다. 사고를 당한 뒤 나를 둘러싸고 벌어진 일들은 마치 생의 마지막 순간이 온 것처럼 더디게 진행되었다. 당시 내 모습은 볼품없는 자세로 공포에 휩싸인 채 자전거에서 떨어졌다기보다는 우아하게 공중에서 툭 떨어진 모습으로 보였을 것이다. 사람들이 "구급차를 불러요!"라고 외쳤다. 6분 뒤에 구급차가 도착했지만 무척 늦게 왔다는 느낌이었다. 인파를 뚫고 오는 데 시간이 걸렸을 것이다. 하지만 나는 자전거가 어떻게 되었을지, 누가 아내에게 사고 소식을 전해줄지 걱정하던 기억이 난다. 구급요원은 재킷의 소매를 잘라내고 내 팔꿈치 상태를 보고는 움찔거렸다. 뼈가 드러나지는 않았지만 심하게 부어 있었다. 구급요원은 나에게 "엑스레이를 찍어보아야 알겠지만 제가 보기에는 뼈가 부러진 것 같습니다"라고 말했다. 나를 태운 구급차는 플럼로드에 있는 병원으로 달렸고 15분도 채 지나지 않아 도착했다. 나는 구급요원에게 사이렌을 켜고 달렸냐고 물었다. 그러자 구급요원은 무슨 큰 사고라도 당했냐고 나에게 되물었다.

**

나는 시간 때문에 사고를 당했다. 도로에 사람들이 붐볐던 탓에 나는 빨리 달릴 수 없었다. 아들 제이크가 나보다 앞서 달렸고 우리가 가는 방향의 왼편 앞쪽으로는 오가는 사람들이 많았다. 그들 가운데 포르투갈에서 온 관광객 하나가 친구들 무리에서 떨어져 나와 내가 자전거를 달리던 자전거 도로로 곧장 들어왔다. 그 순간 나는 그녀와의 충돌을 직감했다. 하지만 브레이크를 잡기에는 이미 늦었고 손을 뻗을 시간도 없었다. 앞으로 고꾸라지는 순간 자전거가 내 눈앞에서 사라지는 듯했다. 20대 중반으로 보이는 포르투갈 여자는 커다란 충격을 받았고 나를 무척 걱정해주었다. 제이크가 그녀의 휴대전화 번호를 받았지만 어디에 두었는지 지금은 기억조차 나지 않는다. 서펀타인 갤러리 근처 잔디밭에 앉을 때면 그 당시 더 심한 부상을 당했을 수도 있었다는 생각이 든다. 선글라스가 깨지면서 눈에 큰 상처를 입거나 시력을 잃었을지도 모를 일이었다.

　신경과학자들은 사고를 당하는 순간 시간이 멈춘 듯했다고 하소연하는 사람들의 이야기를 수없이 듣는데, 그들의 설명을 들어보면 그 이유를 알 수 있다. 사고란 두려운 일이며 무서운 경험이다. 자전거나 낭떠러지에서 떨어지는 사고를 당하면 우리의 뇌는 대뇌 겉질(대뇌 피질)에 충분한 공간을 찾아내 새로운 기억을 저장한다. 그래서 중요한 사건 사고를 생생하게 기억할 수 있고, 사고 당시의 이야기를 재구성하거나 다른 사람들에게 말할 때 순식간에 벌어진 사고가 아니라 오랜 시간에 걸쳐 일어난 커다란 사고인 양 장황하게 늘어놓는 것이다. 우리의 뇌는 생각할 필요도 없을 만큼 대뇌 겉질에 깊이 저장되어 있는 익숙한 일과 다르게 갑자기 일어난 새로운 사건을 기억하는 과정에서 주의를 더 기울인다(가끔 슈퍼마켓에 갈 때 딴생각을 하며 운전하기도 하는데, 그 길은 너무나 익숙해서 눈을 감고도 갈 수 있을 것이다). 바닥에 칠해진 흰색 선을 가로질러 오던 낯선 여자의 모습, 울퉁불퉁한 도로의 자갈, 자전거 브레이크 소리, 보행자들의 비명소리 등 익숙하지 않은 것은 연약한 육체의 손상을 막기 위해 주의를 기울이게 만든다.

하지만 이처럼 매우 짧은 순간에 도대체 무슨 일이 일어나는 것일까? 전광석화처럼 빠른 시간이 그토록 길게 느껴지는 것이 불가능하다고 생각되지 않는가? 우리의 뇌에는 편도체라고 하는 부위가 있다. 편도체는 대뇌의 관자엽(측두엽)에 있는 신경 다발로 기억과 의사 결정에 관여하는데, 뇌의 기능을 조정하여 위기 상황에 반응하게 한다. 또한 단 1초만에 벌어진 일을 5초 이상 걸린 것처럼 여기게 만들기도 한다. 이는 두려움이나 갑자기 충격을 받았을 때 촉발되는 것으로, 두려움이나 충격이 감정과 행동, 욕망 등의 조절에 관여하는 대뇌변연계를 강타함으로써 잊지 못하게 만드는 것이다. 하지만 우리가 느끼는 지속 시간 왜곡이란 시계의 시간이 인간을 위해 멈추거나 늦게 가지 않았다는 사실에 불과하다. 하지만 편도는 기억을 생생하게 저장한다. 우리가 느끼는 시간 왜곡은 지난 시간을 돌이켜봄으로써 생기는 것이다. 시간 개념에 대한 많은 연구를 하고 있는 신경과학자 데이비드 이글먼David Eagleman은 어린 시절 지붕에서 떨어지는 사고를 당했을 때 시간이 느려지는 비슷한 경험을 했다. 그는 '현실에서 일어난 일의 이야기를 기록하는 기억의 장난'이란 개념으로 시간이 느려지는 현상을 설명한다. 신경 메커니즘은 가능한 한 빠르게 우리를 둘러싼 세상을 접근 가능한 이야기로 보정하려고 한다. 작가들도 그와 같은 시도를 한다. 시간을 재설정하지 않으면 어떻게 소설을 쓸 수 있으며, 과거를 되돌아보며 지난 사건을 우리 시대에서 재평가하지 못하면 어떻게 역사를 쓸 수 있겠는가?

내가 구급차에 실려 병원으로 가면서 사고 상황을 장황하게 설명했다는 이야기는 아니다. 구급차는 정해진 스케줄이 있었다. 내가 멍하니 앉아 진료를 기다리던 응급실도 마찬가지였다. 편도체의 기능이 정상으로 돌아왔지만 시간이 더디게 가기는 마찬가지였다. 이번에는 지루한 시간이 길어졌다. 다른 환자들을 쳐다보면서 두서너 시간을 보냈고 빡빡하게 잡혀 있던 한 주간의 약속 대부분을 취소하는 일로 고심했다. 그날 저녁 제이크는 세인트아이브스로 가는 마지막 기차를 타기로 되어 있었지만 타지 못했다. 얼마 후 아내 저스틴이 병원에 도착했고 나는 눈언저리에 밴드를 붙인 채 사고 당시의 상황을 설명했다. 그리고 다시 얼마간의 시간이 흐른 뒤에 제대로 치료를 받기 시작했다. 나는 칸막이가 쳐져 있는 바퀴 달린 침대에 누웠고 간호사가 와서 내가 주먹을 쥘 수 있는지 확인했다. 그리고 자정 무렵이 되어서야 팔꿈치에 깁스를 하기 시작했다. 수술할 때까지 팔꿈치를 움직이지 못하도록 하기 위한 조치였다. 그리고 새벽 1시쯤에 인상 좋은 의사가 오더니 아내와 태어난 지 3주 된 아이를 보러 집으로 가는 길에 들렀다면서 내 팔꿈치의 상처가 깊어 후배 의사에게 시키지 않고 본인이 직접 수술을 하겠다고 했다.

그리고 새벽 3시경 첼시와 웨스트민스터의 시내 중심가 병원에는 나혼자 남아 있었다. 아내와 아들은 자동차 트렁크에 자전거를 싣고 집으로 돌아갔다. 나는 팔에 깁스를 한 채 환자복을 입고 어두운 병실 침대에 누웠지만 쉽사리 잠을 이루지 못했다. 눈썹 위로 아홉 바늘이나 꿰메고 진통제도 먹었다. 나는 오늘 병원에서 보낸 시간과 수술 받기 전까지의 시간을 헤아려보았다. 순간 어디선가 물방울이 뚝뚝 떨어지는 소리가 들렸다. 누군가 병실 밖에서 소리를 질렀다. 나는 한기를 느끼기 시작했다.

나는 내가 시간의 작은 알갱이조차 모두 느끼는 사람이라고 생각했다. 하지만 사고를 당한 2014년 8월은 나와는 아무 상관도 없는 날처럼 느껴졌다. 지나치게 감아버린 시계태엽처럼 팽팽하던 긴장감은 사고로 인해 풀어져 버렸다. 모든 것이 뒤집힌 듯했다. 병원 진료실을 배경으로 한 죽음 같은 공간에서, 시간은 긴박하게 흐르면서도 다른 한편으로는 매우 더디게 가는 듯했다. 시간에 대해 알지 못하던 유아 시절의 요람 속에 누워 있는 것이다. 그리고 그것이 언제쯤이었는지 궁금해졌다. 세상만사가 우연인가, 아니면 모든 일은 정해져 있는 것인가? 우리가 만든 물건에 대한 통제력을 잃은 것인가? 30초 일찍 경기장을 나섰다면,

좀더 세게 페달을 밟아 한 바퀴만 더 빨리 달렸다면, 로열 앨버트홀의 신호등이 빨간불로 바뀌어 속도를 늦추었다면, 포르투갈에서 왔다는 그 여자가 그날 오후 조금만 늦게 거리로 나왔거나 아예 런던에 오지 않았다면 사고는 일어나지 않았을 것이고, 제이크는 기차를 타고 떠났을 것이며, 나는 집에 돌아와 프로 축구 하이라이트를 시청했을 것이고, 나를 수술했던 의사는 일찌감치 귀가하여 아내와 함께 좋은 시간을 보냈을 것이다. 그러나 이처럼 서로 연결되어 벌어진 일련의 일들은 시간 탓이 아니었다. 각자 스스로 결정한 일들이며, 세월이 흐르면서 서서히 조정되어 온 현대적 스타일의 배합이다. 나는 이러한 배합이 어떻게 생겼는지 궁금했다. 시간이 교통수단이나 엔터테인먼트, 스포츠, 질병 진단 등 온갖 분야를 전부 통제하는 세상이다. 그리고 이런 연관성을 작동시키는 사람들과 과정이 이 책의 주제다.

## 짧은 인생을 사는 방법

/

병실에 누워 자기 처지를 비관하는 사람이 있다면 2,000년 전에 살았던 고대 로마 철학자 세네카Seneca를 생각해보라. 그는 저서 『짧은 인생에 관하여 On the Shortness of Life』에서 독자들에게 인생을 현명하게 살라고 충고했다. 결코 장난삼아 던진 말이 아니었다. 세네카는 사람들이 시간을 낭비하며 사는 것을 몹시 못마땅하게 여겼다. 그는 '사람들이 끝없는 탐욕에 사로잡혀 있거나 아무 가치도 없는 일에 지나치게 몰두하며 술독에 빠져 있거나 나태하게 산다'고 생각했다. 또한 그는 대부분의 사람이 자신만의 인생과 삶을 살지 않으면서 '시간을 흘려보낸다'고도 생각했다. 세네카는 60대 중반에 욕조 안에서 손목을 그어 스스로 생을 마감했다.

세네카가 쓴 에세이에 나오는 글귀는 그리스 의학자 히포크라테스Hippocrates가 남긴 명언 "인생은 짧고 예술은 길다"를 생각나게 한다. 히포크라테스의 명언에 대해서는 지금까지도 해석이 매우 다양하다(다만 히포크라테스가 작곡가 막스 리히터의 연주회를 보기 위해 길게 늘어선 관객들의 행렬 같은 것을 언급하진 않았을 것이다. 예술 활동에 투자한 오랜 시간이 한 분야의 전문가를 만든다는 의미일 것이다). 세네카의 명언은 고대 그리스와 로마의 사상가들이 가장 좋아한 주제가 시간의 본질이었다는 사실을 확인시켜준다. 기원전 350년경 아리스토텔레스는 시간을 측정의 형태가 아닌 질서의 형태로 보았다. 즉 모든 사물이 서로 연결되어 있는 배열로 보았던 것이다. 그는 현재를 고정된 실체가 아니라 움직이는 실체라고 생각했으며 과거와 미래에 따라(그리고 특이하게는 정신 상태에 따라) 지속적으로 변하는 요소라고 보았다. 160년경 고대 로마 황제 마르쿠스 아우렐리우스Marcus Aurelius는 시간의 유동성을 믿었다. 그는 "시간이란 지나가는 사건들의 강이며 그 강의 물살은 매우 거세다. 어떤 사물이 나타났다가는 금세 물살에 휩쓸려가고 다른 것이 그 자리를 차지한다. 하지만 새로 등장한 것도 곧 사라져 버릴 것이다"라고 했다. 354년에서 430년까지 오래 살았던 아우구스티누스Augustinus는 시간의 허무한 본질에 대해 파악했고 지금까지도 양자물리학자들을 어리둥절하게 만들고 있다. 그는 또 이런 말을 남겼다. "시간이란 무엇인가? 나에게 그런 질문을 하는 자가 없을 때는 아는 것 같다가도 막상 묻는 자가 있어 설명하려면 알 수가 없다."

내 팔꿈치는 1959년 여름에 만들어졌다. 그리고 55주년이 되는 해에 산산이 부서졌다. 엑스레이 필름을 보니 마치 사방으로 도망치는 죄수들처럼 부서진 내 팔꿈치 뼈가 퍼즐 조각처럼 흩어져 있었다. 내가 받은 팔꿈치 수술은 매우 일반화된 방식으로 진행되었을 것이다. 부서진 뼛조각을 모으고 철사를 이용해 제자리에 맞추어 놓았을 것이다.

사고 당시 손목에 차고 있던 시계도 1950년대에 만든 제품으로 태엽을 감는 횟수에 따라 하루에 4분에서 10분 정도가 늦었다. 나는 오래된 이 시계가 마음에 들었다(오래된 시계는 믿을 수 있다. 왜냐하면 수년간 똑같은 일을 해왔기 때문이다). 약속 시간에 늦지 않으려면 시계가 정확히 몇 분이 늦게 가는지 확인해야 했다. 나는 기꺼이 불편을 감수하며 시간을 다시 조정했지만 결코 시간이 남아돌아서 그런 것은 아니었다. 무엇보다도 나는 배터리가 필요 없는 톱니바퀴, 스프링, 플라이휠 등으로 구성되어 있는 아날로그시계가 마음에 들었다. 하지만 내가 아날로그시계를 좋아하는 가장 큰 이유는 시간이 내 일상생활을 지배하지 않기 때문이었다. 시간은 파괴적인 힘을 발휘할 가능성이 있다. 그러한 참화에서 스스로를 지킨다면 통제감은 물론 자신의 운명을 직접 이끌어 가고 있다는 느낌을 어느 정도 갖게 된다. 물론 가장 바람직한 것은 궁극적인 시간적 자유를 얻는 일이다. 이는 시계를 다른 사람에게 줘 버리거나 달리는 열차에서 창밖으로 시계를 던져 버림으로써 찾을 수 있다.

4분이 늦든 빠르든 그 시간은 참으로 유용하다. 잠이 덜 깬 상태에서 어두운 방에 반듯이 누워 있을 때, 영국 작가 클라이브 제임스Clive James 의 시를 노랫말로 쓴 노래에서처럼 조개껍질을 깃털로 바꿀 장소를 찾기 위해 갈대를 따라 보트를 타고 지나갈 때 도움이 될 것이다. 나는 낙관론자 아리스토텔레스를 존경한다. 그는 이렇게 말했다. "우리는 연륜이 아니라 행적으로 산다. 호흡으로 사는 것이 아니라 생각을 하며 산다. 숫자가 아니라 감동으로 산다. 우리는 심장박동으로 시간을 셈해야 한다." 나는 시간의 휴식을 원했으며 영국 작가 J. B. 프리스틀리J. B. Priestley의 견해에 전적으로 동의한다. "나보다 시간 개념이 더 흐릿한 사람들과 함께 보내는 휴일이 가장 즐겁다."

**

나는 사고 다음 날 아침에 수술을 받았다. 점심시간이 지나고 얼마 되지 않은 시각, 입안은 바짝 말라 있었다. 외과의사는 나를 내려다보며 서 있었고 간호사는 심장박동을 체크했다. 수술은 성공적으로 끝났다. 물리치료만 잘 받으면 8주 이내에 유연성과 움직임의 90퍼센트 정도까지는 회복될 수 있다고 했다.

나는 물리치료를 받는 동안 평소보다 텔레비전을 많이 보았고 화도 훨씬 많이 냈다. 그리고 전자책을 많이 읽었는데, 종이책은 한 손으로 책장을 넘기기 힘들기 때문이었다. 손목시계의 태엽을 감는 것조차 버거웠다. 나는 로버트 M. 피어시그Robert M. Pirsig가 쓴 『선禪과 모터사이클 관리술Zen and the Art of Motorcycle Maintenance』을 읽었다. 이 책은 단순한 모터사이클 여행에 대한 이야기가 아니라 여행을 통해 인생의 가치를 찾는 여정을 담은 내용으로 서구 문화의 시대정신을 탐구하여 베스트셀러가 되었다. 문화적 가치에 대한 현대인의 억측에 도전한 매우 시기적절한 책이다. 이 책에서 선은 우리가 좀더 많이, 좀더 빨리 가지려는 물질 만능 주의에 빠졌으며 지금보다 더 긴밀하게 각종 문명의 이기들과 연결된 삶을 바란다는 억측에 도전장을 내민다. 즉 인간의 통제력과 이해력을 넘어선 것에 지나치게 의존하는 삶에 도전하는 것이다.

『선과 모터사이클 관리술』은 시간에 관한 내용이다. "모터사이클의 손잡이를 잡은 채 왼손에 찬 시계를 보았다. 아침 8시 30분이다"라는 문장으로 시작하는 이 책은 마지막까지 모터사이클의 손잡이에서 손을 떼지 않은 채 인생의 진정한 가치와 여행에서 가장 중요한 보고 느끼는 것에 대해 탐구하는 여정을 보여준다. 이 책을 쓴 작가와 그의 아들 크리스, 몇몇 친구는 미국 중부 평원지대를 거쳐 몬태나를 여행하는데, 그들의 여행은 시간 낭비가 아니었다. 그들은 모터사이클을 타고 타는 듯이 더운 지역을 지나는 동안 깨달음을 얻는다. "우리는 좋은 시간을 갖고 싶다. 하지만 지금 우리에게는 '시간'보다 '좋은'이 더 중요하다. 누구라도 당장 시간에 관한 관점을 바꾸어 '좋은' 시간에 관심을 갖는다면 세상은 변할 것이다."

나는 가끔 학창시절 영어를 가르치던 존 쿠퍼 선생님을 생각한다. 쿠퍼 선생님은 나로 하여금 책과 노랫말에 관심을 갖게 해주었다. 그는 대학 입학시험을 준비하던 나에게 밥 딜런의 「데솔레이션 로Desolation Row」의 가사를 보여주면서 영국 시인 퍼시 비시 셸리Percy Bysshe Shelley의 시처럼 분석해주었다. 물론 밥 딜런의 노랫말이 퍼시 비시 셸리의 시에 비할 바는 못 되었다. 어느 날 쿠퍼 선생님은 조회시간에 대강당 연단에 서서 시간에 관한 이야기를 했다. 그는 시간에 관한 명언을 소개하면서 연설을 시작했다. "웃으며 보낸 시간은 하나님과 함께 보낸 시간이다" (작자 미상), "바쁘게 살면 삶이 황폐해진다는 사실을 명심하라"(소크라 테스). 그러고 나서 쿠퍼 선생님은 이렇게 말한 것으로 기억된다. "시간, 여러분은 시간을 소비하고 만들고 잃고 아끼고 낭비하고 늦추고 빠르 게 하고 통제하고 지키고 자유로이 하고 할애하고 죽일 수 있습니다." 그 밖에도 멋진 표현이 더 있었지만 쿠퍼 선생님이 전하고자 한 메시지 는 시간은 어떤 남자(당시 내가 다니던 학교는 남학교였다)도 기다려주지 않 기 때문에 우리에게는 젊음의 특권을 누릴 권리가 있으며 우리에게 유 리한 시간을 가질 권리가 있다는 것이었다. 또한 시간을 들여 무슨 일을 하든 낭비해서도 안 된다는 것이었다. 쿠퍼 선생님의 연설에 감동했지 만 지키기란 결코 쉽지 않았다.

나는 가끔 시간에 얽힌 어린 시절의 추억을 떠올린다. 아마 대부분 그 런 기억을 갖고 있을 것이다. 내가 서너 살 때 어느 날 아버지는 진홍색 벨벳 줄무늬가 있는 상자에 든 황금색 휴대용 시계를 집에 가져왔다. 내 가 자그마한 손가락으로 시계 위쪽의 버튼을 눌렀을 때 종소리가 시간 을 알려주었다. 시계는 학교 대강당에도 있었고 부엌에도 있었으며 내 방에도 웨스트클록스에서 만든 빅벤이라는 알람시계가 있었다.•

─────
• 그 빅벤 알람시계가 떠오르면 빅벤이 피사의 사탑에게 했다는 농담이 생각난다. "네가 기울기를 가졌다면 나는 시간을 가졌다."

어느 날 우리 가족은 텔레비전을 켜고 아일랜드 코미디언 데이브 앨런Dave Allen이 출연한 프로그램을 보았다. 우리 집에서는 데이브 앨런을 극도로 꺼려하여 그가 나오는 프로그램은 거의 보지 않았다. 데이브 앨런은 위험인물이었다. 그는 걸핏하면 종교단체를 화나게 만들었고 방송 중에 술을 마시거나 담배를 피웠으며 야한 이야기를 했다. 그는 왠지 모르게 수상쩍어 보였다. 게다가 그의 왼손 집게손가락은 끝이 잘려 있었는데, 이에 대해 그는 어처구니없는 사고로 손가락을 잃었다고 주장했다. 하지만 그가 여섯 살 때 방앗간에서 톱니바퀴에 손가락이 끼이는 사고를 당했다는 사실을 나중에 알게 되었다.

데이브 앨런은 평소 높은 의자에 앉아 물을 마시면서 방송을 했다. 그런데 어느 날 밤 방송에서 그는 커트 글라스 물 컵을 테이블에 내려놓고 높은 의자에서 내려와 마이크를 잡았다. 그는 이런 얘기를 했다. "여러분, 우리는 시간에 맞추어 살고 있습니다…… 우리는 시계를 보면서 살아갑니다. 우리는 시계를 의지하고 시계를 존경하고 시계를 숭배하면서 살도록 교육을 받았습니다. 시간 엄수의 중요성도 배웠습니다. 우리는 시계에 의지한 삶을 사는 것이지요." 데이브 앨런은 오른손을 마구 흔드는 특유의 몸짓을 하면서 말을 계속 이었다. "여러분은 시계에 맞추어 일을 시작하고 시계에 맞추어 일을 끝냅니다. 그리고 시계에 맞추어 집에 돌아옵니다. 시계에 맞추어 식사를 하고, 시계에 맞추어 술을 마시며, 시계를 보고 잠자리에 듭니다…… 인생의 대부분의 시간을 그렇게 보내다 은퇴합니다. 그런 빌어먹을 것이 여러분에게 남겨준 것은 도대체 무엇입니까? 시계 말입니다!"

방송 이후 시청자들의 항의 전화가 빗발쳤다(데이브 앨런이 출연하는 프로그램이 시작되면 마치 잽싸게 퀴즈 쇼에 전화를 걸어 정답을 맞히는 사람들처럼 수화기를 들 태세를 취하고 있는 사람들이 많았다). 하지만 그 누구도 데이브 앨런의 농담을 쉽게 잊지 못했을 것이다. 마치 드럼 솔로를 연주하는 듯한 완벽한 코믹 타이밍도 마찬가지다.

나는 사고 후 회복기간 동안 아이폰을 보며 많은 시간을 보냈다. 어느 날 밤 침대에 누워 있을 때 갑자기 영국 영화배우 빌 나이Bill Nighy가 출연한 영화가 보고 싶어졌다. 나는 아이폰의 화면 밝기를 낮추고 유튜브에서 그가 출연한 영화를 마음껏 보았다. 영화감독 리처드 커티스Richard Curtis가 만든 중독성 있는 영화와 극작가 데이비드 헤어David Hare가 쓴 연극 「스카이라이트Skylight」를 감상했다. 그리고 나서 리처드 커티스가 감독한 「어바웃타임About Time」을 유료로 다운로드받는 용서할 수 없는 짓까지 저질렀다. 물론 이 영화는 허구로, 극중 빌 나이의 가족이 시간여행을 가서 과거의 잘못―말실수와 엉망이 된 만남―을 바로잡으면서 해피엔딩으로 끝나는 터무니없는 내용으로 되어 있다. 영화평론가 앤서니 레인Anthony Lane이 지적했듯이 가장 멋진 일은 오늘 신문을 본 다음 영화 「백 투 더 퓨처」에서처럼 과거로 돌아가 경마장에 가서 이긴 말에 돈을 거는 것이다. 하지만 100년이 넘도록 많은 사람이 시간여행을 시도했지만 아무리 애를 써도 해도 성공하지 못했다. 내가 과거를 여행할 수 있다면 나는 이 영화의 구매 버튼을 클릭하지 않을 것이다.

내가 빌 나이에게 끌린 것은 그의 영화 때문만은 아니었다. 언젠가 나는 빌 나이와 그의 전처 다이애나 퀵과 저녁식사를 한 적이 있었다. 직접 만나본 빌 나이는 그가 출연한 영화나 연극에서 본 모습과 크게 다르지 않았다. 티끌 하나 없는 깔끔한 양복과 큼지막한 안경은 물론이고 쾌활한 영국식 매너에 정중함까지 갖추었고 그의 말 한 마디 한 마디는 의미가 있었고 재미도 있었다. 가장 마음에 들었던 점은 자신의 인생에 대해 완벽한 계획을 세워두고 살아가는 것으로 보인 점이다. 여가시간을 어떻게 보내느냐는 질문에 그는 텔레비전으로 축구 경기, 특히 챔피언스 리그를 자주 본다고 답했다. 그는 챔피언스 리그에 열광하는 축구 팬으로, 살아 있을 동안 챔피언스 리그 시즌을 몇 번 볼 수 있을지 계산할 정도였다. 그는 외모만 번듯해 보일 뿐 지쳐 있는 자신을 위해 FC바르셀로나 선수들이 향후 25년 동안 볼을 7초 이상 잡고 있지 않는 빠른 패스로 즐거움을 줄 수 있다면 사는 낙이 있는 여생이 될 것이라고 말했다.

사고의 후유증에서 어느 정도 벗어나 팔꿈치가 회복되면서 나는 다시 책을 잡을 수 있었고 내가 경험한 거의 모든 것이 시간과 관련되어 있음을 깨닫게 되었다. 모든 이야기, 모든 책, 모든 영화도 마찬가지였다. 영화는 매 플롯마다 분초를 다투거나 시간에 의존했다. 가상의 시간을 설정하지 않은 것은 역사 영화뿐이었다. 신문이나 텔레비전 보도 가운데 기념일과 결부되지 않은 기사는 의미가 없어 보일 정도였다.

시간은 언어 사용에 대해 더욱 지배적이었다. 『옥스퍼드 영어사전 Oxford English Dictionary』은 3개월에 한 번씩 2,500여 개의 새로운 단어와 관용어를 제3판 온라인 버전에 추가한다(20권으로 구성되어 있는 출판물 제2판에는 61만 5,000개의 항목이 실려 있다). 대부분의 신조어는 슬랭어이거나 대중문화에서 파생된 단어와 디지털과 관련된 단어 들이다. 『옥스퍼드 영어사전』은 신조어도 계속 업데이트하면서 활용 빈도가 가장 많은 단어의 목록을 싣는데, the, be, to, of, of course, and 등으로 대부분 예상하고 있는 단어들이다. 그렇다면 가장 활용 빈도가 높은 명사는 무엇일까? month가 40위에 올라 있으며 life가 9위, day가 5위, year가 3위, person이 2위를 차지하고 있다. 가장 많이 쓰이는 명사는 time이다.

『옥스퍼드 영어사전』에 따르면 우리가 사용하는 어휘는 시간에 의존한다. 단순히 하나의 낱말이 아닌 철학적인 개념으로 인간의 활동이나 말은 다른 어느 것보다도 시간에 의존한다는 뜻이다. on time, last time, fine time, fast time, recovery time, reading time, all-time 등 시간 관련 어휘는 한도 끝도 없다. 이처럼 시간은 우리 일상 어디에나 존재한다. 앞에서 언급한 시간 관련 어휘들만 보아도 현대인이 너무 빨리 움직이다보니 이젠 시간을 재조명할 수도, 멈추게 할 수도 없다는 사실을 어렵지 않게 짐작할 수 있다. 하지만 다음 장에서 소개할 내용을 살펴보면 우리는 한때 시간을 재조명하고 멈추게 하는 것이 가능할 거라고 생각한 적이 있었음을 알 수 있다.

---

• 옥스퍼드대학 출판부는 온라인으로 영어 단어 활용 빈도를 조사하는 데 각종 도서, 신문, 잡지, 블로그, 의회 의사록 등을 참고한다.

반혁명주의: 어린아이가 10시까지만 쓰여 있는 시계를 가리키고 있다.

# 혼란스러운 달력을 만든 프랑스인들

## 새 역사를 쓰기 위한 새 달력

/

먼지버섯, 호두, 송어, 가재, 홍화, 수달, 양구슬갓냉이, 송로버섯, 사탕단풍, 포도즙 짜는 기구, 쟁기, 오렌지, 산토끼꽃, 수레국화, 잉어 등이 전시공간을 가득 메웠다. 2015년 1월 말 영국 아티스트 루스 이언Ruth Ewan은 런던의 핀칠리로드가 내려다보이는 스튜디오에서 360개의 오브제 가운데 마지막 오브제를 배열했다. 시간을 거슬러 올라가 과거를 재현하고자 기획한 전시였다. 1980년 스코틀랜드 애버딘에서 태어난 루스 이언은 시간이라는 테마에 관심이 많은 아티스트로 「백 투 더 필드Back to the Fields」라는 이번 프로젝트에서 역사를 거스르는 행위를 대담하고 다소 혼란스럽게 표현했다. 그래서 전시회를 찾은 일반 관람객들은 그녀를 마술사나 정신이상자로 여겼을지도 모른다.

하지만 마술을 부린 것 같지는 않았다. 헤링본 패턴의 목재 바닥에 전시한 오브제 가운데에는 겨울호박, 감자개발나물, 마시멜로, 블랙샐서파이, 빵바구니, 물뿌리개 등 일상생활에서 쓰이는 것도 포함되어 있었다. 실내에서 부패하기 쉬운 신선한 과일이나 채소는 가끔씩 빠지는 날도 있었다. 예를 들어 포도는 빨리 상한 탓에 루스 이언이나 캠던아트센터 직원들이 수시로 인근 슈퍼마켓에서 사다가 채워 넣었다. 전시된 오브제는 마치 교회의 추수감사절 장식과 비슷해 보였지만 종교적 의도는 전혀 없었다. 그렇다고 해서 아무 물건이나 생각나는 대로 늘어놓은 것도 아니었다. 예를 들어 가을보리와 6조대맥(여섯줄보리)은 연어와 월하향을 사이에 놓아 의도적으로 거리를 두었고 양송이버섯도 셜롯 사이에 60개의 오브제를 두어 멀찍이 떨어뜨려 배치했다.

전시품은 30개의 그룹으로 나누었는데, 이는 한 달, 즉 30일을 의미한다. 그리고 각 달은 10일을 기준으로 하여 3주로 나누었고 1년은 365일이나 366일로 했다. 그러다 보니 5일이나 6일이 부족했는데, 이는 선행의 날, 재능의 날, 노동의 날, 이성의 날, 보상의 날, 혁명의 날(윤년에만) 등의 축제일로 메웠다. 전체 콘셉트는 혁명적이었으며 종교적·도발적 예술의 차원을 넘어섰다. 새롭게 시간을 시작할 수 있다는 아이디어와 더불어 자연에서 전개되는 현대성을 생생하게 표현했다.

루스 이언이 부활시킨 것은 1789년 프랑스대혁명(제1차 프랑스혁명) 직후 만들어진 '공화력 French Republican Calendar'이었다. 이 달력은 앙시앵 레짐 ancien réegime에 대한 정치적·학술적 반항을 의미했다. 동시에 바스티유 감옥이나 튈르리 궁전과 함께 전통 그레고리력도 혁명군에게 파괴되어야 한다는 논리가 실체화된 것이었다.

놀랍게도 새로 만든 달력은 한동안 널리 사용되었다(어쩌면 그리 놀라운 일도 아니었을지 모른다. 8월의 태양 아래에서 기요틴이 여전히 번쩍이고 있었으니까). 비록 공화력은 공화국 선언일인 1792년 9월 22일(공화력으로는 포도달 포도일)로 소급 적용되었지만 1793년 10월 24일(공화력으로는 제2월인 안개달 배일)부터 공식적으로 사용되었다. 급진적인 생각이 담긴 공화력은 나폴레옹 보나파르트가 사용 중단을 명령한 1806년 1월 1일까지 12년 남짓 쓰였다.

\*\*

농업 및 계절 관련 오브제를 전시해 놓은 런던 북서부의 한 전시실 밖에는 루스 이언의 두 번째 부활 작품이 벽면 높이 걸려 있었다. 바로 시계판의 숫자가 10시까지만 적혀 있는 벽시계였다. 이 역시 프랑스혁명과 관련 있는 작품으로 당시 시간을 십진법으로 하루를 완전히 다르게 계산해 시간을 재설정한 프랑스인의 실험정신이 담긴 것이다.

루스 이언은 4년 전에 그처럼 이상한 시계를 만들어 사람들을 어리둥절하게 만들었다. 그녀는 2011년에 열린 정확한 시간의 흐름을 주제로 한 포크스턴 트리엔날레Folkestone Triennial를 통해 숫자가 10시까지만 적혀 있는 벽시계를 데번햄스백화점, 시청, 고서점, 지역 택시 등 도시 곳곳에 전략적으로 설치했다.

10시 시계는 한동안 12시까지 적혀 있는 일반 시계만큼 주목을 받았다. 이 시계는 하루를 10시간, 1시간은 100분, 1분은 100초로 계산했다

(따라서 1혁명시는 일반 시간으로 환산하면 2시간 24분이며, 1혁명분은 1분 26.4초다). 혁명 시계는 일반 시계의 '12' 자리에 적힌 10이 자정을 의미했고, 아래쪽 일반 시계의 숫자 '6' 자리에 표기된 5가 정오를 가리켰다. 숫자가 12까지 있는 일반 시계에 익숙한 사람들은 혁명 시계의 4시 8분 전이 정확히 몇 시인지 알기 어려웠다. 정확한 시간을 중요하게 생각했던 1790년대의 프랑스인들은 새로운 시계를 받아들이고 국가가 정한 새 시계에 익숙해지기 위해 17개월 동안 애를 썼지만 결국에는 악몽을 떨어내듯이 폐기했다. 물론 이따금씩 오스트레일리아를 지구의 맨 위편에 옮겨 놓으려는 것 같은 무모한 시도를 하는 사람들도 있지만 시대착오적인 발상일 뿐이다.<sup>•</sup>

루스 이언은 사람들이 보면 어떤 반응을 보일지 궁금해하며 10시 시계를 만들었는데, 지금은 그 가운데 스위스 박물관에 전시되어 있는 것과 프랑스에 있는 몇 개의 시계만 작동되고 있다. 루스 이언이 시계 제조회사에 10시 시계를 제작하려는 아이디어를 문의했을 때 그는 '웃음거리가 되었다.' 예닐곱 회사에 전화를 걸어 문의한 결과 컴브리아시계가 긍정적인 반응을 보였다(이 회사의 홈페이지에는 탑시계 전문회사라는 홍보 문구가 있으며 임직원들은 작은 교회의 시계 톱니바퀴에 기름칠을 하는 일에도 행복을 느끼고 최근에는 솔즈베리대성당과 빅벤 등의 시계를 고쳤다고 광고하고 있

---

• 1897년 프랑스인들은 변혁의 시기에 규모가 제한되기는 했지만 또 다른 시도를 했다. 시간위원회Commission de décimalisation du temps는 하루 24시간 표기는 유지하되 100분을 1시간으로, 100초를 1분으로 하자고 제안했다. 이 안건은 무려 3년 동안 논의되었지만 시행되지는 못했다.

다). 이 회사는 밤에는 시계 종소리가 울리지 않게 하는 서비스를 제공했다. 하지만 다른 회사와 마찬가지로 10시 시계를 만들어본 경험은 없었다.

루스 이언은 포크스턴 트리엔날레에서 이처럼 파격적인 오브제를 선보임으로써 "원하는 것은 무엇이든 할 수 있어 We Could Have Been Anything That We Wanted To Be"라는 명예로운 타이틀을 얻었다. 이 타이틀은 영화 「벅시 말론 Bugsy Malone」에 나오는 노랫말에서 따왔다. 루스 이언은 이 노랫말의 두 번째 소절 "너무 늦어서 바꿀 수 없는 것은 없어"를 특히 좋아했다. 그녀는 시간의 본질을 지적하면서 이렇게 말했다. "10시 시계는 낡은 아이템이었지만 미래에는 가능할지도 모른다. 다만 우리가 이 시계를 예전에 한번 거부했다고 해도 언제든 다시 꺼내올 수 있다는 사실을 나는 말하고 싶다."

10시 시계가 공공장소에 걸렸을 때 사람들은 그 시계를 이해하지 못했다. "많은 사람이 10시 시계를 보고 가면서 이 물건을 사겠다고 했어요. 하지만 곧이어 그 시계를 이해하지 못했음을 인식했지요. 사람들은 10시 시계가 10시간이 아닌 20시간을 의미하는 시계라고 생각했어요. 10시 시계는 시침이 하루에 한 바퀴만 도는 시계입니다. 하루에 두 바퀴를 도는 시계가 아니에요."

나와 대화를 나누는 동안 루스 이언은 시간에 대한 집념을 누그러뜨릴 낌새가 보이지 않았다. 그녀는 케임브리지에 있는 집에서 아티스트로서의 활동을 시작했다. 식물학자이기도 한 루스 이언은 스웨덴의 저명한 식물학자 카를 린네 Carl Linnaeus가 1751년에 만든 꽃시계를 분석했다. 카를 린네의 꽃시계는 꽃이 열리고 닫히는 시간이 식물마다 다르다는 데 착안하여 어떤 꽃이 열리면 몇 시인지 정확하게 또는 대략적으로 알 수 있다는 개념이었다. 하지만 카를 린네가 스웨덴의 웁살라(북위 60도)에서 목록을 작성한, 시간을 알려준다는 식물은 빛, 온도, 강우, 습도 등 다양한 요소에 영향을 받았으므로 정확히 일정한 시간에 꽃이 피지 않았다. 19세기의 많은 실험 결과가 보여주듯이 린네의 꽃시계는 이론에 불과했다. 하지만 그녀의 시간은 부활했고 재조명되었다. 그리고 그 꽃들은 40년 후 프랑스에서 다시 감미로운 향기를 풍겼다. '낮잠 자러 가는 잭Jack-Go-To-Bed-At-Noon'이라는 별명이 붙은 눈개승마(3시에 개화), 야생민들레(4시에 개화), 치커리(4~5시에 개화), 금혼초(6시에 개화), 방가지똥(7시에 개화), 금잔화(15시에 개화) 등.

시간의 다른 이미지를 보여주기 위해 전시를 기획한 아티스트 루스 이언은 난처한 상황에 처했다. 판화가나 도예가라면 겪지 않을 딜레마였다. 그녀가 「백 투 더 필드」 달력 전시회를 준비하면서 가장 힘들었던 것은 200년이 흐르는 동안 거의 사라져 버려 지금은 거의 찾아볼 수 없는 식물과 오브제를 구하는 일이었다. 루스 이언은 이렇게 말했다. "처음에는 인터넷에서 무엇이든지 쉽게 구할 수 있을 거라고 생각했어요. 그런데 그게 아니었어요. 전시회에 마지막으로 진열한 물건은 곡식을 까불러 쭉정이를 골라내는 도구인 바구니 형태의 키였어요. 밀레의 그림에서 볼 수 있는 것이었지요. 주변에 흔하게 널려 있던 물건이었는데, 요즘은 찾아볼 수가 없어요. 옥스퍼드대학의 어느 교수님의 개인 소장품 가운데 하나를 겨우 얻어와 전시했습니다."

캠던아트센터에서 루스 이언의 전시회를 본 한 관람객은 시간의 전위에 대해 많은 것을 알고 있었다. 영국국립도서관에서 큐레이터로 일하는 매슈 쇼Matthew Shaw로, 그는 프랑스혁명 이후의 프랑스를 주제로 박사 논문을 써서 책으로 출간했다. 그는 자신의 이론을 45분 분량의 동영상에도 담았다. 이 동영상은 윌리엄 워즈워스William Wordsworth의 낙관주의를 엿볼 수 있는 유명한 시로 시작했다. "이 새벽에 살아 있다는 것은 축복이지만 / 젊다는 것은 바로 천국과 같네!" 매슈 쇼는 공화력이 당시를 살아가는 전 인류를 구원하고 역사를 새로 시작하며 시민들에게 일정한 집단적 기억을 공유하게 해주기 위한 시도였다고 설명했다. 이는 혼란에 빠진 국가에 질서를 부여하는 바람직한 방법이었다.

매슈 쇼는 공화력 때문에 생긴 일상생활의 세속적 요소도 검토했다 (공화력 때문에 종교 축제와 성인의 날이 폐지되었다). 또한 공화력은 확고한 직업윤리를 강조했다. 산업혁명 이전 허허벌판과 전쟁터 같던 프랑스를 생산성이 강한 나라로 만들기 위해 시간 개념을 새롭게 한 것이다. 7일 가운데 하루가 휴일인 기존 달력과 달리 10일을 1주로 하여 3주가 한 달이 되는 방식의 공화력에서는 10일 중 하루가 휴일이었다. 안식일이 줄어들면서 일하는 시간이 늘어난 것이었다. 매슈 쇼는 관람객들을 안내하면서 이렇게 말했다. "관찰력이 뛰어난 여러분은 여기에 일정한 패턴이 있음을 알게 될 것입니다. 닷새에 한 번, 그리고 열흘에 한 번 가축이나 농기구, 일상생활에서 벗어납니다. 열흘에 한 번은 사람들이 마을에 모여 나라를 사랑하는 내용의 노래를 부르고 법규를 소리내어 읽으며 함께 식사를 합니다. 그리고 곡괭이 사용법을 배웁니다."

아마도 그것이 공화력 사용의 실패 원인이었을 것이다. 하지만 또 다른 원인도 있었다. 이를테면 분점分點의 불일치 같은 천문학적 원인을 들 수 있다. 공화력은 달력 이상의 의미를 지녔다. 즉 정치적인 의미를 담고 있고 농업과 깊은 연관이 있으며 역사적으로 중요한 의미를 지녔다. 게다가 매슈 쇼가 이야기했듯이 "공화력으로 제국을 다스리기에는 매우 어려웠다." 문제를 더욱 복잡하게 만든 것은 12개의 달에 각각 새롭게 붙인 이름 때문이었다. 개성이 강한 시인이자 극작가인 파브르 데글랑틴Fabre d'Églantine이 선정한 이름이었다(파브르 데글랑틴은 프랑스혁명 후 얼마 지나지 않아 재정 비리와 로베스피에르와 연루된 혐의로 단두대에서 처형당했다. 그는 상추날에 사망했다). 안개달은 10월 22일(사과날)부터 11월 20일(굴림대날)까지이며 눈달은 12월 21일(토탄날)부터 1월 19일(체날)까지다. 이해하기만 하면 매우 간단한데, 프랑스인들은 그러지 못했고 원하지도 않은 듯했다.

매슈 쇼가 안내를 마칠 때쯤 관람객들은 흩어지면서 고개를 절레절레 흔들었다. 매슈 쇼는 오늘이 개암나무날인 2월 15일임을 상기시키면서 이렇게 말했다. "누텔라(개암나무 열매인 헤이즐넛이 들어간 초콜릿)로 큰 돈을 번 이탈리아 페레로의 회장 미켈레 페레로가 여든아홉 살을 일기로 오늘 세상을 떠났다는 뉴스가 방금 보도되었습니다. 정말 기가 막힌 우연입니다." 매슈 쇼는 마지막으로 열熱달의 10일에 대해 설명했다. 이날은 공화력으로는 한여름에 해당하는 날로 로베스피에르가 처형당한 1794년 7월 28일이었다. 공포정치는 스스로를 잡아먹었다. 그리고 그날은 물뿌리개날이었다.

더없이 훌륭한 구상이었지만 유토피아적인 공화력은 시간을 초월해 존재했던 것으로 보인다. 오늘날 관점에서 보면 글로벌 코뮌이나 프리 머니를 기대하는 것과 마찬가지로 터무니없는 발상이었다. 하지만 우리로 하여금 그런 판단을 하게 만든 것은 일상생활과 시간 자체다. 지구상에는 나름의 체계성을 갖춘 수많은 달력이 있고 각각 논리성과 자연과학, 임의적인 법칙이 조합을 이루고 있다. 우리의 삶을 모두 비슷한 모양으로 만든 달력 시스템은 확실히 증명되었거나 우리가 전적으로 의존해야 하는 것이 아니다. 어느 날 갑자기 프랑스 사람들이 공화력을 사용해야만 했듯이 어느 날 잠에서 깨어났을 때 우리는 화요일이 없어지고 10월이 완전히 사라진 사실을 알게 될지도 모른다.

공화력은 다른 측면에서도 특이했다. 극히 짧은 기간 동안 사용되었으며 앞서 존재했던 달력들과 완전히 달랐다. 달력을 연구한 역사학자들의 달력에 대한 '고정관념'을 여지없이 무너뜨렸다.** 추정이기는 하지만 옛 유럽이나 고대 문명국에서 썼던 달력은 천문학적 지식과 수학적 계산법의 발달과 함께 점진적으로 발전해왔다. 종교 달력도 지점至點(하지점과 동지점), 분점, 일식, 월식이라는 공통 요소를 바탕으로 만들었다.

하지만 공화력이 최초로 각 날짜에 정치적 관점을 부여했다고 생각

---

- 공화력을 기획했던 질베르 롬Gilbert Romme은 로베스피에르가 처형당한 지 1년여 후인 1795년 6월 17일 단두대형을 판결받았으나 본인의 칼을 이용해 스스로 목숨을 끊었다. 공화력으로는 풀달 29일이었다.
- ** 《18세기 연구저널Journal for Eighteenth-Century Studies》에 실린 산야 페로빅Sanja Perovic의 「공화력」 참조.

하면 오산이다. 모든 달력은 크든 적든 어느 정도 질서와 통제력을 부여하기 마련이고 나름대로 정치적 의도도 담고 있다(특히 종교 달력이 그렇다). 예를 들어 고대 마야인이 사용한 달력은 훌륭하면서도 이해할 수 없는 부분이 있다. 마야 달력은 260일을 1년으로 한 달력과 365일을 1년으로 한 달력 두 가지가 전해진다. 260일을 1년으로 한 '세이크리드 라운드Sacred Round'라고 부르는 달력은 마닉(사슴), 익스(재규어), 벤(갈대) 에스납(칼) 등 각각 이름이 다른 20일을 한 달로 하여 13개월로 구성되어 있었다. 각 날을 의미하는 상징 20개가 13개 숫자를 표기한 이너서클 주위를 도는 모양으로 1년이 13월로 끝이 났다. 365일을 1년으로 한 달력은 20일을 한 달로 하여 18개월로 이루어져 있었다. 따라서 1년이 360일밖에 되지 않아 달의 순환 주기 및 태양의 순환 주기와 보조를 맞추지 못해 나머지 5일은 운명의 날로 받아들여 집 밖으로 나가지 않았고 나쁜 일이 생기지 않게 신에게 기도를 드렸다. 이는 매우 종교적인 예언이었으며 제사장의 막강한 권력을 암시했다. 15세기와 16세기 초반의 아즈텍 문명의 달력도 주기가 비슷했다. 아즈텍 달력은 제도적인 통치수단으로도 쓰였는데, 서로 다른 사람들로 구성된 대제국을 종교 행사일 등을 이용해 결속시키려는 목적이었다(아즈텍 달력은 52년의 주기가 끝나는 날에 열리는 '뉴파이어 New Fire' 의식으로 끝이 났다).

다음은 우리에게 더 친숙한 율리우스력(기원전 45년부터 사용되었으며 태양년을 기본으로 하여 1년을 12개월 및 365.25일로 했다)과 그레고리력에 대해 살펴보자. 그레고리력은 1582년에 율리우스력의 오차를 수정하여 공포한 것으로 1년이 율리우스력보다 0.002퍼센트 정도 짧다. 이는 보다 정확하게 천체의 운행을 수용하고 부활절 날짜를 다른 날로 옮기기 위해서였다.[*] 그레고리력이 널리 사용되기까지는 시간이 더 필요했다. 가톨릭 국가들은 마지못해 그레고리력을 받아들였으나 유럽 전역에서 이상한 일이 일어났다. 율리우스력의 문제였던 열하루의 오차를 해결할 조치로써 그레고리력에서 날짜 열하루를 삭제하자, 그레고리력을 받아들인 지역과 그렇지 않은 지역 간에 날짜가 달라진 것이다. 그리하여 에드먼드 핼리 Edmond Halley는 런던에서 개기일식을 1715년 4월 22일에 보았지만 다른 유럽 국가에서는 5월 3일에 개기일식이 관찰되었다. 영국과 영국의 식민지 미국은 1752년에 그레고리력으로 바꾸었지만 사람들이 "11일을 돌려달라!"며 시위를 벌였다. 일본은 1872년에, 볼셰비키 러시아는 제1차 세계대전 직후에, 그리스는 1923년에 그레고리력을 받아들였다. 터키는 1926년까지 이슬람 달력을 고수했다.

우리는 명백히 임의적으로 우리의 삶을 지배하는 길을 택했는데, 영

---

* 현대인은 율리우스력의 각 달 명칭에 매우 익숙하다. 라틴어로 1월은 야누아리우스 Januarius, 2월은 페브루아리우스 Februarius, 3월은 마르티우스 Martius, 4월은 아프릴리스 Aprilis, 5월은 마이우스 Maius, 6월은 유니우스 Iunius, 7월은 율리우스 Julius, 8월은 아우구스투스 Augustus, 9월은 셉템베르 September, 10월은 옥토베르 October, 11월은 노벰베르 November, 12월은 데켐베르 December다. 기원후 초기에 신임 로마 황제들이 독단적으로 명칭을 수정했다. 가장 극심하게 독단을 부린 사람은 코모두스 황제였다. 그는 각 달의 이름을 자신과 연관이 있어 보이는 이름으로 직접 바꾸었다. 1월은 아마조니우스 Amazonius(용맹한 자), 2월은 인빅투스 Invictus(무적), 3월은 펠릭스 Felix(번영), 4월은 피우스 Pius(우애), 5월은 루시우스 Lucius(빛), 6월은 아엘리우스 Aelius, 7월은 아우렐리우스 Aurelius, 8월은 코모두스 Commodus(호의), 9월은 아우구스투스 Augustus(황제), 10월은 헤라클레스 Hercules(힘 있는 자), 11월은 로마누스 Romanus(로마인), 12월은 엑스수페라토리우스 Exsuperatorius(용감한 자)라고 붙였다. 그리고 나서 그는 암살되었으며 그의 뒤를 이은 황제들이 각 달의 명칭을 다시 원래대로 돌려놓았다.

화배우이자 작가인 B. J. 노백 B. J. Novak은 그런 인간의 모습을 2013년 11월 《뉴요커 New Yorker》에 기고한 "달력을 발명한 사람"이라는 글에서 패러디했다. 그 글에서 달력을 처음 만든 사람은 자신이 발명한 달력이 매우 논리적이라고 기록했다. "1년은 1,000일이고 25개월로 나누면 한 달은 40일이다. 예전에는 왜 그런 생각을 한 사람이 없었을까?" 이 달력은 처음에는 잘 사용되었지만 4주 만에 첫 번째 위기가 찾아왔다. 발명가는 이렇게 기록했다. "사람들이 1월을 매우 싫어했고 1월이 얼른 지나가기만을 바랐다. 나는 1월은 하나의 표식일 뿐이며 1월이 지나도 달라지는 것은 아무것도 없을 것이라고 설명했다." 10월 9일 발명가는 이렇게 썼다. "나는 몇 달 동안 아무것도 기록하지 않았다. 정말 믿을 수가 없었다! 여름은 놀라웠으며 수확철도 굉장했다…… 올해는 정말 대단했다. 그런데 여전히 10월이다. 그리고 아직도 11월, 12월, 13월, 14월, 15월, 16월, 17월……이 남아 있었다." 발명가는 곧 처음 계획보다 일찍 한 해를 마무리하기로 마음먹었다. 그러자 친구들에게서 환호를 받았다. 그런데 크리스마스 즈음해서는 마음이 불안해졌다. "12월 25일—오늘은 왜 이렇게 외로울까? 12월 26일—나는 왜 이리 살이 쪘을까?"

## 시간의 전염병, 향수병
/

1830년 제2차 프랑스혁명 때는 새로운 달력이나 새로운 시계를 제시한 사람이 아무도 없었다.* 대신 19세기 초 프랑스는 다른 일에 강박적으로 집착했다. 당시 정신분석 사례집을 살펴보면 과거를 돌아보는 행위가 질병처럼 퍼져 있었다. 그래서 1820년대와 1830년대의 질병 연구는 향수병과 관련 있는 것처럼 보이는 질병에 집중되었다.

대표적인 예로 프랑스 파리 라틴 지구의 아르프 거리에서 셋방을 살던 한 노인을 들 수 있다. 그는 자신의 셋방에 대한 애착이 매우 강했다. 어느 날 노인은 도로 확장을 위해 자신이 세 들어 사는 집이 철거된다는 소식을 들은 뒤 충격을 받고 몸져누웠다. 새로 지을 집이 지금 사는 집보다 훨씬 좋고 햇볕도 잘 든다고 집주인이 수차례 설득했지만 소용없었다. 노인은 이렇게 불평했다. "이제는 내 방이 아니야. 내가 얼마나 좋아한 방이었는데. 내 손으로 직접 꾸민 방이라고."** 노인은 철거 바로 전날 자신의 침대에서 죽은 채 발견되었다. 절망을 이기지 못하고 질식사한 것으로 여겨졌다.

파리에서 발생한 사례가 하나 더 있다. 유모와 헤어지기가 죽기보다 싫었던 두 살 난 외젠의 이야기다. 외젠은 유모와 헤어져 부모의 품에 안겼으나 기운이 없어 보였고 안색도 창백했다. 아이의 두 눈은 유모가 나간 현관에 고정되어 있었다. 다시 유모가 돌아왔을 때 아이의 표정은

---

● 1789년 혁명 때처럼 제2차 혁명 때도 시간은 잠시, 현실이 아닌 듯이 멈추었다. 독일 철학자 발터 벤야민 Walter Benjamin은 『역사의 개념에 대하여 On the concept of History』 (1940)에서 이렇게 말했다. "처음 소규모 접전이 벌어진 그날 저녁…… 파리 곳곳에서 동시다발적으로 시계탑들이 총알 세례를 받은 것으로 밝혀졌다." 그럴듯한 두 가지 이유가 있다. 먼저 헌법에 위배되는 구체제에 대한 경멸감을 보여주기 위해서이고, 다른 하나는 구체제를 전복시킨 정확한 시간을 표시하기 위해서다. 아마 총알들이 사방으로 날아다녔을 것이다.

●● 마이클 로스의 『역사와 기억 History and Memory』(인디애나대학출판부)에 실린 "과거의 죽음"에서 인용.

기쁨으로 가득 찼다. 이런 사례는 프랑스 국민들을 프랑스 정부에 유익하지 않는 존재로 만들었다. 미국 문화역사학자 마이클 로스Michael Roth는 향수를 고통이라고 규정했다. 이는 죽음을 불러오고 전염성이 있으며 19세기 중반 프랑스인의 삶과 깊은 연관성이 있다고 의사들이 주장하는 고통이었다. 공통 원인은 어린 시절의 기억을 지나치게 좋아하는 데 있었다. 계획적으로 현대화를 이룬 세기에는 향수병 환자를 사회적으로 버림받은 사람처럼 취급해 정신병원에 입원시키거나 감옥에 보냈다. 향수병nostalgia이란 말은 1688년 스위스 의사 요하네스 호퍼Johannes Hofer가 그리스어 nostos(집으로 돌아감)와 algos(고통)를 합쳐 만들었다. 이른바 마음의 병mal de corazón은 17세기 초 30년전쟁 기간에 집을 떠나 있던 군인들에게서 관찰되었으며 커다란 고통을 준 질병으로 알려졌다. 스위스 군인들은 전쟁터에서 암소가 우는 소리만 들어도 고향의 들판, 특히 우유를 짜면서 부르던 노래Khue-Reyen가 생각나 눈물을 흘렸다. 그런 노래는 사람의 마음을 약하게 만들었는데, 노래를 부르는 사람이나 의식적으로 흥얼거리는 사람은 물론 조총사격대의 책임자도 예외는 아니었다. 오늘날에도 고국을 그리워하거나 불행해질 수 있다. 하지만 향수병은 시간과 관련된 최초의 질병으로 향수병에 걸린 사람들은 지난 날을 몹시 그리워했다.*

하지만 향수병은 과거에만 있었던 질병이 아니다. 정신과 진료실에는 이보다는 더 심각한 문제가 있는 사람들이 찾아오지만 많은 사람이 온갖 것에 대해 향수를 느끼기는 마찬가지다. 사람들은 복고풍인 것, 빈티지한 것, 오래된 느낌을 주는 것, 과거의 유물 등을 좋아하며 역사에 심취한다

(프랑스혁명 이전에는 학계와 문학계가 주목할 만큼 가치 있는 주제의 역사가 거의 없었다). 인터넷은 젊음을 되찾고 싶은 중년(주로 중년 남성)의 욕망 때문에 더욱 번성한다. 경매에 부칠 수 있는 것이라면 장난감이든 더 사용할 수 있는 자동차든 가리지 않는다. 시간은 이런 물건들을 없애지 못했으며 오히려 전매 가격을 더욱 높였다. 향수병을 질병이 아닌 소비지상주의적인 것으로 보는 추세다. 게다가 그 의미를 부정적으로만 보지도 않는다. 다음 장에서 살펴보겠지만 시곗바늘을 거꾸로 돌리고 싶은 갈망은 점점 커져가고 있다. 애호가들의 기분 전환에서 출발한 슬로푸드나 마음챙김, 기계 제작자의 사고방식으로 돌아가기 등을 포함하는 슬로라이프 운동은 이미 오래전부터 상품화가 가능한 캠페인으로 바뀌었다.

시간 흐름의 방향을 바꾸려는 프랑스의 오랜 전통은 지금도 계속되고 있지만 눈에 띄는 결과가 없는 것은 예나 지금이나 매한가지다. 하지만 최근 들어 시간을 거스르려는 경향이 점점 거세지고 있으며 이에 관한 자기 풍자self-parody도 늘고 있다. 게다가 달력의 형식을 다시 바꾸는 정도가 아닌 달력을 아예 없애려는 사람도 늘어나고 있다. 2005년 12월 31일 자칭 포나콩Fonacon이라는 저항단체는 프랑스 낭트 인근 작은 해변 마을에 모여 다가오는 2006년을 막으려고 했다. 그곳에 모인 인원은 고작 100여 명에 불과했지만 그들이 모인 이유는 아주 간단했다. 2005년은 별 볼일 없는 해였지만 2006년은 더 나빠질 가능성이 있

---

• 요즘에는 시간과 관련된 질병이 무엇이 있을까? 주의력결핍 과잉행동장애ADHD, 암, 스마트폰 중독 등 많이 있다.

으므로 상징적인 의미에서 시간을 멈추겠다는 것이었다. 그들은 노래를 몇 곡 부르고 할아버지들이 차던 시계를 부수는 퍼포먼스를 했다. 하지만 시간을 멈추지는 못했다. 그들은 이듬해에 다시 모였고 죄 없는 시계만 또 박살을 냈다. 그러나 시계는 세상 어디에든 있고 여전히 쉼 없이 돌아가고 있다.

그 이듬해에도 그들은 시간을 멈추기 위해 다시 모였다. 재미있지는 않았지만 장난삼아 혼란을 주려는 행사로, 필요할 경우 프랑스인은 무엇이든 가리지 않고 저항하겠다고 증명해 보이는 자리였다. 이 행사는 100여 년 전에 있었던 심각한 사건을 떠올리게 했다. 1894년 2월 15일 프랑스 출신의 아나키스트 마르시알 부르댕Martial Bourdin이 전통적인 시간 지킴이를 상징하는 그리니치 천문대를 겨냥한 폭탄 테러 사건이 일어났다. 그가 폭탄을 옮기던 중에 폭탄이 터지는 바람에 그의 손은 날아갔고 배에는 커다란 구멍이 났다.

폭발음을 들은 천문대 직원들이 밖으로 뛰어나왔을 때만 해도 마르시알 부르댕은 살아 있었지만 30분 만에 숨을 거두었다. 경찰은 그의 시신을 살피다가 그가 거액의 현금을 갖고 있는 것을 발견했다. 경찰은 그가 임무를 완수한 뒤 프랑스로 재빨리 도망치기 위해 돈을 갖고 있었다고 밝혔다. 그렇다면 그의 임무는 무엇이었을까? 런던에서는 사건이 일어난 후 수 주 동안 온갖 추측이 난무했다. 10년 후에 영국 작가 조지프 콘래드Joseph Conrad는 이 사건에서 영감을 받아 소설 『비밀요원The Secret Agent』을 썼다. 마르시알 부르댕의 범행 동기는 여전히 풀리지 않은 미스터리로 남아 있다. 그는 공범자에게 폭탄을 전하기 위해 그리니치 천문대로 향했던 단순 가담자일지도 모른다. 아니면 요즘 테러리스트가 그렇듯이 세상을 공포로 몰아넣거나 혼란스럽게 할 목적이었을지도 모른다. 하지만 매우 낭만적인 가설도 있다. 이는 그가 시간을 멈추려 했다는, 다분히 프랑스적인 이야기다.

경제적으로 어려운 시기에 포나콩 회원들은 마르시알 부르댕을 영웅으로 떠받들지 않았다. 하지만 그들은 나름 야심이 있었다. 2008년 12월 31일 포나콩은 다시 한 번 시간을 멈추는 퍼포먼스를 했으며 이번에는 새로운 슬로건을 들고 나왔다. "2008년은 한결 나았다!" 마리-가브리엘은 이렇게 설명했다. "우리는 지금 시간이라는 전제군주에게 '아니다'라고 선언하고 있습니다. 달력의 잔인하고 맹렬한 습격에 저항하면서 '아니다'라고 말하고 있습니다. 그리고 2008년이 끝나지 않고 그냥 머물러 있기를 바라고 있습니다." 그해 행사에는 참가자가 대폭 늘어 1,000여 명이 파리 샹젤리제 거리에 모여 다가오는 2009년을 향해 야유를 보냈다. 시계가 자정을 알리자 포나콩 회원들은 일제히 시계를 두드렸지만 새해는 어김없이 찾아왔다.

우리는 시간을 멈출 수 있다는 생각이 재미있는 상상이라고 여기거나 영화의 단골 소재임을 알고 있다. 혁명기 프랑스에서 시간을 멈추는 일이 그럴듯하게 보였다면 그것은 낙관주의와 열정을 위해, 그리고 다른 혁명, 즉 운송 혁명이 일어나고 있다는 사실을 위해 우리가 만들어야만 하는 욕망일 것이다. 기차 한 대가 선로 위를 달리고 있었다. 단단하게 만든 믿음이 가는 물건이었다. 시간의 관점에서, 기차는 모든 것을 바꿀 것이다.

말라드: 소년은 포함되지 않는다.

# 시간표 발명

## 가장 빠른 기차

/

독자 여러분이 앞으로 2년 반 정도 죽지 않고 살아 있을 계획이라면 '말
라드Mallard' 모형 제작을 시작해 보기 바란다. '말라드'는 영국의 증기
기관차로 유선형의 날씬한 몸체에 파란색으로 칠을 했다. 신문 파는 가
게에 가면 주간지 형태의 서적과 기차 모형 부품들이 들어있는 부록을
구입할 수 있다. 130주 동안 매주 이 잡지를 사서 기차 모형을 만드는
데 필요한 부품을 전부 모으면 50센티미터 길이에 무게 약 2킬로그램
인 기관차와 급탄차 모형을 완벽하게 만들 수 있다.

1938년 영국 돈캐스터에서 처음 만든 증기 기관차 '말라드(청둥오리라
는 뜻)'가 2013년에 프랑스 아셰트 출판사에서 내놓은 모형 제작 상품으
로 돌아왔다. 실물크기의 1/43.5로 축소한 정교한 모형으로 선로 폭은

32밀리미터다(제품에 선로는 미포함). 이 모형은 황동과 흰색 철판, 식각 철판 그리고 '로스트 왁스'라고 하는 복잡한 금속 주조법으로 만든 부품으로 조립한다. 조립 과정에서 상당한 인내심과 조립 기술이 요구되며 (니퍼 계열의) 롱노우즈플라이어와 커터플라이어 등의 공구가 필요하고 손 보호 장갑과 얼굴 보호 마스크를 써야 한다. 조립을 다 마치면 마지막으로 페인트 칠을 한다(페인트 미포함).

50펜스(약 730원)로 저렴한 가격의 제1권은 조립에 필요한 첫 번째 금속 부품과 말라드의 역사, '시베리아 대륙횡단 철도' 등 철도회사들을 소개하는 잡지가 들어있다. 이 잡지는 링바인더에 바로 끼워 넣을 수 있도록 옆 부분에 구멍이 뚫려 있다(링바인더와 인덱스 간지는 제2권에 포함되어 있다).

모형 제작을 시작하면서 가장 먼저 초강력 순간접착제와 땜납 중 하나를 선택해야 한다(땜납은 미포함이며 권고 사양도 아니다). 제1권에는 기관사가 쓰던 모자를 만드는 부품이 들어있으며 기관차 조립에 관한 설명이 총 12개 섹션으로 나뉘어 있다. 커터플라이어를 이용하여 부품들을 떼어내는 방법, 모서리 부분을 사포로 갈고 다듬는 방법, 각 탭에 3개의 구멍을 뚫어 리벳을 만들고 플라이어를 이용하여 기관실 왼쪽 창문을 고정하는 법 등을 설명한다. 조립하는 즐거움을 아는 사람들은 사은품으로 제공된 확대경으로 작은 부품들을 자세히 보는 즐거움을 누릴 것이다. 이 확대경은 10일 이내에 정기구독을 신청하는 사람에게만 제공된다. 구독자에게는 철로를 전력 질주하는 말라드의 모습을 담은 A3용지 크기의 흑백 사진도 준다.

제2권은 가격이 3.99파운드(약 5,850원)로 기관차의 앞부분 덮개와 기관 옆면 덮개 등의 두 번째 부품이 들어있으며 웨스트하이랜드 철도의 사진이 잡지에 수록되어 있다. 정기구독자에겐 주석으로 만든 말라드 컵받침 세트가 사은품으로 제공된다. 제3권의 구성도 제2권과 별 차이는 없다. 메인 기관이 들어있으며 가격이 7.99파운드(약 11,710원)로 올랐다. 제3권부터 정상가인 7.99파운드에 판매한다. 다만 제4권에는 스테인리스강으로 만든 자와 미니 집게 등이 포함된 공구세트를 사은품으로 준다. 제5권에는 완성된 말라드 모형을 움직이는 방법이 상세히 실려 있다(모터는 미포함).*

말라드 기관차 모형 조립에는 비용이 만만치 않게 든다. 기관차를 완성하려면 총 130권을 모두 사야 하는데 제10권이나 제50권, 제80권에서 중단하면 아무런 의미가 없다. 130권을 전부 사는 데 드는 비용은 총 1,027.21파운드(약 150만 6,000원)이다.

돈캐스터에서 처음 운행한 말라드 기관차는 21미터 길이에 무게는 165톤이었다. 런던에서 스코틀랜드까지 수많은 승객들을 고속으로 25년간 실어 날랐다. 총 주행거리는 241만 4,000킬로미터에 운행비용은 8,500파운드(약 1,246만 1,680원)가 들었다. DJH 모델을 구입하면 훨씬 비용이 절감될 것이다. 664파운드(약 97만 3,400원)에 큰 박스에 담은 부품들을 한꺼번에 구입할 수 있다. 기관차 모형을 빨리 조립하고 싶은

---

* 아셰트 출판사의 창립자인 루이 아셰트는 1820년대에 기차역 매점에서 출판사를 창업하여 추억의 물건 조립 상품을 개발했다. 영국이 소매업 체인점 WH스미스를 세운 W.H. 스미스와 유사한 방법이었다.

사람들은 전체를 한꺼번에 사서 단 2~3주 만에 기관차를 조립해낼 수도 있다. 하지만 그건 분명 요점에서 벗어나는 일이다. 말라드 모형을 만드는 이유는 시간과 관계가 있기 때문이다.

1938년 7월 3일 일요일, 내리막길 철로를 질주하는 말라드 기관차의 모습을 상상해 보자. 기관차와 급탄차, 객차 모두 파란색으로 칠했다. 물론 그다지 빠른 속도로 달리지는 못하는 모습으로 상상하실 독자 여러분도 있을 것이다. 초창기에는 차량 성능 시험을 위해 말라드 기관차에 붙어 금세 부서질 듯 흔들흔들 달리던 갈색 부속 객차도 있었다. 이 시험차에는 초창기 거짓말 탐지기나 심장 감시 모니터와 비슷하게 생긴 기계와 스톱워치를 구비한 엔지니어들이 타고 있었다. 말라드의 속도는 매우 빨라서 흡사 먹잇감을 '사냥'하러 전속력으로 달리는 맹수처럼 보였다. 사냥이란 말은 빠른 속도로 돌진하는 말라드 기관차의 모습을 보고 엔지니어들이 붙인 표현이다. 말라드는 마치 목적지를 향해 가장 빠른 루트를 찾아서 간다는 듯 좌우로 기우뚱거리며 힘껏 달렸다. 일부 구간에서 선로를 바꾸어 가며 질주했다. 목적지는 런던으로, 런던에 도착하기도 전에 기차는 과열되곤 했을 것이다.

잉글랜드 중부 소도시 그랜덤에서 멀지 않은 스토크뱅크, 그녀는 말라드 기관차의 질주 모습을 바라본다. 전쟁의 먹구름의 드리워지기 시작한 시절이었다. 열두 살 소녀 마거릿 로버츠Margaret Roberts(마거릿 대처 전 영국 수상의 결혼 전 이름 – 옮긴이)는 등굣길이었다. 마거릿 로버츠에게 미친 듯이 질주하던 기차의 모습은 대영제국이 암흑의 시대로 접어들기 전 마지막으로 시골에서 사냥을 하던 추억과 함께 제2차 세계대전 이전 시기를 상징하는 이미지로 남아있다. 이어지는 국내외 정세는 매우 좋지 않았으며, 1950년 영국 총선 최연소 후보자로 주목을 받은 스물다섯 살이 되려면 아직 멀었고 쉰 살, 예순 살도 멀기만 했다. 기차를 좋아하는 사람들 가운데 말라드를 좋아하지 않는 사람은 없었다.

'A4 퍼시픽스'로 알려진 유사 증기기관차들도 말라드와 비슷한 외관과 기능으로 설계했다. A4 시리즈 기관차들을 설계한 엔지니어인 나이젤 그레즐리 Nigel Gresley는 와일드스완(백조), 헤링걸(재갈매기), 길레마트(바다오리), 비턴(해오라기), 씨걸(갈매기) 등 유사한 명칭으로 기관차들의 이름을 명명했다.* 예순두 살에 이르러 건강을 잃은 그레슬리 씨의 증기기관차 설계는 세계적으로 인정을 받았으며 그의 기관차를 카피하여 만든 기차들이 등장하기도 했다. '플라잉스코츠맨'을 포함한 그가 설계한 기관차들은 안전하고 안락하다는 찬사를 받았으며, 증기기관차를 발명한 조지 스티븐슨 George Stephenson이나 그의 아들 로버트 스티븐슨 Robert Stephenson 그리고 영국 철도 건설에 크게 기여한 토목 기술자 이삼바드 킹덤 브루넬 Isambard Kingdom Brunel에 버금가는 업적을 남긴 엔지니어로 평가받는다. 그러나 말라드처럼 많은 사람들이 좋아한 기차는 없을 것이다. 말라드는 유선형의 날렵해 보이는 외관, 폭발적인 실린더

---

• 2015년, 나이젤 그레슬리 서거 75주년을 기념하는 조각상을 런던의 킹스크로스 역에 세울 예정으로 만들었다. 그레슬리 조각상을 만든 조각가는 원래 오리 한 마리와 함께 있는 모습으로 그레슬리 조각상을 만들었다. 하지만 그레슬리의 위신을 떨어뜨린다고 주장하는 후손들의 반대로 오리 조각상을 없앴다고 한다.

압력, 새로 개발한 브레이크 시스템, 배기 능력을 향상시킨 이중 굴뚝, 증기 분출을 극대화한 배기관 등을 갖추었다.

말라드는 스토크뱅크에서 속력을 올릴 기회를 잡았다. 그랜덤을 지날 때는 선로 보수작업 때문에 속도를 줄여야 했다. 하지만 시속 120킬로미터로 달리며 스토크 서밋에 도달했다. 길게 뻗은 내리막 선로를 달릴 때는 더욱 속력을 높였다. 정상에서 내려오며 1.6킬로미터를 지날 때마다 시속 140킬로미터, 시속 154킬로미터, 시속 166킬로미터, 시속 171킬로미터, 시속 178킬로미터, 시속 185킬로미터, 시속 190킬로미터 등 새로운 기록을 연이어 갱신했다. 이어서 0.8킬로미터를 지날 때마다 시속 193킬로미터, 시속 196킬로미터, 시속 197킬로미터, 시속 198.8킬로미터로 신기록을 갈아치웠다.[*] 돈캐스터에 거주하는 예순한 살의 영국인 조 더딩턴 Joe Duddington 는 1921년부터 런던과 노스이스턴 철도에서 기관사로 근무했었다. 그는 1938년 말라드 첫 운행을 맡았다. 더딩턴은 링컨셔 주州의 리틀바이탐 마을을 달릴 때 속력을 조금 더 올렸다. 더딩턴은 몇 년 후 그때를 이렇게 회상했다. '말라드가 마치 살아 있는 동물인 양 힘껏 뛰는 듯했다! 차량 성능 시험차에 탄 엔지니어들 모두 숨을 죽였다.' 말라드는 마침내 시속 201.4킬로미터로 증기기관차 세계

---

• 그 당시 증기기관차가 세운 최고 속도는 시속 199.2킬로미터로 2년 전 독일 함부르크와 베를린 구간에서 기록되었다. 기차에 탄 승객들은 기록 달성에 환호했으며 객차에는 게슈타포 수장 라인하르트 하이드리히와 나치 친위대 사령관 하인리히 히믈러도 탑승했었다. 히틀러는 그의 최측근이자 탑승객 리스트를 작성했던 요제프 괴벨스로부터 소식을 들었다. 독일 증기기관차의 신기록 달성은 독일 철도 기술의 개가가 아닌 나치 정권의 승리였다.

신기록을 세웠다. 이 기록은 현재도 유지되고 있다.

그 후 75년의 시간이 흘러 90여 대의 증기기관차들은 영국 요크의 국립철도박물관에 전시되어 있다. 박물관을 찾은 사람들은 말라드를 타던 시절의 추억과 기차역 차고를 가득 매운 기관차들에 관한 얘기를 나누었다. 메인 홀에는 영국에서 제작한 'A4 퍼시픽스' 시리즈 총 35대 가운데 남아있는 6대가 전시되었다. 말라드와 도미니언 오프 캐나다, 비터른, 유니언 오프 사우스 아프리카, 나이젤 그레즐리, 드와이트 D. 아이젠하우어이다. 이들 모두 훌륭한 기관차들이지만 말라드는 이중에서도 유명인사 같은 지위를 지니고 있다. 가장 빠른 기관차로 130개의 부품으로 구성된 모형을 구입할 수 있는 유일한 기관차이며 설계자가 가장 좋아했었다. 마릴린 먼로와 캐리 그랜트가 빛나듯이 다른 기관차들보다 빛나는 기관차였다. 이미 세상을 떠난 무비 스타들을 생각하며 한숨을 쉬듯이 전시된 기관차에 대해 잘 아는 나이가 지긋한 사람들은 말라드를 보면서 한숨을 쉰다. 그들은 이젠 아무짝에도 쓸모없는 고물이 된 기관차들을 보면서 특히 '말라드는 여느 기관차들과는 다른 특별한 기차였다'고 입을 모았다. 무쇠를 이용해서 수작업으로 만든 말라드는 하나님과 같은 광채가 나는 실로 커다란 존재였다. 나는 줄을 서서 차례를 기다렸다가 말라드의 기관 위에 올랐다. 허락만 받는다면 나도 작업복을 입고 모자를 쓰고 삽으로 석탄을 떠서 기관 안으로 밀어 넣고 싶었다.

기차, 특히 증기기관차는 영국 남자들에겐 추억의 대상이다. 지금 나이 일흔 살이 넘은 남자들은 지난 시절을 회상하면서 증기기관차가 뿜

어내는 연기가 자욱하던 기차역과 역무원이 부는 휘슬 소리, 검게 그을린 기차를 떠올린다. 피곤에 지친 아내를 데리고 기차를 타러 오던 남자들, 선물이 가득 담긴 플라스틱 가방들로 북새통을 이루던 대합실 풍경. 이제는 철도박물관에서나 느낄 수 있는 어린 시절의 추억이지만(프랑스인들은 이런 향수를 가지고 있지 못하다).

나는 앨프 스미스라는 노인에게 다가가 증기기관차 얘기를 경청했다. 쾌활하고 솔직한 성격인 스미스 노인은 올해 아흔두 살로 약 4년간 말라드 기관차에서 화부로 일한 사람이다. 그는 그 시절을 회상하여 소감을 이렇게 밝혔다. "정말로 재밌고 행복했었지요. 하루도 즐겁지 않은 날이 없었어요." 스미스 노인은 말라드 기관차는 물론이고 말라드를 운전하던 기관사에 대해서도 깊은 애정을 간직하고 있다. 두 사람은 기차역에서 함께 잠을 잤고 함께 아침식사를 했다고 한다. 기관사는 자신이 먹을 음식 대부분을 화부인 스미스 노인의 접시에 덜어주었단다. "그런 적이 한두 번이 아니었어요. 그래서 내가 조에게 이렇게 말했죠. '이봐, 조, 당신은 뭘 먹고 나한테 다 주는 거야?' 그러면 조가 이렇게 말했죠. '난 집에 가서 따끈한 계란을 먹으면 돼. 당신은 해야 할 일이 많잖아. 어서 먹어!' 우린 늘 말라드 얘기를 나누었어요. 말라드는 우리의 인생이었어요. 나는 말라드를 내 물건처럼 소중히 여기고 좋아했지요." 스미스 노인이 추억을 회상하며 들려주는 얘기를 듣자니 마치 기관차 말라드가 움직이는 듯했다. 기념품점에서도 말라드를 볼 수 있었다. 말라드 포스터 등 기념품은 물론이고 모형 제작에 필요한 푸른색 페인트를 작은 통에 담아 팔았다.

**\*\***

기차의 속도 신기록은 꽤 오랜 기간 동안 깨지지 않는 경향이 있다. 대체로 사람들은 한동안 속도의 최대 한계치에 도전하는 경쟁에 열을 올리다가 안전 문제와 더불어 신기록을 세우려는 욕심이 사그라들면서 속도 신기록도 수십 년간 갱신되지 않는다. 예를 들어 1895년 당시 런던과 스코틀랜드의 애버딘 구간 운행시간은 8시간 40분이었는데, 80년간 조금도 단축되지 않았다. 1930년대 중반 런던과 리버풀 구간은 2시간 20분이 걸렸는데 지금도 고작 십여 분 단축되었을 뿐이다. 그런데 21세기에 들어 신기록이 다시 갱신되고 있다. 철도의 종주국이랄 수 있는 영국은 고속철도 분야에는 비교적 늦게 참여했다. 런던과 버밍엄을 연결하는 고속철도(HS2)가 2026년에 개통될 예정으로, 소요 시간이 현재의 1시간 24분에서 49분으로 줄어든다고 한다.

다른 나라에서도 운행 시간이 점점 단축되고 있다. 2010년 스페인에서 시속 328킬로미터의 속도를 자랑하는 고속철도가 개통되었다. 오리 모양과 비슷하게 생겨 '더 덕'이라는 닉네임이 붙은 고속철도 아베 S-112는 마드리드와 발렌시아 구간 운행 시간을 종전에 비해 2시간 이상 단축한 1시간 50분 만에 주파한다. 같은 해, 러시아의 상트페테르부르크에서 승객들을 태운 기차가 국경을 넘어 핀란드의 수도 헬싱키에 도착하는 데까지 걸린 시간은 3시간 30분에 불과했다. 이탈리아에서 제작된 이 열차의 이름은 Sm6알레그로이며, 상트페테르부르크와 헬싱키 구간의 운행시간을 2시간 단축시켰다. 2011년에 개통한 중국의 고속열차 CRH380의 속도는 시속 298킬로미터이며 베이징과 상하이 구간을

2010년보다 절반 이상 줄어든 시간에 주파한다. 10시간이 걸렸던 기존 운행 시간을 4시간 45분으로 단축한 것이다. 일본의 기차들은 다른 나라들에 비해 약간 더 빨리 달리고 있다. 2015년 4월, 후지산 인근에서 실시한 테스트에서 49명의 승객을 태운 자기부상열차 마그레브Maglev가 시속 598킬로미터의 속도를 기록하여 프랑스 테제베TGV의 속도를 가볍게 추월했다. 이 열차는 선로 위를 10센티미터 공중 부양한 채 달린다. 2027년엔 이 열차로 도쿄에서 나고야까지 264킬로미터의 거리를 40분 만에 주파할 예정이라고 한다. 지금 운행 중인 고속철 신칸센보다 2배 빠른 속도다.

철도 기술이 빠르게 발전하는 오늘날, 기차를 처음 생각해 낸 사람들의 취지를 돌이켜볼 필요가 있다. 영국 북서부의 새벽을 시커먼 연기를 내뿜으며 기차가 달리던 빅토리아 이전 시대를 회상해 보자.

## 독재 정권의 군대가 더 무서울까요?

1830년에 개통된 리버풀과 맨체스터 구간 철도는 영국인들의 생활 방식에 혁명을 일으켰다. 당시 번창하던 면직 공장과 약 48킬로미터 거리에 있는 선적 항구를 철로로 연결했다는 사실은 사건이나 다름없었다. 이 증기기관차로 인해 세상이 좁아지기도 했고 넓어지기도 했다. 무역이 확대되었고 정보가 빠른 속도로 퍼져나가 글로벌 산업에 불을 지폈다. 시계나 우주 로켓 정도를 제외하면 여타 발명품과는 비교가 안 될 정도로 영향력을 발휘한 철도는 사람들의 시간 개념까지 바꾸어 놓았다.

기차는 컴퓨터와는 달랐다. 기차를 처음 만든 사람들은 자신들이 무엇을 세상에 내놓았는지 잘 알고 있었다. 1820년대 후반 무렵, 지지 의사를 보낼 가능성이 있는 후원자들과 불안감을 감추지 못하는 군중들에게 리버풀과 맨체스터 간에 철로를 놓겠다는 아이디어를 제시한 사람은 '리버풀 앤 맨체스터 레일웨이 사社'의 재정담당관 헨리 부스Henry Booth였다. 당시 영국인들은 기차가 다니면 사람들의 폐가 망가지고, 암소들이 더 이상 우유를 생산하지 못할 것이며, 시골길에는 화재가 발생할 거라고 크게 염려하고 있었다. 헨리 부스는 마차를 타야만 가능했던 리버풀과 맨체스터간의 여행 시간이 절반으로 단축된다는 장점을 들어 사람들을 설득했다.* 헨리 부스는 맨체스터의 사업가들이 집에서 아침을 먹고 기차를 타고 리버풀에 가서 사업상의 업무를 본 후 맨체스터의 집에 돌아와서 점심을 먹게 될 것이라고 예측했다. 자신이 세상 사람들의 기억 속에 남기를 바라던 헨리 부스는 조지 스티븐슨이나 그의 아들 로버트 스티븐슨 또는 이삼바드 킹덤 브루넬보다 훨씬 더 열정적으로 철도의 영향력을 강조했다. 헨리 부스는 철도가 '사람들의 시간에 대한 가치'를 바꾸어 '한 시간 또는 하루에 대한 개념이 바뀜으로 해서 인생의 길이에 대한 개념에도 영향을 미칠 것'이라고 주장했다. 빅토르 위고는 이런 말을 남겼다. '때를 만난 아이디어의 영향력은 독재 정권의 군대보다 더 무섭다.'**

---

- 운하는 계절에 따라 무용지물인 경우가 많았고 마차와 마찬가지로 시간이 많이 걸렸으며 원래 화물을 운송하기 위해 만든 수단이었다.
- 1877년 출간된 『범죄의 역사』에서 인용

리버풀과 맨체스터 간 철도 부설은 당시로선 사상 최대의 토목 공사였다. 게다가 48킬로미터 거리를 2시간 25분에 주파한 당시로선 세상에서 가장 빠른 철도임은 말할 것도 없다.* 리버풀과 맨체스터 간에 철도가 개통되고 몇 년 지나지 않아 곳곳에서 철도 사고가 발생했다. 하지만 산업화를 이루려는 모험정신 역시 영국 전역에 퍼져나갔다. 이제 세계 경제의 목표는 무쇠 바퀴 위에서 추진되었다. 시간 단위는 더욱 쪼개져 시계의 분침이 일상생활에서 필수불가결한 요소가 되었다.

영국의 증기기관은 전 세계로 보급되었다. 1832년 2월,《아메리카 철도 저널》이란 이름의 잡지가 새로 발간되었다. 이 잡지는 이리 운하와 허드슨 운하를 따라 부설된 철로 소식 및 뉴저지와 매사추세츠, 펜실베이니아, 버지니아 철도 개통과 관련된 뉴스를 실었다. 프랑스에서 일반 승객을 운송하는 철도가 1832년에 개통되었으며 아일랜드에선 1834년에, 독일과 벨기에에선 1835년 그리고 쿠바에서는 1837년에 개통했다. 1846년에 이르러 영국 전역에서 땅을 파고 구멍을 뚫는 기계 소리가 요란했으며 관련 법안이 의회에 상정되었다. 1846년 한 해에만 272건의 철도 관련 법안이 제정되었다.

---

• 1830년 9월 15일 개통식 날엔 웰링턴 공작을 비롯한 여러 고관대작들이 참석했는데 주행시간이 예정 시간보다 다소 늦어졌다. 리버풀 출신의 국회의원으로 철도 부설을 강력히 지지했던 윌리엄 허스키슨이 기차에 끼여 사망하는 사고가 발생했기 때문이다. 운행 기록을 담당한 노쇠한 역무원은 최초의 기관차 '로켓호'가 자신이 서 있는 장소에 도달하기까지의 시간을 측정하지 못했다. 승객들이 한꺼번에 몰려들어 선로 위에서 서성거리는 데다 로켓호가 오는 도중에 급수를 하는 바람에 그렇게 되었다. 기술 진보의 상징적인 해프닝이었다! 당시에는 매우 흔한 실수였다.

철도 개통과 더불어 기차시간표라는 혁신적인 시스템이 도입되었다. 1831년 1월, '리버풀 앤 맨체스터 레일웨이 사社'는 열차 출발 시간만 표시된 시간표를 만들었다. 이 회사는 두 도시간의 운행이 일등석 객차의 경우 2시간 이내가 되길 바랐다. 일등석 객차만 더 많은 석탄을 쏟아붓고 좀더 성능이 좋은 기관차를 투입하면 가능할 것으로 예상했다. 그래서 이 회사는 차별화된 요금과 시간표를 만들었다. 일등석 객차는 편도 5실링으로 오전 7시와 10시 오후 1시와 4시 30분에 출발하고 맨체스터 행 마지막 열차는 화요일과 일요일엔 오후 5시 30분으로 출발하기로 결정했다. 이등석 객차의 요금은 3실링6펜스로 하고 오전 8시와 오후 2시 30분에 출발하기로 했다.

그런데 수백 킬로미터 떨어진 먼 지역, 예를 들어 영국 북부 랭커셔Lancashire에서 버밍엄이나 런던으로 멀리 여행하려는 사람들은 어땠을까? 그들 역시 이미 1830년대 후반에 이르러 철도 여행이 가능했다. 물론 미들랜즈에서 북서부로 달리는 노선을 가진 그랜드 정션 철도회사나 런던 앤드 버밍엄 철도회사, 리즈 앤드 셀비 철도회사, 요크 앤드 노스미들랜즈 철도회사 등 경쟁 철도회사들이 스케줄 조정 합의에 실패하는 바람에 승객들이 하루에 둘 이상의 철도 노선을 이용하려면 기민하게 움직여야 했다.

여러 개의 노선을 연결하는 최초의 일반 승객용 철도 시간표는 1839년에 만들었다. 그런데 시간표에 치명적인 문제가 있었다. 그 당시는 영국 각 지역의 시간이 제각각이었다. 철도망을 개설하기 전에 시간부터 통일해야 한다고 생각한 사람이 거의 없었다. 옥스퍼드 지역의 시간이 런던의 시간보다 5분 2초 늦고 브리스톨 지역의 시간이 런던보다 10분, 엑서터Exeter 지역의 시간은 14분 늦다면 열차 승객들은 도착지에서 시곗바늘을 조정해야 하는 문제가 생기는 것이다.* 실제로 1830년대 영국의 3개 서부 지역 사람들은 런던보다 늦은 시간에 일출과 일몰을 보았다고 한다. 당시에는 시청 건물 시계나 큰 교회의 시계가 지역 주민들에게 공식 타임키퍼 역할을 하는 경향이 있었으나 여전히 태양의 위치를 보며 시간을 어림잡았다. 게다가 먼 곳으로 여행하는 일이 많지 않았던 서민들은 본인들이 사는 지역의 시계만 맞으면 되었지, 다른 지역의 시간에는 별 관심이 없었다. 육로를 이용한 여행이나 수로를 이용한 여행을 할 때 시간차가 생기면 여행 도중에 시곗바늘을 조정하면 되었다. 시간 조정표를 제공하는 마차회사도 간혹 있었지만 대개 신뢰성이 떨어지는 회중시계나 휴대용 시계를 보고 시간차를 대강 짐작했었다. 그러다 철도가 도입되면서 여행자들의 시간 개념에 일대 변화가 일어났다. '정확성'이라는 개념이 생긴 것이다.

여행자들은 정확하게 맞는 시계에 자부심을 갖기 시작했고(점차 이런 시계를 가진 사람들의 수가 늘어났다), 이런 사람들을 일컬어 '레일웨이맨'이라고 했다. 이 사람들은 시간이 맞지 않는 상황이 생기면 불평을 하게 되었다. 기차역 시계들의 시간이 서로 맞지 않아 출발지와 도착지간에 시간차가 생길 때면 승객들은 혼란스러움에 짜증을 냈다. 뿐만 아니라

---

• 그러한 시간차는 런던의 북부지역도 마찬가지였다. 리즈는 런던보다 6분10초 늦었으며 칸포스는 11분 5초, 배로 지역은 12분 54초 늦었다.

위험한 상황에까지 이르러 더 이상 그런 상황을 고수하기가 불가능해졌다. 곳곳에 철로가 부설되면서 기관사들이 가진 시계의 시간이 서로 다를 경우 열차끼리 충돌하는 사고가 날 수도 있기 때문이었다. 그리하여 비록 영국 내에서지만 1년 후에 해결 방안이 개발되었다. 사상 최초로 영국 전역에 표준시가 도입되어 철도회사들은 이를 바탕으로 기차 시간표를 만들었다.

1840년 11월, 그레이트 웨스턴 레일웨이 사社가 처음으로 승객들이 어느 역에서 내리거나 타더라도 자사의 노선이 지나는 지역의 시간을 모두 똑같게 해야 한다는 방침을 세웠다. 1년 전에 도입한 전보 시스템 덕분에 가능한 일이었다. 그리니치 천문대에서 보내오는 시간을 무선으로 각 지역에 보내는 방식이었는데 이로써 '철도 시간'이 '런던 시간'과 똑같이 맞추어졌다. 1847년에 이르러서는 노스웨스턴 레일웨이(진정한 챔피온은 헨리 부스의 회사), 런던 앤 사우스웨스턴, 랭커스터 앤 칼라일, 사우스웨스턴 등의 철도회사들도 동일한 시스템을 도입했다.

독불장군처럼 개인 혼자서 표준시간을 도입한 인물도 있다. 1842년, 버밍엄 출신의 유리 제조 기술자이자 기상학자인 에이브러햄 폴렛 오슬러Abraham Follett Osler는 철도뿐 아니라 일상생활에도 표준시간제 도입이 필요함을 누구보다 강하게 확신했다. 그는 자신이 직접 그 일을 하겠다고 마음먹었다. 버밍엄 철학 연구소 건물 외부에 새 시계를 세울 기금을 마련한 오슬러는 어느 날 저녁 버밍엄 시간을 런던 시간과 똑같이 맞추었다. 시간을 7분 15초 빠르게 바꾼 것이다. 사람들은 시간이 바뀐 사실을 눈치챘지만 한편으론 시계의 정확성에 감탄했다. 1년도 채 지나지 않아 지역 교회나 가게 주인들이 시간을 전부 변경했다.

각 지역의 반대도 없지는 않았으나 19세기 중반에 이르자 영국 철도 회사의 약 90퍼센트가 런던 시간에 맞추어 열차를 운행했다. 각 지역에 서 적지 않은 시공무원들이 런던의 영향을 받는 것에 불편한 심기를 드 러내며 또 다른 시계를 벽에 나란히 내걸어 반대의사를 분명히 했다(그 중 하나는 당연히 지역 원래의 시간을 가리켰다). 1851년, 《챔버스 에든버러 저널》의 기자는 「철도 시간의 공격」이라는 제목의 기사에서 철도 시간 에 대한 불만을 이렇게 썼다. '우리가 가장 소중하게 여기는 자산인 시 간이 위험에 빠졌다. 영국의 각 타운과 마을에 사는 국민들이 수증기의 위력 앞에 고개를 숙였으며, 철도회사의 방침에 복종하면서 철도회사의 페이스에 맞추어 다급히 뛰어다니게 되었다! 세상에 어느 독재자가 이 보다 더 잔인하고 끔찍할까?' 이 기자는 신문 독자들의 의견은 들어보 지도 않고서 여러 가지 사례를 들며 표준시간제 도입에 대한 경멸감을 표현했다. 예를 들어 서로 다른 시간대를 사용함으로 인해 디너파티와 결혼식이 엉망이 된 경우가 많다고 강조했다.

'표준시간제가 좋은 시스템이라는 교활하기 그지없는 약속은 분명 유해한 파급효과를 가져올 것이다. 노예가 아닌 자유인으로 태어난 영 국인들이 이처럼 괴물 같은 표준시간제를 용인할 수 있을까? 분명 그 렇지 않을 것이다! 철도 시간의 일방적인 공격의 중단을 요구하고, 필 요한 경우 저항하여 다 같이 힘을 합쳐 옛 시간을 구원합시다. 영국 국 민 여러분, 우리의 슬로건을 '태양이냐 철도냐'로 정합시다! 이처럼 위 험천만한 일을 반대하는 데 조금도 주저하지 맙시다! 시간이 없습니다.

어서 잠에서 깨어나 일어나십시오. 그렇지 않으면 우린 영원히 추락합니다!'

철도시간표가 있다는 사실만으로 사람이 사망할 가능성이 있다는 의견도 나왔다. 전염병학자이자 가이드북 『휴양지 스카버러 Scarborough as a Health Resort』의 작가인 알프레드 하빌랜드 박사는 1868년에 『서두르다가 죽는다. 기차 여행자들에게 전하는, 조급함과 열광의 위험성에 관하여』라는 책을 출간했다. 상당히 흥미로운 이 책에서 하빌랜드 박사는 기차시간표에 지나치게 몰두하거나 기차 시간에 대기 위해 뛰어가거나 새로 도입된 표준시에 지나친 관심을 가지면 위험하다고 경고했다. 그는 확실해 보이기도 하고 동시에 의심스럽기도 한 증거를 제시했는데, 브라이튼에서 런던 간 철도노선을 이용해 자주 여행한 사람들은 그렇지 않은 사람들보다 빨리 늙는다는 주장이었다.

당시의 시간에 대한 압박감은 웃지 못할 에피소드를 남겼다. 1862년, 『철도 여행자용 핸드북』이란 책이 출간되었다. 철도 여행의 옷차림과 편하게 기차 여행을 하는 방법, 기차가 터널을 통과할 때 주의할 점 등을 다룬 책으로 철도 여행자들에게 필수인 가이드북이다. 이 책에는 처음 기차로 여행하는 사람들이 기차를 놓치지 않으려고 다급하게 뛰어다닌 사례도 소개했다.

'기차가 출발하기 5분 전에 기차 탈 준비를 하라고 승객들에게 벨이 울린다. 기차 여행을 많이 해보지 않은 사람들은 그 벨 소리를 기차가 바로 출발한다는 신호로 생각한다. 그래서 당황한 초보 여행자들이 허둥지둥 플랫폼을 달리는 몹시 재미있는 풍경이 펼쳐진다. 기차를 놓치지 말아야 한다는 일념으로 뛰던 사람들이 넘어지는 일이 비일비재했다.'

한편, 기차 여행을 자주 해 본 사람들은 그 벨소리를 '객차 문 앞에 서서 다수의 초보 여행자들이 허둥대는 모습을 지켜보라'는 신호로 여겼다.*

마침내 1880년에 영국 의회에서 '표준시간법'을 통과시킴으로써 그리니치 표준시가 영국의 표준시간으로 채택되었다. 그리하여 공공건물에 표준시와 다른 시간을 가리키는 시계를 고의로 내걸면 공공질서를 해치는 범법행위로 간주했다. 하지만 영국을 제외한 다른 나라에서는 여전히 시곗바늘이 제각각이었다. 다른 유럽 국가들에 비해 늦게 철도를 받아들였으며 시간에 대해 전통적으로 빠딱한 태도를 가진 프랑스는 새로운 운송 수단인 철도를 대하는 태도도 다를 바가 없었다. 대부분의 기차역들이 기차 스케줄이나 기차역사 바깥에 설치된 시계들은 파리 시간을 적용했지만, 기차역사 내부에 걸린 시계들은 의도적으로 5분 빨리 가도록 해 놓았다. 이는 기차역에 늦게 도착할 승객들이 받을 압박감을 완화하기 위한 조치였다(이런 조치는 1840년부터 1880년까지 유지했다.

---

• 기차를 놓치지 않으려고 허둥대는 행위에 대해 일부 사람들은 빠르게 돌아가는 세상이 개인 사생활을 침해하는 일이 하나 더 생겼다고 여겼다. 1835년, 영국의 비평가 토머스 칼라일은 미국인 작가 랄프 왈도 에머슨에게 보낸 편지에서 이렇게 썼다. '철도, 증기선, 인쇄기는 우리가 사는 시대의 가장 괴물 같은 물건들입니다.' 토머스 칼라일은 괴테의 『파우스트』를 인용하여 '무섭게 빨라지는 시간의 베틀'이 두렵다고 했다. 하지만 그는 인쇄기가 발명된 지 300년이나 되었다는 것을 인정할 필요가 있다. 인쇄기가 없었다면 두 사람이 작가가 될 수 있었을까?

물론 대부분의 승객들은 이러한 트릭을 잘 알고 스케줄을 조정했다. 자유방임주의를 보여주는 좋은 사례다).

독일인들은 철도가 흡사 마법사의 발명품처럼 시간을 줄인다고 보았다. 1840년대 후반, 신학자 다비드 프리드리히 슈트라우스David Friedrich Strausss는 하이델베르크에서 만하임까지 기차를 타고 (5시간이 아닌) 30분 만에 도착한 것에 대해 매우 경이적인 일이라며 놀라워했다. 1850년, 루드비히 공의 철도회사는 시간을 더욱 줄였다. 이 회사는 뉘른베르크Nürnberg에서 퓌르트Fürth까지 1시간 30분이면 갈 수 있다고 광고했다. 독일 신학자 게르하르트 도른-반 로쑴Gerhard Dohrn-van Rossum은 저서 『시간의 역사』에서 철도가 공간과 시간의 제약을 없애고 자연 환경의 지배에서 해방을 가능하게 한다고 언급했다. 리버풀에서 헨리 부스가 주장했듯이 산을 헤치고 나아가거나 계곡을 가로질러 여행하는 사람들은 그러한 장애물을 없애면 수명이 배로 늘어난다고 생각했다. 그리고 그러한 상상은 가능한 모든 것을 빨리 해내도록 사람들을 재촉했다.

독일 사람들은 이른바 '민족정신Volksgeist'에 입각하여 이렇게 규정했다. '기차는 운행 스케줄에 의거 일관성 있게 움직일 뿐 아니라 베를린 시간과 일치하는 기차역 시계에 의해 정확하게 움직인다.' 하지만 기차역 밖에 있는 지역 시간을 버리고 표준 철도 시간을 받아들이기까지 자그마치 50년 이상의 세월이 걸렸다. 독일은 1890년대에 이르러서야 철도 시간이 표준화되었다. 하지만 승객들을 배려한 조치라기보다는 빠른 움직임을 강요하는 정치적·군사적 편의성 때문에 내려진 조치였다.

1891년, 육군원수 헬무트 폰 몰트케는 제국의회에 나와 표준시간제의 필요성을 역설했다. 그는 프랑스에서 지상전을 하면서 철도를 이용해 큰 효과를 본 경험이 있었다. 철도로 인해 군사작전의 극적인 개선을 쉽게 이룬 결과, 불과 4주 만에 43만 명의 군인을 집합시켰다. 하지만 극복해야 할 문제점도 없지 않았다.

'여러분, 우리 독일에는 5개의 시간대가 있습니다. 작센 지방을 포함한 북부 독일 지역에선 베를린 시간을 이용합니다. 바이에른 지역에서는 뮌헨 시간을 이용하고, 뷔르템부르크에선 슈투트가르트 시간, 바덴에선 칼스루에 시간을 그리고 레니쉬 팔라티나테 지역에선 루드비히스하펜 시간을 쓰고 있습니다. 프랑스 전선과 러시아 전선에서 마주치기 두려웠던 온갖 불편함과 불이익을 오늘날 우리나라에서 겪고 있습니다. 이건 여전히 남아있는 잔해이며 붕괴된 독일이 남긴 유산입니다. 제국이 된 우리 독일에서 뿌리 뽑아야 할 잔해입니다.'

그리하여 독일도 그리니치 표준시를 받아들였다.*
그런데 표준시간제에 대한 거센 반발이 방대한 대륙 북아메리카에서 일어났다. 미국인 철도 여행객들은 1870년대 초반까지도 지역마다 시간이 다른 걸 당연하게 생각했다. 미국 동부 지역에서 서부 지역에 걸쳐

---

• 제국의회의 선포 내용은 다음과 같았다. '독일에서 법으로 정한 시간은 그리니치 천문대 동쪽으로 위도 15도를 기준으로 한 평균 태양시이다.'

49개나 되는 각기 다른 철도 시간이 있었기 때문이다. 예를 들어, 시카고에서 정오 시각이 피츠버그에선 12시 31분이었다. 그런데 이 문제가 1853년 이후부터 다급히 해결해야 할 이슈로 떠올랐다. 각기 다른 철도 시간으로 인해 여러 건의 철도 사고가 일어났기 때문이다(그런데도 기차들은 여전히 선로 하나로 양방향 운행을 하고 있었다).

1853년 8월, 보스턴 앤드 프로비던스 철도의 레이먼드 리라는 관리자가 철도시간 지침을 내놓았다. 하지만 이 지침은 너무 복잡한 데다 인간은 실수하게 마련이라는 사실만 드러내고 말았다. 이 지침은 부분적으로 흡사 막스 형제가 출연한 코미디 영화의 대본 같다.

> 표준시는 보스턴 콩그레스 스트리트 17번가에 있는 본즈앤썬스Bond & Sons의 시계보다 2분 늦다. 보스턴 역 검표원과 프로비던스 역 검표원이 기차역 시간을 정한다. 보스턴 역 검표원은 보스턴 역 시간을 표준시와 매일 비교한다. 프로비던스 역 검표원은 프로비던스 역 시간을 승무원의 시간과 매일 비교한다. 기차역 시간의 차이를 승무원 두 사람이 동의하면 시간 변경의 타당성을 보여주는 것이다.**

그리고 그 다음엔 철도와는 관련이 없는 전문가 그룹에게 임무가 주어졌다. 미국의 천문학자들은 오래전부터 천문관측소 시간이 가장 정

---

•• 병행 선로parallel tracks : 21세기 들어 뉴욕과 시카고의 증권 거래소에서 이용되는 초고속 광섬유 케이블은 150여 년 전에 철도 옆에 설치한 전신기와 같은 코스를 따라 가설되었다.

확하다고 주장해 왔다. 그리하여 이들에게 기차역 시간 조정을 맡겼으며 천문관측소 시간이 시청 앞 시계나 보석상의 시계보다 정확하다는 신뢰를 얻게 되었다. 결국 1880년대에 이르러 미국 해군천문대 US Naval Observatory 주도로 약 20여 개의 천문관측소들이 철도 시간 조정 작업에 참여한다.

천문학자들을 제외하고 한 사람이 두각을 나타냈다. 철도 엔지니어인 윌리엄 F. 앨런은 미국 철도 표준시협의회 General Time Convention에서 사무차관을 맡았던 사람으로, 그는 오래전부터 만국 표준시의 필요성을 알고 있었다. 앨런은 1883년 봄에 열린 어느 회의에서 회의 참석자들에게 두 지도를 보여주었다. 그중 하나는 거의 50개에 이르는 철도노선을 보여주는 지도로 여러 가지 색으로 각각의 철도를 표시했다. 흡사 개구쟁이 어린아이가 마구 낙서를 해 놓은 듯 보였다. 다른 지도에는 네 가지 색깔의 컬러바가 북쪽에서 남쪽으로 그어져 있었다. 이는 15도 단위로 구분되는 경도를 의미했다. 앨런은 새로 만든 이 지도에 '미국인들이 바라는 미래'가 담겨 있다고 강력히 주장했다.* 앨런의 제안은 획기적인 것이었다. 그가 새로 제안한 미대륙 시간 구분은 미국의 자오선을 기준으로 하지 않았다. 미 국경을 초월한 자오선을 기준으로 한 것으로 영국

---

* 앨런의 구상은 C. F. 도우드 교수가 제시한 참신한 아이디어를 바탕으로 했다. 도우드 교수는 뉴욕 주 사라토가스프링스에 위치한 직업 전문학교인 '젊은 여성을 위한 산업 클럽'의 학장을 지낸 학자로 미국의 시간대를 4개로 나누자고 처음 제안한 사람이다.

그리니치 천문대에서 전보로 받은 신호를 기준으로 삼았다.**

1883년 여름, 앨런은 자신이 마련한 지도와 세부 계획안을 각 철도회사에서 일하는 570명의 관리자들에게 보냈다. 그리고 절대 다수가 지지의사를 보냈다. 그러자 앨런은 각 지역 시간을 표준시로 바꾸는 '변환표'를 관리자들에게 보냈다. 그리하여 1883년 11월 18일 정오를 기해표준시의 시대가 개막되어 기존 49개였던 시간대가 4개로 줄었다. 뉴욕의 웨스턴유니온 빌딩에서 시간 변환을 관찰한 앨런은 이렇게 적었다. '세인트 폴 성당의 벨이 옛 시간을 알렸다. 4분 뒤 해군천문대에서 보낸전기 신호에 의거…… 지역 시간은 없어졌다. 아마 다시는 지역 시간이복구되지 않을 것이다.'

유럽에서와 마찬가지로 철도에 의존하는 현상이 차츰 보편화되면서미국인들도 철도 시간표에 맞추어 일상생활을 하게 된다. 하지만, 역시유럽과 마찬가지로 미국의 전 도시들이 표준시 도입을 일제히 환영하지는 않았다. 피츠버그는 1887년에 이르러서야 표준시를 받아들였다. 오거스타와 서배너는 1888년까지 표준시를 인정하지 않았다. 오하이오주에선 벨레어 학교 기숙사 학생들이 표준시 도입과 관련하여 투표를하다가 시의회의 명령으로 경찰에 체포되었다. 디트로이트가 가장 격렬하게 저항한 도시였다. 미국 중부표준시 존에 속하는 디트로이트는 표준시보다 28분 늦은 지역 시간을 1900년까지 유지했다. 자동차 사업에

---

●● 표준시가 정해지기 이전, 전신의 모태가 된 것은 모스 부호인데 1845년 미국인 모스Morse가 워싱턴과 볼티모어 간에 세계 최초로 '주님이 행하신 일은 정말로 놀랍다!what hath God wrought!'라는 첫 메시지를 보냈다.

서 크게 성공하기 전에 시계수리 견습공이었던 헨리 포드는 표준 시간과 지역 시간이 모두 표시되는 시계를 만들어 팔았다. 표준 시간과 지역 시간은 1918년까지 함께 사용되었다.*

**

1883년 말, 《인디애나폴리스 센테니얼》지는 인간과 자연간의 경쟁에서 결국 인간이 앞장섰다고 썼다. '이젠 태양이 직장 근무 시간을 좌지우지할 수 없다……. 태양이 철도시간에 맞춰 뜨고 질 것이다.' 이 신문이 표준시 도입에 대해 못마땅해하는 것은 교회의 역할과 사람들에게 기도할 시간임을 알리던 교회 종의 역할이 줄어들었기 때문으로, 하나님이 만드신 전체적 구성이 사실상 약화되었기 때문이다. '미래에는 행성들이 철도 시간표에 맞추어 태양 둘레를 돌 것이다……. 그리고 사람들은 기차 시간에 맞추어 결혼식을 올려야 할 지도 모른다.'** 당시 신시내티에서 일하던 어느 기자는 '교외의 직장에 열차를 타고 매일 출퇴근하는 어느 남자를 보고 시간을 알 수 있었다.'라고 당시 상황을 기록했다.

당시 새로운 유행어로 떠오른 '코뮤터commuter'는 '교외에 있는 직장에 열차를 타고 통근하는' 사람 또는 이동 시간이 단축된 사람을 의미

---

- 러시아에선 그런 일이 없었다. 1891년에서 1916년까지 시베리아 횡단 철도가 건설되고 그 거리가 대단히 멀었지만 오직 모스크바 상용시에 의해 운행되었다. 현재 시베리아 횡단 열차는 8일간 달리면서 7개의 시간대를 지난다.
- 잭 비어티Jack Beatty가 쓴 『배신의 시대: 돈의 승리, 1865-1900 미국』과 이언 R. 바르티의 저서 『진정한 시간 팔기: 19세기 미국의 시간 지키기』에서 인용. 바르티의 저서는 포괄적이며 미국인들의 시간 개념에 대한 유용한 정보를 준 책이다.

했다. 1830년대 영국 리버풀과 맨체스터 간 철도노선이 개통될 당시만 해도 생소하던 기차시간표가 이젠 사람들의 영혼 속으로 파고들었다.•••
국제 열차 시간표를 논의하기 위한 첫 회의가 1872년 2월 독일 쾰른에서 열렸다. 오스트리아와 프랑스, 벨기에, 스위스의 대표들과 1871년에 통일을 이룬 독일제국의 대표들이 만났다. 회의 안건은 간단하면서도 복잡했다. 즉, 각국의 국경을 넘나드는 기차들의 운행을 조직적으로 조정하여 승객들의 기차 여행이나 화물 운송, 그리고 역무원들의 친절한 서비스를 원활하게 할 방법이 논의되었다. 그리고 그 처리 절차를 간소화해서 기차 여행의 편의성을 홍보할 방법도 논의 대상이었다. 주요 안건 중 하나로, 기차시간표를 시각적으로 보기 편하게 구성하는 문제가 논의되었으며 12시간 포맷을 기본으로 로마 숫자를 사용하기로 합의했다. 1872년 첫 모임 이후 매년 회의가 개최되면서 참가국도 늘어 났고 생산적인 안건들이 속속 논의되었다. 헝가리와 네덜란드, 스페인, 폴란드, 포르투갈이 추가로 회의에 참석했다. 런던에서 시작된 표준 시간 덕에 승객들은 점점 더 원활하게 다른 노선으로 갈아타게 되었다. 각국 대표들은 여름철 기차시간표와 겨울철 기차시간표를 논의하기 위해 회의를 1년에 두 번 열기로 합의했다. 제1차 세계대전 발발 직전까지 지속

---

••• 철도 여행에 열광하는 사람들, 마이클 포틸로(텔레비전 프로그램 「마이클 포틸로의 유럽 기차 여행」의 진행자)의 열성팬들은 철도 시각표를 수록한 기차 여행 안내서였던 조지 브래드쇼가 쓴 『유럽 기차 여행 가이드』이란 책을 잘 안다. 1939년에 영국에서 발간된 포켓 사이즈 책으로 실용성도 높고 정확하기로 정평이 나 있었다. 이 책자의 인기로 인해 철도회사들은 기차 시간을 정확하게 맞추기 위해 안간힘을 다했다. 무엇보다도 철도회사들에게 정확한 시간에 열차를 운영하도록 촉구한 기차시간표 수록 책자였다.

된 회의에서 각국은 서로간의 협력 방안, 주로 열차들의 국경 통과 문제를 해결했다. (전쟁은 철도의 품위를 앗아가 버리며 전쟁을 편리하게 하는 방편으로 이용되었다. 웰링턴 공작은 철도의 가치를 분명히 알고 있었다. 그리고 무솔리니 역시 철도의 진가를 간파했다.)*

놀라운 스피드라는 기차의 상징성이 차분함으로 바뀔 날이 머지않았다. 이제 스피드와 스트레스의 전형은 자동차가 될 것이다. 자, 이제 다른 얘길 해보자. 기차와는 차원이 다른 템포의 세계로, 아름다운 나라 오스트리아의 옛날로 돌아가 보자. 한 남자가 긴 머리카락을 미친 듯이 휘날리며 오케스트라를 지휘하고 있다.

---

* 무솔리니는 파시즘의 우월성을 널리 알리기 위해 '무솔리니가 집권하자 기차들의 도착 시간이 정확해졌다'는 선전 문구를 만들어 퍼뜨렸다. 하지만 당시의 목격자들은 무솔리니가 집권하여 기차들이 제시간에 운행되었다는 건 근거 없는 소리라고 증언했다. 하지만 그때까지 전 병력을 동시에 이동하기가 불가능 했던 것만은 사실이다.

사운드 혁명: 비틀스가 주는 3분간의 행복

# 베토벤, 지휘대에 오르다

## 4장

## 베토벤의 「교향곡 제9번」 지휘

1824년 5월 7일 금요일 저녁 6시 45분, 수많은 관객이 음악사상 불멸의 대작 초연을 보기 위해 빈의 중심가에 위치한 극장으로 모여들었다. 베토벤 9번 교향곡은 베토벤이 청력을 거의 상실했을 무렵에 작곡한 곡으로 형식이 매우 파격적이며 작곡자의 자유로운 정신세계를 보여주는 작품이다. 그래서 거의 200년이 지난 지금도 9번 교향곡을 해석하는 사람들은 신의 계시를 받은 작품인 듯 느낀다. 그리고 인류의 분열과 대립이 있는 곳이건 화합이 있는 곳이건 이 음악이 흐른다.

물론 초연 당시에는 이 음악이 이렇게 쓰일지 아무도 예상치 못했을 것이다. 1709년에 건축된 캐른트너토르 극장은 하이든과 모차르트, 살리에리의 작품들이 초연된 장소이다. 게다가 이 극장을 찾는 관객들은 고품격 오페라에 정통했다. 이 극장에서 가장 근래에 공연된 베토벤의 작품은 새로이 편곡한 오페라 「피델리오」였다. 관객들의 극찬을 받았지만 벌써 10년 전의 일이었다. 이제 쉰세 살이 된 베토벤, 재정 상태는 늘 불안정하여 런던과 베를린, 상트페테르부르크의 귀족들과 출판사들의 후원을 받아야 했다. 그가 작곡 원고 마감일을 자주 어기는 등 작품 활동에 몰두하지 못하고 조카인 칼의 양육권과 관련된 소송으로 시간을 빼앗기고 있다는 소문이 돌았다. 게다가 베토벤은 고집이 몹시 세고 심술궂다는 평판을 받고 있었다. 그러다보니 베토벤의 9번 교향곡이 다른 대작들보다 더 훌륭할 것이라고 기대하는 사람들은 없었다. 특히 연주 시간이 길고 마지막 악장에 솔로 가수들과 코러스가 등장하는 등 구성이 복잡하다고 알려지면서 기대감은 더욱 낮아졌다. 게다가 사흘간의 짧은 리허설도 신뢰감을 떨어뜨렸다. 그 외에 한 가지 문제가 더 생겼다. 캐른트너토르 극장 오케스트라의 상임지휘자인 미하엘 움라우프가 지휘봉을 잡고 제1바이올린을 맡은 이그나츠 슈판치히 Ignaz Schuppanzigh 가 함께 지휘자로서 오케스트라를 이끈다는 공식 발표가 있었지만 작곡가인 베토벤도 지휘대에 오르기로 한 것이다. 베토벤은 상임지휘자인 미하엘 움라우프 옆에 서서 각 악장의 빠르기를 오케스트라 단원들에게 알려주기로 했다(초연 전날 발표된 공식 보도에는 '루드비히 판 베토벤 선생이 총감독으로 참여합니다.'고 했다). 이로 인해 오케스트라 단원들은 복잡한 딜레마에 빠졌다. 누구를 보면서 연주해야 하는가? 누구의 지시를 받아 템포를 결정해야 하는가? 당시 초연에 참여했던 피아니스트 지기스몬트 탈베르크의 증언에 의하면 상임지휘자 마하엘 움라우프는 단원들에게 예를 갖추어 베토벤을 바라보면서 연주를 하되 청력을 잃은 그의 지시에 따르지 말라는 명령을 내렸다고 한다.

9번 교향곡 초연에 앞서 베토벤이 최근에 작곡한 두 작품이 연주되었다. 빈의 어느 콘서트홀 오픈식을 위해 작곡한 「헌당식 서곡」과 대작 「장엄 미사」에서 뽑은 3곡이었다. 9번 교향곡 연주가 시작되자 지휘봉을 잡은 베토벤은 온몸을 이용해 연주자들에게 지시를 내리면서 연주를 이끌었다. 바이올리니스트 요제프 뵘에 따르면 '베토벤은 마치 미친 사람처럼 몸을 내던졌다.' 요제프 뵘은 베토벤이 '몸을 완전히 쭉 폈다가 그 다음엔 바닥까지 몸을 굽혔다. 그는 마치 오케스트라의 악기들을 자신이 직접 연주하고 싶다는 듯, 그리고 합창단의 코러스를 모두 따라 부르고 싶다는 듯이 팔과 다리를 마구 흔들며 지휘했다.'고 회상했다. 합창단의 일원이었던 헬레네 그레브너는 베토벤의 템포가 다소 느렸다고 기억했다. 그레브너는 베토벤이 눈으로 악보를 보고 있는 듯했지만 사실 각 악장이 끝날 때 악보 여러 장을 한꺼번에 넘겼다고 했다. 2악장이 끝나고 관객들의 박수갈채가 터지자 알토 독창을 했던 카롤리네 운거가 베토벤의 소매를 잡아 당겨 관객들이 박수를 치고 있음을 알려주었다. 요즘은 전 악장이 다 끝나고 나서 관객들이 박수를 치지만 당시엔 각 악장 사이에도 박수를 치도록 허용했다. 베토벤은 박수갈채가 터졌는데도 오케스트라만 바라보고 있었다. 박수 소리를 전혀 듣지 못했거나 3악장 아다지오 악보에 열중하느라 정신이 없었을 것이다.

진짜로 이런 일이 있었던 걸까? 아니면, 시간이 흐르면서 사람들이 교묘하게 꾸며낸 이야기일 뿐일까?[*] 9번 교향곡 초연과 관련하여 더 큰 의문점이 있다. 청력을 상실한 사람이 과연 관객들을 환희의 세계에 빠지게 만든 음악을 작곡한다는 게 가능한가? 베토벤의 비서로 일했던 안톤 쉰들러는 이런 기록을 남겼다. '내 생애에 그토록 열렬하고 정성을 다한 박수갈채는 들어 본 적이 없었다⋯⋯. 관객들은 더할 나위 없는 뜨거운 반응을 보였다. 감격한 관객들은 각 악장이 끝날 때마다 환호성을 질렀다.'[**] 《비너 알게마이네 무지칼리셰 차이퉁》에 실린 평론은 베토벤의 '지칠 줄 모르는 천재성이 음악의 새로운 지평을 열었다'고 극찬했다. 베토벤의 친구들과 비평가, 음악 전문가 등 극장에 모인 사람들이 일제히 모자를 벗어 공중에 날리며 환호했다. 하지만 이들이 작곡가의 의도를 알았을까? 그리고 지금 우리도 그의 의도를 알 수 있을까?

우리가 지금 볼 수 있는 건 악보뿐이다. 소나타 형식의 제1악장은 매우 빠른 템포로 연주되어 마치 오케스트라 단원들이 자기 자신과 격렬한 싸움을 하는 듯하다. 느린 목관의 화음으로 시작되지만 긴장감이 감돌다가 소리가 점점 커지면서 최고조에 달하는 크레센도 형식으로 흔들림이 없는 열정적인 힘을 보여준다. 스케르초 형식의 2악장은 격렬하면서 짧게 연주하는 현악기로 시작되다가 쾌활하고 빠른 선율로 이

---

- 이 에피소드의 출처는 요제프 뵘인 듯하다. 그는 이렇게 술회했다. '베토벤은 너무 흥분한 나머지 주변 상황을 전혀 인식하지 못했다. 베토벤은 박수가 터져 나온 걸 듣지 못했다. 청력을 상실한 것이 원인이었다. 관객들의 박수 소리를 알아들어야 할 타이밍이 되면 누군가 늘 베토벤에게 알려주어야 했다.'
- ●● 베토벤의 「필담 수첩」에 안톤 쉰들러가 쓴 글이다. 베토벤은 청력 문제가 심각해지자 필담으로 만나는 사람들과 의사소통을 했다.

어진다. 이어지는 3악장은 느린 템포로 연주되며 절제되고 심장이 멈출 듯한 아름다운 멜로디이다. 그리고 마지막 환상적인 4악장은 쉴러의 「환희의 송가」의 가사에 의한 합창이 도입된다. 하늘에서 벼락이 내리치는 듯한 장대하고 열광적인 심포니이다. 독일의 음악평론가 파울 베커 Paul Bekker는 이렇게 논평했다. '개인적인 경험 범위에서 벗어나 인류의 보편성에서 우러나온 작품으로, 개인의 인생을 묘사한 작품이 아닌 궁극적인 불변의 의미를 담은 작품이다.'

하지만 우리가 이 작품의 악보를 제대로 이해한다고 할 수 있을까?

음표와 템포는 별개다. 9번 교향곡은 이미 오래전부터 우리들 일상생활의 일부인 것처럼 누구에게나 친숙하며 정식 명칭은 「교향곡 제9번 D단조」, 작품 125번이고 일명 '합창'이라고 부르며 전문가들을 더 짧게 줄여서 'B9'로 부른다. 그런데 지금까지 수천 번 연주된 이 곡의 연주 시간에 대해서는 전혀 합의가 되지 않고 있다. 제2악장은 어느 정도로 경쾌하게 연주해야 하나? 3악장은 어느 정도 느리게 연주해야 할까? 토스카니니는 무슨 자격으로 4악장 지휘를 클렘페러 Klemperer보다 5분이나 빨리 끝냈을까? 19세기의 어느 지휘자는 21세기의 어느 지휘자보다 무려 15분이나 빨리 관객들이 집으로 돌아갈 수 있게 했다. 그 방법은 도대체 무엇일까? 1935년 2월, 빈 필하모니 오케스트라의 지휘자 펠릭스 바인가르트너 Felix Weingartner가 9번 교향곡을 62분 30초 만에 끝낸 비결은 무엇일까? 1962년 가을, 베를린 필하모니 오케스트라의 지휘자 헤르베르트 폰 카라얀은 66분 48초, 베르나르트 하이팅크 Bernard Haitink는 2006년 4월 런던 심포니의 연주로 68분 9초에 9번 교향곡을 마쳤다.

2003년 빈에서 69분 46초 동안 9번 교향곡을 지휘한 사이먼 래틀은 어떤가? 각 악장 사이의 인터벌과 관객들의 기침 소리까지 모두 담은 라이브 음반들도 있다. 제9번 교향곡 라이브 음반 중 연주시간이 가장 긴 것은 1989년 크리스마스날 독일 베를린 장벽 붕괴를 기념하여 레너드 번스타인이 지휘봉을 잡고 다국적 관현악단이 연주한 것으로 81분 46초였다. 이날 연주의 피날레 부분에서 합창단은 '환희'를 '자유'로 바꾸어서 불렀다고 한다. 모든 것이 빨라지기만 하는 현대사회에서 그처럼 긴 9번 교향곡을 듣는 인내심이 갑자기 생기기라도 했는가? 천재 작곡가에 대한 감사의 표시로 음표 하나하나를 다 음미했나?

아름답게 들리는 음악은 작곡 자체 못지않게 곡에 대한 해석에 영향을 받는다. 작품에 생명력을 불어넣는 것은 곡에 대한 해석이다. 예술에 절대성이란 없으며 인간의 감정은 시간으로 측정할 수 없다. 그런데 19세기 초에 이르러 음악을 해석하는 방식이 바뀌었다. 베토벤의 음악에 대한 갈망 그리고 그가 음악 형식을 파격적으로 바꾼 것과 관련이 많다. 베토벤은 새로운 방법으로 박자를 표시했다.

9번 교향곡의 각 악장은 빠르기와 분위기가 일반적인 교향곡의 형식으로 시작된다. 그러나 이 곡을 듣는 사람들은 누구나 그런 도입부가 전통적인 교향곡과는 다른 이 작품에는 적합하지 않다고 생각했다. 제1악장은 '빠르게 그러나 지나치지 않게, 그리고 조금 장엄하게 Allegro ma non troppo, un poco maestoso'를 선택했다. 제2악장은 '매우 빠르고 쾌활하게 Molto vivace', 제3악장은 '아주 느리게, 노래하듯이 부드럽게 Adagio molto e cantabile' 그리고 제4악장은 지축을 흔드는 합창과 함께 '매우 빠르게 Presto – 빠르게 그러나 지나치지 않게 Allegro ma non troppo – 빠르고 생기 있게 Vivace – 느리게 노래하듯이 부드럽게 Adagio cantabile '를 선택했다.

이런 빠르기들은 어디에서 왔을까? 사람의 심장 박동과 발걸음에서 나온 것이다. 빠르기에 대한 정의는 기준이 필요하다. 즉, 어느 부분에서 빠르게 하고 어느 부분에서 느리게 할 것인지 결정하는 템포주스토 tempo giusto가 필요하다. 사람이 평소 길을 걸을 때의 한 걸음과 심장 박동 수는 평균 분당 약 80비트 80BPM, 80 beats per minute이다. 이런 빠르기로 시작하는 게 '일반적'이라고 여겨져 왔다(1953년, 전설적인 음악학자 쿠르트 작스는 지휘자가 감당할 수 있는 빠르기의 상하 한계선이 있다고 주장했다. '느리기의 상한선은 32BPM으로 인간의 느린 발걸음과 심장 박동과 일치한다……. 그리고 지휘자가 불안감을 느끼고 흥분하게 되는 빠르기는 132BPM부터일 것이다.' 쿠르트 작스는 직접 이에 관한 리스트를 만들었다. 정확하진 않지만 상당히 독창적인 것으로 구체적인 BPM을 애매한 전문용어와 연결하여 작성했다. 하지만 안타깝게도 쿠르트 작스의 계산에는 약간의 착오가 있었다. 그는 아다지오를 31BPM, 안단티노는 38BPM, 알레그레토는 53과 1/2BPM 그리고 알레그로를 117BPM이라고 계산했다).•

'비바체' 또는 '모데라토' 등 우리에게 익숙한 여러 종류의 빠르기를 도입한 사람들은 이탈리아인들이다. 그리고 1600년경에 이르러 고전음악의 음계가 확립되었다. 그리하여 감정을 즉흥적으로 표현하는 데 그치지 않고 악보에 적어 넣었다. '흥겹게' 연주하는 부분엔 '알레그로'라고 적었고 '천천히' 연주해야 하는 부분에는 '아다지오'라고 썼다. 1611년 볼로냐에서 활동한 오르간 연주자 아드리아노 반키에리 Adriano

Banchieri의 오르간 악보에 이미 프레스토presto(빠르게), 피우 프레스토piùpresto(좀더 빠르게), 프레티시모prettissimo(아주 빠르게) 등이 표기되어 있었다. 그로부터 50년 후 음악 용어는 가장 짧고 날카로운 음인 네르보소nervoso(힘차게), 가장 아름다운 음인 푸조fuso(마음을 녹이는) 등으로 확대되었다. 인간의 심장 박동수과 연결하여 만든 것으로 이탈리아 말로 4분 쉼표를 의미하는 소스피로sospiro(한 번의 호흡)도 있다.

그런데 한 가지 문제가 있었다. 인간의 감정은 매우 유연해서 지휘자가 항상 작곡자의 악보대로 곡을 해석하지는 않는다는 점이다. 나라별로도 각기 달리 곡을 해석했다. 1750년대 요한 제바스티안 바흐의 아들인 카를 필리프 에마누엘 바흐는 '독일을 제외한 다른 나라에서 아다지오를 너무 빠르거나 너무 느리게 연주하는 경향이 분명하다'고 언급했다. 그리고 20여 년의 시간이 흐른 뒤 젊은 모차르트가 나폴리에서 피아노를 연주한 적이 있다. 그런데 모차르트의 연주 실력이 뛰어나고 특히 손놀림이 남달라 프레스토 부분을 아주 빠르게 연주했다. 이탈리아 사람들이 모차르트가 마법의 반지를 꼈을 거라고 생각할 정도였다(이들은 연주가 끝나

---

• 하지만 그가 작성한 리스트에 대해서는 반응이 좋았다. 20세기 초부터 음악은 여러 형태로 다시 나누어졌는데 듣는 사람의 느낌이나 빠르기로 그 유형을 결정하는 경우가 적지 않았다. 재즈의 경우 말로 표현할 수 없는 느낌을 표현하는 무수히 많은 유형이 생겼다. 예를 들어, 비밥은 빠르다는 의미로 통했다. 쿨 재즈는 매우 경쾌함을 의미했다. 발라드에서 스피드 메탈에 이르기까지 각각 여러 유형이 생겼고 팝음악과 댄스음악도 마찬가지였다. 현대 클럽 댄스는 대부분 비피엠BPM, Beats Per Minute으로 설명된다. 가정에서 듣는 댄스곡은 120~130BPM이며, 의식을 몽롱하게 만들 정도인 전자 댄스 음악은 130~150BPM이다. 여러분들은 그 가운데서 브레이크 비트(빠른 비트의 댄스 음악)를 찾게 된다. 드럼을 이용한 춤곡 리듬인 브레이크 비트도 130~150BPM이며 스피드 코어는 180BPM이다.

자 부정행위를 감추기 위해 모차르트가 그 반지를 뺐다고 여겼다).

　베토벤은 1820년대에 이르러 빠르기에 대한 규정을 형식적이고 낡은 것이라고 여기게 되었다. 베토벤은 1817년 작곡가이자 음악평론가인 이그나츠 폰 모젤Ignaz von Mosel에게 보낸 편지에서 이탈리아인들이 만든 음악의 빠르기에 대한 용어들은 '음악에 대한 교양이 전혀 없던 시대에 만든 것을 물려받은 것'이라고 비난했다.

　　'예를 들어, 알레그로보다 더 불합리한 게 어디 있겠습니까! 경쾌한 리듬
　　을 의미하지만 우린 알레그로의 진정한 의미를 제대로 알지 못합니다. 그
　　리하여 음악 작품이 정반대로 표현됩니다! 따라서 알레그로와 안단테, 아
　　다지오, 프레스토 등 네 개는 차라리 없애는 게 좋겠습니다.'

　모젤도 베토벤의 의견에 동의했다. 베토벤은 다만 두 사람 다 전통을 무시한 자들이라고 매도되지 않을지 염려스러워했다(베토벤은 차라리 '봉건적 사고방식'을 가진 자라고 비난받는 게 낫다고 생각했다). 그런 주장을 하면서도 낡은 스타일을 고집하는 것은 주저했다. 베토벤은 마지막 사중주도 자신이 경멸했던 이탈리아인들의 규칙을 따라 작곡했다.* 그 대신 베토벤은 자신의 불만을 누그러뜨리려고 빠르기를 약간 바꾸라는 표시를 악보에 기입하곤 했다. 예를 들어, 9번 교향곡 1악장의 앞부분엔 리타

---

●　베토벤이 다른 음악가들에게 보낸 서신을 보면 그가 여전히 알레그로와 안단테 등을
　사용하여 비록 템포를 나타내는 지표는 아니었지만 작품의 특징을 표현하는 유용한
　지표로 여겼음을 알 수 있다.

르ritard라고 표기했다. 이는 리타단도ritardando의 약자로 리듬이 너무 빨라지기 시작하면 점점 느리게 연주하라는 의미다. 하지만 베토벤은 9번 교향곡의 악보 전체에서 지휘자와 연주자들에게 새롭고도 의미 있는 설명을 제공했다. 새롭게 개발해 낸 음악적 도구에 의해 주어진 정확한 타이밍 측정이다.

베토벤에게 메트로놈은 가히 혁명적인 도구였다. 흡사 17세기의 전염병 연구자들이 현미경을 혁신적인 의학 도구로 여긴 것과 같았다. 메트로놈으로 인해 최상의 안정성과 미세한 다양성을 가지게 되었다. 게다가 메트로놈은 오케스트라 단원들에게 작곡자의 의도를 정확하게 전달했다. 도입부의 소절에 정확한 박자를 주는 것보다 더 바람직하고 흥미로운 것이 있을까? 나이든 작곡자에게 시간의 본질을 전달한다는 신념이야말로 신에게 좀더 가까이 다가가는 지름길 아닐까?

베토벤은 모젤에게 보낸 편지에서 1816년에 발명된 메트로놈은 독일인 피아니스트이자 발명가인 요한 멜첼Johann Mälzel의 업적이라고 썼다. 하지만 사실 멜첼의 메트로놈은 수년 전 암스테르담에 사는 디트리히 빈켈이라는 사람이 만든 것을 개량한 것으로 멜첼은 자신의 메트로놈으로 특허까지 받았다. 빈켈은 시계추의 정확한 움직임을 보고 아이디어를 내어 메트로놈을 만들었다. 시계추는 17세기 초 갈릴레오 갈릴레이 시대부터 음악가들이 작곡을 할 때 유용하게 쓴 도구다. 하지만 초창기에 쓰인 박절기는 정확성이 떨어져 음악에 이용하기에는 적당하지 않았다. 모양새도 요즘 사용하는 작은 피라미드 형태가 아닌 저울을 세워 놓은 모습과 비슷했다. 빈켈이 만든 메트로놈의 핵심은 추가 아랫부분의 가운데 지점 주위를 회전하는 방식이라는 점이다. 그 이전에 쓰이던 박절기는 추가 위에 매달려 흔들리는 방식이었다. 빈켈이 만든 기계를 도용하여 멜첼이 유럽에서 특허를 얻을 당시 멜첼이 새로 만들었다는 박절기의 달라진 부분은 새롭게 눈금을 새겨 넣은 측정판뿐이었다.[•]

멜첼은 다른 사람의 것을 모방하여 자기 것이라고 우기는 데 비상한 재능이 있었다. 베토벤도 1813년 웰링턴 공이 나폴레옹의 프랑스 병력을 격파한 승전 기념으로 작곡한「비토리아 전투」를 둘러싸고 멜첼과 저작권 문제가 생겨 소송까지 한다. 두 사람은 원래 함께 이 곡을 작곡을 했었다. 베토벤은 멜첼이 발명한 '판하르모니콘'이라는 오케스트라용 악기의 음을 내는 자동 연주 장치에 쓰일 곡으로 작곡했다. 그 후 베토벤은 이 곡을 확대하여 새로운 교향곡을 만들었으며 그러자 멜첼이 만든 기계는 아무 쓸모가 없어졌다.[••]

멜첼은 이안 플레밍의 소설『치티치티 뱅뱅』에 등장하는 괴짜 발명가 카렉터커스 포트 같은 인물이었다. 이 소설에서 오르간 제작자의 아들로 잡다한 기계 발명에 몰두하는 포트는 체스 두는 인형 '투르크Turk'를

---

- 그런데 베토벤이 남긴 다른 메모를 보면 빈켈이나 멜첼이 만든 메트로놈 이전의 구형 메트로놈에 대해서도 베토벤이 잘 알고 있었음을 추측할 수 있다. 베토벤은 분명 구형 박절기와 시계의 연관성을 잘 알고 있었다. 그리고 자신의「제8번 교향곡」에서 그 연관성에 동의했을 것이다. 비록 관객들이 그의 의도에 왈가왈부했지만「제8번 교향곡」가운데 연주 시간이 짧은 제2악장에는 똑딱똑딱하는 시계의 리듬이 있다. 어떤 사람들은 이것이 메트로놈에 대한 베토벤의 찬사라고 생각한다. 어쩌면 프란츠 요제프 하이든의「교향곡 101번, 일명 '시계'」제2악장에서 영감을 받았을 가능성도 있다.
- •• '메트로놈'은 '측정하다'는 의미인 그리스어 '메트론'과 라틴어 '메드룸'에서 유래한다. 길이와 운율을 의미하는 낱말 미터metre도 여기에서 파생되었다.

만들어 내는 성공을 이루기도 하지만 이로 인해 큰 위기를 겪기도 한다 (19세기 초에 이미 발명되어 당시 유럽 사람들을 놀라게 했던 투르크라는 체스 인형은 속임수에 불과했다. 투르크는 인간과 체스 게임을 할 때마다 지는 법이 없었다. 그러나 투르크가 스스로 생각하여 체스를 둔 것이 아니었다. 몸집이 작은 체스 마스터가 체스 인형을 앉혀놓은 캐비닛 안에 들어가서 체스를 둔 사기극이었다. 멜첼도 약 30년간 투르크의 소유자였다. 당시 투르크는 유럽을 일주하며 체스 고수들과 겨루었고 베토벤의 콘서트가 있는 극장에서도 막간을 이용해 시범을 보이기도 했다). 멜첼은 베토벤을 위해 나팔형 보청기를 4개나 만들어주었고 베토벤은 두 손을 자유롭게 사용하기 위해 멜첼이 준 나팔형 보청기 2개를 머리에 고정해서 이용했다. 그런 사실로 보아 베토벤이 두 사람간의 불화를 수습하고 멜첼이 만든 메트로놈을 인정하려 했음을 알 수 있다. 베토벤은 멜첼에게 보내는 편지의 말미에 조만간 마을 학교 교장 선생들이 전부 메트로놈을 사게 될 것이라고 썼다. 그렇게 하여 음악 박자 도구가 일반에 보급된다. 베토벤은 '마을 학교 교장선생들이 메트로놈 보급과 확산에 큰 역할을 해야 합니다. 제 말을 믿으셔도 됩니다. 저도 메트로놈 보급에 한몫하게 된다면 큰 영광입니다.'라고 썼다.

베토벤의 메트로놈에 대한 애착은 세월이 지나도 줄지 않았다. 베토벤이 사망하기 14개월 전인 1826년 1월 18일, 그는 마인츠에 있는 쇼트 앤드 선즈Schott and Sons 출판사에 어떤 악보든 메트로놈을 표기할 수 있음을 장담한다는 내용의 편지를 썼다. 그리고 그해 말, 출판사에 다시 편지를 보냈다. '메트로놈 표기를 표기한 악보를 곧 보내겠습니다. 그 악보를 반드시 받아보시기 바랍니다. 메트로놈은 우리시대에 반드시 필요한 도구입니다. 베를린에 있는 내 친구들이 편지를 보내왔습니다. 베를린에서는 처음으로 연주된 제9번 교향곡이 관객들의 열광적인 박수갈채를 받았다는군요. 메트로놈을 이용한 덕분인 것으로 생각됩니다. 이제 기존의 음악 템포 표기만 이용하는 건 거의 불가능합니다. 연주자들은 자유분방한 천재 작곡가의 아이디어를 따라야 합니다……'

말로만 그랬을까? 자유분방한 천재 작곡가는 자기 생각을 굽히지 않았으며 그 이후로 그가 작곡한 작품의 악보에는 한 가지 빠르기만 표기되었다. 그리하여 200여 년이 지난 지금, 콘서트홀을 찾은 관객들은 초연 당시와 똑같은 빠르기의 작품을 감상할 수 있다. 그런데 우리에겐 천만다행으로 베토벤의 생각대로만 되지는 않았다. 베토벤의 메트로놈 표기는 악보의 잉크가 마른 이래로 지금까지도 연주자들을 불만스럽게 하고 있다. 그리고 실제로 적지 않은 음악가들이 메트로놈 표기를 무시하고 연주한다.

1942년 12월, 바이올리니스트 루돌프 콜리쉬Rudolf Kolisch는 '뉴욕 음악 학회'와의 인터뷰에서 베토벤이 그려넣은 메트로놈 표기에 대해 언급했다. 그는 씁쓸한 표정을 지으며 절제된 어투로 이렇게 말했다. '메트로놈 표기는 베토벤이 바란 것처럼 보급되지는 못했고, 연주회에서 그의 작품이 획일적인 빠르기로 연주되지도 않았어요. 베토벤의 생각과는 달리 메트로놈 표기가 음악가들의 의식 속에 자리 잡지 못했습니다. 그래서 지금도 메트로놈 빠르기를 표기하지 않는 악보가 많으며 베토벤이 표기해 놓은 박자와는 많이 다르게 연주합니다.' 다시 말해, 연주자들이나 지휘자들이 작곡가의 의도와는 다르게 곡을 해석한다는 얘기다. 콜리쉬에 의하면 음악가들이 빠르기를 표기할 때 정확성 높은 최신 스타일의 메트로놈 표기보다는 다소 애매한 전통 이탈리아식 표기를 선호한다고 한다. 콜리쉬는 이렇게 결론을 지었다. '이건 좀 이상한 상황이긴 합니다. 그 원인이 무엇인지 연구해 볼 필요가 있어요.'

음악가들이 베토벤의 타이밍 센스를 무시하는 원인은 메트로놈 표기가 베토벤의 음악적 욕구를 정확하게 전달하지 못한 데 있다는 게 일반적인 견해다. 슈만이 메트로놈 표기를 악보에 표기한 작곡가로 흔히 언급되지만 그가 메트로놈을 그다지 중요하게 생각하지는 않은 듯하다. 메트로놈을 이용하지 않는 음악가들은 베토벤이 사용하던 메트로놈은 20세기에 공장에서 대량생산된 상품들과는 전혀 다르다고 주장한다. 베토벤이 사용한 메트로놈은 요즘 메트로놈보다는 느렸을 것이다. 악보의 메트로놈 표시 그대로 연주하면 너무 빨라서 연주하기가 거의 불가능할 정도다. 그래서 음악 비평가들은 메트로놈 표시가 막연하며 현실성이 없다고 여긴다. 메트로놈 표시에 대해 철학적인 의미를 두는 사람들도 있다. 메트로놈은 지나치게 수학적인 것이며 따라서 예술성도 떨어지는 느낌을 준다는 주장이다. 결국 베토벤의 노력은 자기 자신에게 불리한 결과를 불러온 것 같다. 콜리쉬는 인터뷰에서 '유기적으로 구성해야 할 음악을 지나치게 기계적으로 틀에 끼워맞추듯이 해서는 안 된다.'고 언급했다.

루돌프 콜리쉬가 인터뷰를 한 지 50년이 지난 후, 인터뷰 수정판이 《계간 음악》에 실렸다. 여기에 멜첼이 만든 메트로놈에 대해 베토벤이 최초로 언급한 내용이 있다. 베토벤은 '메트로놈은 내가 작곡한 작품을 어느 곳에서 연주하든지 내가 의도한 빠르기로 연주하게 해주는 바람직한 수단이다. 안타깝게도 내 의도를 잘못 이해하는 연주자들이 적지 않다.'고 설명했다. 우린 베토벤이 스스로를 지나치리만큼 높이 평가했다는 사실을 잊으면 안 된다. 그는 자신의 작품을 비판한 어느 평론가에게 이런 말을 퍼부었다. "당신이 하는 일은 하나같이 내 똥보다 수준이 낮습니다." (물론 베토벤의 견해는 세월이 흐르면서 변했다. 메트로놈의 필요성을 옹호하기 전에는 그의 작곡에서 빠르기가 차지하는 의미가 훨씬 작았을 것이다. 베토벤은 어느 날인가 빠르기 표시를 첫 소절 몇 군데만 표시해야 한다고 강조한 적이 있다. 그런가 하면 '훌륭한 연주자가 되려면 내 음악을 연주하는 방법을 알아야 한다. 형편없는 연주자들에겐 내가 표기한 빠르기 표시가 아무 소용이 없을 것이다.'라는 글을 쓰기도 했다.)

도전 정신이 강한 천재 작곡자들의 작품들이나 연주회마다 작품을 새로 해석하는 의미가 있을 것이다. 그런 대작들만이 때가 되면 돌아오는 정밀 조사를 감당해 낸다. 어쩌면 정밀성을 요하는 빠르기도 가이드라인은 매우 느슨하게 제시해야 하나 보다. 이는 미학 교수 토머스 레빈Thomas Y. Levin이 언급했듯이 음악이 살아 숨 쉬는 틀을 제공하기 위함이다. 다른 요소들 즉, '휴지休止, 분절법, 구성요소의 제한 내에서 끊임없이 복잡하고 미묘한 시간 구성은 언제나 연주자의 책임이기 때문

---

• 1세기가 지난 후, 음악 작곡 시기가 베토벤과 100년 차이 나는 아르놀트 쇤베르크Arnold Schoenberg도 시간을 통제하려는 베토벤의 독창적인 발상에 동의한 듯하다. 쇤베르크는 1926년에 쓴 글에서 이런 의문을 던졌다. '작가에게 자기의 생각을 해석할 지침을 내릴 권리도 없단 말인가?'

이다.'**

그렇다고 연주자의 책임이 세대에 따라 달라지겠는가? 오늘날 우리
들이 가진 시간의 양은 200년 전과는 분명 다를 수 있다. 스위스 태생의
미국인 지휘자 레온 보트슈타인 Leon Botstein 은 1993년 어느 날 기차를
타기 위해 서둘러 가다가 이런 문제에 직면했다. 그가 《계간 음악》지에
실은 내용이다. "저는 그날 시골길에서 차를 몰고 있었습니다. 어느 순
간 앞을 돌아보니 말 두 필이 끄는 검정색 마차가 달리고 있었어요. 저
는 문득 말들이 정말 빠르게 달리고 있다는 생각이 들었습니다. 센트럴
파크의 관광 도로도 아니었는데 말이에요. 그런데 막상 제가 그 마차를
바짝 따라가면서 느낀 건 마차가 정말 느리다는 점이었지요."

보드슈타인은 짜증이 치밀었으며 만약 가장 빠른 운송수단이저 마차
뿐이었다면 목적지까지 가는 데 시간이 얼마나 걸릴지 궁금해졌다. 누
구나 다 아는 사실이지만 한때는 마차를 타고 가는 것이 가장 빠른 이
동수단이었다. "그런데 마차를 추월하고 나니 그런 생각은 사라졌습니
다. 베토벤이 마차 속도보다 더 빠른 속력을 체험해 보지 못했다는 점이
중요할까요? 아니면 베토벤의 머릿속에 있던 시간이나 빠르기 그리고
시간과 관련된 여러 가지 일들이 우리 시대의 그것들과 근본적으로 다
르다는 게 중요할까요?"

보트슈타인이 너무 빠르다고 생각했던 베토벤의 메트로놈 빠르기
는 너무 느려 보이는 여러 작품들에 의해 반박되었다. 슈만이 「만프레

---

•• 《계간 음악》 1993년 봄호

·················· 4장. 베토벤, 지휘대에 오르다

드 서곡」 악보에 표기한 메트로놈 빠르기를 보면 너무 느려 보인다. 멘델스존이 오라토리오 「성 바오로St. Paul」의 악보 일부에 표기한 것도 지나치게 느렸다. 드보르자크의 「교향곡 제6번」 마지막 악장에 표기된 메트로놈 빠르기 역시 연주자들에겐 음악의 에너지와 보조를 맞추기가 정말 힘들어 보인다. 이것은 또 한 가지 해답을 찾을 길 없는 의문을 갖게 만든다. 즉, 역사에서 어느 특정 시대의 한 작품에 주어진 음악적 시간이 수십 년 후의 보다 진보된 사회에서 정확하게 느껴져야 하는 것인가? 예술상의 혁신이란 시대의 산물에 불과한가? 지구는 항상 돌고 있으며 예술 혁명의 충격파는 충격을 벗어나 분석을 한다. 큐비즘도 한 시대의 동향이었으며, 롤링스톤스도 이젠 아이를 둔 학부모들이 가장 싫어하는 록그룹이 아니다.

물론 걸작의 해석에는 악보나 CD 투입구에 새겨진 타이밍보다 더 중요한 것이 있다. 바로 의미다. 1951년 독일 바이로이트 축제에서 빌헬름 푸르트벵글러Wilhelm Furtwängler가 지휘한 베토벤 9번 교향곡은 불후의 명반으로 손꼽힌다. 베토벤이 메트로놈 빠르기를 표시한 악보를 벗어난 연주였다. 푸르트벵글러는 메트로놈 마크를 무시하고 제2차 세계대전의 의미를 새기며 지휘했다. 푸르트벵글러는 작곡자가 정한 빠르기는 고사하고 악보 자체에 관심을 기울이지 않은 부분도 많았다고 한다. 그는 마치 악보를 불태워버릴 기세로 전쟁에 대한 분노를 표현한 것이다. 요즘 사람들은 열정이란 말을 몹시 남용한다. 하지만 푸르트벵글러가 지휘하는 음악을 듣는 관객들이나 그의 지휘로 악기를 연주하는 오케스트라 단원들은 베토벤의 열정이 머릿속에 떠올랐을 것이다. 제9번 교향곡 초연에서 머릿속에 떠오르는 온갖 잡음에 분노하며 온 몸을 흔들어 지휘하는 베토벤의 모습 말이다.

아직 살펴보지 않은 부분이 있다. 1824년 오스트리아 빈에 살던 사람들은 빠르기나 속도에 대한 개념이 희박했다. 당시 빈 사회는 근대화와는 거리가 멀어 300년 전의 생활상과 크게 다를 바가 없었다. 시계도 항상 정확하지 않았으며 시간이란 건 대충 맞으면 된다는 식이었다. 정확한 시간을 알 필요도 없었으며 시계마다 시간이 같아야 한다는 인식도 없었다. 철도와 전신 전보가 도시의 모습을 바꾸어 놓기 전이었다. 이런 곳에다 정확하고 한 치의 실수도 없는 메트로놈을 던져 넣자 세상 사람들을 귀머거리로 만들기에 충분한 큰 폭발이 일어나고 말았다.

이런 얘기를 하다 보면 불가피하게 베토벤이 청력을 잃은 얘기로 흐른다. 베를린 필하모닉 오케스트라의 세컨드 바이올리니스트였던 스탠리 도드Stanley Dodds는 베토벤 9번 교향곡에 담긴 미스터리의 기조를 이루는 요소는 자유 그 자체라고 생각했다. 도드는 이렇게 설명한다. "저는 가끔 이런 생각을 해봅니다. 사람이 완전히 청력을 상실할 경우 그리하여 음악이란 게 오직 상상 속에만 존재한다면 음악은 물리적인 특성을 잃습니다. 그렇게 되면 정신은 완전히 자유로운 상태가 됩니다. 바로 그런 점이 베토벤이 가진 무한한 창조력의 원천이란 것을 이해할 수 있습니다. 그의 음악적 창조력은 바로 자유에서 나온 것이지요." 도드의 인터뷰 내용은 스마트폰 애플리케이션에서 볼 수 있다. 이 앱에 들어가면 여러 지휘자의 베토벤 교향곡 제9번을 과학적으로 비교할 수 있다. 1958년에 페렌츠 프리차이Ferenc Fricsay의 지휘로 녹음한 9번을 비롯하여 1962년 헤르베르트 폰 카라얀, 1979년 레너드 번스타인, 1992년 존 엘리어트 가디너 John Eliot Gardiner 등이 포함되어 있다.* 도드 역시 베토벤이 표기한 메트로놈 표시가 터무니없이 빠르다고 평가한다. 베토벤이 표기한 메트로놈 표시를 존중하여 연주한 녹음은 마치 기보법 프로그램처럼 기계가 연주하는 음악을 듣는 것 같다며 인간의 연주는 다른 것이 필요하다고 말했다.

'물리적 형태로 실행되는 음악 그 자체는 다소 무겁게 느껴진다. 그 무게는 현악기 활의 무게로 정의 내릴 수 있겠다. 위로 올리고 아래로 내려야 하고 활을 바꿀 때마다 돌려야 하는 것이다. 또는 몇 그램도 되지 않는 입술의 무게로 그 떨림을 통해 금관 악기가 소리가 난다. 또는 타악기의 일종인 팀파니의 가죽 북면의 무게로 이를 때려야 진동을 낸다. 예를 들어, 더블 베이스 사운드는 청자에게 전달되는 시간이 오래 걸리는 듯 느껴진다.'

이와 같은 다양한 약간의 시간차는 베토벤의 악보가 물리적으로 믿을 수 없다는 의미일 수 있다. '그러나 베토벤도 마음속으로 그 점을 생각했기에 다른 사람들은 자유롭다. 내 경험으로 보아 음악이란 실제로 내가 연주하는 것보다 훨씬 빠르다.'

---

* 2013년에 터치프레스와 도이체 그라모폰에서 만든 매우 유용한 애플리케이션으로 1824년 초연 당시의 악보를 바탕으로 한 연주는 물론 여러 오케스트라의 연주를 비교해서 들어볼 수 있다. 9번 교향곡의 여러 악보 및 인터뷰 내용도 함께 수록되어 있는 등 내용이 알차고 풍부하다.

베토벤은 빈의 콘서트홀에서 선보인 제9번 교향곡을 초연하고 약 3년 후에 세상을 떠났다.** 베토벤의 장례식이 있던 날, 도시는 완전히 멈추어 섰다. 시간도 멈추어 베토벤을 추모하는 분위기였다. 베토벤은 말년을 초기 작품들의 악보를 수정하며 보냈다. 특히 메트로놈 빠르기를 표기하는 일에 주력했다. 이는 후일 연주될 자신의 작품들을 염두에 둔 작업이었다. 물론 훗날 지휘자들이 베토벤의 의도대로 그의 작품을 연주하지는 않았다. 그런데 베토벤 사후 150여 년이 지났을 즈음, 베토벤 이야기와 관련이 깊은 특별한 일이 일어났다.

## CD 한 장의 용량은 어느 정도가 가장 적당한가?

/

1979년 8월 27일, 필립스와 소니 사의 수석 엔지니어들이 네덜란드의 아인트호벤에 모였다. 이들 개발자들은 음악 감상법을 바꾸기 위해 수십 년 전에 개념이 수립된 대규모의 파격적인 기술을 계획했다. 그 당시까지 음악을 듣는 주요 도구는 레코드판LP으로 지난 30년간 아무런 변화가 없었다. 그런데 LP는 시간이 흐르면 먼지와 티끌, 긁힘, 휘어짐 현상으로 인해 엉망이 된다. 게다가 지긋지긋하다고 할 만큼 물리적인 한계성이 있었다. 즉, 중간에 바늘을 들어 올리고 다른 음반의 보풀을 제거하고 음반을 뒤집어 얹고 다시 시작하는 번거로움 말이다. 아무리 연

---

•• 이 콘서트홀은 철거되었으며 현재 그 자리에는 크림, 초콜릿, 과일 등을 혼합한 케이크인 토르테로 유명한 자허 호텔이 들어서 있다.

주 시간이 짧은 교향곡이라도 이런 방법으로 음악 감상이 가능할까? (물론 레코드판은 모양이 좋고 손으로 만질 때 촉감이 있으며 사운드가 포근하지만 번거로운 플레이 과정이 늘 골칫거리였다.)

그러한 단점을 염두에 두고 개발된 게 콤팩트디스크다. 이는 카세트 테이프의 편리함과 비디오디스크의 청각적 내구성 및 랜덤 액세스라는 장점을 결합시킨다는 아이디어였다. 그렇게 함으로써 음악 애호가들을 '가젯러버 Gadget lover', 즉 첨단제품 열혈구매자로 만든다는 구상이었다.* CD는 비디오디스크보다 작은 크기의 매체로 레이저를 이용하여 읽는 광학 디지털 레코딩 기술이 적용되었다. LP판이 주는 부드러운 느낌은 떨어지지만 대신에 다이내믹함과 정확성, 랜덤 액세스 기능, 깨끗한 표면이란 장점을 갖추었다(게다가 매우 멋진 신제품이었다. 그리고 영국의 록 그룹 다이어 스트레이츠 Dire Straits의 앨범 「브라더스 인 암즈 Brothers in Arms」를 돈 주고 사는 소수의 음악팬들도 CD에 대한 기대가 컸지만, 무엇보다 CD는 일반인들이 초창기 디지털 세계로 가는 진입로 역할을 했다).

하지만 제품 출시에 앞서 해결해야 할 사안이 한 가지 있었다. CD의 포맷(크기나 기록 방식)을 결정하는 일이었다. 비디오테이프의 포맷을 둘

---

* 카세트테이프는 1962년 필립스 사가 개발한 제품으로 새로운 세대의 팝음악 팬들이나 운전자들에게 선풍적인 인기를 모았다. 하지만 원음 재생에 약하고 테이프가 풀어지는 문제 등으로 인해 인기가 시들해졌다. 그럼에도 라디오 음악을 녹음할 수 있는 카세트테이프는 한동안 큰 인기를 누렸다. 레이저디스크로 알려진 비디오디스크 역시 일부는 필립스 사가 개발한 제품이지만 뱅앤올룹슨 Bang & Olufsen 제품을 쓰는 사람들이나 연구원들, 영화애호가들에게만 좋은 반응을 얻었다. 이런 사람들은 모두 얼리어 답터들(제품이 출시될 때 가장 먼저 구입하는 소비자군)이다.

러싸고 베타맥스Betamax 방식과 브이에이치에스VHS 방식 간에 벌어졌던 치열한 전쟁을 알고 있던 소니와 필립스 두 회사는 CD의 포맷과 관련하여 폭넓은 협력 방안을 모색하기로 방침을 정했다. 회사와 소비자 모두가 손해를 보는 상황임에도 비디오테이프를 개발한 두 회사의 치열한 고객 확보전은 결판이 나는 날까지 그칠 줄 몰랐다.** 소니와 필립스는 유사한 CD 기술을 개발하여 1979년 3월 이를 전 세계에 공개했었다. 그런데 사양仕樣이 서로 달랐다. 소비자들은 다시 한 번 서로 호환되지 않는 플레이어들 가운데 하나를 선택해야 할 판이었다. 두 회사는 공동 전선을 펴야 할 필요성을 절실히 느꼈다. 그렇게 하지 않으면 음악 마니아들로 하여금 LP판으로 소장하고 있는 음악을 CD로 다시 사게 하기가 힘들 것이라는 판단이었다.

그렇다면 CD의 크기는 얼마나 작게 만들어야 하며, 디스크 한 장에 담을 디지털 정보의 양은 어느 정도가 적당할까?

두 회사의 임원과 엔지니어 들은 아인트호벤과 도쿄에서 수차례 회동을 갖고 일명 '레드북'이라고 알려진 기술표준 매뉴얼을 만들었다. 수년 후 국제전기전자기술자협회IEEE가 발행하는 잡지《IEEE 커뮤니케이션스》에서 필립스 오디오 팀의 한스 B. 피크는 양 사 간에 맺은 합의 사

---

•• 비디오의 포맷과 관련해서 초점은 재생시간이었다. 만약 소니 사의 베타맥스 방식이 1시간이고 JVC 사의 VHS방식이 2시간 또는 4시간이었다면 스포츠나 영화에 관심 있는 사람들이 쉽게 결정할 수 있었다. 이와는 별도로 필립스와 그룬디히는 비디오2000라는 독자적인 포맷을 개발했으며, 이로 인해 막대한 손해를 보았다. 파나소닉은 VX라는 방식을 개발했다. 이 방식은 프로그램이 가능한 초창기 원시 형태의 타이밍 디바이스였으며, 디바이스 박스 자체의 이름이 '그레이트 타임 머신'이었다.

항을 소개하면서 음악 감상 문화에 새로운 바람을 불러일으킬 제품을 생산해 냈다고 소감을 밝혔다. 피크는 LP판은 이제 구시대의 유물이라고 언급했다. 소형화 추세의 시대에 아직도 레코드판이 산더미처럼 쌓여 있고 크기가 커서 옮기기도 힘든 턴테이블이 적지 않은 공간을 차지하고 있다고 주장했다. 피크는 CD에 대해 플라스틱 원반에 미세한 홈이 새겨 있는 구조이며 평평한 부분을 랜드lands라고 부르고 홈이 파인 부분을 피트pits라고 부른다고 설명했다. 또한 CD 표면에 홈을 새겨 디지털 정보를 기록하고, 저장된 정보는 홈이 새겨진 표면에 레이저를 비춰 읽는 과정에 대해서도 설명했다. LP와 달리 CD는 안에서 바깥 끝으로 정보를 읽어내는 방식이다. 끊김 현상이나 딸깍거리는 소음, 데이터 소실 현상 등 디스크 표면에 묻은 지문과 같은 단순한 장애 요소에 의해 유발될 가능성이 있는 온갖 판독 에러 현상들이 해결해야 할 문제점이라고 시인했다. 그리고 정보의 용량에 대해서도 협의가 되어야 한다고 밝혔다. 소니와 협의를 시작하기 전에는 디스크의 직경을 11.5센티미터로 정했었다. 카세트테이프의 대각선 길이와 똑같이 만든 것이다. 플레잉 타임 1시간의 자그마한 원형 디스크였으니 커다란 LP판에 비해 상당히 진보한 셈이다.

1979년 2월, CD 플레이어와 디스크 시제품이 필립스와 지멘스가 공동 투자(도이체 그라모폰에서 만든 음반 전체를 이용하게 되는 시너지 효과가 있었다)로 설립한 신생 음반회사인 폴리그램의 전문가들 앞에서 시연되었다. 폴리그램의 전문가들은 CD에 크게 매료되었다. 샘플 음악을 들어본 전문가들은 CD의 음질과 마스터 테이프의 음질 간에 아무런 차이점을 발견하지 못했다고 한다. 한 달 후엔 언론사의 기자들도 처음으로 CD의 음질을 듣게 되었다. 이들도 CD에서 흘러나오는 사운드에 깜짝 놀랐다고 한다. 쇼팽의 왈츠 곡을 듣던 기자들은 피아니스트의 도우미가 악보를 넘기는 소리까지 들었다. 기자들은 음악을 잠시 멈추는 순간에 아무런 잡음도 들리지 않는 점에 감탄하기도 했다. 정교한 일시 중단 기능이나 늘어난 재생 시간 등 가히 혁명적인 제품이었다. CD는 또 다른 특징이 있었다. 사람들이 음악의 재생 시간에 대한 완전히 새로운 인식을 갖게 되었다. CD는 정말로 놀랄 만한 발명품이었다. 디지털 화면에 초록색이나 붉은색으로 숫자가 나타나고 정지 기능뿐 아니라 반복 기능과 스캔 백 기능도 갖추었다. 즉, 과거와는 다른 이상한 방식으로 시간을 다루게 되었다. 그리고 누구나 DJ처럼 음반을 능숙하게 다루는 게 가능해졌다.

필립스 임원진은 일본 기업들과 협력 방안을 논의하고자 일본으로 날아갔다. 이들은 JVC, 파이오니아, 히다치, 마츠시타 등을 방문하여 협의를 했지만 소니 사만 계약서에 사인했다. 그리고 소니의 부회장 오가 노리오 씨의 1979년 8월 아인트호벤 방문을 계기로, CD의 표준화와 관련된 세부사항 논의에 타결 방안을 찾기 시작했다. 1980년 6월 도쿄에서 열린 후속 회의를 통해 합의했고 마지막으로 특허출원 문제를 처리했다. 그때 필립스가 제안한 원래의 포맷이 변경되었다. 당시 필립스에서 CD 개발팀을 이끌었던 J. P. 신주에 의하면 소니의 부회장 오가 노리오의 개인적인 희망에 따라 크기가 12센티미터로 변경되었다고 한다. 바리톤 성악가이기도 했던 클래식 음악 마니아 오가 노리오의 희망대로 크기를 0.5센티미터 늘림으로 해서 재생시간은 상당히 길어졌다. 한

스 피크에 의하면 '12센티미터 디스크를 사용하면 오가 노리오 부회장이 각별히 좋아하는 플레잉 타임 74분의 베토벤의 「교향곡 제9번」 연주 실황을 CD 한 장에 전부 담을 수 있다.' 다른 이슈들도 깔끔하게 해결되었다. "J. P. 신주 씨가 10센트짜리 네덜란드 동전 하나를 테이블 위에 올려놓았어요. 그 동전의 크기가 디스크의 중앙부에 만들 구멍 크기로 적당하다는 데 모두들 동의했습니다. 다른 문제들은 여러 차례 지루한 토론을 벌였지만 구멍 크기 문제는 아주 간단하게 합의를 보았습니다."•

정말로 최초에 1시간이었던 CD 한 장의 용량이 1951년 독일 바이로이트에서 푸르트 뱅글러가 지휘한 베토벤 9번 교향곡의 연주 시간에 맞추어 길어졌을까? 그렇다면 정말 재미있는 일 아닌가? 이 이야기는 어느 엔지니어가 전한 에피소드로, 사실인지 여부에 의심이 생긴다. 좀 다른 이야기도 전해지는데, 베토벤의 「교향곡 제9번」을 좋아한 사람은 오가 부회장이 아닌 그의 아내라는 것이다. 돌이켜 생각해보면 베토벤의 작품이 CD의 용량을 결정했다는 이야기는 의도적으로 지어낸 고도의 마케팅 전략일 가능성도 다분하다. 이와 관련하여 약간 내용이 다른 이야기도 전해진다. 푸르트 뱅글러가 지휘한 74분 길이의 베토벤 「교향곡 제9번」을 CD 한 장에 담는 게 기술적으론 가능하지만 실제로 재생이 불가능하다는 사실이다. 초창기 CD플레이어는 72분까지만 재생이

---

• CD와 CD플레이어가 처음 시장에 나온 1982년 8월부터 2008년 초까지 전 세계 CD 판매량은 약 2천억 개에 이른다. CD는 씨디롬을 탄생하게 했고 가장 주요한 컴퓨터 저장 매체가 되었다. 이후 녹음이 가능한 CD가 생산되었으며 역시 똑같은 플랫폼으로 만든 DVD와 블루레이가 선보였다.

가능했다. 푸르트뱅글러의 「교향곡 제9번」은 록 가수 지미 헨드릭스의 앨범 《일렉트릭 레이디랜드Electric Ladyland》와 같은 운명이었다. 요즘은 두 앨범 모두 CD 한 장에 담을 수 있지만 처음엔 두 장에 나누어 담아야 했다.

그런데 요즘도 CD를 사는 사람이 있을까? 클래식한 아이템을 선호하는 순수주의자들을 제외하고 3초 만에 노래 한 곡을 다운로드 받을 수 있는 세상에 레코드숍에 직접 가서 CD를 사는 사람이 있을까? 사운드클라우드SoundCloud나 스포티파이Sportify 등 오디오 스트리밍 서비스를 통해 음악을 듣는 시대에 앨범을 만든 아티스트의 의도대로 앨범에 담긴 전곡을 다 듣는 사람이 많이 있을까? 이젠 저장 매체의 포맷 때문에 예술 형식이 제한을 받는 일이 없어졌다. 하지만 리버풀 애비로드Abbey Road의 스튜디오에 보관중인 녹음테이프들에서 알 수 있듯이 포맷은 매우 중요한 요소였다.

## 비틀스의 7집 앨범 《리볼버》
/
정적이 감도는 스튜디오, 비틀스 멤버들이 첫 LP음반 녹음 준비를 하고 있다. 1963년 2월 11일 월요일 아침이었다. 애비로드에 위치한 EMI 스튜디오2Studio2는 오전 10시 30분~오후 1시, 오후 2시 30분~오후 5시 30분, 오후 6시 30분~밤9시 30분 등 예약이 세 건 잡혀 있었다. '음악인 조합Musicians Union'의 일반 규정에 따르는 일정이었다. 규정상 한 세션은 3시간 정도에 지나지 않았다. 그리고 그중에서 고작 20분 분량의 녹음만 실제로 음반 제작에 사용이 가능했다. 가수들은 누구나 동일하게 한 세션에 7파운드 10실링의 동일한 금액을 받았다. 하루 일이 끝나면 청구서에 사인을 하고 애비로드 경리담당자인 미첼 씨에게 음악인조합이 주는 보수를 받았다. 비틀스 멤버들이 이곳 스튜디오에서 음악인조합에 등록을 마치고 보수를 받을 당시만 해도 이들은 모두 무명 뮤지션이었다. 존 레논은 뮤러브가Mew Love Ave 251번지에 사는 존 윈스턴 레논이라는 이름으로 등록했으며 베이스 기타 담당은 조지 해리슨이었다.

비틀스 멤버들은 그날 하루 종일 스튜디오에 있었는데, 극히 이례적인 일이었다. 당초 스튜디오를 예약한 비틀스 멤버들은 싱글(노래 한 두 곡만 담을 수 있는 작은 음반)을 만들 예정이었다. 그런데 팔러폰Parlophone 레코드사의 사장인 조지 마틴이 비틀스의 신곡을 LP로 녹음한다는 소식을 발표했다. 영국 음악계를 깜짝 놀라게 한 소식이었다. 당시로선 상당히 획기적인 일로 대부분의 팝음악 가수들은 싱글로 신곡을 발표하곤 했다. 지난 2년간 가장 많이 팔린 LP는 클리프 리처드나 애덤 페이스도 아니고 엘비스 프레슬리도 아니었다. 텔레비전 쇼 「블랙 앤 화이트 민스트럴 쇼The Black and White Minstrel show」에 나오는 노래들을 담은 조지 미첼 민스트렐스의 음반이었다.

비틀스의 그날 아침 세션은 뮤지컬 사운드 트랙 앨범《웨스트 사이드 스토리》에 수록되어 있는 「썸웨어Somewhere」에서 영감을 받아 작곡한 「데어스 어 플레이스There's a place」 레코딩으로 시작되었다.* 멤버들은

---

* 이 앨범에 수록된 다른 곡들과 마찬가지로 이곡도 맥카트니와 레논이 작곡했다.

이 노래를 총 7번 불렀는데 3번은 도입부에서 실수를 했고 1분 50초간 부른 마지막 레코딩이 가장 잘되었다. 이어서 「세븐틴17」이라는 제목의 노래 녹음에 들어갔다. 이 노래는 시작 단계의 실수를 포함해 총 9번 불렀고 처음 부른 게 가장 좋다는 판정을 받았다. 이 곡은 며칠 후 제목을 「아이 소 허 스탠딩 데어I saw her standing there」로 바꾸었으며 앨범의 첫 번째 곡으로 결정되었다. 그 후 비틀스는 라이브 공연 때마다 이 곡을 오프닝 송으로 자주 불렀다. 그런데 조지 마틴은 이 곡이 어딘가 허전하다는 느낌을 받았다. 비틀스가 리버풀의 카번클럽에서 노래할 때 보여준 박진감이 없었다. 그래서 조지 마틴은 폴 매카트니가 9번째 곡의 앞부분에서 외친 '원-투-쓰리-포!'를 「아이 소 허 스탠딩 데어」의 맨 앞부분에 붙여 넣었다. 이 곡이 완성되었을 때쯤 점심시간이 되었다.

1948년은 정말로 다사다난했다. 이스라엘이 독립했고 스탈린의 서베를린 봉쇄에 맞서 공수작전이 펼쳐졌다. 영국에서 보건의료제도법NHS, National Health Service이 제정되었으며 미국은 마셜플랜Marshall Plan을 발표했다. 그런 큰 뉴스들에 비하면 1분당 33과 1/3번 회전하는 12인치 LP레코드가 세상에 선보인 일은 대수롭지 않은 듯 보인다. 하지만 LP의 파급 효과는 상당히 컸다. 기존 1분당 78회전하는 10인치나 12인치 레코드가 한 면에 4분 내지 6분짜리 음악을 담을 수 있는 반면 LP판은 22분이었다. LP의 보급으로 작곡가들이나 뮤지션들의 음악에 대한 개념 자체가 바뀌게 된다. 이 시기에 젊은 세대들이 인생을 즐기는 방식도 변했다. 영국의 시인 겸 소설가인 필립 라킨Philip Larkin이 비틀스의 첫 번째 LP앨범이 인기를 얻던 시절에 처음으로 섹스가 시작되었다고 기록한 것은 우연이 아니다.

연주회의 기본 소요 시간이 주로 음악을 녹음하는 기술의 제약성에 의해 결정되었다는 주장은 지나치게 단순한 생각일 것이다. 왁스 실린더 음반이나 축음기 음반이 나오기 전에는 음악에 일정한 체계가 필요하지 않았다. 아프리카 평원에선 수세기 동안 끊임없이 노래가 울려 퍼졌다. 중세 궁정에선 절대 권력자가 싫증을 내거나 왕실 금고가 바닥날 때가 아니면 음악 소리가 그칠 줄 몰랐다. 최근 들어서는 음악이 듣는 이의 인내심을 테스트하기도 했다. 음악을 듣는 집중력의 한계는 어느 정도이며 점잖게 앉아서 음악을 듣는 최대 시간은 얼마일까? 콘서트는 촛불이 꺼지면 끝나곤 했다. 고대 시대의 연극도 크게 다르지 않았다. 썰렁한 극장에 앉아 재미없는 연극을 보면서 주최측에게 시원한 음료를 달라고 요구하지 않은 관객이 있었을까?

하지만 1870년대 들어 본격적으로 음반을 녹음하기 시작하면서 음악을 듣는 방식에도 변화가 왔다. 초창기 에디슨과 컬럼비아 사가 개발한 왁스 실린더는 재생 시간이 2분 또는 4분으로 마치 기요틴(단두대)에서 처형당하는 사람을 자세히 보려면 정신을 집중해야 하듯이 주의를 집중하여 음악을 듣게 만들었다. 동물성 수지인 셸락으로 만들어진 분당 78회전하는 10인치짜리 레코드의 재생시간은 약 3분에 불과했다. 미세한 홈을 파서 만든 LP판 이전에 쓰였던 12인치 레코드도 4분 30초에 불과했다. 1949년에 도입된 분당 45회전하는 7인치 싱글 판 역시 별반 다르지 않아 3분 정도였다. 초창기 레코드들은 홈이 지나치게 좁게 패여 있어 소리가 왜곡되거나 바늘이 튀는 경향도 있었다.*

녹음의 역사를 연구한 마크 카츠Mark Katz 교수는 그의 책에서 LP판이 나오기 이전에는 가정에서 음악을 감상하는 일이 상당히 불편했다고 썼다.** 카츠 교수는 이 책에서 1920년대 블루스 가수 선 하우스Son House 의 불평불만을 사례로 인용했다. 즉, 선 하우스는 음반을 바꾸어 올리기 위해 자주 자리에서 일어나야 하는 등 재생하는 데 시간이 걸리고 사용이 불편한 것에 불만이 많았다고 한다. 블루스와 재즈 음악 한 곡을 담기에도 부족했으며 더구나 고전음악을 담기에는 너무 불편했다. 예를 들어, 교향곡 하나를 녹음하려면 10개 디스크의 20개 면에 나누어 담아야 했다(그러다 보니 LP판을 '앨범'이라고 불렀다. 78회전하는 판을 한 곳에 모았다는 의미였다).

물론 사람은 불편한 것에도 금방 익숙해지기 마련이다. 그리고 녹음 기술이 발명된 초창기, 사람들은 녹음된 사운드를 듣고 기적이 일어났다고 생각했을 것이다. 하지만 사용상 불편한 점이 너무 많았다. 아니, 예술 작품에 방해 요인으로 작용했다. 작곡자의 의도대로 오페라나 콘서트를 막이나 악장으로 나누지 않고 4분만 녹음할 수 있는 왁스 실린더나 디스크의 용량에 맞게 막이나 악장을 쪼개어서 연주를 하였다. 그러다보니

---

* 「왓츠 아이 세이What'd I Say」(1959년, 6분 30초)를 부른 레이 찰스나 「라이크 어 롤링 스톤Like a rolling stone」(1965년, 6분 13초)를 부른 밥 딜런, 「아메리칸 파이American Pie」(1971년, 8분 42분)를 부른 돈 맥클린이 당시에 있었다면 투덜거리면서 노래 후반부를 뒷면에 실었을 것이다. 가장 눈에 띄는 예외적인 경우가 비틀스의 「헤이 주드Hey Jude」였다. 1968년에 나온 이 곡은 당시로선 획기적인 일로 최고의 기술력과 압축 방식을 동원하여 7분 11초 길이의 노래를 레코드 한 면에 담았다. 그리고 B면에는 「레볼루션Revolution」을 실었다.
** 『소리를 잡아라. 음악을 바꾼 새로운 기술』(2004년, 캘리포니아 대학 출판부)

갑자기 음악 연주가 중단되기 일쑤였으며, 음악이 중단되지 않게 하는 유일한 방법은 누군가 안락의자에서 몸을 일으켜 음반을 바꾸어 올려놓는 일뿐이었다. 사정이 그랬다면 어떤 일이 벌어졌을까? 길이가 짧은 음악 작품을 많이 녹음하는 일이 대세가 되었다. 마크 카츠에 의하면 20세기 전반부 초반의 콘서트는 교향곡이나 오페라가 주류를 이루었지만, '당시의 녹음 목록을 조사해 보면 소품이나 아리아, 행진곡, 짧은 길이의 팝송 그리고 댄스 음악이 지배적임을 알 수 있다……. 그리하여 머지않아 아예 작곡을 할 때 작품의 길이나 공연시간을 레코드 용량에 맞추는 일까지 빚어졌다.' 관객들도 점점 본인들이 레코드를 통해 들어서 익숙한 짧은 길이의 작품을 원하게 되었다. 3분이라는 팝송의 길이는 작곡자의 머리에서 나온 것이 아니라 녹음 시간의 한계로 인해 생긴 현상이다. 그런데 이런 관행이 팝음악에만 해당하는 게 아니라는 점이 놀라울 뿐이다.

이고르 스트라빈스키가 1925년 「피아노를 위한 세레나데」를 작곡하면서 전체 길이를 12분으로 정하고 거의 비슷한 길이의 네 악장으로 나눈 데는 그럴 만한 사유가 있었다. 스트라빈스키는 이렇게 설명했다. '나는 미국에서 축음기 제조사인 브런스윅 Brunswick과 내가 작곡하는 작

---

• 익숙함과 대중성의 관계는 팝음악 라이브 콘서트 장에 가보면 잘 알 수 있다. 베토벤의 제9번 교향곡처럼 옛날에는 새로운 작품을 발표하는 장소에 가는 일이 특권 계층임을 보여줄 신바람 나는 기회로 여겨졌지만 지금은 술집에 가는 정도로 여긴다. 저항의 메시지를 담은 노래를 많이 부른 가수 닐 영은 관객들에게 자신의 콘서트 전반부는 새로운 노래들로 채우고 공연 후반부는 이미 많은 사람들에게 알려진 노래들을 부르겠다고 발표한 적이 있다. 그는 실제로 공연이 시작되면 신곡들을 부르고 후반부엔 팬들이 이미 잘 아는 노래를 불렀다.

품들을 레코딩하기로 했다. 그런데 브런스윅은 내게 각 악장을 레코드 한 면 길이에 맞도록 작곡해 달라고 제안했다.' 그래서 스트라빈스키는 각 악장을 10인치짜리 78회전 레코드 한 면 길이인 3분에 맞춰 작곡했 다." 작곡가들이 자진해서 레코드의 용량에 맞추려고 작품의 길이를 줄 이기도 했다. 1916년 영국의 작곡가 에드워드 엘가 Edward Elgar 는 본인이 작곡한 바이올린 협주곡의 악보를 78회전 레코드 4장 길이에 맞게 줄 였다. 무삭제 악보 그대로 연주할 경우 연주 시간이 2배 이상 된다.

음악가들의 연주를 콘서트보다는 레코드를 통해 듣는 경우가 많아 질 수도 있다. 그리고 라이브 공연에서 느끼던 시각적 질감을 비브라토 와 공명을 통해 음악 감상자의 마음속에서 다시 불러일으키는 게 어느

----

•• 많은 작곡가들이나 뮤지션들이 이런 저런 이유들로 LP에 불신감을 가졌다. LP로 인해 후세들에게 큰 잘못을 하고 있다는 생각이었다. 즉, 걸작을 만들지 못한다는 점이었다. 헝가리의 작곡가 벨라 바르토크 Béla Bartók 는 레코딩으로 인해 작품의 다양성에 제약 이 생겼다고 주장했다. 미국의 작곡가 아론 코플랜드 Aaron Copland 도 음악이란 예측이 불가능해야 생명력을 유지할 수 있다면서 이러한 필수요소가 양면으로 나누어진 레코 드 때문에 죽어버린다고 강조했다.
가장 유명한 경우는 미국의 작곡가 존 케이지 John Cage 로, 그는 LP를 극도로 혐오했 다. LP는 죽은 물체라고 생각한 케이지는 어느 인터뷰에서 LP가 '진정한 음악을 만들 고 싶은 욕구를 파괴하며……, 레코드가 일반 사람들로 하여금 음악에 참여하고 있다 는 착각을 하게 만든다'고 말했다. LP가 세상에 선을 보이고 2년 후인 1950년, 존 케이 지는 프랑스의 작곡가 피에르 불레즈 Pierre Boulez 에게 편지를 썼다(불레즈는 인습에 억 매이지 않는 자신만의 독특한 개성을 보이는 데 매우 능했다). 존 케이지는 반농담조로 이 른바 '자본주의자 주식회사'라는 이름의 단체를 세울 예정이라고 편지에 썼다(그러면 공산주의자라는 비난을 받지 않을 것이기 때문이다). 그리고 이 단체에 가입을 원하는 사 람은 누구나 100장 이상의 레코드나 음악 녹음 기계 하나를 부숴야 하며 가입하는 사 람은 누구나 자동으로 회장이 된다고 했다(존 케이지 및 그의 음악 레코딩과 관련된 자세 한 사항에 대해서는 작곡가이자 기타리스트인 데이비드 그럽스 David Grubbs 가 쓰고 듀크대학 출판부에서 출간한 『풍경을 망친 레코드』 참조).

정도 가능해졌다. 오스트리아의 지휘자 니콜라우스 아르농쿠르Nikolaus Harnoncourt는 '연주자들의 모습을 직접 볼 수 없다면 상상 속에서라도 무언가를 볼 수 있어야 한다.'고 주장했다. 타이밍도 변할 수 있다. 특히 악장 사이의 갭과 기타 드라마틱한 휴지休止가 변할 수 있다. 콘서트홀에서는 연주자가 아무 말 없이 바이올린의 활을 닦거나 이마의 땀을 훔치거나 타악기의 진동을 멈추는 모습을 눈으로 직접 볼 수 있다. 그러나 CD를 통해 음악을 감상할 때는 이런 모습을 전혀 감지하지 못한다. 공연 현장의 생생하고 자연스런 분위기를 느끼지 못하며 따라서 설득력도 떨어진다.

**

점심시간을 마치고 스튜디오2로 돌아온 비틀스 멤버들은 「어 테이스트 오브 허니A Taste of honey」, 「두 유 워나 노우 어 시크릿Do you want to know a secret」 그리고 「미저리Misery」녹음에 들어갔다. 그리고 나서 저녁 식사를 위해 휴식을 취한 뒤 저녁 6시 30분부터 밤 10시 45분까지 마라톤 녹음을 진행했다. 야간 녹음으로 멤버들은 초과근무 수당을 받았을 것이다. 이때 녹음한 곡은 「홀드 미 타이트Hold me tight」, 「애나(고 투 힘) Anna(Go to him)」, 「보이즈Boys」, 「체인스Chains」, 「베이비 잇츠 유Baby it's you」, 「트위스트 앤 샤우트Twist and shout」로 대부분 한두 번 부르고 녹음을 끝냈다.

"하루 종일 강행군을 하면서도 우린 지칠 줄 모르고 창조성을 발휘했지요." 프로듀서 조지 마틴은 2011년에 폴 맥카트니와 함께 당시를 추억하면서 그렇게 말했다. 맥카트니는 이렇게 회상했다. "우린 오전 10시

30분부터 오후 1시 30분까지 두 곡 녹음했어요. 그리고 예정된 3시간의 중간쯤에 조지가 이렇게 말했지요. '이봐 친구들, 첫 번째 곡은 이만하면 됐어. 마무리합시다. 1시간 30분 만에 아주 멋지게 해냈구먼.'"

마틴은 이렇게 말했다. "폴, 하지만 나는 정신적으로 힘들었다네. 멤버들과 함께 보낸 시간이 너무 적었거든. 자네들은 전 세계를 돌며 공연을 했지. 그래서 난 매니저인 브라이언 엡스타인에게 이렇게 하소연을 했었어. '난 멤버들과 스튜디오에서 시간을 더 많이 보내야 해.' 그러면 브라이언이 이렇게 대꾸했지. '금요일 오후 시간과 토요일 저녁 시간을 빼 드릴 수 있겠어요.' 브라이언은 나에게 시간을 조금씩 나누어 주었어요. 마치 생쥐에게 먹다 남은 음식을 던져 주듯이 말이에요."•

1963년 2월 11일에 녹음한 곡들은 하나도 버리지 않고 앨범에 담았다. 앨범의 제목은 《플리즈 플리즈 미 Please please me》로 정했다. 이날 녹음한 10곡 이외에 이미 2장의 싱글로 발매된 4곡, 즉 「러브 미 두 Love me do」, 「P. S. 아이 러브 유 P. S. I love you」, 「플리즈 플리즈 미 Please please me」, 「애스크 미 와이 Ask me why」를 추가한 앨범이었다.••

---

• 2011년 BBC Arena에서 제작한 다큐멘터리 「프로듀서 조지 마틴」 중에서.
•• 이날 「홀드 미 타이트 Hold me tight」도 녹음했지만 이 곡만 첫 앨범에 넣지 않았다. 애비로드의 클럽에서 비틀스가 부르는 「플리즈 플리즈 미」를 처음 들은 조지 마틴은 템포가 너무 느리다고 생각했다. 박진감 있는 머지 비트(1960년대 초반에 영국에서 생겨난 로큰롤계의 사운드)라기보다 로이 오비슨이 부르는 구슬픈 노래 같다고 생각했다. 템포가 잘못되었다는 의견이었다. 마틴은 비틀스 멤버들에게 템포에 대해 다시 생각해보라고 주문했다. 마틴은 이렇게 말했다. "노래에 생기를 불어넣을 필요가 절실했다." 맥카트니도 "사실 우린 좀 당황스러웠지요. 우리가 작곡한 노래인데 마틴이 우리 노래에 더 잘 어울리는 템포를 생각해 냈으니까요."라고 시인했다. 생기를 불어넣은 게 효과를 보았는지 이 곡은 비틀스의 첫 넘버원 히트곡이 되었다.

그렇게 1963년 2월 11일 월요일이 지났다. 장차 세계에서 가장 위대하고 많은 사람들에게 막대한 영향을 미칠 록 밴드의 데뷔앨범은 리믹스 과정을 기다리고 있다. 그리고 39일후 음반이 발매되었다. 몇 년 후 녹음한 곡 「스트로베리 필즈 포에버Strawberry Fields Forever」는 5주가 넘는 기간에 걸쳐 24테이크 이상을 녹음하여 완성되었다. 싱글로 이미 발표했던 4곡을 제외한 나머지 곡들을 단 하루 만에 녹음하여 비틀스의 데뷔앨범은 완성되었다.

한편 마크 루이슨Mark Lewisohn은 비틀스의 데뷔앨범을 포함한 7년간의 경이적인 레코딩 역사에 대한 좀더 자세한 이야기를 들려준다(그 많은 히트곡을 낸 비틀스의 레코딩 역사가 고작 7년에 불과했다는 점은 생각하면 할수록 정말 믿기지가 않는다). 루이슨은 비틀스의 전기 『지나간 세월 1부All These Years, Volume one』를 쓴 작가로 이 전기는 30년에 걸쳐 준비한 전기다. 이 전기는 1,970쪽 분량의 3부작으로 출간할 예정으로 기획했다. 그런데 저자인 루이슨이 현재 4부까지 구상하고 있다고 한다. 4부에는 멤버들의 솔로 활동과 그 뒷일을 담을 예정이라고 한다.

루이슨은 이렇게 말했다. "그냥 어림짐작으로 쓰기 시작했어요. 2004년 처음 전기를 쓰기 시작했을 때는 전기를 완성하는 데 12년 정도 걸릴 거라고 생각했지요. 그런데……, 완전히 잘못 판단한 거예요." 루이슨은 원래 2008년과 2012년, 2016년에 각각 1권씩 3부작을 출간할 계획이었다. "계획대로라면 올해 마지막 3부가 출간되었어야 했어요." 변경된 스케줄에 의하면 2부가 2020년, 3부는 2028년에 나올 것 같다고 한다. "4부까지 쓰면 아마 2030년쯤 되어야 할 것 같아요." 내가

2016년에 그를 만났을 때 루이슨의 나이 쉰일곱 살이었다. 그렇다면 마지막 4부는 일흔이 넘어서 출간하게 될 것이다. "나와 비슷한 사람이 한 분 계십니다. 린든 B. 존슨 전 미국 대통령의 전기를 쓴 미국의 역사학자 로버트 카로Robert Caro입니다. 올해로 여든이 되신 그분은 지금 마지막 5부를 쓰고 있습니다. 시간과의 싸움을 하고 있는 것이죠."•

루이슨은 현재 영국 하트퍼드셔Hertfordshire 주의 고대 상업도시 버크햄스테드Berkhamsted에 있는 자택에서 비틀스 전기를 집필 중이다. 루이슨은 일단 책상 앞에 앉아 일을 시작하면 각종 서적과 악보, 음악 테이프, 서류 박스, 파일 캐비닛 등에 파묻힌다. 개인이 소장한 비틀스 관련 자료로는 아마 세계 최대 분량일 것이다. 그러다보니 그의 책상에는 찻잔 하나 올려놓을 공간 밖에 없어 보였다. 그래서 루이슨은 공간 활용을 위해 노트북 컴퓨터를 스탠드 위에 올려놓았다. 그의 머릿속은 늘 분주하다. "마치 서커스의 접시돌리기를 하는 기분입니다." 루이슨은 비틀스에 대한 전 세계의 반응을 한눈에 살펴보는 방식으로 전기를 쓰고 있다. "비틀스 전기 1부에선 런던과 리버풀, 함부르크에서 동시기에 일어난 일들을 다루었지요. 2부와 3부에선 접시의 개수를 크게 늘릴 예정입니다. 비틀스가 인도네시아와 뉴질랜드, 아르헨티나에 미친 영향을 언급하지 않으면 저는 독자들을 잃을지도 모릅니다. 저는 제 스스로 방대한 양의 자료를 쌓아가며 그것들을 전부 어떻게 소화해야 할지 고심하

---

• 당초 『린든 존슨의 생애』를 4부작으로 계획했던 로버트 카로는 이를 5부작으로 늘렸다. 전기는 현재 4부까지 출간되었고, 1982년에 1부가 출간되었다. 린든 존슨에 관해 다음 장에서 다시 다룬다.

고 있지요."

나는 루이슨에게 링고 스타에 대해 질문했다. 그간 링고 스타를 무시하는 사람들이 많았기 때문이다(모아캠브와 와이즈라는 코미디언 콤비는 텔레비전 방송에 출연한 링고를 봉고라고 부르기도 했다). 하지만 루이슨은 링고 스타의 열렬한 팬이었다. 그는 이렇게 설명했다. "링고 스타는 비틀스 멤버들의 부족한 부분을 채워주었지요. 비틀스의 어느 노래를 들어보아도 링고 스타의 드럼 실력은 흠잡을 데가 없었어요. 그는 언제나 상상력이 풍부하고 생각이 독창적이었지요. 게다가 시간관념이 매우 철저해서 인간 메트로놈이라고 불러도 손색이 없지요."

나는 루이슨이 가진 시간 개념에도 관심이 생겼다. 다른 작가들에게 30년간의 집필 프로젝트란 생각만 해도 주눅이 들 만한 일이기 때문이다. 그는 어떤 방식으로 하루하루 비틀스 전기를 쓰는 것일까? 루이슨은 이렇게 설명했다. "정말이지 시간이 많지 않아요. 그래서 저는 하루를 이틀처럼 쓰려고 노력중입니다. 아침 일찍 일어나 일을 시작해서 가능한 늦은 밤 시간까지 작업을 하지요. 점심 식사도 책상에 앉아서 한답니다. 여가 활동을 할 시간도 거의 없지요."

대작을 쓰려면 당연히 루이슨 같은 사고방식이 필요하다. 루이슨이 쓴 방대한 내용의 비틀스 전기에는 스토리에 등장하는 인물들에 관한 얘기와 더불어 타이밍에 관한 내용이 많이 들어있다. 루이슨이 비틀스 전기 제1권에서 밝혔듯이 비틀스의 역사를 보면 마치 퍼즐 조각을 맞추듯이 여러 가지 사건들이 완벽하게 맞추어졌으며 그야말로 타이밍의 경이로운 산물이었다. 예를 들어, 비틀스가 미국의 로큰롤 가수 리틀 리처드Little Richard를 만난 건 신이 내린 타이밍이었다. 비틀스의 매니저인 브라이언 엡스타인Brian Epstein이 1961년 11월 9일 카번클럽에서 노래를 부르는 비틀스 멤버들을 처음 본 순간 그동안 평행선으로 이어가던 두 트랙이 마침내 하나가 되었다. 역사적인 사건에는 예외 없이 동시성과 함께 시간적인 우연성이 있는 듯하다. 또는 역사적인 사건들은 어찌 되었건 언제인가는 일어날 일들이었다. 하지만 루이슨이 저서 서문에서 밝혔듯이 '비틀스의 역사를 살펴보면 모든 타이밍이 완벽하게 맞아떨어졌다.'

마침내 입을 다물다: 필리버스터를 마친 스트롬 서먼드 의원을 아내 진 서먼드가 반갑게 맞이하고 있다.

# 몇 시간 동안
# 말해야 장황설인가?

## 모제스 즈나이머의 방송국이 패널들에게 허용한 시간

/

지난해 쉰다섯 살 생일, 나는 코니 딜레티라는 여자로부터 매력적인 제안이 담긴 이메일을 받았다. 딜레티는 매년 캐나다 토론토에서 열리는 '아이디어시티 IdeaCity 컨퍼런스'의 프로듀서였다. 이 컨퍼런스는 50명의 연사를 초대하여 기후 변화, 식품 과학, 미국과 함께 떠오르는 캐나다의 가능성 등 굵직한 주제를 이슈로 토론한다. 딜레티는 나에게 컨퍼런스의 연사로 참석해달라는 제안을 보내왔다. 딜레티는 금년 컨퍼런스의 주제는 사랑과 섹스라며 나에게 연애편지에 관한 얘기를 해달라고 요청했다(나는 예전에 편지 쓰기를 주제로 한 책을 쓴 적이 있었으며, 내가 그럭저럭 잘할 수 있는 건 사랑 얘기이다). 나는 '아이디어시티 컨퍼런스'에 참석해 본 적이 없었고 토론토에 가본 적도 없었다. 토론토 인근에 있다는 나이아가라 폭포를 언제고 한번 꼭 보고 싶었던 나는 컨퍼런스에 참석하고 싶다는 답장을 보냈다. 더불어 주최 측에서 숙박과 항공비용은 어느 정도 제공해주는지의 문의 사항도 함께 메일로 보냈다.

코니 딜레티가 보내온 조건은 무척 구미가 당겼다. 17분간 연설해주는 대가로 항공비용은 물론 5성급 호텔 숙박비를 주최 측에서 부담하며 나의 연설 내용을 고화질 비디오에 담아 아이디어시티 홈페이지에 영구히 올려놓을 예정이라고 했다. 또한 매일 밤 파티가 열리며 토요일엔 모제스의 저택에서 특별 조찬이 있다고 했다.

그런데 두드러지게 눈에 띄는 점이 있었다. 내 연설 시간을 정확히 17분으로 명시해 놓은 점이다. 나는 어디든 연사로 초대받아 가면 보통 45분 정도 연설하곤 한다. 그런데 45분도 아니고 게다가 15분이나 20분도 아닌 17분이었다. 왜 하필 17분일까? 난 무척 궁금했다. 마법의 숫자처럼 보이는 17이란 숫자는 수년간 고심해서 결정한 것인가? (아이디어시티 컨퍼런스는 금년이 16번째다. 25주년을 맞은 미국의 '테드TED 컨퍼런스'와 비교하면 역사가 짧긴 하지만 몇 시쯤 되면 관객들이 꾸벅꾸벅 조는지 정도는 알 수 있는 관록이 생긴 컨퍼런스다.) 아니면 나에게만 17분의 시간을 주었나? 다른 연사들에게도 각 주제를 발표하기에 적당한 시간을 랜덤하게 주었을까? 지구 온난화 문제 전문가인 로드 로손Lord Lawson에겐 12분의 시간을 주었을까? 에이미 레만Amy Lehman 박사에겐 28분의 충분한 시간을 주고 아프리카 탕가니카 호숫가에 말라리아 예방 모기장 남용에 대해 발표하도록 하나? 비판적인 얘기를 날카롭게 하고 재미있는 슬라이드를 보여주는 베스트 연사들은 빨리 끝낼 수 있는가? 빙산의 과학에 대해 연설하기로 예정된 대학생도 있었다. '마늘의 신화'나 '랩으로 소개하는 종교'를 주제로 연설하는 사람은 지겹고 짜증날 정도로 끊임없이 얘기해도 되는 것인가? 그리고 모제스란 사람은 도대체 누구일까?

그런데 3개월 후 토론토에 도착한 나는 연사들 모두에게 정확히 17분의 시간이 할애되었음을 알게 되었다. 그리고 '테드 토크'에 참석한 연사들에겐 18분의 시간이 주어졌다는 사실도 알았다. 크리스 앤더슨이란 큐레이터가 가장 효율적인 시간이라며 정해준 시간이라고 했다. 18분이 연사가 진지하게 생각하고 얘기하기에 충분한 시간이며 18분이 넘어가면 효율적이지 못하다는 주장이었다. 18분 이내에 압축해서 메시지를 전달해야 연사나 청중 모두 집중력을 잃지 않고 지루함을 느끼지 않는다는 것이다. 그리고 18분 연설이 온라인에 올리기에 가장 적당한 시간으로 커피 타임의 길이이기 때문이다.

그런데 모제스의 설명에 따르면 아이디어시티의 17분 연설은 테드 컨퍼런스를 엿 먹이기 위해 정한 시간이었다. 코니 딜레티는 내게 아이디어시티가 테드의 공동 제작자인 크리 리처드 버먼과 협력관계를 맺고 테드시티TEDCity라는 명칭으로 2000년에 시작되었다고 설명해주었다(테드 컨퍼런스는 1984년에 처음 개최되었다). 초기에는 테드와 테드시티의 패널들 모두 20분간 연설을 했다. 그러다 테드가 먼저 18분으로 시간을 줄이면서 토론의 진행 방식에 변화를 주었다. 그러자 모제스도 독자적인 방식으로 테드 컨퍼런스를 엿 먹일 컨퍼런스를 진행하기로 했다(언젠가 아이디어시티의 진행방식에 고무된 라이벌 단체가 효율성을 높인다는 명분으로 연설 시간을 15분 또는 16분으로 줄일 가능성도 없지 않다. 8분으로 줄이지 않는다고 누가

장담하겠는가? 프랑스 사람들이 사용하는 짧은 지팡이처럼 점점 줄어들지도 모른다.

모제스란 사람은 모제스 즈나이머 Moses Znaimer 씨였다. 리투아니아 태생의 일흔 살이 넘은 유대인으로 캐나다 미디어계의 거물로 알려진 사람이다. 루퍼트 머독이나 《플레이보이》 창간인인 휴 헤프너처럼 방송 네트워크를 여러 개 소유하고 있다. 모제스는 매력이 넘치는 사람이긴 하지만 내가 보기에 매력만으로 지금의 자리에 오른 것은 아닌 듯하다. 코니 딜레티가 내게 보낸 이메일에 간략히 소개한 여러 개의 텔레비전 방송국과 라디오 방송국들 그리고 베이비부머 세대를 위한 문화·정치 관련 잡지 《줌머Zoomer》가 모두 모제스의 소유다. 그리고 아름다운 아가씨들과 여러 대의 멋진 자동차에 둘러싸여 산다(모제스는 슈퍼카 드로리언 DeLorean과 클래식카 재그 Jag를 직접 운전한다). 아이디어시티 컨퍼런스도 모제스가 주최하는 행사로 각 세션마다 그가 직접 나와 패널들을 소개하고 참석자들과 기념사진을 찍는다. 게다가 비공식적으로 타임키퍼 역할을 한다. 공식 타임키퍼는 연단 위에 패널들의 눈에 잘 띄는 곳에 비치된 직사각형 디지털시계로 패널들이 입을 열자마자 카운트다운을 시작한다. 그런데 비공식 타임키퍼는 보다 은밀하게 움직인다. 17분의 정해진 시간이 지나면 모제스가 연단 옆으로 슬그머니 모습을 드러낸다. 1분을 초과하면 모제스가 느린 걸음으로 연사를 향해 살살 움직인다. 그리고 1분 이상을 더 초과하면 연사 옆으로 조용히 다가가 서서 준비하고 있다가 재치는 있으나 연사의 기운을 쏙 빼는 말로 연설을 중단시켜 버린다.

나는 천만다행으로 컨퍼런스 두 번째 날 아침 세션에 참석하기로 스케줄이 잡혔다. 충분한 시간을 갖고 다른 패널들이 17분의 시간에 맞추어 연설하는 모습을 볼 수 있었다. 다른 패널들의 발표를 들으면서 난 몹시 긴장이 되었다. 컨퍼런스는 코너홀Koerner Hall에서 진행되었다. 1,000명 이상을 수용할 수 있는 말발굽 형태의 홀이었다. 코너홀은 토론토의 왕립음악원The Royal Conservatory of Music 소유로 어느 각도에서나 관객들이 무대를 볼 수 있고 음향 시설도 완벽해서 파워포인트를 이용한 프레젠테이션에 안성맞춤이다. 하지만 그런 조건이 오히려 나에겐 긴장감을 높이는 요소였다. 게다가 연설 내용이 녹화되고 코니 딜레티가 이메일로 약속한 대로 아이디어시티 '홈페이지에 영구히 올려놓겠다'고 하니 긴장하지 않을 수 없었다. 우리 인류는 천천히 그러나 끔찍한 종말을 맞을지도 모른다. 아이디어시티 컨퍼런스에서 어느 연사가 얘기했듯이, 심각한 환경 재앙이나 인도주의적 위기로 인해 종말을 맞을 가능성이 있는 것이다. 하지만 내가 남긴 연설문은 비록 듣는 이는 없어도 지구 어딘가에 남아 있지 않겠는가.

1시간가량 연설을 할 경우 두서없는 얘기가 되고 맥락을 놓치기도 하지만 다시 전체 내용을 간추릴 시간적 여유가 있다. 처음에 하지 못한 말을 후반부에 다시 할 기회도 있고 질문을 받을 시간도 있다. 하지만 17분 연설에선 실수가 용납되지 않는다. 길고 지루한 대목이 있을 수 없으며 요약할 시간도 없고 옆길로 빠질 시간도 없다. 게다가 청중들은 5,000 캐나다 달러를 내고 컨퍼런스에 왔다. 따라서 연사들은 그들에게 유익하고 재미있는 스토리를 들려주어야 한다.

내가 연단에 오를 날이 되었다. 그런데 예쁘게 만든 프로그램 책자에 보니 내 발표 시간이 오전 10시 1분이었다. 나는 오타일 거라고 생각했다. 그런데 다른 패널들의 발표 시간 역시 11시 6분, 1시 57분, 3시 48분 등으로 표기되어 있었다. 정말 어처구니없을 정도로 세심한 시간 배정이란 생각이 들었다. 그런데 알고 보니 연사들 대부분이 본인의 발표 시간 직전까지도 연설 리허설을 했다고 한다. 연사들은 연설 내용을 다듬고 또 다듬어서 16분 30초 이내에 끝낼 수 있게 연습했는데, 이는 연설 도중에 웃음이 터져 나오거나 말문이 막힐 경우까지 고려한 것이다. 나는 과거 연설 공포증이 무척 심했다. 난 학교에 다닐 때도 말을 더듬는 버릇이 있었다. 시간이 많이 흐른 뒤 말더듬는 버릇이 고쳐지긴 했지만 일부 낱말들, 예를 들어 'st'로 시작되는 낱말은 제대로 발음하기가 힘들었다. 학교는 그런 핸디캡이 있는 아이들에게 무척 힘든 곳이다. 반 친구들 앞에서 말을 하기가 두려웠다. 하지만 이따금 전교생 앞에서 말을 해야 할 때의 두려움에 비하면 그건 아무것도 아니었다. 그런데 나는 다른 사람에게 뭐든 과시하는 걸 무척 좋아했다. 따라서 말을 더듬는 버릇 때문에 나는 갑절로 좌절감을 느껴야 했다. 연설 공포증은 내가 첫 책을 내고 홍보 활동을 할 때도 사라지지 않았다. 물론 두려움은 차츰 가라앉았고 연설 실력도 개선되어 북페스티벌 연설 시간이 기다려지기도 했다. 난 연설 공포증을 극복했다는 생각이 들자 마음이 홀가분해졌다. 그런데 17분 만에 완벽하게 막힘 한 번 없이 발표하는 연사들을 보자 갑자기 내가 연설을 제대로 할 수 있을지 의문이 들었다.

다행이라면 9시 31분에 발표를 시작한 여성 패널이 예정보다 일찍 발표를 마친 것이었다. 그녀는 새로운 형태의 데이트에 대한 이야기를 발표했다. 그녀는 지속적인 연인 관계를 유지하는 남자친구들에게 값비싼 선물을 주겠다고 했다(그리하여 결혼까지 하게 되는 남자친구에겐 자신과 함께 해준 시간의 대가로 2,000달러의 휴가비를 주겠다는 것이다). 이 여성 패널은 11분이 지나자 얘깃거리가 떨어져 모제스가 던지는 까다로운 질문에 답변하는 것으로 시간을 때웠다. 모제스는 "좀 냉혹한 얘기로 들리는군요. 그렇게 생각하지 않습니까?" 라는 식의 질문을 했었다. 그녀의 뒤를 이어 9시 41분에 발표를 시작한 남성 패널은 전문가다운 모습을 보였다. 그는 본인이 할 말을 카드에 정리해 왔고 재미있는 슬라이드를 준비해 왔다. 그가 발표한 주제는 전날 패널들이 발표한 무거운 주제에 지친 청중들에게는 선물이었다. 전날 주제는 '연령별 질환 치료법', '채식의 장점' 등이었다. 남성 패널은 자율주행차가 실용화되면 카섹스에 요긴하게 쓰일 것이라는 얘길 들려주었다. 그의 발표는 성공적이었다.

나는 그제야 미리 연습을 해서 시간을 맞춰 봤어야 했다는 후회가 들었다. 그때까지 나는 막연히 그럭저럭 잘할 수 있을 거라고만 생각했다. 내가 발표를 시작하기 전, 행사 진행을 맡은 주최 측 직원들이 동영상을 스크린에 보여주었다. 내가 쓴 책에 나오는 연애편지를 읽는 영국 배우 베네딕트 컴버배치Benedict Cumberbatch의 모습을 담은 동영상이었다. 나는 발표를 시작하면서 베네딕트 컴버배치가 직접 여기에 와서 연애편지를 읽지 못해 유감이라고 조크를 했다. 그러자 객석 여기저기에서 웃음소리가 흘러나왔다. 나는 '편지를 통해 보는 2,000년의 역사'라는 주제로 발표했다. 난 트위터로 보내는 메시지가 편지의 대체물이 되지 못하며, 특히 역사학자들이 그렇게 생각한다고 강조했다. 난 그말을 하면서 슬쩍 시계를 쳐다보았다. 벌써 8분이 지났다. 그리고 관중들에게 보여주어야 할 슬라이드가 아직 17장이나 남아있었다. 시간이 8분이나 지났는데 슬라이드를 겨우 2장만 넘긴 것이다. 심하게 당황하진 않았지만 내 머릿속에서 여러 가지 생각이 동시에 떠오르고 있음을 느낄 수 있었다. 하지만 그 어떤 생각도 명확하게 잡히지 않았다. 내게 주어진 시간이 다 되고 있다. 주최 측에서 비용을 부담하고 나를 불렀는데 난 아무런 도움도 주지 못하나 보다. 모제스가 내게 다가올 것이다. 시간을 초과한 게 모제스에게 발각될 것이다. 이런 최첨단 시설을 갖춘 곳에서 내가 파워포인트의 '발표자 보기' 기능을 보도록 배려하지 못하는 이유는 도대체 무엇일까? 그거만 볼 수 있어도 다음 슬라이드의 내용이 뭔지 알 수 있겠는데. 1초도 안 되는 짧은 시간에 그런 생각을 했던 건 분명하다. 하지만 최소 5초간 멍하니 청중을 바라보았던 기억이 난다(신경학자들에 따르면 인간은 시각적 자극에 의한 정보를 130분의 1초 내에 처리할 수 있다고 한다. 비시각적 접촉은 그보다 더 빠르다).

남은 시간은 발표할 내용들을 요약해서 말해야 했다. 그리고 내게 주어진 시간까지 집중력을 잃지 않으려고 애를 썼다. 마치 인간의 삶을 보는 듯했다. 시간은 나의 편이 아니었다. 난 청중들에게 알찬 정보를 전해주고 즐거움도 주고 편지의 가치를 알아달라고 하소연하고 싶었다(아이러니한 얘기로 들리겠지만 편지쓰기는 결국 시간에 굴복하였고 대체물들의 속도에 지고 말았다). 이제 시간이 9분밖에 없다. 그 시간 안에 13장의 슬라이드를 넘겨야 하고 다른 데서 하는 연설이라면 최소 30분이 필요한 내용을 9분 내에 마쳐야 한다. 할 얘기를 빠뜨리지 않고 효율적으로 짧게 줄이는 데는 한계가 있었다. 지금껏 단 한 번도 경험한 적 없는 차원으로 들어선 것이다. 슬프기도 하고 어느 누구도 함께해 주지 못할 시계와의 전쟁이었다. 내 눈엔 시계만 보였다. 관중들의 모습은 시야에 들어오지도 않았다. 점점 말하는 속도가 빨라지고 있음을, 정신없이 서둘고 있음을 느낄 수 있었다.

발표 종료 3분이 남았을 때 슬라이드는 여전히 8장이나 남았다. 남은 8장을 청중들에게 다 보여주기는 불가능했고 내가 하고자 했던 얘기를 전부 다 들려주기도 어려웠다. 하지만 난 준비한 내용을 그냥 버리긴 싫다는 건방진 생각을 했다. 난 서둘러 발표를 이어갔다. 홀 안에 있던 공기가 전부 바깥으로 빠져나간 듯 가슴이 답답했다. 난 시계에서 눈을 떼지 못했다. 시간이 흐르는 속도가 무섭게 느껴졌다. 모제스가 연단 왼편에 모습을 드러냈다. 난 익히 배워 잘 아는 내용을 시험 답안지에 후다닥 써 넣는 어린 학생처럼 슬라이드를 빠르게 읽었다. 마침내 17분의 시간이 다 지났다. 시계의 숫자 빛깔이 녹색에서 붉은색으로 바뀌면서 깜박이기 시작했다. 난 "중요한 얘기 두세 가지만 더 하고 마치겠습니다." 라고 말하고 나서 왼편을 바라보았다. 모제스 씨가 내가 발표를 마치기를 기다리며 제자리걸음을 하고 있었다.

난 약 7분을 오버했다. 난 연설을 망쳤다고 생각했지만 다행히도 청중들로부터 찬사를 받았다. 물론 이 날의 연설은 극단적인 케이스였고 스스로 자초한 일이었지만, 시간에 정신을 지나치게 집중하는 게 얼마나 해로운지 체험한 날이었다. 이런 경우 집중력을 잃지 말아야 한다는 생각이 오히려 자유로운 생각이나 상상과 관련이 있는 뇌 영역의 활동을 제한할 뿐이다. 자전거를 타다 떨어졌을 때의 느낌과 흡사했다. 내 머리와 외부 세계를 연결하는 길이 전부 차단된 듯했고 오직 가능한 빨리 실수 없이 발표를 마쳐야 한다는 생각뿐이었다.

한편, 나의 경우와 전혀 다르게 매우 느리게 장시간 헛소리를 지껄이는 것도 마찬가지 아닐까? 다음에 소개할 내용처럼 만일 시계의 숫자가 깜빡이지 않거나 시간제한이 전혀 없다면 어떤 일이 벌어질까? 만약에 어떤 사람이 영원히, 그침 없이 연설할 수 있다면?

## 너무 길게 연설하다

/

미국 민주당 상원의원을 지낸 스트롬 서먼드Strom Thurmond는 신념 하나만은 매우 강한 정치인이었다. 서먼드는 흑인들을 백인들과 격리해야 한다는 강한 신념을 가지고 있었다. 1950년대 미국에서 서먼드 의원의 주장은 학교와 레스토랑, 병원 대기실, 영화관, 대중교통 수단에서 흑인과 백인이 함께 앉지 못한다는 의미였다. 또한 백인이 흑인을 폭행해도 사법당국이 눈감아준다는 의미였다.

하지만 스트롬 서먼드에겐 남들과는 다른 특징이 있었다. 즉, 그는 미의회 역사상 유일하게 일백 살까지 상원의원을 지낸 인물이다. 또 다른 신기록도 가지고 있다. 1957년 쉰네 살 때 미 정치사에서 최장 시간 연설 기록을 세웠다. 아마 이 분야 세계신기록일 것이다.˙

---

• 서먼드는 재혼할 때도 악평을 들으며 주목을 받았다. 그의 두 번째 부인은 마흔 살 연하였다.

서먼드의 끔찍하게 긴 연설 모습을 보고 그의 가족뿐 아니라 동료 의원들도 할말을 잃었다. 1957년 8월 28일 밤 8시 54분에 서먼드 의원이 연단에 섰을 때, 그가 언제 연설을 마치고 자리에 돌아와 앉을지 아무도 알지 못했다. 연설이 시작된 지 서너 시간이 지나 시곗바늘이 자정을 넘어서자 서먼드의 연설에 관심을 갖는 의원도, 그의 연설을 계속해서 들을 체력을 가진 의원도 많지 않았다. 그래도 의원 몇 명은 야식을 먹어가며 서먼드의 연설을 들었고, 인근 호텔에 연락을 취하여 이불을 의사당으로 가져온 사람도 있었다. 서먼드가 그날 연설에서 이런 말을 했다. "본인은 백인과 흑인이 한데 섞여 사는 것을 절대 찬성할 수 없습니다." (경력이 많은 상원의원이 이런 발언을 했다는 사실은 요즘 시각으로 보면 놀랍기 그지없다.)

1950년대 초, 인권이란 개념은 비록 미국 사회에서 집중적으로 논의된 운동은 아니었지만 상당히 시기적절한 이슈였다. 1950년대 전반부는 인종간의 불평등에 대한 반감이 일촉즉발의 상황으로 치닫고 있었다. 그리고 요즘 사람들이 시대의 전환점이 되었다고 알고 있는 사건이 계기가 되었다. 미시시피 주에서 열네 살 난 에밋 틸이란 흑인 소년 살인사건이 발생했다. 앨라배마 주 몽고메리에선 로자 파크스란 흑인 여자가 버스 안에서 백인 승객에게 자리를 양보하지 않아 경찰에 체포되었다. 이 사건은 장기간의 몽고메리 버스 보이콧으로 이어졌다. 그리고 이를 계기로 인종 분리에 저항하는 대규모 운동이 시작되었으며 여기에 마틴 루터 킹 목사가 참여하게 된다. 그리하여 1957년에 아이젠하워 대통령과 그의 보좌진들이 새로운 민권법을 만들 아이디어를 내기 위해 머리를 맞댔다. 3년 전에 있었던 '브라운 대 교육위원회 소송 사건Brown v. Board of Education' 이후 폭력을 동반한 후유증이 그치지 않았었다(1954년에 미국 대법원으로부터 흑백 아동들에 대한 분리 교육은 불법이라는 판결을 이끌어낸 소송 – 옮긴이). 민권법안이 통과되면 인종간의 장벽(유권자는 정치 현안에 대한 기본 지식이 있어야 한다는 명분으로, 주로 흑인들을 대상으로 시행된 문맹 검사와 투표 하려는 가난한 흑인들에게도 부과했던 투표세 등)을 제거함으로써 아프리카계 흑인 미국인들의 투표권이 합법적으로 인정된다. 또한 흑인들은 백인 지상주의자들의 협박으로부터 보호받는다. 인도주의적이고 헌법이 보장하는 내용이며 게다가 정부로선 정치적으로 큰 이점이 있는 법안이었다. 그런데 큰 장애물 하나가 이를 가로막고 있었다. 무려 80년이 넘는 기간 동안 앞장서서 민권법을 제정하려는 온갖 시도를 무마시켜온 남부 출신의 민주당원들이다.

특히 스트롬 서먼드 상원의원이 선봉에 섰다.* 서먼드는 본인이 미국인들의 삶을 침해하려는 미 연방 정부의 의도를 저지하기 위해 합법적으로 투쟁하고 있다고 생각했다(그는 인종차별 폐지가 공산주의와 관련 있다고도 주장했다). 서먼드는 당시 미국에는 아무런 문제가 없다고 생각했다. 즉, 흑인들 모두 제 분수를 알고 있으며, 흑인들의 저항도 많지 않고, 흑인들이 북부 지역에 거주하던 시절에 비해 훨씬 좋은 대우를 받는 데다,

---

* 서먼드는 1948년 대통령 후보에 출마했다. 그리고 출마 동기는 분명했다. 트루먼 대통령의 시민 평등권 안건에 반대하기 위해 출마한 것이다. 선거 결과 서먼드는 남부 4개 주에서 2.4퍼센트 득표하는 데 그쳤다. 그리고 공화당 토머스 듀이 후보의 당선이 예측되는 상황에서 트루먼 대통령이 28개 주에서 49.6퍼센트의 득표율로 재선에 성공하는 이변을 낳았다.

흑인 노예들의 삶은 수백 년의 세월이 흐르는 동안 엄청나게 발전해 왔고, 하인이나 메이드 등의 일자리를 얼마든지 얻을 수 있다는 주장이었다. 서먼드는 백인이나 흑인이나 똑같이 '아이를 낳아 키우며 행복하게' 산다고 굳게 믿는 사람이었다.

서먼드는 개혁적 이슈에 반대하는 남부 출신 의원들의 전략적 대응 방안을 주도했던 리처드 러셀 조지아 주 상원의원 등의 지지자들에게 개혁 법안에 반대표를 던지는 것은 물론이고 개혁 계획을 철저히 분쇄해야 한다고 설득했다.

린든 존슨 대통령의 전기를 쓴 로버트 카로에 의하면 린든 존슨은 매우 능숙하고 세련된 솜씨로 미 정치사에 남을 만한 타협안을 이끌어 냈다고 한다. 린든 존슨은 공화당이나 민주당 의원들을 막론하고 유화적인 자세를 보였다. 그는 한밤중에 의원들에게 전화를 걸거나 의원 휴게실까지 찾아가 호의적인 태도를 보이며 민권 법안 통과의 불가피성을 이해시키고 의원들이 승리자가 될 것이라고 설득했다.

민권 법안을 반드시 통과시켜야 한다는 린든 존슨의 신념은 본인의 정치적 세력 강화 이상의 의미였다. 그는 후일 민권법안이 통과된 지 수년이 지나고도 바뀌지 않은 인종 차별에 대한 혐오감을 흑인 여성 제퍼 라이트의 예를 들어 자주 술회했다. 대통령 임기를 마친 린든 존슨은 워싱턴을 떠나 고향인 텍사스로 향하는 차에 올랐다. 린든 존슨의 집에서 오랜 세월 음식을 하던 흑인 여성 제퍼 라이트도 남편과 함께 린든 존슨을 따랐다. 그런데 텍사스로 가는 도중 식사를 하기 위해 차를 멈춘 제퍼 라이트는 흑인이 출입 가능한 지정된 음식점에서만 식사를 해야 했으며 화장실에 들어가지 못해 길에 쪼그리고 앉아 소변을 보아야 했다.*

민권법안 제정을 둘러싸고 논란을 빚었던 핵심 조항은 배심원단을 통해 재판을 받을 권리 문제였다. 투표권자 등록을 하고 무기명 투표를 하는 흑인 투표권자들을 보호하기 위한 법령과 더불어 법을 어기는 사람들을 기소하는 조항도 있어야 했다. 따라서 민권법안에는 법무부장관에게 막강한 권한을 주어 법원의 명령으로 민권법을 수호하도록 하는 조항이 들어있었다. 그런데 새로 만든 수정안은 법률 위반으로 기소된 자들을 배심원단을 통해 재판받도록 했다. 법안 반대자들을 달래기 위한 목적으로 만든 조항이다. 당시 배심원단은 백인으로만 구성되었기 때문에 백인 피의자들은 무죄 선고를 받을 게 분명하기 때문이다. 이 새로운 조항에 대해 법안 지지자들은 법령 전체를 무용지물로 만드는 내용이라며 크게 반발했다. 그런데 린든 존슨은 이보다 더 교묘한 패를 숨기고 있었다. 개정안에 대한 투표가 진행되기 바로 직전 린든 존슨은 추가 부속 조항으로 개혁주의자들을 달랬다. 남부 지역의 법원 배심원단에 흑인 배심원을 두는 것을 보장한다는 내용이었다. 결국 이 민권법안은 민주주의 형평성을 보장하는 법안이었다. 수정안은 의회에서 통과되었고 1957년 8월 말일에 민권법안에 대한 최종 투표가 실시되었다. 그리고 바로 그 순간, 스트롬 서먼드 상원의원이 의사당으로 들

---

• 대통령 자리에 오른 린든 존슨은 1964년 향후 미국 사회에 지대한 영향을 끼칠 민권법안에 서명한 후 서명에 사용한 펜을 제퍼 라이트에게 주면서 "당신이야말로 이 펜을 가질 자격이 있는 사람입니다."라고 말했다.

어섰다.

**

필리버스터는 의회 안에서 주로 소수파가 다수파의 의사 진행을 저지하거나 지연시키기 위해 고의적으로 의사 진행을 방해하는 행위를 말하는 것으로 시간과 관련이 있다. 필리버스터를 민주적인 절차에 의한 합법적인 수단이며 마치 스스로 자신의 몸을 쇠사슬로 철도 레일에 묶는 것과 같은 행위이자 정치에 발을 들여놓는 유일한 이유라고 주장하는 사람들도 있다. 이와 반대로, 해야 할 일이 산더미처럼 쌓여있어 무척 바쁘고 처리해야 할 법안이 많으므로 다수당이 주도하는 정치가 옳다고 믿는 사람들은 필리버스터가 비민주적이며 의사진행을 일부러 방해하는 못된 행위일 뿐이라고 깎아내린다. 어느 의견이 옳은지를 판단하기 위해 필리버스터를 시작한 의원의 의견을 장시간 들어봐야 하는 경우도 적지 않다.

스트롬 서먼드 의원의 필리버스터가 끝나고 며칠 후에야 그가 필리버스터를 하기 위해 사전 준비를 철저하게 한 것이 드러났다. 그날 아침 일찍 서먼드 의원은 상원의원들이 사용하는 사우나에서 몸에 든 수분을 뺐다. 몸 안에 체액이 적을수록 물을 흡수하는 시간이 느려질 것이며 따라서 화장실에 가지 않아도 될 거라고 생각한 것이다. 그는 양복 주머니 안에 비상식량까지 넣어 두었다. 한쪽 주머니에는 밀크태블릿을 준비했고 다른 주머니엔 목캔디를 넣어두었다. 그의 아내인 진 서먼드 여사도 서먼드 의원이 연설을 시작했을 때부터 의사당에 앉아 있었는데 그녀는 남편을 위해 스테이크와 호밀빵을 준비해 왔다.[*] 당시 서먼드 의원의 홍보담당 비서로 후일 백악관에서 닉슨 대통령의 보좌관으로 일했던 해리 덴트 씨는 서먼드 의원이 그날 아침 다량의 자료들을 챙기는 모습을 보았다. 하지만 해리 덴트는 서먼드가 연구를 하기 위해 자료를 챙기는 것으로 생각했다고 한다. 알고 보니 서먼드가 챙긴 자료들은 필리버스터를 위해 준비한 것이었다.

약 15명의 청중들이 지켜보는 가운데 다부진 체격에 머리는 훤하게 벗겨진 서먼드 의원이 의사당의 연단에 서서 연설을 시작했다. 그는 "본 의원이, 민권법안이 통과되어서는 안 된다고 생각하는 이유 세 가지를 말씀드리겠습니다."라는 말로 필리버스터를 시작했다. "우선, 그런 법안은 필요하지 않습니다."[**] 그리고 나서 서먼드는 미 48개 각 주의 선거관련 법령들을 알파벳순으로 읽어 내려갔다. 미합중국 연방법의 추가 확대는 필요하지 않으며 정부의 개입을 더 늘리면 미국이 '전체주의 국가'가 될 것임을 경고하기 위해 읽은 것이다. 서먼드는 14세기에서 18세기까지 영국 군사 법원의 전쟁 판례를 예로 들며 자세한 특징을 열거했다. 그는 1628년 찰스 1세가 관련된 사건에 각별한 관심을 보였다. 서먼드는 계속해서 미국독립선언문과 워싱턴 대통령의 고별 연설, 영국의 권리장전을 읽어 내려갔다. 자정이 가까울 무렵 민권 법안

---

- 나딘 코호다스가 쓴 스트롬 서먼드 전기를 보면 장시간의 필리버스터에 서먼드의 아내도 무척 놀랐다고 한다. 서먼드의 아내는 '남편이 저녁식사를 집에서 못하리라 예상했지만 아침 식사도 집에서 하지 못할 것이라고는 생각지 못했다'고 한다.
- 그의 연설 전문은 미 상원 홈페이지 참조: http://www.senate.gov/artandhistory/history/resources/pdf/Thurmond_filibuster_1957.pdf

을 지지하는 공화당 소속 일리노이 주 상원의원인 에버렛 디륵센이 얼른 집에 돌아가 잠을 자고 싶었는지 동료 의원들에게 이렇게 소리쳤다. "맙소사, 저 사람 밤을 새울 작정인가 보군!" 민주당 소속 일리노이 주 상원의원인 폴 더글러스가 서먼드에게 오렌지 주스 한 병을 가져다주었다. 그러자 서먼드가 고맙다는 인사를 하며 오렌지 주스를 컵에 따라 마셨다. 그런데 그 모습을 본 보좌관 해리 덴트가 얼른 달려가 오렌지 주스 병을 치워버렸다. 주스를 더 이상 마실 경우 화장실에 가야 하고, 그러면 어쩔 수 없이 연설 마라톤을 중단해야 하기 때문이다. 사실 서먼드 의원은 이날 단 한 차례 휴식을 취했다. 배리 골드워터 의원이 연방 의회 의사록의 자료를 요구하면서 서먼드는 잠시 휴식 시간을 가질 수 있었다.

새벽에 가까울 무렵 서먼드의 목소리는 잘 들리지 않을 정도로 작아졌고 생기를 잃었다. 의원 한 명이 서먼드에게 잘 안 들리니 목소리를 크게 하라고 요구하자 서먼드가 그에게 가까이 다가와서 들으라고 대꾸했다. 일부 의원들은 의석에 그대로 앉아 눈을 붙였다. 미국을 대표하는 흑인 인권단체인 '전미 유색인종 지위 향상 협회NACCP' 수석 로비스트인 클라렌스 미첼도 방청석에서 꾸벅꾸벅 졸았다. 서먼드는 의회에서 민권법을 만들자고 소란을 피우는 바람에 새로운 차원의 인종 분규가 일어났다고 주장하면서 연설을 이어갔다. 그는 이렇게 주장했다. '최근 들어, 집이 있는 니그로들에게 집을 주어야 한다는 주장이 제기되었습니다. 식구들이 북적거리는 혼잡한 집을 떠나 니그로들이 더 좋은 집에서 살기를 원한다는 주장입니다. 그래서 백인 거주 지역 근처에 니그로 거주 지역이 생겼습니다. 반대하는 사람은 없었습니다. 불가능하진 않지만, 이런 일이 지금은 매우 어렵습니다. 니그로들이 협조를 꺼려하니까요……. 니그로들은 달을 손으로 잡을 수 있다고 믿습니다. 법도 모릅니다. 더 극단적인 백인들도 그 정도는 다 알고 있습니다.'

　서먼드는 두 번 필리버스터에 실패할 뻔했다. 한 번은 누군가 그의 말을 가로막는 바람에 자리에 앉았다(원칙적으로 연설 도중에 자리에 앉거나 등을 기대면 필리버스터는 끝나게 된다). 또 한 번은 휴대품 보관소에서 샌드위치를 먹다가 연단에서 내려오면 안 된다는 사실을 잊었다. 다행히 당시 상원의장이던 리처드 닉슨 부통령이 서류 몇 건을 검토하다가 서먼드가 없어진 걸 눈치 채지 못했다(서먼드 의원의 그야말로 눈을 뗄 수 없는 흥미진진한 퍼포먼스였다).

　서먼드는 그렇게 의사진행 방해 행위를 계속 이어갔다. 오후 1시 40분경 서먼드는 이렇게 말했다. "17시간을 서 있었군요. 아직은 견딜 만합니다." 《더 타임스》는 그를 가리켜 '가장 따분하고 둔한 연사'라고 묘사했다. 그리고 저녁 7시 21분에 서먼드가 가장 길고 장황한 상원 의원 연설 기록을 갱신했다고 썼다. 4년 전 석유국유화 관련 법안에 맞서 22시간 26분간 지연 전술을 펼쳤던 오리건 주 출신 웨인 모스 상원의원의 기록을 깬 것이다.* (웨인 모스 의원 역시 1908년 18시간 동안 연설을 했던 '파이팅 밥'이란 닉네임으로 더 잘 알려진 로버트 라 폴레트 상원의원으로부터 최장

---

●　1957년 9월 9일자 《더 타임스》에 실린 기사 '목이 쉬어서 말도 제대로 못한 상원의원' 참조

시간 연설 타이틀을 빼앗아 왔다.)[••] 웨인 모스 의원은 서먼드 의원에 대해 이렇게 말했다고 한다. "서먼드 의원에게 경의를 표합니다. 쉬지도 않고 말을 많이 하는 건 사람의 정신과 육체를 지치게 하지요."

연설을 시작한 지 24시간이 지나자 해리 덴트 보좌관이 정색을 하고 서먼드 의원에게 이제 그만하라고 권유했다. 서먼드의 건강이 걱정된 덴트 보좌관은 의사를 찾아갔다. 덴트 보좌관은 "서먼드 의원에게 당장 내려오라고 하세요. 당신이 못하면 내가 직접 가서 그를 내려오게 하겠어요."라는 의사의 지시사항을 들고 돌아왔다. 그리하여 의사의 권고를 받아들인 서먼드 상원의원은 밤 9시12분, 연설을 시작한 지 24시간 18분 만에 입을 닫았다.

나딘 코호다스Nadine Cohodas가 쓴 서먼드 전기에 보면 의사당을 나서는 서먼드 의원의 수염이 텁수룩해졌다고 한다. 덴트 보좌관은 만일의 사태에 대비 배변용 양동이를 들고 복도에서 그를 기다렸다. 서먼드의 아내인 진 서먼드도 그를 기다렸으며, 연설을 마치고 나오는 남편의 뺨에 키스하는 모습을 담은 사진이 다음날 조간신문의 1면을 장식했다. 그런데 서먼드 의원은 영웅 대접을 받지 못했다. 그와 뜻을 같이하

---

•• 라 폴레트 의원은 두 차례 장시간의 필리버스터를 했다. 1908년과 미국이 제1차 세계대전에 참전 태세를 갖추고 있던 1917년이었다(라 폴레트 의원은 독일과 싸우기 위해 상선을 무장하는 것에 반대론을 펼치며 필리버스터를 했다). 그리고 라 폴레트 의원의 1908년 필리버스터는 그가 연설 도중 마셨던 우유에 얽힌 일화로 유명해졌다. 라 폴레트 의원의 연설이 그칠 줄 모르자 의사당 주방에 근무하는 직원도 집에 가지 못하고 남아있게 되었다. 연설이 지겹도록 오래 지속되자 이 주방 직원은 라 폴레트 의원이 마실 우유에 상한 계란을 섞어 넣었다. 결국 18시간이 지났을 때, 라 폴레트 의원은 배가 아파서 더 이상 못 하겠다고 선언한 뒤 연단에서 내려왔다.

는 동료 의원들도 그에게 박수갈채를 보내지 않았다. 남부 지역 유권자들은 서먼드에 이어서 릴레이 필리버스터를 하지 않은 이른바 '딕시크랫Dixiecrats'(1948년에 민주당을 떠나 주권민주당을 조직했던 사람들)들을 이해하지 못했다(필리버스터는 대게 릴레이로 하는 경우가 많다. 그침 없이 반대의견을 제시함으로써 상원의 기능을 수 주 동안 마비시키는 것이다). 그런데 동료 의원들은 서먼드를 옹호하기는커녕 오히려 그가 정치적 입지를 넓히려는 불손한 의도로 필리버스터를 했다고 비난했다. 서먼드는 민권법안 통과 저지를 목적으로 필리버스터를 하면서 남부지역 민주당원들이 가장 중요시하는 덕목, 즉 숨김없는 솔직함을 버렸다는 비난을 들어야 했다. 예전엔 서먼드와 뜻을 같이했던 리처드 러셀 의원은 이런 말을 남겼다. "내가 만일 개인의 권력 강화를 위해 필리버스터를 했다면 남부를 배신했다는 죄책감에 평생 스스로를 책망할 것이다."

서먼드의 필리버스터는 아무런 효과를 보지 못했다. 다음날 상원에서 치러진 투표에서 60대 15로 민권법안이 통과되었고 아이젠하워 대통령이 1957년 9월 9일자로 서명했다. 하지만 필리버스터는 목적 쟁취 이상의 의미가 있다. 필리버스터를 한다는 것은 열정적인 의지와 강한 신념이 있다는 의미다. 필리버스터를 진행하는 의원의 신념이 강할수록 유권자와 정치인 들은 필리버스터를 하는 명분에 더욱 주목하게 된다고 한다. 한 사람의 강한 신념이 법안에 통과 여부에 결정적 영향을 주기 때문이다. 물론 스트롬 서먼드의 의도대로 되지 않았지만 민권법안의 경우도 마찬가지였다.

**

필리버스터 자체는 민주적 절차에 따른 것으로 민주주의에서 다수파의 압도적인 목소리를 뚫고 반대의견을 개진할 권리를 말한다. 필리버스터는 강한 확신과 관련이 있다. 그리고 이것이 수십 년 동안 많은 정치인들이 필리버스터를 해온 이유이며 우리의 상상력을 사로잡은 이유다. 하지만 최근 들어 필리버스터를 바라보는 관점이 점점 달라지고 있다. 연설은 짧게 할수록 바람직하며 열정의 상징이 아니라 황소고집과 위헌적 혼란을 보여주는 것일 뿐이라는 시각이다. 요즘은 다른 나라의 의회에서도 장시간의 연설에 사람들이 감동을 받는 경우는 거의 없다. 아마 물속 잠수 기록이나 포르노 영화에서나 긴 시간에 의미를 둘 것이다.*

필리버스터라는 말은 원래 군사와 혁명과 관련된 용어에서 파생되었다. 금전적 이득을 취할 목적으로 외국에서 정변을 시도하는 사람을 지칭한 용어였다. 그러다가 19세기에 들어 라틴 아메리카와 스페인령 서인도제도에 들어오면서 일반 용어로 사용되기 시작했다(필리버스터는 '약탈자' 또는 '해적'이라는 뜻을 가진 네덜란드어 브리부이터vrijbuiter에서 유래한 스페인어 필리부스테로filibustero에 어원을 둔 말이다).

그러나 지금은 의사당에서 그런 의미로 쓰이지 않는다. 예를 들어, 영국에선 장시간의 연설을 일반적으로 필리버스터라고 부른다. 물론 장시간의 연설이 늘 지연 전략을 펼치기 위한 의도는 아니지만 정치인이

---

* 필리버스터에 대한 자세한 내용은 그레고리 코거의 저서 『필리버스터링』(시카고대학출판부, 2010년)와 《스탠퍼드 로 리뷰Stanford Law Review》(vol.49, 1997)에 실린 캐서린 피스크와 어윈 체메린스키의 글 「필리버스터」 참고

장시간의 연설을 했다면 그 성과를 보여주어야 한다. 필리버스터는 스코틀랜드의 정치인 헨리 브로엄이 처음 시작했다고 알려져 있다(브로엄은 1828년 하원에서 법률 개혁안에 대해 약 6시간 동안 쉬지 않고 연설했다. 그리고 2년 후 대법관 자리에 올랐다). 북아일랜드와 영국의 통합을 주장했던 토미 헨더슨은 1936년 북아일랜드에서 정부 각 부서의 지출 비용과 관련해 10시간 가까이 연설했다. 영국 보수당 하원 의원을 지낸 이반 로렌스 경은 1985년 수돗물에 불소 첨가량을 규제하려는 법안에 반대하여 4시간 23분간 연설했다. 이는 20세기 하원 최고 기록이었다. 유럽대륙에서도 장시간의 연설로 유명해진 정치인들이 있었다. 오스트리아 녹색당 하원의원인 베르너 코글러는 2010년 12시간 이상 연설했다. 하지만 1927년 36시간 31분 동안 연설했던 터키 초대 대통령 무스타파 케말 아타튀르크와 비교하면 장시간이라고 볼 수도 없다. 다만 아타튀르크는 6일에 걸쳐 연설한 것이기는 하다. 가장 최근의 역사적 필리버스터는 2013년 6월 텍사스 주 상원의원 웬디 데이비스의 연설이다. 그는 11시간에 걸친 마라톤 연설로 구속력이 강한 낙태법 통과를 저지했다. 데이비스 의원은 마라톤 연설을 하기 위해 카테테르(체내에 삽입하여 소변을 뽑아내는 도관)를 착용했었다고 한다. 데이비스 의원은 필리버스터로 다시 한 번 스타 정치인이 되었는데, 2년 전에도 상원에서 공립학교 예산 삭감에 항의하는 필리버스터를 했었다. 두 번 모두 법안 통과를 저지하지는 못하고 시간만 지연시키는 데 그쳤으나 데이비스 의원은 필리버스터를 통해 유권자들에게 희망을 주었으며 법안에 대한 철저한 검토와 투명성을 가능하게 했고 자신의 책무에 전념하는 모습을 보여주었다.

그렇다면 인내와 고독을 제외하고 대부분의 필리버스터가 가진 공통점은 무엇일까? 민권 운동(당시에는 평등권 획득을 위해 운동을 해야 했다)이 한창 진행되던 1960년 2월, 미국의 일간지 《샬럿 옵저버Charlotte Observer》지가 이런 기사를 실었다. '필리버스터는 시간과 싸우는 설전이며 불가피성에 대항하는 사람들의 싸움이고, 침묵의 전조 증상인 쇠약해진 힘을 이겨내려는 목소리 싸움이다.'

2005년, 영국 헨던 출신의 노동당 하원의원 앤드루 디스모어는 3시간 17분간의 연설로 법안 통과를 무마시켰다. 불법으로 남의 집에 침입하는 자들로부터 스스로를 보호하는 자위적 차원에서 집 주인에게 좀더 많은 방어 권한을 주는 것을 골자로 한 법안이었다. 디스모어 의원은 몇 년 후 《가디언Guardian》지에 필리버스터에 대한 발언을 남겼다. "필리버스터의 목적은 기력이 다 떨어질 때까지 연설하는 게 아닙니다. 일단 전하고자 하는 의견의 골격을 세우고 논리 정연하게 연설해야 합니다. 그렇지 않으면 의장이 연설을 중단시킬 수 있으니까요. 3초 내지 4초 정도 쉴 수는 있지만 그 이상 말을 멈추면 위험합니다. 또한 반드시 도와주는 사람들이 있어야 합니다. 기력이 빠지기 시작할 때 동료 의원들이 끼어들어서 도와주어야 해요. 다른 당 소속 의원이 나서서 입장을 밝힌다면 더 이상 바랄 게 없겠지요. 3시간이 넘는 연설을 하면서 20~30회 정도 끼어든다면 아주 이상적이라고 할 수 있습니다. '~할 수 있다could' 그리고 '~해도 된다might' 등의 의미에 대해 따지고 드는 것도 매우 유용한 지연 전술이 됩니다."

미국과 마찬가지로 영국에서도 최근 들어 규정이 엄격해져 연단에

선 의원들이 주제에 집중해서 발언하도록 하고 있다. 디스모어 의원처럼 조개류의 이름을 읽어 시간을 끄는 일은 이제 불가능하다. 1935년 루이지애나 주의 상원의원 휴이 P. 롱이 15시간 동안 연설하면서 굴 튀김 레시피를 읽어 시간을 지연시킨 것 같은 일도 요즘엔 없어졌다. 그의 행위는 미국 드라마 「웨스트 윙 The West Wing」의 한 장면으로 재현되었다. 이 드라마를 보면 미네소타 주의 상원의원이 헬스 케어 법안에 반대하는 필리버스터를 하면서 해산물 음식과 크림 디저트의 재료 리스트를 읽는 장면이 나온다.

\*\*

서먼드 의원은 자신을 도와주지 않은 동료 의원들을 용서하지 않았다. 하지만 진짜 문제는 그게 아니다. 우리가 스트롬 서먼드 상원의원을 용서할 수 있을지가 중요하다. 역사의 시곗바늘을 되돌리려는 사람을 어느 정도까지 용서할 수 있을까? 요즘 그와 같은 선도적인 발언을 공개적으로 한다면 분명 교도소에 갈 일이다. 하지만 서먼드의 의견은 시대의 산물이었고 당시에는 적지 않은 사람들의 공감을 받았다. 그는 분명 흑인들에 대한 자신의 의견이 흑인들을 노예선에 실어 미국의 농장으로 보냈던 영국인들의 생각보다 진보적이라고 여겼을 것이다.

서먼드의 필리버스터 기록을 깬 사람은 아직 없다. 요즘 정치인들은 서먼드 의원과 같은 체력을 갖지 못했나 보다. 간간이 필리버스터를 했다는 뉴스가 보도된다. 지구력 테스트는 볼만한 구경거리이며 대중은 정치인들이 고생하는 모습을 즐기기 때문이다. 하지만 21세기의 필리버스터는 과거에 비해 많이 변했다. 직접 연단에 서서 장시간 반대의견을 개진하는 경우는 드물어졌다. 필리버스터를 하겠다고 위협하는 것만으로 저항을 표명하기도 한다. 이런 일을 막기 위해 '토론 종결' 절차가 적용되어야 한다. 미국에선 법안을 표결하기에 앞서 토론 종결 투표를 진행, 상원의원 100명 가운데 60명 이상이 찬성하면 필리버스터를 막을 수 있다. 논란의 소지가 많거나 비인기 법률 제정이나 대통령의 지명권을 위협하는 수없이 많은 필리버스터 때문에 미국 상원은 51대 49의 찬반 결과가 나와도 다수결이라고 보는 원칙을 적용하지 않고 정족수 5분의 3 이상(60명)의 다수결 원칙을 일반적으로 적용한다.

서먼드 의원은 그가 살던 시대의 산물이었다. 폭력을 사용하지는 않았지만 사회적 정의를 정면으로 부인한 그에겐 반동적 백인 지상주의자라는 낙인이 찍혔다. 그러나 그의 인종에 대한 편향적 시각은 그 후에도 누그러들지 않았다.

그런데 몇 년 후 서먼드 의원은 공화당 대통령 후보로 출마했다가 린든 존슨에게 패배한 배리 골드워터 의원을 지지하면서 공화당으로 소속을 옮겼다. 그러면서 서먼드는 차츰 인종의 평등을 옹호하는 방향으

----

- 물론 예외는 있다. 그리고 사람들은 예외적인 경우를 정치적 편향성과 아무런 상관이 없이 헛된 영광으로 여긴다. 텍사스 주의 웬디 데이비스 상원의원이나 자유주의 정치 철학을 가진 켄터키 주의 공화당 상원의원 랜드 폴의 경우가 그렇다. 랜드 폴 의원은 미국 정부의 드론(무인비행체)을 이용한 스파이 행위에 대해 상원에서 13시간 가까이 연설했다(그는 이 장시간 연설을 통해 오바마 대통령의 존 브레넌 CIA국장 지명을 고의적으로 지연시켰다). 랜드 폴 의원은 스트롬 서먼드의 튼튼한 방광이 부럽다는 말을 한 뒤 연단에서 내려왔다고 한다.

로 노선을 바꾸었다(그는 고등법원에 흑인 법관을 임명하는 안건에도 지지 의사를 표명했다. 비록 보수적인 성향의 흑인 법관들이긴 했지만). 이때도 그는 시대의 산물이었다. 흑인들에게 투표권을 주는 사안의 중요성을 인정하지 않았더라면 그는 정말 형편없는 정치인이 되었을 것이다. 그는 자신이 민권법안에 대해 분노한 일을 후회했을 것이다. 하지만 인종분리 정책에 대한 자신의 견해를 공식적으로 철회한 적은 없다. 서먼드는 사망하기 10년 전 자신의 전기를 쓰던 작가에게 자신의 신념에 따라 정치생활을 해왔다는 점을 분명히 했다. 그리고 자신의 신념은 그를 지지하는 수많은 유권자들도 완벽하게 이해하는 민주적 원칙에 입각한 신념이라고 강조했다.

그리고 시대가 변했다. 아니, 시대가 서먼드의 발목을 잡았다고 보아야겠다. 서먼드는 1971년 아프리카계 미국인 토머스 모스를 자신의 보좌관으로 임명했다. 그리고 1983년엔 마틴 루터 킹 주니어 목사의 생일을 국경일로 정하는 법안에 지지 의사를 보냈다(그의 법안 지지 발언은 흑인들에 대한 사과문인 듯 이런 내용이 담겨 있었다. '미국의 흑인들을 비롯하여 여타 소수 민족들이 미국 사회의 건설과 보호 그리고 발전에 크게 기여한 것에 깊이 감사드립니다.')

구시대의 부끄럽기 짝이없는 가치 체계를 거부한다는 것은 도덕의 발전이 건전하게 진행된다는 신호이며 진보를 이루기 위해 어쩔 수 없이 겪는 필연적인 일이다. 과거에는 누구나 자연스럽게 받아들였던 가치가 창피스런 일이 되면서 사라져 버린다. 1957년 서먼드 의원이 장시간 연설 신기록에 도전하던 시각에도 미국 흑인들의 삶에는 변화가 일어나고 있었다. 한때는 당연하고 가치 있는 것으로 여겨지던 것이 후일 현실성이 없거나 시대착오적인 발상인 것으로 드러난다. 어떻게 살아야 현명해지고 많은 돈을 벌지는 오랜 세월을 살아봐야 안다.

서먼드가 필리버스터를 마치고 얼마 후에 또 다른 시대의 산물이 모습을 드러냈다. 남부지역 사람들은 《더 타임스》에서 언급한 것처럼 '신무기'를 만났다. 마틴 루터 킹 목사였다. 그는 '흑인들의 표를 얻어야 당선'되는 운동을 천명했다. 그가 벌인 캠페인에는 '선거 클리닉' 설립 방안도 있었다. 즉, 흑인들에게 유권자의 선거 등록 과정과 투표 절차 등을 설명하고 '민주주의 사회에선 투표권을 획득해야 사람답게 살 수 있음을 흑인들에게 알리는' 캠페인을 벌이겠다고 했다(그로부터 58년이 지난 뒤 대통령 임기를 1년 남긴 흑인 대통령 오바마는 상원에서 필리버스터를 할 수 있도록 한 관련 조항을 없애는 방안을 공식 발표했다. 오바마 대통령은 필리버스터가 구시대의 유물이라면서 '현대사회에서 필리버스터는 오히려 다수당을 유리하게 하며, 효율적이고 발전적인 국정 관리가 어렵게 만든다'고 강조했다).

그리고 세상을 놀래킨 또 한 가지 드라마틱한 사건이 벌어졌다. 죽은 사람은 인종 문제와 관련이 깊은 유산을 남겼다. 2003년 서먼드 의원 사망 직후 에시 메이 워싱턴-윌리엄스라는 이름을 가진 여자가 세상 사람들이 깜짝 놀랄 만한 소식을 들고 나타났다. 오랜 세월을 기다린 끝에 일흔여덟의 나이로 자신이 서먼드의 혼혈 사생아라고 밝힌 것이다. 그녀의 어머니인 캐리 버틀러는 서먼드의 부모 집에서 일하던 흑인 하녀였다. 서먼드가 그녀를 임신시켰을 때 캐리는 열여섯 살이었다. 서먼드는 비밀을 지킨다는 조건으로 딸에게 교육비와 생활비를 보냈다. 버틀러는 미국 로스앤젤레스에서 교사로 일했고 결혼하여 네 자녀를 두었는데 그녀가 쓴 자서전은 퓰리처상 후보에 오르기도 했다. 버틀러는 아버지 서먼드 의원과 인종 문제에 대해 자주 대화를 나누었다고 한다. 그녀는 자신과의 대화를 통해 아버지의 흑인들에 대한 이해의 폭이 넓어졌고 흑인 문제에 대해 탄력적인 견해를 갖게 되었다고 믿었다. 버틀러는 2013년 오바마 대통령이 2기 대통령 취임 선서를 하고 보름 후에 세상을 떠났다. 이날 미국 하원에는 43명의 흑인 의원이, 그리고 상원에는 1명의 흑인 의원이 있었다. 상원 유일의 흑인 의원은 팀 스코트 의원으로 에시 메이 워싱턴-윌리엄의 고향이자 스트롬 서먼드가 48년 상원의원을 지낸 사우스캐롤라이나 주의 공화당 의원이다.

그런데 가장 유명한 필리버스터는 미국 상원도 아니고 영국 하원도 아닌 할리우드에서 있었다. 1939년에 프랭크 카프라 감독이 만든 「스미스 씨 워싱턴에 가다 Mr. Smith Goes to Washington」에 보면 영화배우 제임스 스튜어트가 풋내기 정치인 제퍼슨 스미스 역으로 출연했다. 스미스는 새로운 댐 건설과 관련된 비리를 밝히겠다면서 23시간 이상 필리버스터를 하며, 여비서인 진 아서(클라리사 사운더스 역)가 스미스를 도와주고 격려한다. 하지만 그녀는 스미스가 비리 폭로에 성공할 가능성을 화장실 욕조에 12미터 깊이로 잠수하는 일 같다고 생각한다. 보온병과 과일을 준비해온 스미스 상원의원은 '지구가 멸망하는 날까지' 연단에 서 있겠다고 위협을 했다. 흥분한 기자들은 "필리버스터를 하려는 거야!"라고 외치면서 의사당에서 뛰어나온다. 어느 기자는 무척이나 낭만적인 느낌을 주는 말을 외쳤다. "우리 시대에 가장 큰 전투가 될 거야. 새총

한 자루 없는 다비드처럼 말야……." 영화는 결국 스미스 의원의 승리로 끝난다. 영화 속 스토리이니 그 결과에 놀랄 사람은 없을 것이다. 영화는 영화일 뿐이다. 영화에선 시간이 늘 행복하게 흐른다.

세상 사람들을 위해 시계에 매달린 해럴드 로이드

# 영화 속의 시간

6
장

## 시계에 매달린 사나이

미국 로스앤젤레스 시내, 고층 빌딩의 전면에 있는 시계의 숫자판에 매달린 안경 쓴 남자의 모습, 영화 속 장면들 가운데 가장 기억에 남는 장면 중 하나일 것이다. 그 장면이 상징적인 것은 단순히 조바심을 불러일으키기 때문만은 아니다. 시계에 매달려 있는 남자 해럴드 로이드는 그 장면을 생각해 낸 건 어렵지 않았지만 어떻게 시계에 매달릴 것인지 방법을 생각하는 게 힘들었다고 말했다. 그가 높은 빌딩에 오르는 방법을 생각해 내기까지의 과정을 알아보자.

해럴드 로이드는 1893년 4월 미국 네브래스카 주 버차드에서 태어났다. 당시 버차드는 목재로 만든 가옥 몇 채만이 강풍을 견디며 서 있는 작은 마을이었다. 그리고 시카고와 벌링턴, 퀸시 등의 도시에 철도가 놓인 1881년에서야 미국 지도에 표기되었을 정도로 알려지지 않은 시골이었다. 기차가 다니기 시작하면서 해럴드는 난생 처음으로 돈을 벌었다. 해럴드의 어머니가 팝콘을 만들면 해럴드가 팝콘을 가방에 넣어 인근 기차역으로 가서 기차에 올라 팝콘을 팔았다. 하지만 해럴드는 팝콘을 제대로 팔아 보지도 못하고 기차 밖으로 쫓겨나기 일쑤였다. 해럴드를 쫓아낸 사람은 이른바 백정이라고 불린 사내로 그 역시 기차에서 스낵이나 담배를 팔았다. 로이드는 당시의 상황을 이렇게 기억하고 있었다. "절반 정도의 객차들만 돌고 쫓겨난 어린아이치곤 꽤 많은 돈을 벌었지요." 로이드는 그 시절 강자에게 당하고 사는 약자에 대해 알게 되었다고 한다. 외모는 다소 약해 보이지만 로이드는 젊은 시절 한때 아마추어 권투선수로 활약했다. 권투선수 시절은 로이드에게 힘겨운 시기였다. 서커스장의 텐트 기둥을 세워서 돈을 버는 우람한 체격의 남자들이 던지는 펀치를 맞는 게 즐겁지는 않았기 때문이다. 다행스럽게도 그의 얼굴은 상대방 선수의 공격을 용케 견뎌냈다. 로이드의 전기를 쓴 작가는 로이드가 여성들에게 인기가 많았으며 많은 여성들이 로이드를 엄마처럼 보살피고 싶어 했다고 기록했다.

로이드는 연극에 관심이 많았지만 부모님의 이혼 이후 1910년 아버지와 함께 미국 캘리포니아로 이주했다. 그리고 영화를 해서 돈을 벌 수 있겠다는 생각을 했다. 로이드는 그 당시 3편의 무성영화에 출연했다. 그중 두 편은 찰리 채플린을 흉내 낸 영화였다. 로이드는 잘생긴 외모의 떠돌이 윌리 워크 역으로 출연했다. 또 다른 영화에서 그가 맡은 역은 외톨이 루크로 챙이 좁은 중절모를 쓰고 지팡이를 잡고 발을 질질 끌며 걸었으며 큰 점 2개를 그려 넣어 콧수염을 만들었다. 외톨이 루크 역으로 인기를 얻은 로이드는 여러 편의 영화에 출연하여 바보 연기를 했다. 그는 200여 편의 무성영화에 출연했으며, 특히 외톨이 루크 시리즈가 여러 편 제작되었다. 예를 들어, 「최후에 웃는 자 루크」, 「자유를 잃은 루크」, 「피리 부는 루크」, 「루크의 문제투성이 카트」, 「외톨이 루크」 등이다. 그리고 「해군이 된 루크」, 「루크와 폭탄 던지는 사람」, 「루크의 전쟁 준비」 등 군인 역으로 출연한 영화들도 있다. 파괴적인 새로운 시대가 빠르게 오고 있지만 로이드는 아무것도 모르는 구경꾼이었다. 때는 1916년 말과 1917년 초로, 미국이 제1차 세계대전에 막 참전한 시기였다. 당시 로이드가 출연한 영화 중에는 「독일인들을 독일에서 몰아내기 Kicking the Germ out of Germany」라는 제목의 영화도 있었다.

로이드는 차츰 외톨이 루크 연기만으론 한계가 있음을 깨달았다. 그래서 이번엔 본인이 '안경 캐릭터'라고 명명한 세 번째 캐릭터에 도전했다. 이는 찰리 채플린의 그늘에서 벗어나는 계기가 되었으며 로이드에게 부와 명성을 안겨주었다. 안경 캐릭터는 점잖고 정직하며 부끄러움이 많으나 열심히 노력하여 사람들에게 감동을 주는 캐릭터로 로이드 자신의 성격과 비슷했다. 로이드는 단정한 옷차림에 밀짚모자를 삐딱하게 썼다. 시력이 나쁘지 않았지만 둥근 뿔테 안경을 썼다. 그로 인해 로이드의 모습은 흡사 올빼미처럼 멍청해 보이면서 학구적으로 보이기도 했다. 몇 년 뒤엔 로이드가 쓴 둥근 안경이 미국에서 크게 유행했다. 그는 멍청해 보이긴 해도 남에게 잘 속는 바보는 아니었다. 사람들은 로이드에게 행운을 빌었다. 특히 그가 권력이 있는 사람들을 앞지르거나 이상한 짓을 해서 여자들에게 깊은 감동을 줄 때면 로이드를 응원했다. 안경에 렌즈는 없었으나 영화 속에서 그는 안경을 절대 벗지 않았다. 심지어 그의 대표작 「신입생 The Freshman」에서 미식축구를 하는 장면에서도 안경을 썼다

　로이드가 전성기를 맞이한 1920년대 중반, 그는 일주일에 약 3만 달러를 벌었다. 요즘 잘나가는 영화배우 레오나르도 디카프리오나 브래드 피트, 조지 클루니의 수입과 비슷한 수준이라고 보면 된다. 로이드는 그렇게 번 돈을 로스앤젤레스 부동산에 투자했다. 그는 비벌리힐스에 64,750제곱미터의 저택을 짓는 데 1백만 달러를 썼다. 이 저택에서 보면 영화배우 루돌프 발렌티노의 집이 시야에 들어오고 인근에 찰리 채플린과 버스터 키튼 그리고 별명이 뚱보였던 로스코 패티 아버클의 집이 있다. 로이드는 어느 배우보다 많은 영화에 출연했다. 하지만 시간은 이제 그가 출연한 무성영화에 호의적이지 않았다. 노년에 접어든 로이드는 자신이 출연한 영화의 약 70퍼센트가 영화 자체의 가연성과 무성영화의 미래 가치를 무시한 사람들에 의해 불타버렸다고 추정했다. 1920년대 후반에 유성영화 시대가 시작되었을 때만 해도 무성영화가 훗날 사람들의 향수를 불러일으키고 대학생들의 연구 대상이 되리라고 예상한 사람은 거의 없었다. 너무 빠르게 변해 가는 나라 미국에서 낡은 것은 그냥 사라져 버렸다. 시간이 사람들의 영화에 대한 관점을 바꾸어 버린 것이다. 커다란 영화필름 통을 잠재적 도서관으로 생각한 사람은 없었고 하물며 귀중한 보물이 되리라고 내다본 사람은 아무도 없었다

(큼지막한 영화필름 통이 기록보관용 도구가 되리라곤 생각지 못했다).

당연한 얘기지만, 영화를 보는 즐거움 중 하나는 탈출이다. 어두컴컴한 공간에서 두서너 시간을 보내려는 목적이 아니라 어둠속에서 영원히 해방감을 누리고 싶은 것이다. 영화는 관객들에게 자유를 얻는 방법을 가르쳐 주기도 하며 좀더 재미있는 인생을 사는 방법과 부자가 되는 방법을 알려주기도 한다. 이는 현실로부터의 도피가 아니다. 비록 영화의 내용이 우리의 현실과 다르더라도 현실 속으로의 도피다. 초창기의 영화에는 근거 없는 자유를 약속하는 내용이 많았다. 특히 이들 영화는 자유를 의미하는 최신 제품들을 관객들에게 보여주었으니, 증기 기관차, 요란한 소음을 내는 크랭크축으로 움직이는 자동차, 도시를 이어주는 항공기 등이 대표적이었다. 고층 빌딩들도 한동안 짜릿한 재미를 주는 것이었다. 영화가 보여주는 것은 무궁무진했다.

**

윌리엄 캐리 스트로더William Carey Strother는 1896년 미국 노스캐롤라이나에서 태어나 어려서부터 높은 곳에 즐겨 올랐다. 스트로더의 직업은 '고층건물 등반가(어반 클라이머)'였다. 그의 기어오르기 역사는 어린 시절 나무에 오르면서 시작되었다. 그는 어디든 기어오르는 걸 즐겨 교회의 첨탑이나 공공건물에 올라갔고 어디든 좀더 높은 곳을 찾아다니며 기어올랐다. 시간이 흐를수록 곳곳에 세워지는 빌딩들의 높이는 점점 높아졌고 그럴수록 스트로더는 더 높은 곳으로 올라갔다. 그에겐 인간 거미라는 별명이 붙었으며 이는 그가 성공하는 데 근원이 되었다. 처음엔 고층빌딩 전문 등반으로 10달러를 받다가 전성기엔 회당 500달러를 받았다.

건물 하나 오른 대가로 500달러면 적은 돈이 아니어서 인간거미에겐 경쟁자들이 생겼다. 인간파리라는 별명을 가진 자도 나타났다. 당시 최소 2명의 인간파리가 있었는데 어느 날 인간거미와 인간파리 중 한 사람이 같은 건물을 오르는 시합을 해서 인간거미 스트로더가 이겼다.•

고층빌딩을 오르려면 맨 아래층부터 손과 발을 어떻게 움직여 올라야 할지 치밀한 계획을 세워야 한다. 빙벽 등반가들이 수개월 전부터 올라갈 빙벽의 루트를 계획하는 일과 다르지 않다. 기본적인 계획이 세워지면 구체적인 몸동작이나 기술 등을 생각해야 한다. 거짓으로 미끄러지는 동작을 연습하고 관중들에게 모자를 벗어 흔드는 연습도 해야 하며 창문을 잡고 버티는 고난이도의 연기도 필요하다. 스트로더는 자선 클라이밍도 수차례 했으며 1917년엔 미국의 제1차 세계대전 참전 자금을 마련할 목적으로 발행된 자유공채 '리버티 본드Liberty Bonds'를 매입하기도 했다. 그는 자신이 하는 일에 대해 갈등을 겪진 않았지만 다른 직업과 달리 늘 위험이 도사리고 있음을 잘 알고 있었다. 스트로더는 1918년 4월 이런 말을 했다. "매우 위험성이 높은 직업이지요. 늘 죽음이 나와 함께 빌딩을 올라가는 느낌이 듭니다. 3년만 더 일해서 돈을 벌면 그만둘 작정이에요."

---

• 슈퍼 히어로 스파이더맨은 1962년에 마블 코믹스Marvel Comics 출판사가 출간한 만화책에 처음 등장한다.

하지만 스트로더는 걱정 없이 은퇴할 만큼 많은 돈을 모으지 못했다. 아니, 충분한 돈을 모으지 못한 채 은퇴했다. 스트로더는 애완견 먹이를 팔거나 게스트하우스를 운영하여 생계를 유지했다. 그러다 꼭 해보고 싶은 욕구를 불러일으키는 아이디어를 떠올렸다. 스트로더의 먼 친척 조카뻘 되는 도나 스트로더 디킨스는 기막히게 훌륭하면서 충격적인 저서 『밀러앤로드의 진짜 산타』에서 스트로더가 매년 겨울 긴 수염을 붙이고 벨벳가운을 입고서 자신의 가치를 새로이 찾아낸 과정을 소개한다. 밀러앤로드는 버지니아 주 리치몬드에 있는 고급 백화점 이름이다. 20세기 중반 무렵 밀러앤로드 백화점은 스트로더에게 비싼 임금을 주고 산타클로스 복장을 입혔다. 그가 지붕에서 굴뚝을 타고 아래층 카페로 내려가면 아이들이 몰려와 스트로더가 준비해온 '루돌프 케이크'를 먹었다. 그가 해야 할 일은 굴뚝을 타고 내려가 아이들을 만나고 아이들이 산타클로스의 수염을 만지게 해주는 것이 전부였다. 스트로더의 몸값이 그토록 높았던 이유는 무엇일까?**

산타클로스로 최고의 인기를 얻었던 1951년 스트로더는 《새터데이 이브닝 포스트The Saturday Evening Post》와의 인터뷰에서 아이들을 만나는 일도 재미있지만 고층 빌딩에 오르고 싶은 갈망은 여전하다고 고백했다. "높은 건물에 올라가 아래를 내려다보면서 사람들이 나에게 환호하

---

** 필립 L. 웬츠(미국 일리노이 주 산타클로스 테마 공원의 상근 산타클로스로 인디애나 주 산타클로스에 있는 국제 산타클로스 명예의 전당 창립회원이다)에 따르면 스트로더는 산타클로스 특유의 말과 행동 발휘에 탁월한 감각을 가진 사람이었다. 그리하여 산타 역할을 제대로 못하는 다른 산타들을 곤혹스럽게 만들었다고 한다. 스트로더의 산타 역할은 예술 수준이었다고 한다.

는 모습을 바라보면 행복을 느낍니다. 뭐라고 표현하면 좋을까? 기뻐서 어쩔 줄 모른다는 표현이 좋겠네요! 정말 너무 기뻐서 마구 날뛰고 싶을 정도지요!"

1922년 어느 날, 해럴드 로이드가 길을 걷고 있었다. 그리고 그 시간에 스트로더는 고층 빌딩을 오르며 행복감에 젖어 있었다. 로이드는 1962년 영화 잡지 《계간 영화Film Quarterly》와의 인터뷰에서 그날을 이렇게 회상했다. "제가 로스앤젤레스 7번가를 걷고 있을 때였지요. 수많은 사람이 브로크만 빌딩 앞에 모여 있는 모습이 보였습니다. 무슨 일이냐고 사람들에게 물어보니, 인간거미가 빌딩을 오르고 있다는 거예요……. 저는 정말 큰 충격을 받았습니다. 인간 거미가 3층인가 4층에 도달했을 때는 더 이상 쳐다보고 있을 수가 없었어요. 보는 내 심장이 마구 뛰었습니다. 그래서 다시 가던 길을 걸었죠."

하지만 로이드는 인간거미가 아직도 빌딩을 오르고 있는지 궁금해서 견딜 수가 없었다. 뒤를 돌아보니 인간거미가 빌딩 꼭대기에 있었다. 로이드는 얼마 후 인간거미를 찾아가 자신의 다음 영화에 출연해 달라고 요청했다. 하지만 촬영을 시작하기도 전에 스트로더가 추락 사고로 부상을 입었다. 그래서 영화 시나리오를 다시 써서 스트로더는 절름발이 빌이라는 이름으로 영화에 출연했고 로이드는 자신이 직접 빌딩을 올라야겠다고 생각했다.

90여 년 전에 만든 영화 「마침내 안전! Safety Last!」을 지금 보면 착잡한 기분이 들기도 하며 한편으론 짜릿한 흥분이 느껴지기도 한다. 오랜 세월 로이드와 함께 영화를 만든 프레드 C. 뉴마이어 감독과 샘 테일러 감독이 공동으로 만든 이 작품은 누가 봐도 현대적인 영화라고 할 수 있다. 우선 출연 배우들의 강한 연기력을 볼 수 있으며 3막으로 구성된 영화에 베토벤의 교향곡 같은 클라이맥스가 있다.

이 영화는 '그는 먼 곳으로 여행을 떠나기 전에, 그레이트 벤드에서 마지막으로 해가 뜨는 모습을 보았다.'라는 자막으로 시작된다. 이어서 철창 안에 갇힌 로이드가 어머니와 애인에게 작별인사를 하는 장면이 나온다. 로이드 뒤편으로 교수형을 집행할 때 쓰는 올가미가 보인다. 그리고 목사로 보이는 남자가 로이드에게 다가와서 그를 위로한다. 하지만 관객들이 속은 것이다. 이 장면은 영화에 여러 차례 나오는 속임수 가운데 첫 번째 속임수다. 곧이어 카메라가 다른 각도에서 로이드 일행을 잡은 장면을 보면 이곳은 기차역 플랫폼이다. 감옥의 철창처럼 보였던 것은 창살 형태의 경계 구조물이었다. 그리고 교수형 올가미로 보이던 것은 기관사에게 전해줄 메시지를 묶어 놓은 줄로 플랫폼으로 들어오는 열차의 기관사가 손으로 낚아챈다. 로이드가 돈을 벌기 위해 대도시로 가는 기차를 타는 장면이다.

로이드는 사랑하는 여자에게 성공해서 귀향하면 결혼하자는 약속을 남기고 고향을 떠난다. 이어지는 장면은 로이드가 대도시에 와 몇 달이 지난 후의 모습이다. 그는 직장 동료인 절름발이 빌과 텅 빈 단칸 셋방을 함께 쓰며 살고 있다. 돈이 거의 없기 때문이다. 고향에 있는 애인에게 선물로 보낼 펜던트를 사기 위해 주인인 절름발이 빌 몰래 축음기를 전당포에 맡기고 돈을 빌려야 할 정도다.

로이드는 어느 고급 백화점의 잡화 매장에서 일한다. 어느 날 그는 백화점 지배인으로부터 신규 고객을 확보하려면 뭔가 색다르고 떠들썩한 이벤트가 필요하다는 얘기를 듣게 된다. 그리고 가장 좋은 아이디어를 낸 사원에겐 1,000달러의 보너스가 지급될 것이라고 했다. 로이드는 절름발이 빌에게 백화점 빌딩의 외벽을 오르는 이벤트를 하자고 제안한다. 그런데 절름발이 빌은 좋지 못한 문제를 일으켜 경찰에 쫓기는 신세였고, 그래서 로이드가 직접 빌딩을 오른다. 그런데 로이드는 빌딩의 각 층을 오를 때마다 장애물을 만난다. 어떤 꼬마가 견과류 봉투를 엎는 바람에 로이드의 머리 위로 견과류가 쏟아지고 곧이어 비둘기들이 로이드에게 달려든다. 낚시 그물이 머리 위로 떨어져 그물을 떼어내느라 애를 먹기도 한다. 목수들이 작업 중인 방에서 갑자기 창문 밖으로 목재가 튀어나와 로이드의 목에 부딪쳐 추락할 뻔하기도 했다. 꼭대기에 거의 이르러서는 건물 외벽에 붙어 있는 대형 벽시계의 시곗바늘에 매달리는 위험천만한 상황까지 겪는 해럴드 로이드의 모습은 사람들의 기억에 영원히 남을 것이다.

이 영화가 상영될 당시 극장 관계자가 간호사들을 극장에 대기하게 해달라고 병원에 요청했었다. 당시 어느 신문은 '영화 「마침내 안전!」을 보는 관객들이 자지러지듯 비명을 질렀으며 로이드의 긴장감 넘치는 연기에 실신한 여성도 있었다'고 썼다. 《뉴욕타임스》도 이렇게 썼다. '뉴욕 스트랜드 극장에서 이 영화를 보면서 흥분하지 않으려면 객석 의자 손잡이를 꽉 움켜잡아야 한다.'

「마침내 안전!」의 러닝타임은 70분이지만 관객들은 마치 시간이 멈춘 듯한 느낌을 받는다. 「제3의 사나이」에서 비엔나의 지하수로에 숨어 있는 오손 웰즈Orson Welles의 모습이나 「사이코」에서 샤워를 하는 재닛 리Janet Leigh를 볼 때처럼 시간이 멈춰 버린 듯하다. 그런 장면들은 영화를 본 사람들의 대뇌 피질에 단단히 새겨진다. 도심 빌딩 외벽의 시계에 아슬아슬 매달린 해럴드 로이드처럼 현대인들은 모두 시곗바늘에 매달려 산다.

영화에 교훈적인 메시지가 있기를 원하십니까? 이 영화는 교훈을 줍니다! 생쥐가 바지 속으로 들어오고 밧줄에 발목이 묶여 허공에 대롱대롱 매달리는 어려움을 극복하고 빌딩 정상에 오른 그를 여자 친구가 옥상에서 기다리고 있다. 고된 일이 끝나고 사랑하는 여인을 만난 것이다. 영화란 언제나 똑같은 결말로 끝나는 이야기를 들려준다.

## 달려오는 기차

/

1896년 1월, 프랑스의 발명가 뤼미에르 형제가 만든 영화에서 열차가 관객들을 향해 다가오는 듯한 모습에 관객들이 비명을 질렀다면 초창기 영화치고는 대단한 관심을 불러일으킨 영화 아닐까?

영화가 영화다운 재미있는 이야기를 들려주기 전으로 인간들이 살아가는 시간과 공간의 자연스런 모습을 필름에 담았다. 재채기하는 남자의 모습을 담은 5초짜리 영화와 공장에서 일을 마치고 발을 질질 끌며 집으로 돌아가는 노동자들의 모습을 담은 영화, 키스하는 커플을 담은 영화(긴 포옹을 하는 약 20초짜리 영화로 최초로 검열 대상이 된 영화다), 그리고 움직이는 기차를 담은 영화였다. 시간이 분명하지 않으면 무엇을 위한 영화인가?

 기차가 움직이는 모습을 담은 영화가 선보였을 때 관객들은 큰 기대감을 안고 상영장을 찾았다. 이 영화 제목은 「라 시오타 역에 도착하는 열차」다. 기차가 플랫폼으로 들어오기 전 사람들이 플랫폼에 서서 기차를 기다린다. 그리고 카메라는 기차의 움직임을 화면 가득 선명하게 잡았다. 당시 기차는 반세기가 넘도록 프랑스의 모습을 대표하는 상징과도 같았다. 「라 시오타 역에 도착하는 열차」는 파리의 어느 어두운 지하카페에서 처음 선보였다.

 러닝타임 50초의 이 영화는 최초의 영화라고 많이 알려진 영화, 즉 리용의 공장에서 일을 마치고 집으로 돌아가는 노동자들의 모습을 담은 영화보다 약간 길다(이 영화는 관객을 속인 최초의 영화라고 할 수 있다. 여러 번 촬영하였고 대낮에 촬영을 했으며 촬영이 끝나고 노동자들은 다시 공장으로 들어갔다).

 증기 기차가 기차역 플랫폼을 향해 들어오는 모습은 관객들에게 영화 상영 시간이 극히 짧다는 느낌을 주었다. 이는 일종의 착시 현상으로 시간이 스피드를 낸 효과였다. 영화가 너무 무섭거나 관객을 사로잡는 내용이거나 또는 흥미로운 소설에 빠져들 때도 일상적인 시간 개념이 없어진다. 「라 시오타 역에 도착하는 열차」를 보는 동안 관객들이 품고 있는 여러 가지 생각은 열차의 증기 속으로 사라져 버린다. 시간이 인간의 두뇌를 이용하는 트릭인 것이다. 그리고 감독의 의도는 아니지만, 사람들은 마치 관객을 향해 정면으로 돌진해 오는 듯 보이는 기차의 모습만 기억한다. 그런데 이 장면은 사실 기차가 측면에서 다가오는 모습을 담았으며 요즘 관객들이라면 소리 지르지 않고 차분하게 볼 장면이다. 물론 관객들의 안전에도 아무런 문제가 없다. 50초 가운데 20초 정도는 기차가 역으로 들어오면서 속도를 줄이는 모습을 담았다. 나머지 분량은 기관차가 쉭쉭 소리를 내고 승객들이 기차에 오르내리면서 북적대는 일상적인 플랫폼의 광경이다. 하지만 사람들은 짐을 나르는 인부들이나 객차에서 내려 휘청거리며 걸음을 옮기는 술꾼 등 부산한 플랫폼의 모습은 잘 기억하지 못한다.

이러한 무성영화들이 처음 선보일 당시 해럴드 로이드는 두 살이었다.* 1895년에 뤼미에르 형제가 만든 최초의 코미디 영화 「물 뿌리는 사람」은 후일 보드빌(코미디 배우나 댄서, 가수, 곡예사 들이 출연하는 쇼)이나 「베니힐 쇼」에 영향을 준 코미디다. 한 남성이 긴 호스를 들고 넓은 정원에 물을 뿌리고 있다. 소년 하나가 남자의 뒤에 나타나 호스를 발로 밟는다. 소년을 보지 못한 정원사는 물이 안 나오는 이유를 궁금해 하며 호스 속을 들여다본다. 바로 그 순간 소년이 호스에서 발을 떼면서 정원사는 물세례를 맞고 그가 쓴 모자가 날아간다. 소년을 본 정원사가 소년의 귀를 잡고 엉덩이를 때린 뒤 다시 일을 시작한다.

러닝타임 45초의 영화라고 하지만 40초일 수도 있고 50초가 되기도 한다. 당시만 해도 영화의 정확한 러닝타임은 아무도 몰랐다. 당시 코미디 영화 한 편을 담은 영화필름의 표준 길이는 30미터 이하였다. 그런

---

* '무성영화'라는 용어는 신 복합어로 기술적 진보와 사회의 진보를 설명하는 개념이다. '흑백 텔레비전'도 신 복합어이며 하드커버 도서, 증기 기관차 그리고 아날로그시계 등도 마찬가지다.

데 필름을 빨리 돌려 촬영하기도 하고 재생 속도를 늦출 수도 있었다. 또는 그와 반대로 하는 경우도 있었다. 자동 촬영기가 도입되기 전엔 영화 카메라의 크랭크를 돌리는 카메라맨의 기술에 전적으로 의존했으며, 극장 상영 시엔 영사기사의 기술력에 좌우되었다. 이론상으론 일반적으로 초당 16프레임을 보여주는 30미터 길이의 35미리 무성영화 필름에 담을 수 있는 영화의 시간은 16분 30초다. 하지만 무성영화를 보면 많은 사람들이 분주하게 움직이거나 어슬렁거리는 장면에서 사람들의 움직임이 부자연스러워 보이며 여기에는 이유가 있다. 유성영화 그리고 영상과 발성을 일치시키는 기술이 도입되기 전에 사람이 손으로 카메라의 크랭크를 돌려 촬영을 했고 극장에선 영사기사가 손으로 필름을 돌렸다. 그러다 보니 두 가지 요소가 일치하지 않는 현상이 자주 나타났다. 예를 들어, 1922년에 제작한 더글러스 페어뱅크스 주연 영화 「로빈 후드」나 1925년에 제작한 「벤허」는 초당 19프레임으로 촬영되었는데 스튜디오에서 준 큐시트는 초당 22프레임의 영사 속도가 필요했다. 1924년에 제작된 루돌프 발렌티노 주연의 「보케르 씨」는 촬영 속도와 영사 속도가 각각 18프레임 24프레임이었으며, 발성 영화가 도입될 무렵인 1926년에 찍은 버스터 키튼 주연의 영화 「장군」은 각각 24프레임과 24프레임이었다. 멀티플 릴로 찍은 영화들도 각 릴마다 비율이 다르다. 그래서 영사기사가 애를 먹는다. 영사기사가 필름을 잘못 돌리면 러닝타임이 쓸데없이 길어진다. 그와 반대로 재생 속도를 적당히 조절하면 관객들의 분위기를 바꾸는 게 가능하다. 영화사를 연구한 배리 솔트는 저서 『영화 스타일과 기술』에서 감독의 지시로 영사기사가 영화에 '의미심장한 변화'를 주었다고 언급했다. '감미로운 무도회 장면이나 키스신은 느린 속도로 플레이함으로써 더욱 낭만적인 분위기를 느끼게 했다. 말에 올라타는 남자의 모습도 느린 속도로 재생하여 멋진 포즈를 더욱 부각시키는 게 가능하다. 꿈을 꾸는 장면이나 회상 장면 그리고 기타 관객들이 깜짝 놀라는 장면들도 촬영 이후에 재생 속도를 느리게 하여 만들었다. 당시 파리의 오데온 극장에서 관객들의 뒤편에서 필름을 돌리는 영사 기사는 영화감독이나 배우들 못지않은 창조적인 일을 했다.*

흑백영화에서 사람이나 동물의 동작이 부드럽게 이어지지 못하는 데는 또 다른 원인이 있었다. 극장 관리자가 교묘하게 조작을 하기 때문이다. 필름 길이가 1,920미터인 「마침내 안전!」이 제작된 1923년, 카메라맨이자 영사기사였던 빅토르 밀너는 월간지 《아메리칸 시네마토

---

• 최초의 회상 장면은 1908년에 만든 영화 「할머니의 동화Le fiabe della nonna」에서 선보였다. 어느 할머니가 동화를 들려주는 장면으로 화면이 오버랩되면서 자세한 스토리가 전개되는 장면이다. 그리고 다시 오버랩되면서 현재로 돌아온다.
배리 솔트는 영화 장면들의 다양한 길이에 대해서도 꼼꼼하게 연구했다(즉, 한 컷의 시간을 말한다). 솔트는 수백편의 영화를 분석하여 미국 영화 한 컷의 평균 길이가 「돈 주앙」의 3.5초에서 「마술사」의 7.5초까지 다양하다는 사실을 알아냈다. 한편 유럽 영화는 프랑스 영화 「엘도라도」와 「홍당무」가 5초이고 독일 영화 「거리」와 「화분 단지」가 각각 13초와 16초였다. 유럽 영화들이 너무 느리다고 혹평을 받는 이유 중 하나일 것이다. 1940년대 미국 영화감독 조지 큐커와 하워드 호크는 각 장면의 평균 길이를 약 13초로 늘렸다. 1990년대에 이르러 배리 솔트는 주요 할리우드 액션 영화들의 빠른 화면 전환에도 큰 차이점이 있음을 발견했다(「디트로이트 록 시티」는 2.2초, 「딥 블루 씨」는 2.6초였다). 한편 같은 해 교양 인디 영화들은 조사해 본 결과 상황이 매우 달랐다(우디 앨런의 「남편과 아내」는 평균 길이가 28초, 「브로드웨이를 쏴라」는 놀랍게도 51.9초였으며 리처드 링클레이터 감독의 「슬래커」는 34.5초 였다).

그래퍼 American Cinematographer》에서 이렇게 실토했다. '관객이 많은 밤 8시에는 305미터 길이의 필름을 12분 만에 돌립니다. 그리고 비교적 한가한 오후 시간에는 필름을 느리게 돌려서 모리스 코스텔로 Maurice Costello(1905년 최초로 셜록 홈스 역을 맡은 배우)가 느릿느릿 걷게 만들지요.' 영사기사는 매일매일 이러한 지시를 받았다. 마치 무대 바로 앞쪽 아래 부분의 오케스트라석에 서 있는 음악 감독처럼. 극장이 만원이고 바깥 에서 줄을 서서 기다리는 사람들이 많을수록 지휘자와 단원들은 객석 을 향해 손을 빨리 흔들어야 하듯이 영화 관람객들은 빨리 빨리 자막을 읽어야 한다.

이런 식으로 필름을 돌리는 데는 예술상의 이유도 있었다. 즉, 역동적 인 시대인 만큼 좀더 활기 있게 움직이는 모습이나 더욱 분명하고 단호 한 모습을 보여주려는 목적인 것이다. 스크린을 뚫고 나올 듯이 달려오 는 기차의 모습은 고정 카메라 한 대로 한 번에 찍은 것으로 당시의 시 대상을 반영한 매우 사실적인 장면이다. 이 영화가 나온 이후로 당대 의 이상적인 모습을 향한 인간의 욕구를 대리만족시키는 영화들이 끊 임없이 제작되었다. 미국의 영화평론가 월터 커 Walter Kerr는 「모던 타임 스」에서 찰리 채플린의 실제보다 빠른 움직임에 대해 '발뒤꿈치에 스 프링을 달고 팔꿈치에는 잭나이프를 달고 촬영한 것 같았다'고 언급한 바 있다. 바로 이것이 영화 기획자의 의도대로 영화가 보여질 수 있었 던 이유다. 해럴드 로이드가 출연한 여러 영화 제작에 카메라를 맡았던 사람은 월터 룬딘으로 그의 카메라 촬영 기술이 영화 흥행의 성공 여부 를 좌우할 정도였다. 그는 사람이 추격당하는 장면을 촬영할 때는 초당

14프레임으로 늦추었다. 그리고 극장에서 상연할 때는 속도를 높였다. 쫓기는 장면을 느리게 찍을수록 자동차나 기차는 빨리 가는 것처럼 보이는 효과를 준다.* 이것이 우리가 아는 채플린과 로이드의 영화 속 모습을 가능케 한 기술 가운데 하나다. 배우들이 카메라 앞에서 연기를 하고 재촬영하기도 하지만, 배우들의 움직임 하나하나에 역동성을 부여한 건 카메라맨과 영사기사들이었다. 정말 재미있는 시대였다. 사진에도 이와 비교되는 기술이 후일 나타나는데 에어브러싱과 포토샵이다. 음악 분야에는 오토튠Auto-Tune이 있다.

그러다 사운드가 도입되고 동력 기술이 발달하면서 많은 변화가 있었으며, 영화 포스터나 홍보물에 러닝타임을 표기하게 되었다. 해럴드 로이드가 주연한 영화에 정확한 러닝타임이 표기된 건 1932년이 처음이었다. 「무비 크레이지」란 영화로 러닝타임은 96분이었다. 하지만 그즈음 시간이 결국 로이드의 발목을 잡는다. 관객들은 이제 좀더 재미있는 영화를 보게 되었고 새 아이돌을 만나게 되었다. 「그랜드 호텔」, 「풋볼 대소동」, 「걱정하지 마세요」, 「미이라」, 「금발의 비너스」 등의 영화들

---

• 데이비드 와크 그리피스D. W. Griffith 감독의 초창기 영화들은 대부분 동시대의 다른 영화들과 비교해 보면 유별나게 부자연스러워 보인다. 그리피스 감독이 초당 14프레임으로 촬영하라고 의도적으로 지시했기 때문이다. 영국의 영화사학자 케빈 브라운로우Kevin Brownlow는 바이오그라프 영화사가 그리피스 감독에게 305미터 필름 하나에 영화 한편을 담으라는 규정을 주었고 그리피스 감독은 가능한 한 이를 지키려고 애를 썼다고 말했다. 그런데 느린 속도로 촬영하던 그리피스 감독은 딜레마에 빠졌다. 영사기 속도를 늦추면 영사기 램프에서 발생한 열기로 인해 필름에 불이 붙어버리는 사태가 발생할 우려가 있기 때문에 영사기들은 영화가 분당 12미터보다 느린 속도로 돌아가면 방화셔터가 작동한다.

이 관객을 찾아갔으며, 그레타 가르보, 막스 형제, 코미디 듀오 스탠 로렐과 올리버 하디, 보리스 칼로프, 마를레네 디트리히와 캐리 그랜트 등의 새로운 얼굴들이 나타났다.

로이드도 나이가 들자 진짜 안경을 써야 했지만 배우로서의 명예나 빈틈없는 투자는 변함이 없었다고 한다. 그리고 영화배우 밀드레드 데이비스와 마지막 결혼식을 올려 화제를 모으기도 했다. 로이드는 어느 날 영화사학자들과 함께 자신의 영화 인생을 돌이켜 보는 자리에서 1953년 명예 오스카상을 받았을 때 무척 기뻤다는 소감을 밝혔다. 그는 사실 지나치게 비판적인 평가를 받는 경우가 많았고, 찰리 채플린이나 버스터 키튼과 동등한 대접을 받은 경우도 드물었다. 로이드가 채플린이나 키튼과 비교해서 유성영화 시대에 비교적 성공적으로(물론 많은 돈을 벌지는 못했지만) 적응했지만 큰 성과를 거두지는 못했다. 로이드는 7개의 유성영화에 출연했으며 2개의 유성영화는 제작에만 참여했다. 그는 자신이 출연한 영화 중 5개가 매우 재미있는 영화라고 털어놓았다. 따라서 결코 적지 않은 나머지 영화들은 그다지 신나는 영화는 아니었다는 뜻이다. 그리고 가끔씩 화가 난다면서, 자신이 출연한 영화 자체보다 스턴트를 했던 장면으로 사람들이 자신을 기억해준다고 했다.

"「마침내 안전!」에 나오는 아슬아슬하고 겁나는 장면은 눈속임이 아니었어요." 1949년 그의 옛 작품 가운데 7개를 재개봉했을 때 로이드가 했던 말이다(돈이 필요해서 옛 영화들을 재개봉하지는 않았다. 그는 당시 미국에서 가장 돈이 많은 영화배우로 알려져 있었다).

"저는 진짜로 14층 빌딩 꼭대기까지 올라갔습니다. 안전장치라곤 2개 층 아래 부분에 나무판 하나를 설치한 게 전부였지요. 카메라에 잡히지 않게 설치해서 제가 건물을 오르는 장면을 찍은 다음 다시 나무판을 높이 올려 다음 장면을 촬영했습니다. 매트리스를 덮긴 했으나 고작 3.7미터 길이의 정사각형 나무판이었죠. 게다가 나무판에 철책이 없었어요. 철책만 있었다면 나무판을 더 아래로 내려서 카메라에 나무판이 잡히지 않게 촬영할 수도 있었죠. 그래서 저는 촬영하다가 나무판에 떨어지면 튕겨나가지 않도록 납작 엎드려야 했어요. 실제로 여러 번 나무판에 떨어졌습니다. 무서워서 죽을 것 같았지요. 그런 고생을 하면서 만들었기에 좋은 영화가 된 것 같습니다."

시간의 흐르면서 로이드도 추락했을까? 아니다. 전혀 그렇지 않았다. 그와 정반대였다. 시간의 흐름이 오히려 로이드에게 큰 도움이 되었다. 로이드는 사랑하는 사람을 얻었고 돈을 벌었다. 그가 출연한 무성영화들 가운데 가장 유명한 장면, 즉 시계에 매달린 그의 이미지와 더불어 해럴드 로이드가 가진 만인Everyman의 이미지는 시간이 흘러도 퇴색되지 않았다.

**

2014년 어느 봄날 저녁, 나는 해럴드의 손녀 수잔 로이드에게 전화를 했다. 어린 시절 수잔은 할아버지인 해럴드와 함께 베버리힐스의 저택에서 살았다. 1971년 해럴드가 죽자 당시 열아홉 살이던 수잔이 할아버지의 영화 저작권을 물려받았고 그 이후 줄곧 시간의 풍화작용으로 할아버지의 명성과 인지도가 흐려지지 않도록 하는 게 수잔의 임무가 되었다. 전화 통화 당시 수잔은 새 상품 출시를 준비하고 있다고 했다. 머그컵과 핸드폰 케이스 등 모두 전성기 시절의 로이드 사진을 담은 상품들이다. 영화 「신입생」에서 미식추구를 하는 해럴드의 모습과 「하이앤디지」에서 머리털이 곤두선 모습 그리고 「마침내 안전!」에서 시곗바늘에 매달려 있는 모습 등이다. 몇 주 후면 해럴드 로이드가 출연한 영화 중 최초의 원릴 영화라고 할 수 있는 「저스트 넛츠just nuts」 발표 100주년 기념일이다. 수잔이 내게 보낸 이메일의 아래 부분에 커다란 안경에 매달린 해럴드의 모습을 담은 로고가 새겨 있었다.

나는 수잔에게 헤럴드가 시곗바늘에 매달린 장면을 요즘 사람들도 알고 있는 이유에 대해 질문을 해 보았다. "글쎄요…… 제 생각에 그 영화가 사람들에게 충격을 주었나 봐요. 너무 아슬아슬해서 관객들이 무서워했다고 해요. 심지어 할아버지를 전혀 모르는 사람들도 그 장면만은 알고 있어서 '아, 저 사람 나도 알아' 라고 하는 것이죠." 수잔은 자신의 동의 없이 할아버지 영화를 불법으로 복제한 사람들을 상대로 소송을 제기해 놓은 상태다. 가장 많이 불법 사용한 장면은 역시 시곗바늘에 매달린 해럴드의 모습이다. 수잔은 내게 "할아버지 사진을 마치 자기 것인 양 착각하고 사용하는 사람들이 있답니다."라며 하소연했다.

해럴드가 할아버지인데 수잔은 그를 그냥 아버지라고 호칭했었다고 한다. 요즘도 그렇게 부르는 경우가 있다. 수잔의 어머니는 해럴드와 밀드레드의 사이에서 태어난 첫째 딸 글로리아다. 그런데 수잔은 어머니인 글로리아가 정신적으로 매우 불안정해서 딸을 돌볼 능력이 없었다고 밝혔다. 수잔의 부모는 그녀가 두 살 무렵에 이혼했으며 수잔은 주말에만 아버지를 보았다고 한다. 결국 할아버지와 할머니가 수잔의 후견인이 되었으며 해럴드가 손녀를 키웠다. 수잔은 청소년 시절부터 할아버지가 출연한 옛 질산섬유소 필름(1890년대에서 1950년대까지 사용된 필름 원판용 네거티브 필름)들을 관리했다. 몸에 먼지나 더러움이 많이 타는 일이었다. 수잔은 할아버지가 비틀스를 만나게 해준 일을 기억하고 있었다. 수잔에 의하면 해럴드는 기분이 우울해지면 벽에 커다란 종이를 붙인 후에 붉은 색 펜으로 '뭐가 걱정이야?'라고 썼다고 한다.

수잔 로이드는 요즘 유럽 각국을 순회하는 로이드 영화 페스티벌을 기획 중이다. 그리고 수천 장에 달하는 해럴드의 스테레오스코프 사진들을 많은 사람들에게 알리기 위해 바쁜 나날을 보내고 있다. 이 사진들 가운데는 1940년 독일의 영국 대공습 직후에 찍은 런던 세인트 폴 대성당과 마릴린 먼로의 누드 사진도 있다. 그리고 노출이 심한 미녀들 사진도 포함되어 있는데 이들 가운데 일부는 해럴드 로이드와 잠자리를 했을 것으로 추정된다.

해럴드가 시간을 잘 지킨 사람이었는지 궁금했던 나는 수잔에게 해럴드의 시간관념에 대해 물어보았다.

"아이고, 말도 마세요! 시간을 잘 지키셨냐구요? 내 어머니는 시간관념이 너무나 희박해서 약속 시간에 항상 늦었는데요. 늘 2시간씩 늦곤 했답니다. 할아버지는 그런 어머니랑 만날 일이 있을 때면 2시간 이른 시각으로 만날 약속을 정하곤 했었지요. 할아버지는 시간관념이 아주 철저한 분이었죠. 할아버진 계단 아래에 서서 어머니를 향해 이렇게 말씀하셨어요. '기차가 지금쯤 기차역을 출발했겠다. 지금 안 나오면 널 여기 두고 갈 테다!' 너무나도 철두철미한 시간관념을 가지셨던 분이에요. 그것이 할아버지의 장점이기도 했는데, 정말로 자기관리에 빈틈이 없으셨지요."

해럴드 로이드는 늘 똑같은 시계를 차고 다녔다. 베베 대니얼스가 선물해 준 롤렉스 시계였다. 베베 대니얼스는 1901년 제작된 「오즈의 마법사」 첫 무성영화에서 도로시 역을 맡았고, 1916년 영화 「외톨이 루크 문학에 빠지다」를 포함된 여러 편의 영화에서 해럴드와 함께 출연했던 여배우였다. 수잔에 의하면 대니얼스가 해럴드의 첫사랑이었다고 한다. 해럴드는 죽는 날까지 대니얼스가 준 시계를 풀지 않았다.

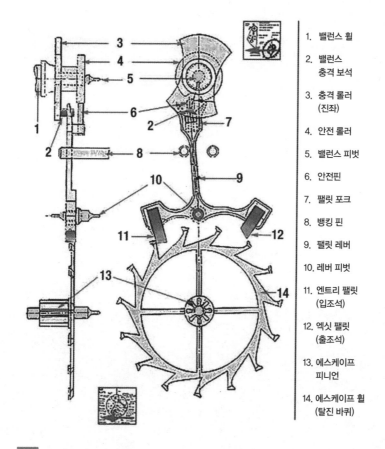

1. 밸런스 휠
2. 밸런스 충격 보석
3. 충격 롤러 (진좌)
4. 안전 롤러
5. 밸런스 피벗
6. 안전핀
7. 팰릿 포크
8. 뱅킹 핀
9. 팰릿 레버
10. 레버 피벗
11. 엔트리 팰릿 (입조석)
12. 엑싯 팰릿 (출조석)
13. 에스케이프 피니언
14. 에스케이프 휠 (탈진 바퀴)

**톱니바퀴 속의 톱니바퀴:** "우린 절대 손가락으로 시계 내부 기계장치를 만지지 않습니다."

# Timekeepers

2부

—

# 산업혁명 이후의 시간혁명

# 시계 만드는 기술

7
장

## 매우 까다로운 작업 과정

/

"선생님도 하실 수 있습니다." 2015년 여름 어느 날, 스위스와 독일의 국경 지역에 인접한 중세도시, 햇볕이 잘 드는 작업실에서 어떤 남자가 지나칠 만큼 확신에 찬 말투로 나에게 했던 말이다. "99.98퍼센트 확신하건대 선생님 혼자서 완성할 수 있습니다."

내 앞의 나지막한 테이블 위에는 공구 박스 하나가 놓여 있다. 둥글게 꼬인 선에 연결된 확대경을 머리에 쓴 내 모습은 마치 천재적인 두뇌를 가진 악당처럼 보였다. 핀셋은 우표 집을 때 사용하는 핀셋보다 약간 더 무겁고 날카로웠다. 스크루드라이버는 끝부분이 눈에 잘 보이지 않을 정도로 가늘었다. 부드러운 가죽으로 가장자리를 감아둔 나무 막대와, 이쑤시개 정도로 가는 분홍색 플라스틱 도구도 있었다. 플라스틱으로 만든 파란색 칸막이 트레이는 테이크아웃 커피 케이스 비슷하게 생겼다. 안내자는 이어서 주의사항을 알려주었다. "부품을 바닥에 떨어뜨렸거나 잃어버렸을 경우 찾으려고 애쓰지 마십시오. 이곳은 매우 까다로운 공정이 이루어지는 장소입니다. 기계 장치를 절대 손가락으로 만져서는 안 됩니다. 왜 안 되냐고요? 땀 때문이에요. 기계 장치에 약간의 땀이라도 닿을 경우, 완성된 제품은 한두 달 후면 망가집니다. 그런 제품은 쓰레기통에 버려야 하지요."

나는 시계 제조회사 작업실에서 시계 만드는 방법을 배우는 중이었다. 나는 드라이버로 기본 무브먼트movement(시계 내부의 동력 장치)를 분해하는 작업을 앞두고 주의사항을 듣고 있었다. 분해를 마친 다음엔 다시 나의 기억력과 손재주 그리고 강사 크리스티안 브레저의 지시에 따라 시계를 조립하기로 했다. "금색 스프링(얇고 긴 강철 띠를 소용돌이 모양으로 말아놓은 태엽)이 눈에 띄면 절대 손으로 잡지 마십시오." 브레저 씨가 내 앞에 놓인 은색 디스크 위에 있는 작은 부품을 가리키며 말을 이었다. "내 동료 하나가 이 톱니바퀴를 풀다가 잠시 방심하는 사이에 실명하는 사고를 겪었습니다. 이 스프링이 팽팽하게 감겨 있는 바람에 톱니바퀴가 튕겨 나와 눈을 강타한 거지요. 시계 분해 작업을 할 때는 상당한 주의력이 필요합니다."

일반적으로 내부 구조가 복잡한 시계를 만들기 전에 기본형의 기계식 시계(톱니바퀴, 태엽 등의 기계 장치를 통해서 움직이는 시계) 하나를 조립하는 트레이닝을 거친다. 어떤 시계든 동일한 원리로 만들기 때문이다. 촘촘하게 감은 태엽이 서서히 풀리면서 생긴 동력이 여러 개의 톱니바퀴를 움직이고 이 톱니바퀴들이 1초당 수차례 밸런스 휠을 움직이게 한다. 그런데 태엽이 풀리는 힘이 일정하지 않으므로 이스케이프먼트escapement(탈진기)라고 부르는 장치로 톱니바퀴의 회전 속도, 즉 시곗바늘이 고르게 움직이도록 조정한다. 이스케이프먼트가 있어 시침이 24시간에 한 바퀴, 초침은 1분에 한 바퀴 정확하게 도는 것이다. 그런데 내 앞에 놓인 시계는 다소 복잡해 보였다. 150년간 쌓아 올린 정교함이 깃들어 있는 시계다. 시계 제조는 정확성이 요구되는 세련되고 까다로운 예술로, 숙련된 기술자들도 10여 년간 땀을 흘려가며 눈을 찡그리고 시계를 들여다보아야 정교한 시계를 만들 수 있다. 나는 이제 겨우 50분 지났다.

스위스 취리히에서 차를 타고 북쪽으로 약 40분 정도를 달려 도착한 샤프하우젠에 IWC(이 회사를 'International Watch Company'라고 길게 부르는 사람은 요즘 없다)의 본사가 위치하고 있다. 1860년대 후반 창립된 이 회사가 자리 잡은 라인 강변은 그간 전기와 수송은 물론 시계 제조에 영감을 주는 원천이었다.

IWC의 정교하고 값비싼 시계는 150년간 귀족들이 단골이었다. 그러니 이곳의 제품은 신참내기가 50분 만에 뚝딱 만들 수준이 아니다. 예를 들어 포르투기즈 미닛 리피터Portugieser Minute Repeater는 최대 46시간의 파워리저브power reserve(태엽을 완전히 감았을 때부터 다 풀릴 때까지의 동력축적시간)를 가진 시계로 글루씨듀어Glucydur(베릴륨과 청동, 황동, 니켈 등을 합금하여 만든 열팽창이 적은 금속의 상표명) 밸런스 휠을 사용하였다. 그리고 시계 케이스 왼쪽에 있는 슬라이드 레버를 작동시키면 1시간, 15분, 1분

간격으로 아름다운 소리를 울려 현재 시간을 알려준다. 2개의 공 gong 으로 낮은 톤을 울려 시를 알려주고 동시에 울리면 15분을, 높은 톤으로 분을 알려주는 방식이다(이러한 리피터 메커니즘만 해도 약 250개의 부품으로 구성된다). 플래티늄 소재 케이스와 악어가죽 시곗줄을 사용하며 가격은 약 1억 1,700만 원이다. 세련되고 우아한 스타일의 여성용 포르토피노 컬렉션도 있다. 포르토피노 미드사이즈 오토매틱 문페이즈 Portofino Midsize Automatic Moon Phase 는 18캐럿 레드 골드와 66개의 다이아몬드를 박은 케이스에다, 우아한 머더오브펄 mother-of-pearl(자개) 색상의 다이얼(시곗바늘이 부착되고 시간을 표시하는 숫자가 배치되는, 시계의 얼굴에 해당하는 부분)에도 12개의 다이아몬드를 심었다(다이얼에는 둥그런 원 안에 하늘을 배경으로 지구가 움직이는 모습을 담았다). 가격은 약 4,180만 원이다. 인제니어 콘스탄트 포스 투르비용 Ingenieur Constant-Force Tourbillon 은 밸런스의 정확한 진동으로 완벽에 가까운 정확성을 구현한다. 96시간의 파워리저브에다 문페이즈(달의 형상을 다이얼 위에 구현하는 것)는 북반구와 남반구의 달 모양을 동시에 확인할 수 있다. 카운트다운 눈금은 다음 보름달이 뜨는 날까지의 날짜 수를 표시한다. 플래티늄과 세라믹 소재 케이스로 가격은 약 2억 9,300만 원이다.

제2차 세계대전 중에 이 회사를 유명하게 만든 모델도 있다. 빅 파일럿 워치 Big Pilot's Watch 로 지름이 40밀리미터가 넘는 심플한 디자인의 다이얼에다 장갑을 끼고도 돌릴 수 있는 큼직한 크라운(손목시계의 우측에 돌출된 부분으로 '용두'라고도 부른다), 내부 케이스는 자기장과 갑작스런 기압 저하에 견딜 수 있다. 1940년에 처음 제조되어 최근에 다시 생산된

이 제품의 권장가격은 약 1,600만 원이다(중립 국가인 스위스는 영국 공군과 나치 독일 공군 모두에게 파일럿 워치를 판매했다. 양국의 파일럿들은 상공에서 똑같은 손목시계를 차고 상대방의 전투기를 격추시킬 전술을 모색한 것이다. 1944년 4월에는 항법 장치가 고장 난 미국 전투기 한 대가 샤프하우젠을 폭격했는데, 이 폭격으로 45명이 사망했고 도시는 심하게 파괴되었다. IWC에도 폭탄이 떨어져 지붕을 뚫고 건물 내부로 들어갔지만 다행스럽게도 불발되었다).

IWC 시계 제품군은 인기가 높다. 가장 매력적인 요인은 시계들이 화려하지 않으며 사람을 압도하는 느낌을 주지 않는다는 점이다. 게다가 스위스 군용 나이프처럼 너무 많은 기능을 담은 다른 시계회사들의 하이엔드 제품과는 다르다. 손목에 값비싼 시계를 차더라도 다른 사람들에게 불쾌감을 주지는 말아야 한다. IWC는 유행의 변화에 상관없이 클래식 스타일을 좋아하는 사람들을 위한 시계를 만든다는 자부심을 갖고 있다. 어쩌면 이런 점이 이 회사가 경쟁 회사들에 비해 인지도가 떨어지고 스위스의 고급 시계로 분류된 파텍 필립이나 브레게와 달리 중상위 클래스로 분류된 이유일 것이다. 하지만 IWC는 자체 박물관을 세울 만큼 자부심이 높다. 이 회사의 역사는 영광스런 혁신과 확장의 연속이다. 현재 공장 건물도 1875년 수도원 소유 과수원 부지에 지은 건물을 그대로 쓰고 있다. 1915년 최초의 손목시계 무브먼트를 만들었으며 1950년에 최초의 자동 태엽 장치를 개발했다. 1967년에는 20바(수심 120미터)의 수압에도 견디는 다이버용 시계를 개발했다. 1980년엔 F. A. 포르셰의 디자인으로 세계 최초의 티타늄 케이스 크로노그래프Chronograph(시간은 물론 타이머나 스톱워치 기능을 가진 시계)를 만들었다.

IWC에 근무하는 시계 기술자들은 자신들이 평생 만든 시계의 수량을 발설하는 법이 없다. 작년 한 해 동안 몇 개를 만들었는지도 공개하지 않는다. IWC가 지난 2000년 3조 2,545억 원에 리치몬트그룹에 매각된 이후 기술자 개개인의 시계 생산량이 민감한 사항이 되었기 때문이다(리치몬트는 고급 브랜드를 지향하는 회사로 몽블랑, 던힐, 예거 르쿨트르, 바쉐론 콘스탄틴 그리고 까르띠에 등을 자회사로 거느리고 있다).

IWC를 안내한 직원은 최상위 모델인 그랜드 컴플리케이션Grande Complications을 하나 만드는 데 659개의 부품이 필요하다고 설명해 방문객들을 놀라게 했다. 인간의 몸을 구성하는 뼈의 개수보다 453개가 많다.* IWC의 시계 제조 작업장을 둘러보려면 비치된 흰색 코트를 입고 비닐로 만든 청색 신발 덮개를 필히 신발에 씌워야 한다. 밀폐된 에어포켓 공간에서 먼지를 최소한으로 줄여야 하며 다음과 같은 주의사항을 읽고 서명을 해야 한다.

'여러분이 보실 시계들은 매우 복잡한 구조를 가진 세계 최고 수준의

---

* 내 원고의 초안을 검토하던 출판사 편집자가 원고 아래쪽에 간단한 메모를 했었다. "이게 가능한가요?" 아주 작은 부품들을 사용했기에 가능하다. 나사와 스프링, 플레이트, 휠, 보석 등을 모두 극소형으로 만들어서 이용했다고 한다. 또한 밸런스 휠의 끝부분에 부착된 추와 동력을 전달하는 래칫(한쪽 방향으로만 회전하게 되어 있는 톱니바퀴), 서로 맞물려 움직이며 동력을 발생시키는 여러 개의 배럴(태엽이 튕겨 나가지 않도록 담아놓은 원기둥 모양의 통), 시계가 움직이는 소리를 내는 탈진기 휠에 부착된 팔레트 등도 아주 작다. 그리고 무엇보다 기계식 무브먼트라는 점이 가장 놀라운데, 17세기에 만든 회중시계의 무브먼트 방식으로 만들었다. 세밀한 다듬질이나 일부 조정 과정은 기계에 의존하지만 디자인과 최종 조립은 사람 두뇌와 손으로 한다. 사람들은 이 시계의 엄청난 가격과 기발한 판매 전략에 대해 이러쿵저러쿵 뒷말을 하면서도 이 제품을 만든 기술력에는 매료된다. 정말로 이런 시계를 만드는 게 가능한가, 하는 생각을 하는 것이다.

정교한 기계제품들입니다. 안내자가 그 시계들의 기능을 자세히 설명하오니 여러분이 직접 시계를 만지지 마십시오. 즐거운 시간 되시기 바랍니다!'

나는 견학을 하면서 매뉴얼을 옆에 놓은 채 덜 복잡해 보이는 모델들을 조립하는 남녀 직원들을 보았다. 이들은 내가 나중에 만나게 될 숙련된 기술자들이 아니었다. 하지만 생산 라인에 투입되기 전에 수주간의 기본 교육을 받아야 한다(여기서 '시계를 조립하는 일'과 '시계를 만드는 일'은 엄연히 구분된다. 시계를 조립하는 건 다른 장소, 주로 다른 회사에서 만들어 나무 상자 등에 담아온 부품들을 짜 맞추는 것을 의미한다. 구조가 복잡함에도 불구하고 자동차나 여타 복잡한 공장 제품의 구조를 외워서 조립하는 것과 흡사하다. 하지만 시계를 만드는 것은 이와는 사뭇 다른 예술의 차원이다. 따라서 몇 주 연습하는 정도가 아니라 수년간의 수련이 필요하다. 더불어 강철 같은 인내심과 집중력 그리고 기계에 대한 해박한 지식이 있어야 한다. 또한 구체적인 영감이 떠올라야 한다. 다시 말해, 누구나 형식을 맞춰 그림을 그릴 수는 있으나 세잔느나 모네, 르누아르의 경지에 이르는 화가는 극소수에 불과한 이치와 같다). 나는 드릴작업과 연마작업, 광택작업, 선반을 이용한 절단작업 등을 견학한 뒤 이 회사의 브랜드 홍보대사인 배우 케빈 스페이시 씨 그리고 레이싱 선수인 루이스 해밀턴 씨와 기념 촬영을 했다. 그러는 동안 이들은 내게 IWC의 사회공헌에 대해 소개해주었다. 프랑스의 소외계층 어린이 돕기 운동과 트라이베카 영화제, 런던 영화제, 갈라파고스 군도의 자이언트 이구아나 보호 캠페인 등을 후원하는 사진들이 벽면에 걸려 있었다.

마지막으로 IWC의 하이엔드 모델인 그랜드 컴플리케이션 제품군

작업장에 들어섰다. 이곳에서 포르투기저 시데럴 스카프시아Portugieser Sidérale Scafusia를 만든다. IWC의 역사에서 가장 복잡한 시계로 개발하고 제작하는 데 무려 10년의 시간이 걸렸다고 한다. 콘스탄트 포스 투르비용 기능이 있고 최대 96시간의 파워리저브를 자랑하며 다이얼에서 항성시sidereal time를 볼 수 있는 게 특징이다. 항성시는 우리가 일반적으로 사용하는 태양시와 하루에 약 4분 정도 차이가 나는데, 이를 이용하여 매일 밤 같은 위치에서 동일한 별을 찾을 수 있다(시계의 뒷면엔 별자리 지도가 있다. 밤하늘에 수백 개의 별들이 떠 있는 모습으로, 별자리는 시계 착용자의 요구에 따라 개별적으로 측정된다). 이 시계는 착용자로 하여금 자신이 특별한 존재로 느끼게 해주며, 그와 정반대로 하찮은 존재라는 느낌을 주기도 하는 바, 이런 특별한 느낌을 얻게 하는 이 시계를 사려면 7억 1,290만 원을 지불해야 한다.

이 독창적이고 정교한 시계를 만든 사람은 독일인 로물루스 라두 씨다. 올해 나이 마흔일곱 살로 시계 제작 경력 대부분의 세월을 IWC에서 일해온 그는 요즘도 작업 테이블의 윗부분에 눈을 맞추고 시계 제작에 여념이 없다. 그러다 보니 처음 본 그의 모습은 마치 어린 아이가 책상에 앉아 있는 듯 보였다. 등과 어깨를 좀 펴고 앉아야 할 듯싶었다. 라두 씨는 "이렇게 앉지 않으면 부엌 식탁에서 8시간 일하는 것과 같습니다."라고 말했다. 그는 세 손가락에 얇은 비닐로 만든 핑크색 손가락골무를 끼우고 일을 했다. 손가락의 그립감을 높이기 위해 그렇게 하는 것이다. 라두 씨는 퍼페추얼 캘린더Perpetual Calendar 시계를 만드는 중이었다. 날짜와 월, 연도까지 표시하는 시계로 577.5년 동안 거의 영구적으

로 움직이도록 만들었다. 나는 라두 씨에게 577.5년이 지나면 어찌되는
지 물어보았다(자동으로 못쓰게 되는 건지 아니면 다시 쓸 수 있는 건지가 궁금했
다). 그의 대답은 어처구니없었지만 그로서는 불가피한 답변이었다. 그
는 "2593년의 어느 날에 시간을 다시 조정해야 합니다. 가까운 IWC 시
계 숍을 찾아가시면 도와드릴 겁니다."라고 말했다.

"누구나 다 시계 만드는 일에 적합한 건 아니에요." 라두 씨가 투르비
옹 바탕을 만드는 작업을 하면서 그렇게 말했다. 나는 그에게 "시계 만
드는 일에 맞는 강인한 정신력을 가지셨군요."라고 말했다.

그러자 그가 "맞아요."라고 대꾸했다.

나는 이렇게 말했다. "저 같으면 아마 만들다가 미쳐 버릴 겁니다."

그러자 라두 씨도 "저도 가끔은 미칠 지경입니다. 다만 가끔 그렇습
니다."라고 대꾸했다.

나는 라두 씨 앞에 놓인 시계 부품들과 스크루드라이버들을 바라보
았다. 스크루드라이버의 가장 두꺼운 헤드가 갓난아이의 손톱보다 더
얇았다. 나는 그에게 부품과 도구들을 창밖으로 집어던져 버리고 싶은
생각 없이 집중할 수 있는 시간이 어느 정도냐고 물었다.

"누구나 일이 손에 잡히지 않는 날이 있을 겁니다. 저는 부품 하나를
잡고 두세 시간 일하다가 휴식을 취합니다."

"커피 타임도 있겠군요?"

"아침에 한 잔 마시고 점심 때 에스프레소 한 잔을 마시지요. 너무 많
이 마시지 않게 주의하고 있어요."

나는 라두 씨의 작업 모습을 보면서 필요하지도 않은 시계를 구매하

는 가장 그럴듯한 명분을 찾았다. 이곳에서 만드는 시계는 명품이라는 명분이다. 100년도 훨씬 넘는 오래전부터 시계라는 기계 안에 시간을 담은 스위스와 독일, 프랑스(1950년대까지는 영국)의 시계 명인들은 많은 시간과 공을 들여 새로운 제품을 개발했다. 그러다 보니 시계의 기능은 점점 더 복잡해졌다.

**

1873년 5월, 미국의 《시계장인과 보석장인Watchmaker and Jeweller》지는 미국의 뛰어난 기계공학과 스위스의 숙련된 손기술이 결합된 회사가 설립되었다는 광고를 실었다. 5년 전에 설립된 IWC가 마침내 본격적으로 사업을 시작한다는 내용이었다. 광고에는 아직 완공되지 않은 어마어마한 규모의 공장 전경 사진이 실렸다. 이 회사에서 생산하는 시계가 절대 고장 나지 않음을 보증이라도 하려는 듯 당당한 위용을 자랑했다. 회사의 첫 제품은 총 17개 패턴으로 개발한 회중시계로 체인이나 장식 핀에 연결시키는 정교한 제품이었다. 열쇠가 필요 없이 크라운으로 태엽을 감는 방식이었으며 타의 추종을 불허하는 고가에 판매되었다.

IWC의 설립자 플로렌타인 아리오스토 존스Florentine Ariosto Jones는 남북전쟁이 발발하기 전에 보스턴에서 시계 기술자로 일하다가 남북전쟁 종료 직후 유럽으로 이주했다(그는 남북전쟁 기간 중에 전투에서 부상을 입은 것으로 알려졌다. 그래서 어떤 이들은 그가 성인이 되어 찍은 사진이 단 한 장만 있는 이유가 바로 그 때문이라고 설명한다). 어쨌거나 존스는 20대 중반이 나이에 좋은 기회를 잡았다. 미국식 산업 노하우를 스위스의 제네바와 로잔 등 시골 마을 시계 장인들의 탁월한 기술력과 결합할 기회를 찾은 것이다. 시계에 대한 기본 지식이 있었던 존스는 교환성이 있는 부품들로 기본 모델을 만들었으며 연마기계를 이용하여 스크루와 탈진기 휠을 만들었다. 그리고 작업대를 외국에서 수입해 와 시계 케이스에 장식을 넣었다. 이렇게 미국인들(즉, 존스 씨와 그의 종료 찰리 키더)은 생산 라인을 들여왔고 스위스의 시계 장인들은 자신들이 잘할 수 있는 마무리 기술을 제공했다.

그러나 최고급 시계를 만들겠다는 열정을 가진 존스 씨는 처음엔 장애에 부딪히며 좌절을 경험했다. 프랑스어를 쓰는 지역 기술자들이 400년부터 이어져 온 시계 제조 방식을 고집한 것이다. 대신 존스를 환영한 이들은 스위스 북쪽 독일과의 국경 지역인 샤프하우젠에서 독일어를 쓰는 사람들이었다. 이곳 주민들은 100개의 새로운 일자리가 생긴다는 희망을 갖게 되었다.

그러나 IWC의 첫 실적은 신통치 못했다. 존스는 투자자들에게 한 해 1만 개의 시계를 생산할 것이라고 장담했지만, 1874년 고작 6,000개를 판매하는 데 그쳤다. 스위스의 은행 주주들은 존스의 경영권을 회수하여 그는 회사 설립 9년 만에 보스턴으로 돌아갔다(시계와 기계에 대한 존스 씨의 집념은 그칠 줄 몰랐으나 그는 가난에 시달리다 70대 중반의 나이에 세상을 떴다). 지금도 IWC의 박물관과 회의실에 가면 존스 씨의 이름을 볼 수 있다. 내가 시계 제작 기술을 발휘한 곳도 존스 룸이라고 불리는 작업장이었다.

IWC가 라인 강변에 위치한 자사의 공장에서 시계 문외한인 나에게 시계 제조를 직접 해볼 기회를 준 데는 나름의 이유가 있었다. 시계 제작의 어려움을 깨닫게 하여 시가 2억 9,300만 원짜리 시계는 그만한 가격을 받을 가치가 있음을 사람들에게 알리려는 의도였다. 다시 말해 아무나 시계 장인의 경지에 이르지 못함을 직접 느끼게 하려는 것이다. 물론 나에게 IWC에서 제작한 최고 사양의 시계를 조립하라고 하진 않았다. 내가 앉은 테이블 위에 놓인 시계는 손으로 태엽을 감는 방식으로 칼리버 98200(시계 무브먼트의 고유 모델 넘버)에 직경 37.8밀리미터로 시계 조립을 체험하러 온 사람들을 위해 이 회사에서 내놓은 시계 중 가장 큰 시계다. 내가 맡은 공정은 17개의 부품을 분해했다가 다시 조립하는 일이었다. 물론 시계 조립을 마쳐도 바로 움직이진 않았다(시곗바늘도 없고 완벽한 파워트레인도 없었다). 하지만 휠 서너 개와 피니언 톱니바퀴들을 서로 연결하고 나니 로드나 크라운으로 시곗바늘을 움직일 수 있었다. 1시간도 안 되는 시간에 마칠 수 있는, 시계 문외한들을 위한 조립 과정이었다. 나를 지도하던 직원이 이미 수천 번은 써먹었을 재치 있는 말을 했다. "스크루드라이버를 잡는 방법은 두 가지가 있습니다. 올바르게 잡는 방법과 잘못 잡는 방법입니다."

부품을 분해하고 다시 조립하다 보면 끊임없이 다이얼 부분과 케이스 뒷면을 뒤집게 된다. 비교적 쉬운 과정은 조립된 기본 부품을 잡아주는 부분인 브릿지를 나사로 조이는 일이다. 플러그의 전선을 바꾸는 일과 비교하면 약간 쉽다는 뜻이다. 다소 까다로운 작업은 메인스프링을 감싸고 있는 배럴을 분침 휠의 아랫부분에 삽입하는 과정과 여러 개의 인조 보석으로 0.15밀리미터의 피벗을 제 위치에 올려놓는 일이었다(나는 인조 루비로 작업을 했었다. 이러한 마찰 감소 보석 베어링은 축의 마모를 줄이기 위해 주로 기어 트레인과 충격 방지 장치에 쓰이며, 전통적으로 시계의 품질을 보증하는 부품이다. 그래서 보석수가 많을수록 무브먼트의 정확성과 수명, 안전성이 커진다. 추가적인 컴플리케이션스가 없는 전통 기계식 시계는 17개 인조 보석으로 만든 베어링을 사용한다. 그런데 복잡하고 정교한 장치가 많은 IWC 하이엔드 제품에는 62개 보석 베어링을 장착해야 한다. '컴플리케이션스'라는 용어는 시간을 알리는 기본 기능 외에 다이얼에 문페이즈가 구현된 시계처럼 여러 가지 기능을 갖춘 복잡한 형태의 시계를 말한다).

어떤 물건이든 아주 작게 만들면 가격이 오르는 경향이 있다. 특히 초소형 시제품 개발이나 마지막 수작업에 많은 비용이 들기 때문이다. 시계 산업 분야에서도 초정밀 소형 부품이 시계 가격의 상승 요인으로 작용한다(극소형 나사 하나의 가격이 약 9,000원인 경우도 있다. 아주 작은 나사라는 이유로 그렇게 비싼 것이다). 만드는 과정에 끈질긴 인내심이 필요하며 이는 사람들이 그런 시계 제품을 좋아하는 이유 중 하나다. 하지만 결국 주된 요소는 장인이 직접 만들었다는 것과 올드패션드 제품이라는 점이다. 수백 년 동안 전해져온 장인들의 지혜가 후세의 기술자들에게 요구하는 것은 쇠와 돌 등의 무생물을 모아서 아름답고 실용적인 제품을 만들라는 것이다. 브레저 씨가 내게 이렇게 말했다. "이런 말을 하면 전혀 바람직하지는 못하겠지만, 그건 가드 콤플렉스 God complex(자신은 남들보다 우월한 존재이며, 자신의 판단이나 의견이 타인보다 항상 옳다는 신념 — 옮긴이)이거나 프랑켄슈타인 콤플렉스 Frankenstein complex(인공 존재를 창조하고 싶은 욕망과 그 대상에 대한 본능적인 두려움 — 옮긴이) 같은 것입니다. 흰색 작업복을 입고 생명을 창조해 내는 것이죠." 내가 제동 핀을 핀셋으로 집으려고 애쓰는 모습을 보면서 브레저 씨가 말을 이었다. "선생님의 마음을 상하게 하고 싶지는 않습니다만 부품을 바닥에 떨어뜨리면 아직 워치메이커라고 할 수 없습니다."

나는 작업실 바닥에 나사를 떨어뜨리지 않으려고 애를 쓰면서 새로운 시도를 한 가지 해봐야겠다고 생각했다. 누구나 할 수 있는 일로, 다름 아닌 현재 생존하고 있는 유명 시계장인 이름을 딱 한 사람만 말해보는 거다. 서둘 필요는 없다. 아마 시계 산업에 종사하는 사람이 아니고서 시계 장인 이름을 아는 사람은 드물 것이다. 게다가 시계 장인들은 대부분 남들 앞에 자신을 드러내지 않은 채 남부러울 데 없는 행복하기 그지없는 삶을 살아왔다.* 하지만 남자들이 대부분인 이들 장인들이야말로 사람들의 관심을 받을 자격이 충분하다. 예를 들어 크리스티안 브레저 씨는 올해 마흔네 살로 한때 전투기 조종사가 꿈이었다고 한다. 자메이카와 미국 플로리다에서 어린 시절을 보낸 브레저 씨는 장난감 비행기를 조립하는 게 취미였단다. 20대 후반에 독일인 금세공사에게 도제 수업을 받으면서 시계 제조에 관심을 가졌다고 한다. "저는 시계 만드는 게 매우 감성적인 일임을 알게 되었습니다. 제가 처음 만든

---

* 역사적으로 보면 시계 만드는 사업을 하기가 점점 쉬워지고 있다. 스위스에서 태어난 아브라함 루이 브레게(1747~1843)는 프랑스에 가서 시계 제조법을 배웠다. 안토니 파텍은 폴란드 사람으로 1845년 프랑스인 아드리안 필립을 만나 6년 후에 시계회사를 만들었다. 하지만 20세기 들어서 생긴 위블로나 롤렉스 등의 브랜드는 장인의 이름을 쓰지 않았다(최소 시계 분야에서는 그렇다는 뜻이다. 요즘은 마케팅을 중요시하는 세상이다. 미국의 아이스크림 브랜드 하겐다즈처럼 마케팅을 통해 브랜드 이름을 알린다. '하겐다즈'는 그 유래를 알 수 없는 국적 불명의 언어다).

시계들은 내 자식들 같아요." 브레저 씨는 2000년에 롤렉스, 오메가, 제니스 등 스위스 시계회사에 구직 신청서를 냈었다. 브레저 씨는 그런 회사들이 겉으론 화려해 보이지만 IWC에서 경험했던 가족적인 분위기와는 거리가 멀다는 사실을 알게 되었다(당시 IWC의 직원수는 약 500명이었다. 지금은 1,000명이 넘는다). 브레저 씨가 회사에서 맡은 업무 중 하나는 지금 내가 하고 있는 일, 즉 시계를 분해하고 다시 조립하는 일임을 그와 대화를 나누면서 알게 되었다. 그는 시계를 분해하고 다시 조립하는 일을 한다고 했다. 나와 차이점이 있다면 브레저씨는 복잡한 부품을 분해하고 조립한다는 점이었다. 그리고 무브먼트가 불량제품은 아닌지 그가 확인해야 한다는 점이다. 그는 "시계 만드는 일을 처음 시작했을 때만 해도 시계 관련 용어들도 잘 몰랐지요."라고 말했다. 그는 요즘 퍼페추얼 캘린더와 더블 크로노그래프 만드는 일에 자신의 재능을 발휘하면서 마케팅과 사내 교육 부문에도 힘을 쏟고 있다. 그는 기본 시계제조 기술을 가르치고 있으며 시계 마케팅 기법 개발에도 힘쓰고 있다. 시계에 문외한인 나는 간단한 시계 조립 방법을 배우는 게 너무 재미있었다. 시계에 문외한인 나는 간단한 시계 조립을 마치고 나니 기분이 좋았다. 나는 피니온과 피봇 등의 기능에 대해 충분히 알고 난 후 포장박스만 화려한 제품들을 파는 기념품점으로 이동했다.

기념품 판매점과 바로 옆에 있는 박물관을 보고 나니 IWC가 150년 전이나 지금이나 다름없이 동일한 방식으로 시계를 만들고 있음을 알게 되었다. 효율성을 바탕으로 한 기계화된 생산 라인과 장인들의 세심한 마감 라인이 유기적으로 잘 연결된 생산 방식이었다. 그런데 회사의 박물관은 제품의 독창성을 보여주는 데 치중하여 IWC의 전반적인 역사 및 역경을 헤쳐 온 과정을 전해주지 못하는 것 같다는 아쉬움이 남았다. 이 회사는 수많은 역경을 이겨내고 오늘에 이르렀다. 시계의 트렌드 변화와 변화무쌍한 통화 시장, 노동 시장 및 작업 방식의 변화가 있었다. 게다가 300여 개에 이르는 스위스 시계 제조업체들은 물론이고 중국 시계회사들의 거센 도전을 받았다. 그리고 21세기의 두 번째 10년에 와 있는 지금은 새로운 형태의 도전에 직면하고 있다. 컴퓨터 제조사들의 도전이다.

미국 쿠퍼티노(애플 본사가 있는 곳)에서 불어온 폭풍은 샤프하우젠은 물론 스위스 전역에 걸쳐 비바람을 퍼붓고 있다. 그런데 애플워치의 위협은 단일 제품 하나만의 공격이라고 볼 수 없다. 세상 모든 게 디지털로 연결될 전망으로 얼마나 깊숙이 그리고 얼마나 빨리 인간의 삶을 통째로 지배할 것인가의 문제만 남았다. 스마트폰은 물론 스마트워치가 인간의 피부 위에서 그리고 칩스 아호이는 피부 아래에서 인간을 지배할 것이다. 아직 이에 대해 명확한 대안을 내놓은 사람은 없으며 과거 쿼츠 시계의 영향력을 무시할 수 없었듯이 스위스에서 스마트워치를 무시할 만큼 여유만만한 사람도 없는 게 현실이다.

저렴한 비용의 새로운 기술로 기존 시계와 다를 바가 없는 기능을 했던 쿼츠 시계의 영향력과 달리 스마트워치는 전혀 새로운 제품이다. 이제 단순히 시간을 맞추는 기능은 중요성이 떨어졌다. 그런데 2015년 애플워치가 사람들의 손목에 채워졌을 때 적지 않은 사람들이 실망감을 감추지 못했다. 크기가 작다는 장점 말고는 아이폰에 없는 기능이 애플

위치에도 없었다. 전화와 이메일이 왔다고 알려주고 여행에 필요한 서류들을 저장하고 커피 값을 결재하며 피트니스 트레이닝을 모니터링하는 등 아이폰의 기능과 비교하여 다를 게 없다. 매끄러운 검정색 화면에서 우아하게 접히는 버터플라이 화면보호기는 일부 매니아를 위한 기능인 듯싶다. 생각보다 가격이 비싸 구매를 합리화하지도 못한다. 하지만 일부 사람들, 특히 기계식 시계 산업에 종사자들에게 버터플라이 시계는 카오스를 알렸다. 애플워치 그리고 삼성과 페블 등 애플워치보다 저렴한 상품을 내놓은 안드로이드군 경쟁 제품들의 출현은 불길한 일을 불러올 징조들이다. 2014년 중반까지 스위스 시계회사들은 애플워치나 애플워치를 모방한 제품들에 대해 이렇다 할 반응을 보이지 않았다. 스위스는 아직까지 심각한 상황으로 받아들이지 않고 있는 듯하다. 하지만 세상은 이미 변했다. 과거의 시계 제왕들은 이미 침체의 길로 들어섰기 때문이다.

요즘 IWC에서 화두는 IWC 커넥트다. 이 커넥트는 시계가 아닌 시곗줄에 장착하는 디지털 디바이스로 자사 제품 가운데 스포츠 시계인 파일럿워치에 우선 적용될 예정이다. IWC 커넥트는 시곗줄에 버튼처럼 생긴 큼지막한 커넥트를 장착하는 것으로 이 버튼을 눌러 뒤집으면 휴대폰과 연결해 각종 앱을 볼 수 있고 건강 상태를 측정하여 알려주며 이메일 알림 기능도 있다. 이 디바이스는 마이크로프로세서의 위력을 꺾을 만하지만, 전통 고급 시계를 고집하는 사람들에겐 불구대천의 원수다. 시곗줄에 디지털 디바이스를 장착하는 것은 IWC 방식의 디지털 수용 방법으로, 우아한 모양의 아날로그시계를 버리지 않으면서 동시에 디지털시계의 위협에서 벗어나려는 목적으로 만든 것이다. IWC 시계가 MP3플레이어나 카메라를 장착하는 일은 없을 것으로 보인다. 더구나 1년에 두 번씩 운영체계os를 업그레이드하지도 않을 것이다. IWC는 우아한 모습으로 틱틱 소리를 내며 움직이는 기계식 시계를 고집하면서 디지털 폭풍이 지나가기를 기다리고 있다.

## 스위스 시계는 무엇이 다른가?

육지에 둘러싸인 조용한 나라 스위스, 시계 제조의 원조도 아닌 이 나라가 시계 산업을 지배하게 된 비결은 무엇일까? 사람들은 스위스가 유제품 생산 1등 국가에서 정밀 시계 산업 1등 국가로 도약한 비결이 무엇인지 궁금해한다. 때론 10파운드짜리 영국 시계보다도 정확하지 못한 시계를 수만 스위스 프랑에 팔겠다는 아이디어를 생각해 낸 비결이 무엇인가?(2014년에 스위스가 외국에 수출한 시계는 총 2,900만 개로 이는 전 세계 시계 판매량의 1.7퍼센트에 불과하다. 그런데 금액상으로 전 세계 시계 판매 금액의 58퍼센트에 이른다. 그 비법이 도대체 무엇일까?)

1953년 외젠 자케와 알프레드 샤푸이가 『스위스 시계의 기술과 역사』라는 방대한 분량의 시계에 관한 권위 있는 책을 썼다. 이들 두 저자는 시계의 기원에 대해 애매한 입장을 보였다. 최초의 시계, 즉 타원형에다 목걸이처럼 목에 걸고 다녔던 커다란 시계를 1510년경에 독일, 네덜란드, 프랑스, 이탈리아에서 만들었다는 내용이다. 그로부터 수십 년 후에 제네바에서 소규모로 시계 무역이 이루어졌다고 한다. 이는 주로

금 세공사로 일하던 기술자들의 역할이 컸다고 한다. 그리고 금줄 세공과 에나멜 페인팅 그리고 정밀 조각 도구를 사용하여 작업을 하던 장인들이 소형 기계 분야에 눈을 돌렸다고 한다. 자케와 샤푸이에 의하면 16세기 제네바에는 176명의 금 세공사들이 있었다고 한다. 그러다 프랑스에서 위그노 교도들이 스위스의 제네바로 건너와 시계 장인에게 시계 제조 기술을 전수했다. 초기 시계들은 부득이 크게 만들어야 했다. 균력均力 원추차fusee라는 원뿔 모양의 도르래 장치를 사용했기 때문이다. 이 장치는 감긴 태엽이 가능한 고르게 풀리도록 하기 위해 장착한 것이다(즉, 처음엔 시곗바늘이 빠르게 움직이다가 태엽이 거의 다 풀릴 즈음에는 느리게 움직이는 것을 방지하는 장치였다). 밸런스 스프링(기계식 시계에서 동력을 컨트롤하는 헤어스프링)은 네덜란드의 수학자 크리스티안 호이겐스와 영국의 철학자이자 과학자인 로버트 훅이 17세기 중반에 만든 것으로 보인다. 밸런스 스프링으로 인해 동력 컨트롤 기능이 크게 향상되었다(따라서 시계의 정확성이 향상되었다). 밸런스 스프링이 발명되기 전의 초창기 시계들은 분과 초를 나타내지 못하고 오직 시만 나타냈다. 그래서 시계의 정확성이 해시계와 비교되곤 했다. 분침은 1670년경에 크리스티안 호이겐스가 처음 개발하여 영국의 시계 기술자 대니얼 쿼어가 처음 상용화했다.

스위스 시계는 1632년에 이르러 처음 해외로 수출되었다. 프랑스 블루아 출신의 시계 기술자 피에르 쿠퍼 2세가 제네바에 왔다가 앙투안 아를로에게 보낼 시계 36개를 주문한 것이 최초였다. 1년 안에 마르세유로 시계를 보낸다는 조건의 계약이었다. 그리고 몇 년 후 콘스탄티노플에서 앙투안 아를로의 아들인 아브라함과 장-앙투안 슈덴스라는 사람이 제네바 기술자들에게 시계를 주문했다. 이미 이때부터 스위스 시계가 고품질과 아름다운 디자인으로 명성을 얻었음을 알 수 있다. 특히 제네바 기술자들은 에나멜 케이스 제조에서 탁월한 실력을 보여주었다. 1690년경에 이르러 바젤, 베른, 취리히, 루체른, 롤레, 무동, 빈터투어 그리고 샤프하우젠 등의 도시에서 기술자들이 시계를 만들었다. 그리고 뇌샤텔은 유럽 각국에서 종교적 박해를 피해 망명한 실력 있는 시계 장인들의 주요 거점이 되었다. 이들은 뇌샤텔에 유럽 최초의 시계 학교를 세워 10대 초반의 아이들을 견습공으로 받아 교육시켰다. 그리하여 스위스의 각 주에 시제 제조의 인프라가 마련되었다. 그런데 최초로 시계 도시가 된 곳은 유라 주의 도시 라누브빌이었다. 라누브빌은 와인 생산과 더불어 회중시계가 주요 생산 품목이었다.

하지만 이런 요인들만으로 독일이나 프랑스가 아닌 스위스가 시계 생산에서 독보적인 지위와 명성을 얻은 이유를 설명하기는 부족하다. 스위스는 21세기에 들어서 세계적인 명성을 떨친다. 그 이전에는 유럽의 다른 국가들이 시계 제조 분야에서 높은 평판을 얻었다. 파리에 브레게, 까르띠에, 립 등이 있었고 독일에는 글라스휴테 지역에 기반을 둔 여러 개의 중소 업체들이 있었다. 이 회사들 모두 고품질의 제품을 생산하여 시계 명가로 이름이 높았다. 그리고 17세기에서 18세기에 걸쳐 휴대용시계와 벽시계 제조의 중심지였던 영국 역시 수많은 장인들이 독창적인 시계를 많이 만들어 냈다. 당시 영국 런던과 첼트넘(이곳에서 해군 성어용·省御用 시계watchmakers to the admiralty를 만들었다)의 시계 장인들 이름을 열거하자면 에드워드 이스트, 윌리엄 클레이, 토머스 머지, 존 해리슨, 리처드 보웬, 리처드 타운리, 프로드셤 가문, 토머스 톰피언, 스미스&썬스 등 끝이 없다. 지금은 사람들의 기억에서 잊혀진 이름들로 카탈로그나 박물관에서나 볼 수 있다. 영국 장인들의 이름이 잊혀진 주된 이유는 (철도, 제조업, 국가대표 축구팀도 마찬가지다) 한때 세계를 주도했던 중요 분야에 대해 영국인들이 투자를 하지 않고 소홀히 했기 때문이다.

한편 스위스 회사들은 유럽 각국의 시계 명가들을 인수하는 등 투자를 멈추지 않았으며 19세기 중반에 대두된 자유무역제도를 통해 이익을 보기도 했다. 또한 무역 기구와 품질 인증 기준을 만들어 품질과 성실성에서 명성을 높이는 일을 게을리하지 않았다. 19세기에 들어 스위스의 시계 작업장들은 기계화된 공장으로 확장되면서 새로 개발한 고품질의 탈진기와 투르비옹(런던의 머지와 파리의 브레게가 각기 개발한 장치)를 장착한 시계를 만들기 시작했다. 그리고 시계의 두께가 점점 얇아지면서 회중시계가 손목시계로 발전한다. 손목에 착용하는 시계는 말을 탈 때 아주 편했다. 또한 스위스 시계는 일찌감치 스템 stem(용심)과 크라운을 적용하여 태엽 기술에서도 큰 도약을 이루었다. 그 이전에는 열쇠를 돌려서 태엽을 감았다. 이러한 발전에 힘입어 수출도 큰 호조를 보였

---

• 회중시계가 약 4,300원에서 35만7,000원에 판매되던 시절인 1900년에 발행된 시계 카탈로그를 보면 스미스&썬스는 '자사 시계의 수명이 스위스 시계에 비해 3배에 달한다.'고 강조했다. 당시 스미스&썬스가 만든 시계는 자기화磁氣化 되지 않는 장점이 있었다. 즉, 다른 회사의 시계들은 기차를 타거나 전기에 가까이 갈 경우 시계 부품이 자기화 되는 문제점이 있었다.
•• 투르비옹은 탈진기와 밸런스 휠 위에 장착하여 지구의 중력이 시계에 미치는 유해한 영향을 줄여주는 장치다.

다. 1870년, 스위스 시계 산업 종사자는 최소 34,000명에 달했고 매년 약 130만 개의 시계를 생산했다.

그러다 큰 전쟁이 발발하였으나 스위스가 중립국이었기에 시계 제조 업자들은 오히려 큰 호황을 누렸다. IWC를 포함한 스위스 시계 메이커 들은 양차 세계대전 동안 전쟁 연합국과 주축국을 가리지 않고 시계를 판매했다.*** 물론 전쟁에 참여하지 않아 평화로운 가운데 장인들이 시계 제조에 집중할 수 있었지만 론진 또는 율리스 나르뎅 등 명품 시계와 뻐꾸기시계의 탄생을 평화만으로 설명할 수는 없다.**** 영화「제3의 사나 이」에서 해리 라임역으로 나온 오손 웰즈의 명대사에서 흥미로운 점은 내용에 오류가 있다는 점이다.

"보르지아 치하의 30년 동안 이탈리아는 전쟁과 테러, 살인, 유혈사태가 끊이지 않았지만 미켈란젤로와 레오나르도 다 빈치 그리고 르네상스를 낳았다. 그러는 동안 스위스 사람들은 형제들이 서로 사랑하고 500년간 민주주의와 평화를 지켰다. 하지만 도대체 그들이 한 일이 무엇인가? 뻐꾸기 시계를 만들었을 뿐이다!"

영화 대본에 나오는 내용으로, 그레이엄 그린의 원작 소설에는 이런 내용이 없으며 사실이 아니다. 뻐꾸기시계는 독일에서 처음 만들었다.

---

••• 스위스의 참전은 1815년 나폴레옹 전쟁의 종식과 더불어 끝이 났다. 하지만 혁명 기간 동안 시계 생산도 큰 지장을 받았다.
•••• 뻐꾸기시계의 탄생 배경은 아무도 설명하지 못한다.

독일은 500년간 민주주의와 평화를 누리지 못한 나라다.

스위스 시계는 법령을 정해 엄격하게 등급을 매긴다. 샴페인이나 파르메산 치즈를 철저하게 관리하는 것과 유사하다(스위스 시계에는 항상 'Swiss made' 혹은 'Swiss'라고 표기한다. 'Made in Switzerland'라는 표기는 쓰지 않는데 이는 1890년부터 시작된 전통이다). 품질 보증을 위해 스위스 시계는 엄격한 기준에 따라 생산된다(스위스 시계 산업 협회의 기준에 따라, 이 협회에서 시계의 등급을 정하며 스위스가 규정한 새로운 요구조건이 생기면 시계회사들은 이를 따라야 한다. 'Swiss made'라는 등급을 받기 위해서는 첫째, 스위스제 무브먼트를 사용해야 하고 둘째, 스위스에서 만든 케이스에 스위스제 무브먼트를 넣어야 한다. 그리고 마지막으로 스위스에서 검사를 받고 인증을 받아야 한다. 스위스제 무브먼트를 장착한 제품으로 인정받기 위해서는 첫째, 스위스 영토 안에서 조립된 무브먼트여야 하고 둘째, 이 무브먼트의 품질 검사와 인증을 스위스에서 받아야 한다. 마지막으로 부품들 가운데 최소 60퍼센트를 스위스 부품을 사용해야 한다(이 조항은 1971년 법률 개정으로 50퍼센트에서 상향 조정되었다). 그런데 이러한 법률이 perfectwatches.cn 같은 웹사이트들에 큰 위협으로 작용하지는 않는다. 이곳은 중국산 짝퉁 롤렉스 데이토나를 52만 9,700원에, 브라이틀링 내비타이머를 18만 1,800원에 판매하는 온라인몰이다.

스위스 시계의 우수한 품질과 명성은 외국에서도 증명된다. 예를 들어 오스트레일리아에서 닉 학코라는 남자가 스위스 시계 수준의 튼튼하고 정확한 시계를 시드니에서 만들어 요란한 광고도 하지 않고 저렴한 가격에 팔려고 했다. 하지만 이룰 수 없는 희망에 불과했다.

학코 씨는 황소 같은 우람한 체격을 가졌지만 차분한 성격의 소유자로 시계 제조뿐 아니라 시계 수리와 시계 판매업도 겸하고 있다. 학코 씨는 지금까지 9,500개가 넘는 스위스 시계를 판매했으며 17,000개에 달하는 스위스 시계를 수리한 경력을 가지고 있다. 그러는 동안 학코 씨는 스위스 시계에 대해 경외감과 더불어 동시에 혐오감을 가지게 되었다고 한다. 2014년 2월 중순 그의 사무실에 들어선 내게 학코 씨는 검정색 티셔츠부터 내밀었다. 티셔츠의 등에는 여러 개의 문장들이 선명하게 새겨져 있었다(서체는 어디서는 볼 수 있는 스위스 헬베티카였다). 그런데 이 티셔츠는 옷이라기보다 팸플릿에 가까웠다. 이런 옷을 입고 파티장에 나타난 사람을 보면 다들 기겁을 하고 도망갈 것 같다. 티셔츠의 등에는 이렇게 쓰여 있었다.

'시계 시장의 독점 기업들이 자영업자들을 몰아내려 합니다……. 스위스 시계 업체들이 시계 수리 작업마저 자기들의 스위스 공장에서만 하겠다고 합니다. 우리 자영업자들의 캠페인에 지지를 부탁드립니다. 탄원서에 서명해 주십시오. 시간이 별로 없습니다.'

"이거 두 장 가져가세요." 학코 씨가 그렇게 말하면서 내게 티셔츠 한 장을 더 주었다. 하나는 미디엄 사이즈였고 다른 건 라지 사이즈였다. 그는 다시 "선생님은 미디엄과 라지의 중간 사이즈가 맞겠군요"라고 말했다.

니콜라스 학코 씨에게 영어는 모국어가 아니었다. 그는 1960년대 초반 유고슬라비아에서 시계 수리공의 아들로 태어났다고 한다. 학코 씨는 열두 살 때부터 시계 수리를 배웠다. 그러다가 1991년 전쟁이 터지면서 고국을 떠나 독일로 갔고 다시 1994년에 오스트레일리아가 이주했다. 당시 그의 나이 서른한 살이었고 수중에는 2만 오스트레일리아 달러와 기본적인 시계 수리 도구들뿐이었다. 학코 씨는 가진 돈을 전부 털어 시계 수리점을 열었다. 그는 당시를 이렇게 회고했다. "저는 정말 열심히 일했습니다. 10년이 지나서야 시계 수리 기술자로 인정을 받았지요."

지금 그가 소유한 시계 숍은 평범한 사무실 같은 분위기였다. 런던의 리젠트 스트리트와 비슷한 시드니의 캐슬레이 스트리트에 위치한 건물의 4층에 자리 잡고 있다. 그의 시계 숍 바로 아래층에는 디오르, 까르띠에, 롤렉스, 오메가 등을 전시해 놓은 매장이 있지만 그는 그런 고급 제품들을 보면서 눈이 휘둥그레지는 사람들을 경멸한다. 학코 씨가 내게 이런 말을 했다. "시계수리공은 항상 시계의 내부를 먼저 봅니다. 하지만 시계 콜렉터는 시계의 겉모습만 보지요. 그런 사람들은 시계가 아니라 브랜드 네임을 좋아하는 겁니다."

학코 씨는 시계업계에서 반대 의견을 내는, 시계업계의 P. T. 바넘(19세기 미국의 서커스 사업가. 노이즈 마케팅의 원조라고 불린다.)으로 통하는 사람이다. 과묵하고 내성적인 성격 소유자들이 많은 시계 업계에서 매우 대담하고 이색적인 사람으로 보인다. 학코 씨는 1만 명의 구독자들에게 무료로 뉴스레터를 보낸다. 그리고 전문적인 내용이 담긴 뉴스레터를 별도로 발행하여 유료로 300명에게 보내고 있다. 학코 씨는 본인을 비롯한 본인과 비슷한 생각을 가진 사람들을 '항상 옳다는 사실을 아는 사람'이라고 표현한다. 그는 말이 많고 불만도 많지만 불필요한 일에 시간을 낭비하는 사람들을 무척 싫어한다. 실제로 학코 씨 같은 사람을 보지 못했다면 영화배우 톰 홀랜더를 생각해 보자. 다만 학코 씨가 홀랜더보다 키가 약간 더 작고 덜 잘생겼다.

학코 씨의 시계 숍 한쪽 벽을 차지한 유리 진열장에 전시된 아름답고 정교한 시계들이 햇빛을 받아 반짝였다. 하지만 정작 방문객인 나의 시선을 끈 것은 입구 옆에 놓인 박스들이었다. 박스 안엔 시계 태엽을 감아주는 기계들이 들어있었다. 학코 씨가 내게 이렇게 설명했다. "게으른 사람들에겐 이런 기계가 필요 없습니다. 손목에 차고만 있으면 자동으로 감기는 자동 태엽 시계를 가진 사람들의 시계는 멈추는 날이 없이 늘 움직이지요. 시계를 자랑하는 아주 요긴한 방법이긴 합니다."

그가 요즘 만드는 시계의 이름은 레벨데다. 레벨데는 스페인어로 반역을 의미한다. 사용자가 직접 큼지막한 크라운으로 태엽을 감는 매뉴얼 와인딩 손목시계로, 직경 42밀리미터의 크기의 케이스는 최고급 스틸을 사용하여 제법 묵직해 보였다. 다이얼에 로마 숫자와 아라비아 숫자를 혼용하여 만든 이 시계가 내 시선을 사로잡았다. 학코 씨는 시계 부품들을 하나하나 직접 디자인하여 주문한다. 그가 만든 시계의 기능은 단순하다. 학코 씨는 자신의 블로그에서 이렇게 설명했다. '제가 만든 시계는 시계 메이커의 천재성을 보여주기 위해 만든 명품 시계가 아닙니다. 기계식 시계가 필요해서 만든 것도 아닙니다. 생존을 위한 필요성에서 만든 시계입니다.'

학코 씨는 내게 이렇게 말했다. "큰 그림을 그려본다면, 시계 만드는 일은 시계의 역사와 미래를 아는 것에서 시작됩니다. 우린 언제 시계 제작이 스위스로 옮겨가 대량생산을 시작했는지 알고 있습니다. 또한 언제부터 미국에서 값싼 시계를 대량생산하기 시작했는지도 잘 압니다. 그러고 나서 일본 사람들이 환상적인 시계를 만들어 냈습니다. 저는 최근에 일어난 일도 분명히 알고 있습니다. 스위스 사람들이 폐쇄적인 방법으로 회사를 운영하고 있습니다." 학코 씨는 티셔츠에 있는 자신의 주장을 언급하는 것이다. 특히 스위스 회사들이 예비부품을 조달하지 않는다는 것이다. 학코 씨가 말을 이었다. "가장 화가 나는 건 그들이 왜 그렇게 해야만 하는지 그 이유를 밝히지 않는다는 점입니다. 정말 욕심이 너무너무 많으면서도 '우리 상품을 보호하기 위한 조치다'란 말조차 하지 않아요. 결국 스위스 밖에 있는 시계 수리 기술자들은 믿지 못하겠단 뜻이지요. 하지만 우리 자영업자들도 100년 동안 스위스 시계 산업과 함께해 온 기술자들입니다!"

스위스의 시계 산업 정책은 수많은 시계 기술자들로 하여금 생존투쟁으로 내몬다는 것이 학코 씨의 주장이다. 그가 만든 시계는 그러한 냉대에 대한 저항을 의미한다. 그는 자신의 블로그에 시계 설계도와 시계 제조 과정을 공개하고 있다. 다음 세대의 시계 메이커들에게 용기를 주기 위한 결정이었다. 내가 학코 씨를 만나고 나서 6개월이 지난 후 그가 만든 시계들이 시장에 출시되었고 다시 6개월이 지난 시점에 400개 가까이 판매되었다고 한다. 가격은 스테인리스 스틸 케이스 제품이 209만 4,800원, 로즈 골드 제품은 1,164만 7,000원이다.

학코 씨의 시계에 대한 집념은 숨이 막힐 정도다(그는 시계 얘기만 나오면 이성을 잃는 여자들이 많다며 안타까워했고, 하루 종일 의자에 앉아 일하면서 생긴 치질이 이젠 만성이 되었다고 했다). 하지만 그의 시계에 대한 열정으로 인해 수많은 지지자들이 생겼다. 학코 씨는 어느 날 매우 흥미로운 생각을 했다. 각 나라에서 자신의 이메일 뉴스레터를 구독하는 사람들끼리 손목시계 하나를 일정 기간 돌려 착용하는 이벤트다. 일정 기간 착용하다가 학코 씨가 지정한 다른 구독자의 주소로 시계를 보내는 것이다. 시계는 1860년대에 스위스 유라 주州의 산악지대에서 시작된 '다보자Davosa' 사社의 제품을 선택했다. 이 시계가 태평양의 작은 섬들을 비롯하여 중앙키리바티, 서키리바티, 북한, 남수단 그리고 북극과 남극 등 전 세계 340여개 지역을 돌게 한다는 계획이었다. 물론 그 시계는 각 나라를 도는 동안 너덜너덜해질 것이다. 학코 씨는 시계를 받는 구독자들에게 (각 나라의 일간신문 또는 각 나라를 대표하는 랜드마크를 배경으로) 인증샷을 찍어 자신에게 보내달라고 요청했다. 만약 그 시계가 도중에 없어지거나 학코 씨에게 돌아오지 않으면 게임은 종료된다.

학코 씨는 이 이벤트가 성공할 거라고 확신한다. 하지만 5년에서 12년의 시간이 걸릴 거라고 예상하고 있다. "그렇습니다. 아주 오랜 시간이 걸리는 이벤트예요." 내가 이 글을 쓰고 있는 지금 그 시계는 이미 필리핀과 서 말레이제도, 싱가포르, 인도, 파키스탄을 거쳤으며, 학코 씨의 계획대로 세르비아, 보스니아, 크로아티아, 몬테네그로, 슬로베니아를 돌아 스위스까지 갔다. 그리고 현재 스위스를 떠나 다른 나라에 가 있다고 한다.

\*\*

나도 그 시계를 한번 착용해 보고 싶은 마음이 든다. 샤프하우젠의 IWC

방문을 마친 나는 취리히 공항 출국장에서 비행기를 기다렸다. 내 옆에는 린트Lindt 초콜릿 박스가 놓여 있다. 기념품 파는 곳에서 산 것으로 박스 겉면에는 온통 자사의 모험 정신과 더불어 높은 하늘이나 깊은 물속에서도 작동하는 튼튼한 제품을 자랑하는 IWC 광고 문구가 가득했다. 이제 곧 내 시계의 시침을 한 시간 뒤로 돌리게 된다. 그런데 히드로 공항으로 가는 항공편이 지연되고 있었다. 출발 안내 전광판에는 '출국장에서 기다리십시오'라는 표시만 나왔다.

30여 분이 지났지만 전광판의 표시는 변함이 없었다. 다른 스위스 항공편도 지연된다는 표시가 전광판에 떴다. 잠시 후 스위스 항공이 전부 운항 중단되었다는 안내 방송이 흘러나왔다. 나를 비롯해 함께 비행기를 기다리던 사람들은 안내데스크로 달려갔으나 좀더 기다려 달라는 말만 들었다. 다들 핸드폰으로 다른 항공사의 비행 편을 알아보느라 분주히 움직였다. 어느새 시간은 저녁 7시가 다 되었고 다른 항공사를 이용하는 것도 여의치 않았다. 그때 다른 터미널의 환승 창구로 이동하라는 안내방송이 나왔다. 그러자 100여 명이 일제히 뛰기 시작했다. 최근에 뜀박질을 해본 적 없어 보이는 사람들도 적지 않았다. 데스크에 도착해서 들은 얘기는 항공기 내장 컴퓨터에 기술적인 문제가 생겼다는 말뿐이었다. 내장 컴퓨터들이 동시에 고장 난 이유도 아직 알아내지 못했다는 답변만 들었다. 길게 줄을 서서 기다리던 사람들 중 두서너 커플만 영국 항공편으로 출발하게 되었고 다른 사람들은 공항 인근 호텔에 묵을 수 있은 쿠폰을 받았다. 다들 베스트웨스턴 호텔에 숙박하기 위해 서둘러 택시 승강장으로 뛰기 시작했다. 호텔에 도착한 사람들은 호텔 바에서 무료 식사 쿠폰으로 지독히도 맛없는 저녁을 먹어야 했다.

다음날 아침 6시 30분, 다른 승객들과 함께 미니버스에 올라탔다. 그런데 공항에 도착하니 첫 비행기부터 또 운행이 취소되었다. 이런 상황일수록 냉정하고 침착해져야 한다. 나는 참으로 역설적인 현재의 상황을 곰곰이 생각해 보았다. 스위스가 어떤 나라인가? 다른 나라도 아닌, 공항 도처에 시계 숍들이 즐비한, 완벽한 시간의 나라 아닌가? 그런데 지금 이곳에서 많은 사람들의 스케줄이 지연되고 시간이 낭비되고 있는 것이다. 차츰 짜증이 밀려왔다. 해가 중천에 떠서야 첫 비행기가 출발했다. 원인도 모른다던 컴퓨터 고장 문제가 해결된 모양이었다. 그 순간, 나는 꼭 첫 비행기를 타고 런던으로 돌아가야 할 이유가 있었는지 스스로에게 물어보았다. 스마트폰의 운영체계를 업그레이드할 때도 버그가 생겨 고생하지 않는가! 출국장 데스크의 여직원이 출발이 지연된 정확한 원인을 알아냈다고 설명해주었다. 윤초閏秒, leap second 문제였다.

어제가 6월 30일이었다. 3년 또는 4년에 한 번씩 지구의 자전 시간은 우리가 협정세계시UTC Universal Time Coordinated로 알고 있는 원자시계와 오차가 생긴다. 따라서 그 오차를 조정해야 한다.* (1일을 초로 계산하

---

* 협정세계시는 국제 원자시International Atomic Time(전 세계 각국에 있는 400여대의 원자시계 데이터 가중 평균을 구해 원자시 척도를 계산한다)를 기본으로 한다. 그리고 국제 원자시는 세계시 또는 지구의 자전에 기초한 태양시와 맞춘다. 협정세계시는 전 세계 거의 대부분의 나라에서 받아들여 사용하는 표준 시간으로 프랑스의 세브르에 있는 국제도량형국BIPM Bureau International des Poids et Mesures에서 정한다. 전 세계 공식 시간으로 각종 보험 증권의 갱신일이나 만기일과 관련 시간을 따질 일이 생기는 경우 중요한 기준으로 이용된다.

면 8만 6,400초로, 원자시계는 그 오차가 140만 년에 1초 정도로 매우 정확하다. 그런데 달의 중력에 영향을 받는 지구는 자전 속도가 아주 천천히 떨어진다. 나사의 과학자들에 의하면 태양일의 하루는 8만 6,400.002초라고 한다.) 그런데 이러한 미세한 오차를 조정해 두지 않으면 수십만 년이 지난 뒤에 해가 지는 모습을 정오(12시)에 보게 된다고 한다. 그래서 보통 12월 마지막 날 마지막 분에 1초를 더해준다. 이날은 불행한 일이 생길 수 있다고 알려져 있다. 우리가 사는 세상은 이제 어딜 가나 디지털화되어 국제 표준시의 조정에 많은 영향을 받게 되었다. 가장 최근에 1초가 더해진 해는 2012년으로 당시 윤초 적용에 제대로 대처하지 못한 호주 최대 항공사 콴타스항공의 예약 시스템이 중단되어 항공기 400여 편이 발이 묶이는 큰 혼란이 일어났었다. 미국 메릴랜드 주에 있는 국립과학기술연구소는 전 세계 원자시계들의 가중 평균을 유지한다. 그리고 이 연구소는 미 국토안보부와 협력하여 윤초에 관한 가이드라인을 발표했다. 2015년 6월 30일 23시 59분 59초 다음에 1초를 삽입한다는 내용이다. 일반인들은 거의 인식하기도 힘든 짧은 시간이 더해지는 것이다. 표준시를 수신해 표시하는 디지털시계는 윤초가 자동 적용되지만 아날로그시계는 1초 늦도록 조정해야 한다.*

윤초는 1972년에 처음 실시된 이후 26차례 시행되었다. 그동안 윤초

---

• 　미국 국립과학기술연구소는 다음과 같은 내용을 권고했다. '아날로그시계의 시간을 수동으로 조정할 때는 세슘과 루비듐 원자 주파수 표준 또는 쿼츠 표준 시계의 시간에 맞추면 된다……. 역사적으로 윤초로 인한 시간 변화가 중대한 운영상의 문제들을 일으켰다. 모든 시간 기준이 윤초 시간 조정에 영향을 받게 된다.'

시행에 대해 반대하는 의견이 많았다. 주로 미국이 반대하는 입장이다. 컴퓨터 오작동 또는 항공기의 이륙 불가능 사태 등 복잡한 문제들이 생길 가능성이 있다는 이유에서다. 영국은 그리니치 천문대의 위상을 유지하기 위해 찬성하는 입장으로 윤초가 정확한 시간을 유지하는 가장 기본적인 방법이라고 주장한다.

나는 스위스에서의 마지막 시간을 몹시 화난 채로 지루하게 보내다가 윤초에 대한 얘길 들었다. 거대한 기계 장치의 작은 톱니바퀴가 된 듯했다. 마치 내가 원자시계의 부품인 듯이 느껴졌다. 여행하면서도 시간을 벗어나지 못하는 여행자이며 세슘원자 전자기 시대를 사는 인생이었다. 째깍째깍 소리 나는 자그마한 원형 기계만 가지고는 세상이 유지되지 않는가 보다. 내가 만났던 IWC의 크리스티안 브레저 씨는 시계 만드는 일이 마치 신이 하는 일인 듯 생각하는 사람처럼 보였다. 하지만 그건 헛된 망상에 불과하다. 태양이 지구 둘레를 도는 게 아니라 지구가 태양 주위를 돈다.

로저 배니스터: 결승선을 통과하는 순간부터 그의 이야기가 시작된다.

# 육상의 전설
# 로저 배니스터

1970년대 영국 런던의 햄스테드에서 중등학교에 다니던 나는 연말에 모범상을 받았다. 그리고 부상으로 내가 읽고 싶은 책을 살 수 있는 10파운드 상당의 도서상품권을 받았다.

나는 종업식 날 상장과 부상을 받은 것인데 내가 다니던 학교는 이튼 칼리지의 전통과 똑같이 종업식 날 전교생이 크리켓 바지를 입었다. 우린 강당에 앉아 교장선생님이 들려주는 우리 학교의 스포츠팀과 연극반 이야기 그리고 옥스브리지 Oxbridge(옥스퍼드 대학과 케임브리지 대학을 합하여 부르는 말)에 진학한 선배들의 성공담을 들어야 했다. 그런데 이날 처음 보는 사람이 종업식에 나타나 상장과 부상을 내게 주었다. 나는 이 남자가 내가 다니던 학교와 관련이 있나 보다 생각했다. 그는 연단에 서서 도전하는 삶에 대해 그리고 레모네이드 만드는 방법 등에 대해 얘기했다. 나는 종업식이 끝나자마자 어머니와 학교 그리고 내게 상품권을 준 사람의 기대를 저버리지 않으려고 서점으로 달려갔다. 그리고 마이클 그랜트라는 사람이 쓴 『로마시대의 유대인들』이라는 책을 골랐다. 그런데 난 그 책을 읽기는커녕 아직까지 펴보지도 않았다. 난 어느 누구의 기대에도 부응하지 못했던 것이다. 특히 내게 상장과 부상을 준 남자가 가장 실망했을 것이다. 그의 이름은 우리 학교 졸업생 로저 배니스터였다.

하지만 나는 분명 로저 배니스터의 연설에 감동을 받았다. 나는 그의 연설이 지루하리라 예상했지만 배니스터는 지루한 연사가 아니었으며 참된 선배이자 영웅이었다. 종업식날 그가 1마일(1.6킬로미터)을 4분 안에 달린 얘기를 했었는지 기억은 없지만 배니스터는 20년 가까이 전설적인 존재였다(아마 잠깐 언급은 했을 것이다. 배니스터 자신도 지겹게 많이 얘기했고 누구나 다 아는 얘기였으니까). 악수 한 번 한 것도 만남이라고 한다면, 그는 그 당시까지 내가 만나 본 사람들 가운데 단연 최고의 유명 인사였다. 그리고 그로부터 40년이 지난 어느 날 그를 다시 만났다. 다시 만난 날, 배니스터는 1마일을 4분 안에 달렸던 그날의 얘기만 했다. 이젠 감동도 옛날 같지 않고 신화가 되어 버린 시간이었다. 그가 1954년 세계신기록을 달성한 이후 많은 선수들이 그의 기록을 갱신했다. 하지만 배니스터의 뒤를 이어 기록을 깬 선수들과 배니스터 간에는 분명 차이점이 있다. 배니스터의 기록은 시간을 초월한 것이었다.

나와의 두 번째 만남은 옥스퍼드셔 주의 치핑 노튼에서 열린 문학 페스티벌에서 배니스터가 새로 출간된 자신의 자서전 『이중 트랙』을 소개하는 자리에서 이루어졌다. 그가 옥스퍼드 이플리 로드의 육상 경기장에서 놀라운 기록을 세운 지 60년이 지났다. 하지만 그는 여전히 결승선을 통과하던 그날의 감동을 기억하고 있었다. "난 마지막 한 바퀴를 59초 안에 뛰어야 했어요……. 그렇게 마지막 트랙을 도는 순간, 시간이 멈춘 듯, 아니 시간이 존재하지 않는 듯했지요. 내 앞에 놓인 현실은 오직 하나, 183미터가 남았다는 것뿐이었죠. 결승선은 마지막을, 경기가 끝남을 의미했어요."

나는 이날 감리교 홀에서 열린 행사가 끝나고 나서 배니스터에게 늘 4분이라는 시간을 생각하며 사는 기분이 어떠냐고 물었다. 나는 배니스터 이외엔 시간이 함께 생각나는 인물이 전혀 떠오르지 않았었다.* 배니스터는 이렇게 말했다. "나도 거기에서 벗어나려고 애를 쓰고 있습니다. 과학자가 되어서 과학적 성과로 인정받고 싶다는 생각을 가끔 했습니다. 하지만 저는 내 삶에 만족합니다. 나처럼 4분의 성과를 회상하고 즐기면서 사는 사람들이 많지는 않잖아요!" 배니스터는 4분의 성과라는 재미있는 표현을 썼다. 당시 그는 시간에 대한 강박 관념에 시달렸으며 그러한 강박이 2년여의 시간 동안 그의 삶을 지배했었다.**

---

• 물론 과거의 기억으로 사는 사람들이 적지는 않을 것이다. 늘 과거의 영광과 좌절을 기억하며 사는 사람들, 사건의 기억이나 판단의 오류를 생각하면서 사람도 없지 않을 것이다. 세계적인 팝스타들도 자신이 남긴 불멸의 히트곡을 쉼 없이 부르며 산다. 예를 들어, 「씨즌스 인 더 썬Seasons in the sun」의 테리 잭스 또는 「스피리트 인 더 스카이Spirit in the sky」라는 대표곡으로 잘 알려진 노먼 그린바움은 요즘도 콘서트 투어를 다니며 자신들의 과거 히트곡을 부른다.

•• 배니스터는 1952년 헬싱키 올림픽 1,500미터 육상경기에서 4위를 기록, 메달 획득에 실패한 이후 시간에 대한 강박관념에 사로잡혔다.

배니스터의 스토리를 들으면 누구나 목이 바싹바싹 타면서 환호를 한다. 그의 이야기는 과거 영국 공군의 자랑이었던 스핏파이어 전투기 얘기처럼 신나기 때문이다. 더구나 그가 전문 육상선수가 아닌 아마추어 선수였기에 더욱 더 감동적이며, 그의 스토리는 영국의 영상자료 사이트인 파테 뉴스Pathénews를 통해 많은 사람들이 본다. 그는 점심시간을 이용해 훈련하면서 자신의 종전 기록을 3.7초 앞당겼다고 한다. 패딩턴 성모병원 의사였던 배니스터는 경기 당일 오전 진료를 마치고 경기에 출전하기 위해 옥스퍼드로 가는 기차에 올랐다. 그런데 경기장에 도착해 보니 경기 시작이 불과 30분 남았는데 강풍이 불기 시작했다. 마침내 경기를 마친 배니스터는 자신이 기록을 갱신했는지 무척 궁금했었다고 한다. 그가 1위로 결승선을 끊자 페이스 파트너인 크리스 브레셔와 크리스 채터웨이가 몹시 신경질적인 반응을 보였다고 한다. 배니스터는 마침내 절친한 친구이자 장내 경기 해설자인 노리스 맥허터가 스피커를 통해 발표하는 기적 같은 경기 결과를 들었다. '1마일 경기 결과가 나왔습니다. 우승자는 엑시터앤머톤 칼리지 출신의 로저 배니스터입니다. 그가 육상에서 공인 신기록을 달성했습니다. 영국 신기록이자 유럽 신기록, 코먼웰스(영연방 국가들) 신기록이며 세계신기록입니다. 시간은……' 노리스가 잠시 말을 멈췄다. '3분……' 그리고 그 다음은 3,000여 명의 관객들이 지르는 함성에 파묻혀 제대로 들리지 않았다. 배니스터가 마침내 마의 4분 벽을 깨고 3분 59초 4로 세계신기록을 달성했다.

**

배니스터의 신기록과 관련하여 가장 재미있는 일은 신기록을 향한 선수들의 신경전이다. 배니스터가 신기록을 달성하기까지 수많은 선수들이 마의 4분 벽을 돌파하고자 애썼지만 뜻을 이루지 못했다. 물론 매년 조금씩 기록이 단축되긴 했다. 월터 조지라는 육상 선수가 1886년 런던에서 4분 12초 45를 기록했는데 당시로선 아무도 예상치 못했던 대단한 기록이었다. 1933년엔 뉴질랜드의 잭 러브록이 미국 프린스턴에서 4분 7초 6을 기록했다. 그리고 제2차 세계대전 중에 잇따라 기록이 갱신되었다. 1943년 7월 스웨덴의 어네 안데숀이 고텐버그에서 4분 2초를 기록했고 1년 후 스웨덴 남부 항구도시 말뫼에서 4분 1초 6으로 기록을 단축했다. 다시 1년이 지난 후 역시 스웨덴 선수인 군더 해그가 말뫼에서 4분 1초 3을 기록했다. 이 기록은 무려 9년 동안 유지중이었고, 마침내 로저 배니스터가 4분 벽을 깬 것이다. 배니스터가 경기에 출전하기 위해 옥스퍼드에 도착하자 경쟁자들이 그에게 불행이 있기를 바

---

• 당시 텔레비전 프로그램 「기록을 깨는 사람들」의 사회자이자 쌍둥이 형 로스 맥허터와 함께 『기네스북』을 창간하여 명성을 얻었던 노리스 맥허터는 배니스터의 기록에 흥분을 감추지 못했다. 서로 너무 닮아 배니스터조차 누가 노리스인지 헷갈려 했던 맥허터 형제는 배니스터와 함께 경기 전략을 논의할 정도로 가까운 사이였다. 노리스는 정치적으로 철저한 극우적 성향을 지닌 인물이었다. 그가 아직 살아 있었다면 영국의 극우정당인 영국독립당UK Independence Party을 열렬히 지지했을 것이다. 노리스는 2004년 4월 9일 사망했다. 그는 사망 전날 배니스터를 비롯해 육상 선수 세바스찬 코 등 지인들과 식사를 하면서 1954년 자신이 육상 경기장 안내 방송으로 외쳤던 배니스터의 신기록을 다시 한 번 큰소리로 외쳤다고 한다. 한편 로스 맥허터는 1975년 에이레공화국IRA에게 피격돼 사망했다. 런던에서 폭탄 테러를 벌인 IRA 단원들에게 개인적으로 현상금을 걸었다는 이유였다.

라는 눈치였다. 특히 미국의 웨스 산티와 오스트레일리아의 존 랜디가 내심 신기록을 갱신하여 1954년을 자신들의 해로 만들 야심을 품고 있었다(기자들이 달려가 배니스터의 우승을 알리는 순간 두 선수는 분통을 터뜨렸을 것이다).

그런데 이상한 건 배니스터가 마의 4분 벽을 깨자 다른 선수들이 잇따라 기록을 갱신한 점이다. 배니스터가 신기록을 달성한 지 불과 7주 후 존 랜디가 핀란드의 투르쿠에서 3분 57초 9로 세계신기록을 갈아치웠다. 배니스터는 밴쿠버에서 다시 4분 아래로 결승선을 통과했으나 신기록을 세우진 못했다. 그리고 이듬해 런던에서 라슬로 따보리와 크리스 체터웨이 그리고 브라이언 히슨 등도 4분 아래 시간대로 1마일을 돌파했다. 1958년까지 1마일 신기록은 3분 54초 5를 기록한 오스트레일리아의 허브 엘리엇이 갖고 있었다. 그리고 1966년 미국의 짐 린이 3분 51초 3을 기록했다. 1981년 영국의 세바스찬 코가 취리히에서 3분 48초 53을 기록했지만 불과 일주일 후 독일 코블렌츠에서 세바스찬의 라이벌 스티브 오벳이 3분 48초 4로 세바스찬의 기록을 깼다. 그리고 다시 이틀 후 벨기에의 브뤼셀에서 세바스찬 코가 3분 47초 33의 기록을 세워 세계신기록 자리를 되찾았다. 1999년 7월엔 모로코의 히샴 엘 게루주가 3분 43초 13의 기록을 세웠다. 아직까지 이 기록을 깬 사람은 없으나 언젠가는 다시 갱신될 것이다. 새롭게 개발되는 다이어트 방법과 고도 적응 훈련 그리고 선수들의 향상된 체격 등이 결합되어 이룩한 현재의 기록을 배니스터의 기록과 비교하자면, 히샴 엘 게루주가 결승선을 통과한 순간 배니스터는 히샴보다 약 110미터 뒤에서 뛴 셈이다.*

스포츠에서 신기록 갱신은 시작에 불과하다. 인간의 힘으론 다다르지 못할 한계라고 여겨지던 지점에 도달하는 것에 그치지 않고 그 한계를 뛰어넘는다. 다들 절대 불가능하다고 생각하던 마의 벽을 넘고 나면 매년 새 기록이 세워진다. 『기네스북』을 출간하고 각종 신기록을 다룬 텔레비전 프로그램에 나와 사회를 보았던 노리스와 로스 형제의 노력은 인간의 그러한 발전 모습에 입각한 것이었다. 사람들은 스포츠 기록이 기네스북에 등재되기 전만 해도 직립보행을 하고 꼬리가 없는 인간이 동물들에 비해 느리다는 자각만 갖고 있었다. 물론 캥거루는 시속 72킬로미터로 뛰며 치타는 시속 137킬로미터로 달리고 바늘꼬리칼새는 시속 354킬로미터의 속도로 난다. 증기기관과 자동차가 등장하기 전에 인간은 얼음 썰매를 타고 시속 56킬로미터로 질주하거나 말을 타고 달렸다. 본인이 의도와는 상관없이 가장 빨리 달렸던 사람은 프랭크 에브링턴이라는 사람이다. 그는 1843년 압축 공기 추진식 열차를 타고 약 시속 135킬로미터의 속도로 더블린 인근 킹스타운과 달키 구간을 달렸다. 최초로 시속 100마일(시속 160킬로미터) 이상의 속도를 달린 기록은 1901년 베를린 인근 철도에서 지멘스 앤드 할스케 사가 개발한 전기식 엔진을 시험 운행한 기술진들이 세웠다. 한편 역사상 가장 빠른 속도로 움직인 기록은 아폴로 10호의 우주인들이 세웠다. 우주여행을 마친 이들은 시속 39,897킬로미터로 대기권에 진입했다.

---

- 여성 1마일 육상 기록은 1996년 러시아의 스베틀라나 마스테르코바가 세운 4분 12초 56이다.

로저 배니스터는 세계신기록을 달성할 당시 평균 시속 24킬로미터로 달렸다. 그런데 배니스터의 기록은 속도를 넘어 또 다른 차원의 의미를 지닌다. 4분이라는 시간 그 자체다. 4분은 스포츠에 관심조차 없는 사람들에게도 완벽한 시간이다. 즉, 지루할 정도로 길지 않아 무언가에 집중하기에 적당한 시간인 것이다. 배니스터 이전에 아무도 이루지 못했지만, 4분 안에 1마일을 뛴다는 건 사람이 단숨에 전력 질주하는 모습을 상상하게 한다. 4분은 분당 78회전하는 음반의 길이이기도 하다. 약간 긴 팝송 한곡의 시간이며, 요즘은 유튜브에서 짧은 동영상 한편을 보는 시간이다.

**

"신사 숙녀 여러분, 여기 여러분을 위한 특별 경매품이 나왔습니다. 저희 크리스티 경매에서 이 물품을 여러분들 앞에 내놓게 된 것을 무궁한 영광으로 생각합니다. 아마 크리스티가 지금까지 선보인 영국의 스포츠 관련 수집품 가운데 가장 상징적이고 또한 귀중한 물품일 겁니다. 바로, 1954년 5월 6일 이플리 로드에서 세계신기록을 세울 때 로저 배니스터가 신었던 러닝화입니다. 저희 크리스티는 이 러닝화를 여러분 앞에 선보이는 크나큰 기쁨을……."

세월이 흐르면 돈을 버는 곳이 있으니, 경매회사와 중고품 가게들이다. 2015년 9월, 배니스터가 신기록을 달성한 지 61년 6개월이 지난 날이었다. '일상을 벗어나다'라는 타이틀이 붙은 경매가 본격적으로 진행되기 시작했다. 배니스터의 러닝화는 물품 번호 100이었다. 경매인이 내놓은 21개로 구성된 진귀한 비스킷 깡통 세트와 빅토리아 시대의 것으로 강철로 만든 운하 준설선 모형은 벌써 낙찰되었다. 영국의 일러스트레이터 로널드 설의 스튜디오에서 나온 소나무 문짝도 있었다. 영국의 전설적인 DJ 존 필과 물리학자 스티븐 호킹 등 유명 인사들이 사인을 남긴 문짝이었다.

배니스터의 운동화는 무게가 128그램으로 그 모습이 마치 훈제 청어를 보는 듯했다. 검은색과 스모키 브라운이 섞인 얇은 운동화로 변색된 하얀 끈이 그대로 있었으며 양쪽 신발에 각각 6개의 스파이크가 박혀 있었다. 배니스터의 운동화는 경매인이 서 있는 연단 근처의 투명 아크릴 케이스에 들어있었다. 배니스터의 운동화를 경매할 시간이 되자 여직원 한 사람이 하얀 작업을 끼고 운동화를 들어 올리더니 자신의 얼굴 높이까지 받들어서 손님들에게 보여주었다. 그러자 카메라를 든 사람들이 일제히 앞으로 몰려나와 셔터를 눌러댔다. 사회자는 경매 참가들에게 물품의 내용에 대한 변경 사항을 안내했다. "카탈로그에는 표기되어 있지 않지만 이번 경매품의 이름은 '영국제 검정색 캥거루가죽 러닝화 한 켤레'입니다." 카탈로그를 보니 캥거루라는 말이 빠져 있었다(경매 참가자들 중에 배니스터가 캥거루 가죽 운동화를 신어서 잘 뛰었다고 생각하는 사람은 없을 것이다).

변경 사항이 하나 더 있었다. "로저 배니스터 경이 프로 육상선수 생활을 하다가 은퇴했다는 내용은 '아마추어 육상선수 생활을 했다'라고 바로잡습니다." 경매 목록에 나온 추정가는 3만 파운드(4,250만 원)~5만 파운드(7,080만 원)이었다. 하지만 이는 말 그대로 추정가일 뿐이다. 이 운동화는 그간 한 번도 매물로 나온 적이 없었다.

"신사 숙녀 여러분, 여러분도 잘 아시겠지만 우린 이 물품에 지대한 관심을 갖고 있습니다. 그래서 시작 가격은 4만 5천 파운드 건너뛰고 4만 8천, 5만, 5만 5천 건너서 6만 파운드로 시작하겠습니다. 자, 6만 파운드 계십니까? 6만 나왔습니다. 6만 5천 계십니까? 여기 6만 5천 나왔습니다. 감사합니다, 케이트 양. 아, 저기 뒤편에서 7만 파운드 나왔습니다. 감사합니다, 선생님."

케이트란 여자와 그녀의 동료들이 전화로 입찰 주문 받는 공간 옆에서서 경매 상황을 지켜본다. "7만 5천, 8만, 8만 5천, 9만 파운드, 9만 5천, 10만 파운드, 감사합니다, 선생님. 저기 뒤편에 계신 선생님께서 10만 파운드를 부르셨습니다. 이번엔 12만입니다. 다시 13만 파운드, 14만 파운드, 15만 파운드입니다." 가격이 끊임없이 올랐다. "새로 입찰하신 분이 18만 파운드를 부르셨습니다. 아니, 저쪽 뒤에서 다시 신중하게 생각을 하고 계시군요. 아, 케이트 양이 18만 파운드를 불렀습니다." 가격이 22만 파운드까지 올랐고 낙찰을 알리는 경매 진행자의 망치 소리가 들리자 여기저기서 박수와 환호성이 터져 나왔다. 마침내 케이트 양이 대리로 나온 익명의 응찰자가 배니스터가 신었던 러닝화의 새 주인이 되는 순간이었다. 총 금액은 수수료와 세금을 포함해 26만 6,500파운드(3억 7,800만 원)였다. 옥션에 운동화를 내놓기 전 가진 인터뷰에서 운동화를 파는 이유를 묻자 배니스터는 "이젠 헤어질 시간이 되었다"고 짧은 소감을 피력했다. 배니스터는 최근 건강이 나빠져 간병인 비용도 들어가고 자선단체에 기부할 돈도 필요하다고 했다. 아마추어 육상선수로 활약하던 60여 년 전이었다면 전통 있고 품위 있는 스포츠인 육상 실력으로 돈을 벌어 해결했을 것이다. 그런데 올림픽에 참가했던 육상 선수가 도핑으로 물의를 일으키거나 여자 친구를 살해한 혐의로 기소된 장애인 육상 선수도 있는 요즘은 스포츠의 품위가 많이 떨어졌다.'

1955년 트랙을 떠난 배니스터는 전공인 의학에 전념한다. 그의 전문 분야는 자율신경계로 배니스터는 자율신경계를 설명하기 위해 미국인 생리학자 월터 캐넌을 자주 인용한다. '자율신경계란 신경계의 한 부분으로 이유는 아직 알 수 없지만 자발적인 조절을 할 수 없는 영역이다.' 배니스터는 수년 동안 동료의사들과 함께 뇌 순환, 시신경, 폐, 심장, 방광 그리고 소화기계통을 분석했다. 배니스터가 집중적으로 연구했던 분야는 감정적인 스트레스(바늘이나 피를 보거나 갑자기 나쁜 뉴스를 들어서 일어나는 스트레스)로 인한 졸도(기립성 저혈압)의 원인에 관한 것이다. 배니

---

• 배니스터와 관련된 물품이 예전에도 경매에 나온 적이 있다. 배니스터가 3분 59초 4의 세계신기록을 세울 당시 사용되었던 스톱워치 3점이 경매를 통해 매각되었다(5점이라고 주장하는 사람들도 있다). 그중 하나는 유리 케이스에 담겨 배니스터가 사용하던 다른 물품들과 함께 펨브로크 칼리지 미술관에 전시되고 있다. 이 대학은 배니스터가 8년간 학장을 지낸 곳이다. 배니스터가 기록을 갱신하던 날 주심을 맡은 찰리 힐이 보관하던 스톱워치는 1998년 경매를 통해 소설가 제프리 아처가 1,270만 원에 샀다. 그리고 제프리 아서는 2011년 6월 그 물건을 옥스퍼드 대학 육상 클럽에 1억 3,760만 원에 되팔았다. 역시 시합 당일 심판으로 참여했던 W.J. 버핏이 사용한 스톱워치는 2015년 5월 경매장에 나왔으며 추정가 700만 원~1,130원을 뛰어넘어 2,830만 원에 팔렸다. 나는 치핑 노튼 북페스티벌에서 그를 만나 대화를 나누다가 그가 손목에 차고 있는 시계에 대해 물었다. 배니스터는 언제 산 시계인지도 모른다고 했다. 손목에 찬 시계를 들여다보는 모습을 보니 그의 총명함도 예전 같지 않아 보였다. 그의 손목시계는 브랜드도 식별하기 어려울 정도로 낡은 시계였다. 그는 이렇게 말했다, "유명 브랜드 시계는 아닌 것 같은데 시간은 아주 잘 맞아요."

스터는 런던의 그레이트 오몬드 스트리트 병원에서 자주 이용했던 틸팅 테이블(전동 기립훈련 의료장비)에서 실험을 많이 했다. 배니스터는 환자들을 틸팅 테이블에 눕히고 벨트로 묶은 다음 테이블을 수직으로 세워 혈압을 측정하고 심장 기능 검사를 했다. 그의 자율신경장애 연구 논문은 국제 의학 학술지인 《랜셋Lancet》에 실렸다. 하지만 그가 남긴 업적은 브라이언이 쓴 『임상 신경학Clinical Neurology』의 개정판을 낸 일이다. 이 책은 간질에서 수막염까지 각종 질환의 진단과 치료법에 대해 쓴 의학교과서였다. 이 책은 후일 브라이언과 배니스터 공저로 출간된다. 배니스터는 1990년대 출간된 제7판에 분자유전학과 에이즈의 신경계 합병증 치료법을 포함했다. 배니스터가 많은 부분 개정하여 1973년에 출간된 제4판에는 '떨림 마비 증상'이라고도 부르는 파킨슨병에 관한 내용을 담았다. 신경세포의 퇴화는 비록 악화되는 속도가 환자들마다 다르지만 막을 수는 없다는 게 배니스터의 주장이다. 떨림 증상을 완화하는 다양한 약이 있지만 신경 세포의 퇴화를 멈추게 하지는 못한다. 배니스터가 저서에서 파킨슨병에 대해 언급한 이후 40여 년이 지난 지금 이 병에 대한 이해와 치료에 진전이 있긴 하지만 획기적인 치료 결과가 나오진 않았다. 파킨슨병은 다양한 증상을 보이지만 환자들은 서서히 기력이 떨어지게 된다. 이 병은 사람의 운동신경을 뒤틀고 시간을 감지하는 능력도 현저히 떨어지게 만든다. 그런 배니스터가 지금 파킨슨병으로 고통을 받고 있다는 사실에 본인은 '이상한 아이러니'라고 말했다. 하지만 나는 그가 아이러니라고 말한 이유를 잘 모르겠다. 자신이 이룬 성과 때문일까, 아니면 자신의 명예 때문일까?

**

배니스터는 의학에 기여한 공로를 인정받아 정부로부터 기사 작위를 받았다. 그는 영국의 보건 정책 자문위원으로 일했으며 2005년에는 퇴행성 질환을 일반인들에게 소개한 업적을 인정받아 미국 신경의학 협회로부터 공로상을 받았다. 하지만 내가 보기에 사람들이 그를 보기 위해 치핑 노튼 북페스티벌에 온 이유는 다른 데 있었다.

배니스터는 수십 년간 같은 말을 되풀이해왔다. 그건 마치 트랙을 끊임없이 도는 것과 다름없었다. 그 영광의 날, 정말 대단한 레이스, 누구나 인정하는 완벽한 결과 등등. 물론 지금 현재 1마일 경기 세계기록은 배니스터의 기록보다 훨씬 단축되었으며 일반인들도 자율신경이 무엇인지 정도는 아는 시대이지만 베니스터가 이룬 업적과는 비교가 되지 않는다. 한번 갱신된 기록은 다른 사람에 의해 또 다시 갱신되기 마련이다. 나는 배니스터에게 3분 59초 4의 기록이 축복과 더불어 재앙은 아니었냐고 물었다. 나는 그런 무례한 질문을 던진 나 자신에 대해 무척 당혹스러웠다. 학교 다닐 때 그에게 모범상도 받은 바 있었는데, 정말 염치없는 사람 아닌가! 기록을 세워 얻은 영광과 더불어 부담감도 있지 않았느냐고 물어보았어야 했다. 하지만 배니스터는 품위를 잃지 않고 침착한 반응을 보였다. 그는 대단히 긍정적으로 생각하고 있었다. "절대 그렇지 않아요. 나에겐 큰 영광이었어요. 게다가 젊은 사람들에게 용기를 주어 세상에 불가능은 없다는 생각을 하게 했지요." (배니스터는 1954년에도 그런 말을 했었다. 그리고 2014년에도 "아무도 가지 않은 길이 누구에게나 열려 있습니다. 언제든 갈 수 있는 길입니다. 앞으로 인간들의 뛰는 속도가

8장. 육상의 전설 로저 배니스터

아무리 빨라진다 해도 누구나 도전할 수 있습니다.") 그날도 그는 다시 그 얘길 했다. 그는 똑같은 이야기를 다른 표현으로는 얘기할 줄 몰랐다. 세상일은 시간이 흐르면 으레 미화되기 마련이다(도망친 물고기가 시간이 흘러 더 큰 물고기로 자랐을 거라고 생각하듯이). 하지만 그는 그렇지 않다. 그의 시간은 언제나 1954년 5월 6일 저녁 6시 이플리 로드에 멈추어 있다. 어느덧 80대 중반에 들어선 배니스터는 요즘 과거에 분명히 있었던 사실에만 의존하며 산다. 배니스터는 1954년 당시 경기를 마친 후 첫 소감에서 "결승선에 들어오기 전, 마지막 몇 초는 영원히 끝나지 않을 듯 했다."라고 피력하면서 이렇게 설명했다.

> "결승선의 테이프가 희미하게 눈에 들어왔다. 마치 고된 투쟁을 마친 후에 얻게 되는 평화의 안식처가 눈앞에 있는 듯 보였다. 내가 속도를 늦추지 않고 계속 뛰어가 결승선 테이프에 닿기만 하면 나를 기다리던 세상 사람들이 나를 품에 안아줄 것 같았다……. 그렇게 달리기를 끝낸 나는 기절할 듯 쓰러졌다. 그러자 사람들이 양쪽에서 내 팔을 잡아주었다……. 마치 플래시 전구가 터져 버리듯, 죽을 것만 같았다."

2014년에 새롭게 출간된 책에서는 맞춤법에 따라 문장이 다소 바뀌었을 뿐 내용은 달라지지 않았다. 하지만 1954년과 큰 차이점이 있다면 인생의 황혼에 접어든 지금 그에게 '살아야겠다는 의지'가 생겼다는 점이다. 그리고 약간 달라진 점도 있다. 결승선을 불과 5미터 남짓 남긴 마지막 순간을 그는 영원처럼 긴 시간으로 느꼈다. 그래서 레이스 타임과 스톱워치 타임이 서로 일치하지 않는 듯 느껴졌고, 마치 고무줄처럼 늘어나는 새로운 의식이 생긴 듯했다. 배니스터는 60년 전엔 이렇게 썼다. '마지막 몇 초가 끝이 나지 않았다.' 최근에 새로 쓴 책에서는 이렇게 바뀌었다. '마지막 몇 초가 영원처럼 느껴졌다.' 우리에겐 별 차이가 없어 보이지만 배니스터에게는 문장의 변화가 의미하는 바가 분명히 있다. 그는 모든 생애를 그 마지막 몇 초를 생각하며 살아왔기 때문이다.

배니스터가 자서전 20여 권에 서명해 주고는 지팡이에 의지하여 천천히 걸으면서 감리교 홀을 떠났다. 밖에는 그를 집으로 데려다줄 차가 대기하고 있었다.

닉 우트: "제가 아주 중요한 사진을 찍었어요."

# 베트남, 네이팜탄
# 그리고 소녀

## 아주 짧은 시간

/

사진작가들은 거의 대부분 걸작을 많이 남기기 위해 무던히 노력을 한다. 프랑스의 사진작가 앙리 카르티에-브레송도 그랬다. 로버트 카파, 알프레드 아이젠슈타트, 자크 앙리 라르티그, 엘리어트 어윗, 로버트 프랭크, 지젤 프로인트, 일스 빙, 로베르 드와노, 메리 엘런 마크, 게리 위노그랜드, 윌리엄 이글스턴 그리고 비비안 마이어 등도 다르지 않았다. 이들 모두 사람들이 깜짝 놀랄 만하고 혁신적이며 기억에 남을 사진을 남겼다. 그런데 닉 우트는 달랐다. 그의 걸작은 단 한 장뿐이다.

물론 엄밀하게 말한다면 그 역시 사진을 단 한 장만 찍진 않았다. 그런데 사람들이 기억하는 사진은 한 장에 불과하다. 그가 카메라 렌즈에 담은 사진들 가운데 누구나 그 사진을 화제 삼아 이야기하거나 수중에 넣고 싶어 하는 유일한 사진이다. 닉 우트에게 명성을 안겨 준 사진이자 그를 숨 막히게 만들기도 했으며 그에게 퓰리처상을 수상하게 해준 특종이기도 했다. 어쩌면 그 사진 한 장으로 인해 베트남의 종전 시기가 앞당겨졌는지도 모른다. 사진이 주는 이미지가 너무 강하여 라이카 사는 자사의 카메라를 광고하는 데 이 사진을 이용하지 못했다고 한다. 대신 라이카 사는 검정색 바탕에 하얀 글씨로 '베트남, 네이팜탄, 소녀'라는 세 글자만으로 광고했다.

이 사진을 찍은 닉 우트 기자의 이야기는 너무나도 유명한데 자세한 내용은 이렇다. 1972년 6월 8일 아침 7시경이었다. 당시 스물한 살의 베트남 사진기자 후잉 콩 우트는 머물고 있던 사이공을 출발하여 북서쪽에 있는 작은 마을 트랑 방Trang Bang을 향했다. 그에겐 익숙한 길이었다. 미국인 친구들에겐 닉 우트라는 이름으로 알려진 그는 종군기자였던 형이 전쟁 취재 중 전사하자 그의 후임으로 AP통신 사진기자가 되어 5년째 종군기자로 활동 중이었다(어떤 이들은 닉이 완벽한 전쟁 사진을 찍어 형의 죽음에 복수를 한다고 생각했다).

정오를 조금 넘긴 시간, 닉은 동료 종군기자들 그리고 미군 병사들과 함께 트랑 방 마을로 향하는 1번 고속도로 위를 걷고 있었다. 순간 닉은 비행기 두 대가 폭탄을 투하하면서 날아오는 모습을 보았다. 그리고 거의 동시에 공포에 질린 사람들이 자신을 향해 뛰어 오는 모습을 보았다. 비행기 한 대에서 이미 네이팜탄을 떨어뜨린 직후였다. 닉 우트 기자는 본능적으로 카메라를 들어 셔터를 눌렀다. 그리고 그에겐 행운이 따랐다. 당시 닉과 함께 있던 다른 기자들 중 두 명은 카메라의 필름을 갈아 끼우고 있었지만 닉 우트 기자가 들고 있던 니콘 카메라와 라이카 카메라엔 필름이 많이 남아 있었다.[*] 우트 기자는 망원 렌즈를 장착한 니콘 카메라로 마을을 뒤덮은 검은 구름을 포착했다. 그리고 나선 라이카 카메라로 바꾸어 뛰어오는 사람들의 모습을 찍었다. 닉 우트는 먼저 이미 죽은 것으로 보이는 어린 아이를 안고 달려오는 할머니의 모습을 카메라에 담았다. 곧이어 그를 향해 뛰어오는 어린아이들이 시야에 들어왔다. 모두 5명이었다. 닉은 두 팔을 들고 소리를 지르며 급하게 뛰어오는 소녀를 보았다. 소녀는 옷도 입지 못한 채 몸에는 화상 자국이 보였다. 닉은 카메라의 셔터를 눌렀다.

잠시 후 아이들이 길에 멈추어 섰고 병사들과 기자들이 아이들에게 달려왔다. 닉은 발가벗은 소녀가 "너무 뜨거워!"라고 외치는 소리를 들었다. 순간 닉의 두 번째 본능이 발동했다. 당장 아이들을 병원으로 데려가야 한다는 생각이 들었던 것이다. 닉은 카메라를 내려놓았다. 이름이 판 티 킴 푹으로 누군가의 도움이 절실했던 소녀에게 닉은 물을 주고 병사들이 사용하는 판초우비로 몸을 감싸주었다. 닉은 아이들을 데리고 인근 병원으로 향했다. 병원에 도착해 보니 킴 푹은 의식이 거의 없었고 몸이 너무 허약해서 치료가 곤란할 정도였다. 아직 목숨이 붙어 있던 소녀는 다른 장소로 옮겨졌다. 소녀는 후일 그곳이 시체 안치실이었다고 말했다.

한편, 닉은 카메라를 들고 사이공의 사무실로 돌아왔다. 필름을 인화

---

* 나중에 닉이 찍은 사진을 현상해 보니 화면 오른쪽에 필름을 갈아 끼우는 다른 종군기자의 모습이 정확히 포착되었다.

하는 암실에서 동료 사진기자가 닉에게 이렇게 물었다고 한다. "닉, 오늘은 어떤 사진 찍었어?" 그러자 닉이 이렇게 대답했다. "내가 아주 중요한 사진을 찍었어." 그런데 네이팜탄 폭격과 부상을 입은 아이들의 끔찍한 모습, 그 모습을 카메라 필름에 담은 일 그리고 아이들을 서둘러 병원으로 후송한 일 등 불과 몇 시간 동안에 급박하게 돌아갔던 시간과 비교하면 그 후엔 시간이 마치 영원처럼 느리게 흘렀다. 그는 자신이 찍은 코닥 Tri-X400 필름 8통을 현상하여 뜨거운 암실에 고정해 두어야 했다. 화학약품을 부은 그릇 속에서 네거티브 필름을 여러 차례 흔들어주는 과정도 필요하다. 이 사진들은 줄에 매달아 놓고 헤어드라이어로 말려야 하며 일부 사진들은 12.7센티미터×17.8센티미터의 규격으로 크게 인화된다. 그렇게 인화된 사진들을 보니 그 가운데 한 장이 특별해 보였다. 이 사진을 보면 한 소녀에게 가장 먼저 시선이 간다. 하지만 이 사진은 여러 사람들의 다양한 모습을 담고 있다. 우선 이 사진은 인물들의 움직임과 도로로 구분된다. 도로는 이 사진을 보는 이들의 시선을 사건 현장으로 안내하며 도로 뒤편에서 끔찍한 일이 일어났음을 알려준다. 신발도 신지 못한 다섯 명의 아이들이 정면을 향해 다급히 달려오고 있다. 사진 왼쪽에는 공포에 휩싸인 채 울부짖으며 뛰어가는 남자 아이의 모습이 보인다. 입을 크게 벌린 모습이 마치 찰스 슐츠의 만화 「스누피와 피너츠」에 나오는 캐릭터들의 표정과 비슷하다. 남자 아이 뒤편으로 아이들 무리 맨 뒤에서 가장 어린 꼬마가 뒤를 돌아보며 걸어오고 있다. 이 꼬마 아이는 순간적으로 뒤쪽에서 무슨 일이 있는지 궁금했나 보다. 꼬마 옆에서 왼팔에 화상 자국이 선명하게 보이고 몸이 몹시 야윈 킴 푹이 뛰어오고 있다. 소녀의 뒤로 어린 소년이 자기보다 나이가 많은 소녀의 손을 잡고 뛰고 있다. 그리고 그 뒤로 병사들과 군복을 입은 사진기자들 무리가 보인다. 그런데 이들은 일상적인 일이 벌어지고 있다는 듯 절규하는 어린아이들에 대해서는 무심한 듯 보인다. 나중에 사진 속 아이들의 이름이 밝혀졌다. 왼쪽에서부터 킴 푹의 남동생들인 판 탄 탐과 판 탄 폭, 그리고 사촌인 호 반 본과 호 티 팅이다. 베트남에서 10년째 생활하며 당시 사이공의 AP통신 지국장으로 이미 퓰리처상을 수상한 바 있는 호스트 파스는 그날 오후 닉 우트의 사진을 보자마자 이렇게 외쳤다. "베트남에서 퓰리처상 수상자가 또 나오게 생겼군."

그런데 문제가 생겼다. 닉이 찍은 사진이 공개될 경우 사람들에게 큰 충격을 줄 것으로 따라서 신문에 싣기에 적합하지 않은 요소가 있었다. 즉, AP통신을 비롯한 전 세계 언론사들은 여성의 전면 누드는 신문에 싣지 않는다는 원칙을 가지고 있었다. 그 룰에 따르면 닉의 사진은 신문에 내기 곤란했다. 그런데 사이공 지국장 호스트 파스는 뉴욕 본사에 연락을 하여 규칙이란 깨기 위해 있는 것이라며 설득했고 마침내 킴 푹의 모습만 편집하거나 클로즈업하지 않는다는 조건으로 공개하기로 결정을 내렸다. 당시의 사진 전송 방식은 라인에 부하가 걸릴 경우 사진 1장당 14분 정도가 소요되었다. 닉의 사진은 우선 전파를 타고 AP통신 도쿄 지국으로 전송되었고 그 다음 육상 케이블과 수중 케이블을 통해 뉴욕과 런던으로 전송되었다. 그렇게 뉴욕과 런던에 도착한 사진은 곧바로 신문에 실렸고 사람들은 숨을 죽인 채 사진을 바라보았다.

그날 ITN과 NBC 방송을 통해 속보로 네이팜탄으로 폭격을 당한 베트남 마을의 참상이 보도되었지만 사람들의 기억 속에 각인된 건 닉 우트 기자의 사진 한 장이었다. 사진을 처음 본 사람들이 받은 충격은 닉 우트가 카메라 셔터를 누르는 순간에 받은 충격과 다르지 않았다. "맙소사! 이게 대체 무슨 일이야! 어린 여자애가 옷도 입지 않았잖아!" 사람들의 충격은 금세 분노로 바뀌면서 "용서할 수 없는 비인간적 만행이다! 전쟁은 종식되어야 한다!"는 비난의 목소리가 여기저기서 터져나왔다. 불과 1초도 되지 않은 짧은 순간에 찍은 사진 한 장이 전쟁의 참상을 폭로한 것이다(사진 한 장이 수많은 사람들의 고통을 증폭시키는 사례가 적지 않다). 이 사진은 무고한 어린 아이들이 희생당했다는 사실을 폭로했지만 그 후 3년이 지나서야 베트남전이 끝나게 된다.*

AP통신은 그해 퓰리처상 후보로 닉 우트가 찍은 사진을 제출하면서 '전쟁의 공포'라는 제목을 붙였다. 그리고 이 사진이 특종 부문 퓰리처

---

• 베트남전의 참상을 알린 건 닉 우트의 사진만은 아니다. 조간신문을 보던 사람들이 손에 든 토스트를 바닥에 떨어뜨렸을 정도로 충격을 준 사진들이 여럿 있었다. 1968년에 종군기자 에디 애덤스는 길거리에서 베트콩이 즉결 처형당하는 사진을 카메라에 담았다 (그도 이 사진으로 퓰리처상을 받았다). 그리고 1963년 AP뉴스 사진기자인 미국인 말콤 브라운은 베트남 사이공의 고승 틱광득釋廣德 스님의 분신 장면을 카메라에 담았다. 이 스님은 미국이 지지하는 남베트남 독재 정권에 대한 항의의 표시로 자신의 몸을 불태웠다(종군 기자들의 사고방식은 독특한 데가 있다. 브라운 기자는 2012년 여든한 살로 세상을 떠나기 직전 《더 타임스》와의 인터뷰에서 활활 타오르고 있는 스님을 카메라 뷰파인더를 통해 보면서 이런 생각을 했다고 밝혔다. "저는 오직 한 가지만 생각했습니다. 이건 자체 발광하는 피사체다. 따라서 카메라 조리개를 f10 정도로 맞추어야 한다.")
순식간에 찍은 사진 한 장의 영향력과 충격파는 세대를 넘어 전해진다. 그런 이유로 미국이 개입한 전쟁 가운데 관계 당국이 종군 기자들로 하여금 전쟁터를 마음껏 돌아다니면서 전쟁의 참상을 자유롭게 세상에 알리도록 허락한 마지막 전쟁이 베트남전이었다. 그 이후 당국의 허락을 받은 기자들은 의무적으로 군인들에 둘러싸여 함께 다녀야만 했다. '둘러싸인다'는 말은 달리 표현하면 '통제를 받는다'는 의미다.

상을 받았을 때 닉은 사이공에 머물고 있었다. 네이팜탄 공습 이후 11개
월이 지난 1973년 5월 8일, 사진기자 닉 우트의 이름이 전 세계에 알려
졌다. 그리고 역사적인 사진을 찍은 닉 우트가 미국인 기자 에디 레더
러의 축하 인사로 키스 세례를 받는 모습이 공개되었다. 두 사람이 어
느 사무실에서 찍은 것으로 에디 레더러의 옆모습과 카메라 렌즈를 정
면으로 바라보며 웃는 닉 우트의 모습이 담긴 사진이다. 이 사진을 찍은
사람은 AP통신의 닐 울비치 기자로 닉 우트 스토리의 마지막을 카메라
에 담았다. AP통신은 이 사진에 '스탠딩 키스 축하 포옹 스마일'라는 제
목을 붙였다.

　2014년 5월 독일에서 만난 닉 우트는 과장됨 없이 간략하게 자신의
스토리를 들려주었다. 40년 동안 그렇게 해왔으리란 생각이 들었다. 이
젠 60대 중반의 나이가 된 우트는 키는 작았지만 단단해 보이는 체격이
었으며 머리칼은 백발에 가까웠다. 짙은 눈썹에 입가에는 잔잔한 미소
가 흘렀다. 그는 지금 로스앤젤레스에 살면서 여전히 AP통신에서 일한
다고 했다. 닉은 일반 뉴스와 정치, 명사 취재 등 다양한 분야에서 취재
거리가 생기면 어디든 달려간다.** 나는 닉이 라이카 카메라를 들고서 환
하게 웃는 모습을 카메라에 담았다. 크게 확대하여 걸어 놓은 그 유명한

<hr>

** 2007년 6월 8일, 이날은 우트가 베트남에서 킴 푹의 모습을 카메라에 담은 지 꼭 35년
이 되는 날이었다. 우트는 이날 법정에 출두하는 영화배우 패리스 힐튼을 카메라로 포
착했다. 《뉴욕 데일리 뉴스》는 이 사진을 35년 전 우트가 찍은 사진과 비교하여 '극심
한 고통 속에 눈물을 흘리는 두 여자' 라는 기사를 실었다. 이에 대해 우트는 이렇게 평
했다. "패리스 힐튼을 불쌍히 여겨 눈물을 흘린 사람은 아무도 없습니다. 하지만 킴 푹
의 사진을 보고 울지 않은 사람이 없었지요."

사진 앞에 그가 서 있는 모습을 찍었는데, 그의 웃는 모습이 배경의 사진과 어울리지는 않아 보였다.

우린 이날 독일 프랑크푸르트에서 북쪽으로 1시간 거리에 있는 작은 도시 베츨라의 외곽에 있는 라이츠파크에서 만났다. 라이카 사 창립 100주년 행사가 열린 날이었다. 닉 우트는 다른 참석자들과 마찬가지로 마치 자신의 생일을 맞은 듯 밝은 표정이었다. 라이카 사의 역사를 보여주는 전시회가 열렸고 우트의 사진도 다른 사진들과 함께 걸려있었다. 전시된 사진들 중엔 라이카 사의 광고에 쓰인 사진들도 있었다. '해군병사 간호사 키스'와 '쓰러지는 스페인 병사' 등 세 글자의 제목이 붙은 너무나도 잘 알려진 사진들이다. 이번 장의 서두에서 열거한 사진작가들 대부분은 본인들이 소유한 라이카 카메라를 자신의 분신처럼 소중하게 여기는 사람들이다. 이들의 작품들도 크게 확대하여 전시되었으며 엘리어트 어윗을 비롯한 몇 사람은 라이카의 홍보대사 자격으로 참석했다. 다들 라이카 100주년을 축하하기 위해 모인 자리였다. 카메라는 100년 동안 기술적인 발전을 거듭해왔으며, 해군병사와 간호사의 키스 장면을 순간 포착할 수 있었던 것도 카메라 기술의 발전 덕분이었다.

독일의 베츨라는 8세기경의 모습을 고스란히 간직하여 목재와 벽돌로 지은 건물들이 즐비한 도시다. 그런데 이곳 라이츠파크의 라이카 건물들은 온통 강철과 콘크리트 그리고 유리로 만들었다. 모양도 카메라 망원 렌즈처럼 동그랗게 만든 건물들이 많다. 이곳 라이츠파크에 최근 라이카 사의 본사 건물까지 들어섰다. 졸름스에 있는 예전 본사에서 차량으로 15분 거리다. 이곳 라이츠파크에는 본사를 비롯하여 공장과 박물관, 전시관, 카페 그리고 기념품점이 함께 들어서 있다. 이곳을 방문한 사람들은 라이카 보온병이나 라이카 우산, 라이카 카메라 모양으로 생긴 USB들을 살 수 있다. 내가 이곳을 방문하던 날엔 경매가 열렸다. 4시간 동안 진행된 경매에서 라이카 로고가 새겨진 목재 디스플레이 스탠드가 638만 원에 낙찰되었다. 광고 포스터 한 장이 1,130만 원에 팔리기도 했으며, 헝가리의 사진작가 로버트 카파의 서명이 있는 엘리어트 어윗의 매그넘포토스(언론사에 소속되지 않은 자유 보도 사진작가들 모임) 회원 프레스 카드는 2,869만 원에 새 주인을 찾았다. 6억 3,880만 원까지 가격이 올라간 카메라도 있었다. 1941년에 생산된 초창기 전동식 모델로 필름 한통으로 250장의 사진을 찍을 수 있는 카메라다(제2차 세계대전 당시 독일 공군의 런던 공습 장면을 포착한 카메라로 남아 있는 수량이 많지 않다).

닉 우트가 소중한 사진을 찍었던 카메라는 이미 워싱턴DC의 세계 최대 언론 박물관인 뉴지엄 Newseum에서 가져갔다. 그곳에 가면 우트가 1972년 6월 베트남에서 사용했던 35밀리미터 즈미크론 렌즈를 장착한 라이카 M2를 만날 수 있다. 나는 우트를 보면서 로저 배니스터를 생각했다. 우트 역시 단 몇 초의 시간에 일생일대의 작품을 남겼으니까. 터무니없는 얘기처럼 들릴지도 모르나 또 다른 유사한 경우도 있다. 배니스터와 마찬가지로 킴 푹도 달렸다. 그녀는 도망치듯 뛰었지만 새로운 미래를 향해서 달리지 않았는가. 그리고 뛰었기에 살아남을 수 있었다. 킴 푹이 뛰는 장면을 우트가 정확한 타이밍에 포착했듯이 수많은 육상

선수가 정확한 타이밍에 결승선을 끊었다.*

우트는 내게 지금도 킴 푹과 자주 연락을 하며 지낸다고 말했다. 킴 푹은 결혼하여 자녀들을 키우면서 현재 캐나다에 살고 있다(1990년대 초 결혼한 그녀는 신혼여행 중에 남편과 캐나다로 망명했다). 그녀는 현재 유네스코의 홍보대사로 활동 중이며 전쟁고아들을 지원하는 재단을 운영하고 있다. 우트는 킴 푹이 여전히 당시의 화상으로 고통을 받고 있지만 신앙생활을 하며 꿋꿋하게 살고 있다고 전했다. 그녀는 '사진 속의 소녀'**로 알려진 자신의 삶을 긍정적으로 받아들이고 있으며 우트를 삼촌이라고 부른다고 한다.

우트는 자신의 사진을 둘러싼 그간의 오해에 대해서도 털어놓았다. 그날 베트남 비행기 두 대가 트랑방에 네이팜탄을 떨어뜨렸는데 오폭으로 민간인에게 피해를 입혔다는 일부 언론의 보도가 있었지만 우트는 그건 사실이 아니라고 밝혔다. 며칠 후 다시 그 마을에 들어가 보니 원래의 타격 목표였던 베트콩들의 시체가 지천으로 깔려 있었다고 했다. 우트는 비행기 조종사들이 킴 푹의 가족을 포함한 민간인들은 이미 피신했다고 판단을 하고 공습했을 것이라고 전했다. 많은 사람들이 우

---

- 독일 베츨라에서 우트를 만나던 날 그는 최신형 디지털 카메라를 목에 걸고 있었다. 최대 4,000분의 1초의 셔터 속도를 자랑하는 카메라였다. 그가 1972년 6월에 사용한 M2 모델은 최대 1,000분의 1초 셔터 속도로 사진을 찍는 카메라였다.

- 킴 푹의 라이프 스토리는 cbsnews.com/news/the-girl-in-the-picture에서 자세히 볼 수 있다. 또한 digitaljournalist.org에 호스트 파스와 마리안느 펄튼이 쓴 '사진으로 세상에 접근하는 방법'과 2015년 4월 3일자 vanityfair.com에 실린 '베트남에 대한 기억'에서도 킴 푹에 관해 상세하게 알 수 있다.

트의 사진을 보며 '네이팜탄 소녀'라고 부르지만 우트 본인은 지금도 '전쟁의 공포'라고 부른다고 한다.

라이카 카메라에 관한 이야기는 라이카 카메라로 찍은 사진들과 마찬가지로 기막힌 타이밍과 재빠른 판단력이 함께 만든 결과물이다. 필름 카메라로 사진을 찍을 때는 속도가 가장 중요하다. 셔터 속도는 물론이고 필름을 돌리는 레버의 속도도 사진에 큰 영향을 준다. 게다가 세상은 빠르게 돌아가는 데 필름을 카메라에 끼우려면 시간이 꽤 많이 걸린다. 사실 디지털 카메라도 별반 다르지 않다. 사진을 찍는 속도, 즉 초당 프레임 수가 중요하다. 하지만 라이카 카메라의 이 스토리는 어느 포토그래퍼가 때마침 있어야 할 곳에 있었기에 가능한 일이었다.

1913년에서 1914년 즈음, 천식을 앓고 있던 오스카 바르낙Oskar Barnack 이라는 아마추어 사진가가 크고 무거운 카메라와 삼각대를 들고 가쁜 숨을 내쉬며 독일의 숲속을 지나고 있었다. 렌즈 제조사인 자이츠 사의 광학 엔지니어로 사회에 첫 발을 들여놓은 바르낙은 얼마 후 경쟁사인 라이츠로 자리를 옮겨 현미경 개발 업무를 맡았다. 바르낙은 자신이 들고 다니면서 사진을 찍는 무겁고 깨지기 쉬운 유리판 카메라 대신 좀더 가볍고 작은 카메라를 구상하기 시작했다. 그는 천식 때문에 무거운 카메라가 무척이나 불편했기에 옷 주머니에 들어갈 만큼 콤팩트한 카메라가 있었으면 했다. 그런 바르낙에게 영화 필름을 이용하는 카메라를 만들면 되겠다는 아이디어가 떠올랐다. 그는 자이츠 근무 시절 18×24밀리미터 사이즈의 네거티브 필름을 이용하여 사진을 찍어 본 경험이 있었다. 그런데 막상 사진을 찍어 보니 화질이 형편없었다. 마침내 바르낙은 라이츠에서 더 좋은 아이디어를 떠올렸고 24×36밀리미터 화면사이즈의 소형 카메라를 구상하기에 이른다. 그가 처음으로 만든 메탈 소재 시제품은(영화 카메라의 필름이 돌아가는 방향과 달리) 필름이 수평으로 돌아가도록 만든 카메라였다. 그리고 결과는 가히 혁명적이었다. 작은 필름에 담긴 이미지를 우편엽서 크기로 확대할 수도 있었다. 바르낙은 세로가로 2:3의 비율이 이상적이라고 생각했다. 계속 이어지는 바르낙의 신화는 대단하다는 말 밖에는 할 말이 없다. 그가 만든 카메라 필름 한 통의 길이는 바르낙이 양팔을 쭉 뻗었을 때 오른손 끝에서 왼손 끝까지 닿는 길이로 최대 36장의 사진을 찍을 수 있었다. 이 규격은 그 후 카메라 필름의 표준으로 자리 잡는다. 실제로 그의 팔 길이는 필름 한 통 길이보다 길었으며 그가 처음 개발한 카메라는 영화용 필름으로 40장까지 찍을 수 있다.

바르낙은 자신이 개발한 카메라에 현미경용으로 가공한 렌즈를 장착하여 자녀들 사진과 베츨라 거리의 사진을 찍었다(요즘 베츨라에 오는 관광객들은 바르낙이 100년 전에 사진을 찍던 장소에서 기념 촬영을 한다. 바르낙이 사진을 찍었던 높은 목재 건물이 지금도 남아 있다). 그런데 바르낙이 개발한 카메라로 찍은 사진들 가운데 진짜 의미 있는 초창기 사진들은 1914년에 바르낙의 상사였던 에른스트 라이츠 2세가 찍었다고 한다. 라이츠 2세는 바르낙이 개발한 두 번째 시제품을 들고 미국 뉴욕에 가서 사진을 찍었으며 독일로 돌아와 카메라의 가치를 인정했다. 이 카메라는 처음에 '릴리풋Liliput'이라고 명명되었다가 얼마 후에 '레카Leca'로 바뀌었다. 당시 이 카메라를 써 본 사람들은 하나같이 혁명적인 제품이라고 입을 모았다.

그런데 제1차 세계대전이 시작되면서 카메라 개발이 중단되어 최초의 상업용 카메라는 1925년에야 출시되었다. 하지만 이 제품이 하루아침에 날개 돋친 듯 팔려나가지는 않았다. 새로운 제품을 쉽게 받아들이지 않는 고객들은 바르낙의 카메라를 장난감이라고 무시했으며 작은 필름에서 큰 사진이 나온다는 새로운 개념을 이해하지 못했다(라이츠는 확대 장치도 개발했다). 그러다 1920년대 후반에 이르러 바르낙이 개발한 카메라의 가치가 재평가되었고 얼리어답터들은 이 카메라의 휴대성과 편리성을 높이 평가했다. 작가 앙드레 브르통과 알렉산더 로드첸코는 이 카메라의 가능성을 일찌감치 간파했다. 이들은 '정지된 폭발fixed explosive'이라는 표현으로 급변하는 세상의 움직임을 다이나믹하게 포착하는 라이카 카메라를 묘사했다. 다큐멘터리 작가들도 세상을 재빠르게 포착하여 뉴스 잡지사들의 사진 요구에 응했다. 그리고 1932년에 사진계의 황태자가 나타나 '세기의 눈eye of the century'을 카메라의 뷰파인더에 붙여 사진을 찍었고, 세상은 다시 한 번 변했다.

**'나 머이브리지요. 내 아내가 당신을 죽이라고 했소.'**

/

앙리 카르티에 브레송은 라이카를 자신의 무기라고 생각했다. 브레송은 과거 아프리카에서 맹수 사냥을 즐겼었다. 그는 장전, 발사, 포획 등 사진작가들이 쓰는 용어를 사용하여 라이카를 자신의 무기로 비유했다. 그는 순간 포착에 강한 라이카 카메라를 높이 평가했다. 그에게 라이카 카메라 셔터의 반응속도는 라이플총 방아쇠의 반응속도를 연상하게 했다. 그가 카메라에 담은 대상은 주로 평범한 파리 시민들이다. 브레송만큼 파리 시민들의 이미지를 감동적으로 표현한 작가는 없었다(당시 사진계에서 브레송의 유일한 경쟁자는 로버트 프랭크뿐이었다. 프랭크가 1958년에 출간한 저서 『미국인들』에 실은 사진들도 라이카 카메라로 찍었다). 제2차 세계대전 동안 브레송은 대부분의 시간을 나치 수용소에서 보내야 했다. 전쟁이 끝난 후 브레송은 대립적인 접근 방식이 아닌 정확한 접근 방식을 선택했다. 그는 후일 이를 매우 우아한 스포츠인 양궁 경기에 비교했다.• 브레송은 언론계의 슈퍼스타로 등극했다. 1947년 로버트 카파 등과 함께 매그넘포토스라는 사진 에이전시를 공동 설립할 당시 그가 찍은 사진들은 이미 뉴욕의 현대미술박물관에 걸려 있었다.

브레송은 1952년에 이르러 사진사에 길이 남은 유명한 문구의 주인공이 된다. 물론 그가 창조해 낸 말은 아니었지만 '결정적 순간'이란 문구는 『순간의 이미지』라는 타이들이 붙은 그의 사진집의 서문 제명으로 등장했다. 이 문구는 17세기 프랑스의 레츠 추기경이 쓴 회고록에서 차용한 말이었다. '이 세상에 결정적 순간 a decisive moment이 아닌 순간은 없다'라는 내용으로 이 문장에서 'a decisive moment'는 그 의미가 'the decisive moment'보다 명확성이 다소 떨어진다. 그래서인지 미국에서

---

• 1958년 프랑스의 화가 조르주 브라크가 브레송에게 영감을 불러일으킬 만한 책을 한 권 주었다. 『선과 궁도』이란 제목으로 깨달음에 관한 대화를 엮은 책으로 독일에서 처음 출간되었으며 로버트 M. 피어시그의 『선과 모터사이클 관리술』보다 훨씬 오래전에 세상에 나온 책이다.

발간된 책에서는 'the decisive moment'로 바뀌었으며 이 문구로 제목을 붙여 출간하였다. 지금은 '결정적 순간'이란 말을 모르는 사람이 없을 정도인데, 도대체 '결정적 순간'이란 무슨 의미일까? 브레송의 정의에 따르면 '내게 사진이란 한 순간에 어떤 대상이 갖는 의미와 그 대상에 어울리는 표현을 주는 정밀한 형태 구성을 동시에 인식하는 것이다.'

영향력 있는 사진 비평가인 클레망 셰루는 저서『앙리 카르티에 브레송』에서 브레송이 인도에서 찍은 사진들을 모은 사진집의 서문에서 '결실의 순간fertile moment'이란 표현을 사용했다고 밝혔다. 셰루는 브레송의 작품을 설명하는 사람들이 '결정적 순간'이란 표현을 지나치게 많이 사용했다고 강조했다. 브레송이 1930년대 초반에 찍은 스냅 사진들은 타이밍의 예술을 보여주는 걸작품들이며(예를 들어 어느 남자가 물웅덩이를 건너뛰는 모습을 담은 사진), 그가 1940년대 후반과 1950년대에 사진 통신사 매그넘에서 활동하며 찍은 사진들만 이런 표현에 어울린다는 것이다. 이 표현은 분명 그의 초현실주의적 사진이나 정치적 내용의 사진, 인물 사진에는 어울리지 않는다며 '브레송 후기의 (사색적인) 사진들 대부분은 실제 순간보다 몇 초 전이나 몇 초 후에 찍을 수도 있었다.'고 설명했다.

\*\*

그런데 결정적 순간의 진정한 의미를 브레송보다 수십 년 전에 파악한 남자가 있었던 것 같다. 1860년대 에드워드 머이브리지Edward James Muggeridge는 미국 요세미티 국립공원의 광활한 모습을 카메라에 담아 명성을 얻었다. 아직 필름 카메라가 도입되기 전으로 유리판을 이용해서 요세미티의 전경을 찍은 사진들이다. 그런데 카메라의 셔터가 열려 있는 동안 새가 카메라 앞을 날아가거나 짐승들이 뛰어다닐 경우 나중에 인화해 보면 흐릿한 형체만 보였다. 그래서 머이브리지는 셔터의 속도를 높이는 방법을 고안했는데 시간이 멈추어진 듯 보이는 사진이 나올 정도로 속도가 빨라졌다. 사람이 점프하거나 앵무새가 나는 모습을 마치 피사체가 공중에 멈춘 듯 보이게 찍었다. 어느 여자가 양동이의 물을 버리는 장면도 물이 땅바닥에 닿기 전의 모습을 포착했다.

머이브리지가 남긴 걸작은 1872년 봄부터 만들어졌다. 그의 나이 마흔두 살 때로 닉 우트가 전쟁의 공포를 카메라에 담기 100년 전이었다. 머이브리지는 경주마 옥시던트가 달리는 장면을 찍었다. 당시 경주마에 관심 있는 사람들 사이에 말이 달릴 때 네 발이 모두 땅에서 떨어지는 순간이 있는가, 라는 논쟁이 벌어졌고 논쟁을 끝내기 위해 머이브리지에게 말이 달리는 장면을 찍어달라고 의뢰한 것이다(이들이 돈을 걸고 내기를 했다는 증거는 없으니 당시 사람들은 매우 낭만적인 논쟁을 즐겼던 것 같다). 머이브리지는 말의 미세한 움직임을 포착했다. 인간의 눈으로는 볼 수 없는 것으로 기계의 눈이 이루어낸 경이로운 성과였다. 하지만 머이브리지는 말 때문에 큰 시련을 겪기도 했었다.

머이브리지를 높이 평가하는 건 사진 사학자들뿐만이 아니다. 신경생리학자들도 머이브리지에게 열광한다. 물론 그가 찍은 사진 자체보다는 그의 사진에 대한 광적인 열정을 좋아한다. 머이브리지의 독창적인 안목은 타고난 예술가적 기질에서 비롯된 것 같다. 하지만 목숨을 잃을

뻔했던 사고이후 그에게 독창적인 안목이 생기는 이상한 일이 벌어졌다. 1860년 6월, 머이브리지는 책 세일즈맨이자 책 제본업자로 성공을 거두었으며 카메라는 손에 잡아 본 적도 없었다. 당시 그는 증기선을 타고 샌프란시스코를 출발하여 유럽으로 갈 예정이었다. 그런데 증기선을 놓쳐 차질이 생겼다. 그래서 그는 한 달 후에 미주리 주로 가는 마차를 예약했다. 미주리 주에서 기차를 타고 뉴욕으로 가서 유럽으로 갈 계획이었다. 그런데 마차를 타고 가다가 텍사스에 다다를 즈음 갑자기 말이 놀라서 마구 날뛰는 바람에 마차가 나무에 부딪히는 사고가 발생했다. 이 사고로 함께 마차에 타고 있던 승객 한 사람이 사망했으며 마차에서 튕겨져 나온 머이브리지는 중상을 입었다. 머이브리지는 사고 당시의 상황이 잘 기억나지 않는다고 진술했다. 그런데 부상에서 회복하는 동안 머이브리지는 자신의 미각과 후각 기능이 변했음을 알게 되었다. 게다가 두 눈이 각각 다르게 사물을 보면서 사물이 2개로 보이는 증상이 나타났다. 머이브리지는 뉴욕으로 옮겨 치료를 받았고 몇 달 후엔 런던의 의사에게 진료를 받았다. 당시 빅토리아 여왕의 주치의였던 윌리엄 걸 경과도 상담을 했다. 하지만 윌리엄 걸은 머이브리지에게 맑은 공기를 많이 마시라는 얘기를 해줄 뿐 자세한 설명을 해 주지 못했고 의학적인 진단을 내리지는 못했다.

그런데 현대의 뇌 전문가들은 흥미로운 견해를 내놓는다. 2002년 캘리포니아 버클리 대학 심리학과 아서 P. 시마무라 교수는 《사진의 역사》지에 '머이브리지, 예술과 심리학 그리고 신경생리학의 세계를 여행하다'라는 제목의 보고서를 발표했다. 이 보고서에서 시마무라 교수는 흥미로운 명제를 제시했다. 즉, 머이브리지의 사고와 사고로 인한 충격에 관한 보고서의 내용을 보면 그가 대뇌 전두엽의 앞쪽에 손상을 입었다는 것이다. 안와전두피질이라고 부르기도 하는 부분으로 감정을 만들고 억제하기도 하며 감정을 표현하는 기능과 관련이 있는 영역이라고 한다. 시마무라 교수는 머이브리지 친구의 증언을 근거로 머이브리지가 사고 이전에는 훌륭한 사업가로 다정한 성격에 무척 쾌활했다고 설명했다. 그런데 사고 이후 화를 잘 내고 이상하게 행동하며 위험한 일을 도모하고 감정을 억제하지 못하는 성격으로 바뀌었다는 것이다. 그런데 그렇게 바뀐 한편 장점도 있었다. 즉, 그에게 여러 가지 불행한 일들이 생겼지만 그의 감각 능력이 활짝 열린 것이다. 안와전두피질의 기능이 저하되면 창조적 표현 능력이 월등하게 좋아질 수 있다고 한다.

2015년 7월, 《신경외과 저널》은 미국 오하이오 주 클리브랜드의 신경 병리학 연구소의 연구진 4명이 쓴 논문을 실었다. 이 논문에 따르면 머이브리지는 본인이 자각을 하지는 못했을지라도 어떤 영감을 받아 많은 작품을 창조했을 것이라고 한다. '머이브리지가 사고 이전의 기억을 잃었고 사고 자체를 기억하지는 못하지만 죽음과 같은 경험으로 인해 정지되거나 유예된 시간 감각을 갖게 되었다. 그는 마차를 타고 빠르게 움직이고 있었는데, 갑자기 시간이 멈추어버렸다.'

그런데 사고로 인한 눈에 보이는 증상들을 제외하고 그가 정상적인 사람이 아님을 입증하는 두 가지 증거가 있다. 첫째, 그는 자신의 이름을 자주 바꾸었다. 그의 이름은 원래 에드워드 머거리지로 1930년 4월 런던 남서쪽 변두리 템스 강변에 있는 킹스턴에서 태어났다. 그는 머그리지로 이름을 바꾸었다가 1850년대에 다시 머이그리지로 개명했다. 1860년대에 머리브리지로 또다시 바꾸었다. 그는 말년에 이르러 성도 이드워어드Eadweard로 바꾸었다(그는 중부 아메리카에서 커피 농장을 사진에 담을 땐 에두아르도 산티아고란 이름을 썼다).

둘째, 그는 사람을 죽였다. 1872년 마흔두 살의 나이로 미국 캘리포니아에서 사진작가로 전성기를 누리던 시절 머이브리지는 스튜디오 조수로 일하던 스물한 살의 플로라 셀크로스 스톤과 결혼한다. 두 사람은 결혼 후 2년 만에 아들을 얻었으며 플로라도라고 이름을 지었다. 그런데 1874년 10월경 머이브리지는 플로라도가 자신의 아들이 아님을 알게 된다. 머이브리지가 사진을 찍으러 도시를 떠나 있는 날이면 플로라는 해리 라킨스라는 남자와 놀아났다. 후일 신문에선 라킨스를 '늠름하고 잘생긴 쾌활한' 남자라고 묘사했다. 사람들이 머이브리지에겐 좀처럼 쓰지 않는 표현이었다. 그런데 아내의 불륜은 사진 한 장으로 들통나고 말았다. 이 사진은 머이브리지 자신이 찍은 것으로 추정된다. 때는 1874년 10월이었다. 머이브리지는 조산사의 집을 찾아가 계산을 하면서 아들 사진이 있은 것을 보고 사진을 뒤집었다. 그런데 사진 뒷면에 '리틀 해리'라고 적혀있었다. 머이브리지는 지체 없이 라킨스가 있는 네파 계곡 인근의 목장으로 갔다. 그는 아내의 정부에게 '나 머이브리지올시다. 내 아내가 당신을 죽이라고 했소.' 그러곤 라킨스를 권총으로 쏘았다.

살인 혐의 재판에서 판사는 사람들이 예측하지 못한 의외의 판결을 내렸다. 사람들은 머이브리지가 유죄이긴 하되 정신이 정상이 아니라는 판결을 받을 것으로 예측했으나 판사는 살인이 정당했다고 판결했다. 머이브리지가 자신의 아내를 임신시킨 남자를 죽인 것은 그의 권리로 인정된다는 판단이었다. 결국 머이브리지는 법정을 나와 시간을 멈추는 자신의 일을 계속하게 되었다. 심리학자 시마무라 교수가 언급했듯이 머이브리지 살인사건에 등장하는 다른 인물들은 결말이 좋지 않았다. 플로라는 병이 들어 시름시름 앓다가 재판이 끝난 지 5개월 후 세상을 떠났다. 그리고 아들 플로라도는 보육원에 보내졌다.

머이브리지에 관한 흥미로운 책을 쓴 레베카 솔닛은 머이브리지 시대의 사회 분위기는 그야말로 뜨거웠다고 기록했다. '머이브리지가 살았던 74년의 시간은 격변의 시기였다. 1870년대보다 더 드라마틱한 시대는 없었다. 전화기 발명에 이어 축음기, 사진, 전신, 철도가 등장해 '시간과 공간을 무의미하게' 만들었다. 우리가 지금 살고 있는 현대사회의 출발점이 바로 그때이며, 여기에 머이브리지도 한몫했다.'•

역설적이게도 머이브리지가 남긴 걸작 사진들로 인해 주변에 흔한 사물들의 모습을 처음으로 보게 된다. 1887년에 두 권으로 출간된 사진집『동물의 이동운동Animal Locomotion』은 그의 15년간에 걸친 작품 활동의 극치로 2만 개에 이르는 이미지를 이용하여 총 781장의 대형 콜로타이프 사진들을 완성했다. 그의 사진들은 예술일 뿐만 아니라 과학이라고 해도 전혀 손색이 없었다. 머이브리지의 작품들은 영국 로열 아카데미를 비롯하여 영국 학술원 등 주요 학술 기관에서도 볼 수 있다. 머이브리지가 찍은 사진들 속에서 '동물'이란 낱말은 포괄적인 의미를 담

---

• 『그늘의 강: 에드워드 머이브리지와 기술의 와일드 웨스트』(바이킹 출판사, 2003년)

고 있다. 말이나 개코 원숭이, 보아뱀, 코끼리뿐만 아니라 엄마를 향해 뛰어가는 어린 아이들과 벌거벗은 레슬링 선수, 야구공을 던지는 남자, 아이의 엉덩이를 때리는 시늉을 하는 여자 등을 포함한다.** 머이브리지는 말이 달리는 모습을 찍기 위해 처음엔 6대의 카메라를 말굽을 향하도록 설치하고 각각 다른 각도에서 촬영을 했었다. 그러다 12대의 카메라를 줄지어 놓은 다음 말이 카메라를 지나 뛰어갈 때마다 각 카메라의 셔터를 작동시키는 방식을 시도해 보았다. 머이브리지는 말뿐만 아니라 『동물의 이동 운동』에 실은 다른 피사체를 촬영할 때도 특정 시간에 작동하도록 전기적으로 미리 조정해 둔 시계 이외에 극히 짧은 시간만 셔터가 작동하는 방법을 썼다. 예를 들어, 물항아리를 지고 계단을 오르는 여자나 옷을 벗는 두 여인을 촬영할 때도 그런 방법을 이용했다.

그의 작업은 펜실베이니아 대학의 후원을 받았다. 이 대학은 의학에 도움이 될 사진을 얻을 수 있겠다는 희망에서 머이브리지를 지원했다. 또는 어느 기자가 설명했듯이 환자나 장애인 들의 걸음걸이를 사진으로 볼 수 있었기 때문이다.*** 기업들도 지원에 나섰다. 처음에 그를 후원

---

●● 머이브리지의 업적은 사진과 영화 제작은 물론이고 과학과 예술 등 여러 분야에서 응용되었다. 에드가 드가, 마르셀 뒤샹, 프랜시스 베이컨, 솔 르윗, 필립 글래스 등 모두 머이브리지에게 예술적 빚을 진 사람들이다.

●●● 머이브리지는 캘리포니아 주지사 릴런드 스탠퍼드의 후원으로 말이 달리는 모습을 찍기 시작했다(옥시던트는 스탠퍼드 씨가 소유한 말이었으며 머이브리지가 1870년대 카메라에 담은 다른 말들도 그의 소유였다). 스탠퍼드는 철도 사업으로 큰돈을 번 부자였다. 그는 경주마에 관심이 많았지만 재산의 상당 부분을 자산 사업에 썼다. 머이브리지가 말의 움직임을 연구했던 팔로 알토 농장 지대는 현재 스탠퍼드 대학 캠퍼스의 일부다. 머이브리지의 전기를 쓴 작가들 가운데 거시적인 안목으로 역사를 보는 이들은 그의 혁신적인 사진 기술이 실리콘 밸리에 직접적인 영향을 주었다고 강조한다.

한 사람들에겐 머이브리지의 스튜디오에서 그들이 데려온 동물들의 사진을 찍을 기회를 주었다. 후원자들의 애완동물 사진을 몇 장이나 찍었는지는 알려진 사실이 없다. 그런데 그가 가장 많이 찍은 대상은 머이브리지 본인이다. 그는 자신의 누드를 찍기도 했으며 의자에 앉는 동작과 물을 뿌리는 동작, 물을 마실 컵을 잡으려고 몸을 구부리는 동작을 포착하기도 했다. 날씬한 몸매에 하얀 턱 수염을 길게 기른 그에겐 과시 욕구가 있었다. 따라서 머이브리지의 작품을 보는 사람들은 그의 걷잡을 수 없는 나르시시즘을 엿보게 된다.

사진 사학자 마르타 브라운은 머이브리지의 인간과 동물 동작에 관한 사진이 항상 동일한 방식으로만 찍은 건 아니라고 언급했다. 어떤 사진들은 연속 동작을 담지 않았으며 때론 사진을 자르고 확대했으며 일정한 패턴으로 모아 붙이기도 했다는 것이다. 따라서 『동물의 이동 운동』에 실린 사진들은 머이브리지의 여러 가지 솜씨가 발휘된 작품들이었다. 머이브리지는 자신의 생각을 표현하기 위해 카메라로 찍은 사진과 약간 다른 이미지를 보여주었다. 이는 재미있는 속임수였다(카메라는 거짓말을 하지 않지만 사진작가는 거짓말을 한다는 점을 보여주려는 의도였다). 카메라는 삶의 순간을 포착하지만 암실은 사진을 왜곡할 수 있다. 머이브리지는 전형적인 스토리텔링의 전통으로 사진을 자르고 확대하고 편집했다. 환상적이고 비현실적인 세상의 시작을 보고 싶으면 머이브리지의 사진을 보면 된다. 즉 미국의 영화 제작, 아니 전 세계 영화 제작의 시작점을 머이브리지의 사진에서 찾을 수 있다.

머이브리지는 사진들을 연속적으로 이어서 보여주는 주프락시스코프Zoopraxiscope를 선보인다. 납작한 유리판의 가장자리에 연속 촬영한 사진을 붙인 뒤 회전시키면 실제 움직임이 생생하게 보이는 나무 박스였다. 사람들의 눈을 속이는 방법이랄 수 있다(초기에는 희미한 실루엣과 선만 보였다). 이 기계는 스크린에 영화를 비추는 영사기의 원시적인 형태라 부를 만한데, 세상 사람들을 어리둥절하게 했다. 머이브리지는 자신이 만든 기계의 초기 버전들을 '과학적인 장난감'이라고 불렀다. 하지만 이 기계들의 의미는 그 이상인 것으로 후일 밝혀졌다. 그가 찍은 사진들이 시간을 잘게 잘랐으며 그 다음엔 그가 만든 기계가 잘려진 시간을 다시 모았다.* 머이브리지는 빠른 속도의 셔터를 개발하여 특허를 내기도 냈다. 카메라의 보급과 더불어 순간을 포착하는 머이브리지의 능력은 누구나 할 수 있는 일이 되었다. 그런데 카메라 셔터의 빠른 속도가 많은 도움을 주긴 하지만 현장에서 준비를 하고 있어야 얼른 셔터를 눌러서 완벽한 순간을 포착할 수 있다. 이건 만고의 진리로 캘리포니아의 머이브리지이건 파리의 브레송이건 또는 사이공 인근 고속도로 위에 서 있던 데이비드 버넷이건 누구에게나 해당된다.

**

데이비드 버넷, 그가 그 유명한 장면을 카메라에 담지 못한 장본인이다.

---

* 머이브리지가 만든 기계들 일부와 그의 스크랩북 그리고 『동물의 이동 운동』에 실었던 150여장의 사진들은 그의 고향 인근에 위치한 킹스턴 박물관에 영구 전시되고 있다. 머이브리지는 1890년대 영국으로 돌아와 1904년에 사망했다. 그런데 그의 묘비에는 그의 이름이 메이브리지Maybridge라고 잘못 새겨져있다.

당시 버넷은《더 타임스》와《라이프》그리고《뉴욕타임스》의 종군기자로 베트남전을 취재했다. 그는 킴 푹과 그녀의 가족들이 공습을 피해 뛰어 달리던 1972년 6월 8일 정오경 닉 투트 옆에 서 있었다. 그런데 버넷은 운이 없게도 우트가 역사에 남을 사진을 찍던 순간에 카메라의 필름을 갈아 끼우고 있었다. 버넷이 1972년 그날의 사건 40주년이 되던 2012년《워싱턴 포스트》매거진 기사에서 설명했듯이 디지털 카메라 시대에 태어난 젊은 사람들은 필름 카메라가 어떻게 작동하는지도 잘 모른다. 그는 이렇게 설명해주었다 '필름으로 36장의 사진을 다 찍고 나면 필히 다 쓴 필름을 빼내고 새 필름을 카메라에 장착한 후에야 사진을 다시 찍을 수 있거든요.'

사진 사냥. 카르티에 브레송은 분명 사진 사냥의 의미를 알고 있었을 것이다. 마치 완벽한 사진이 야생의 초원 어딘가에 있다는 얘기처럼 들리지만 완벽한 사진을 얻으려면 그렇게 해야 한다. 그리고 버넷 기자가 언급했듯이 필름을 갈아 끼우는 짧은 시간에 '사진을 반드시 찍어야 하는 사건이 벌어졌습니다. 눈앞에서 무슨 일이 벌어질지 모르기 때문에 사진기자들은 늘 촉각을 곤두세우고 즉각 사진을 찍을 자세를 취해야 합니다. 시간과 장소의 중요 교차점에서 필름을 새로 갈아야 하는 일이 없도록 각별히 주의를 해야 하지요……. 필름 때문에 중요한 순간을 놓친 사례는 얼마든지 있거든요.'

엄청난 일이 벌어진 그날의 그 중요한 시간에 버넷은 라이카 카메라의 필름을 갈고 있었다. 게다가 그가 사용하던 라이카는 필름을 끼우기가 까다롭기로 악명 높은 카메라였다. 버넷 기자도 네이팜탄을 투하하는 비행기와 시커먼 연기를 뚫고 뛰어오는 베트남 사람들을 보았다. 그는 자신이 여전히 카메라를 만지작거리는 사이에 닉 우트가 사진을 찍은 광경을 멀거니 바라보기만 했다. '한 순간에⋯⋯, 닉 우트가 정치와 역사를 초월한 장면을 포착했습니다. 무고한 사람들에게 들이닥친 전쟁의 공포를 상징하는 장면이었지요. 사진은 시간과 감정 등 온갖 요소를 포착하며 절대 지워지지 않습니다.' 얼마 후 버넷이 필름을 끼웠다. 그리 길지 않은 시간이었지만 버넷에게는 너무나도 긴 시간이었다. 우트는 이미 사진을 다 찍고 운전기사와 함께 아이들을 데리고 병원으로 출발했다. 몇 시간 후 버넷은 AP통신 사무실에서 우트를 만났다. 우트는 아직 채 마르지 않은 사진을 들고 암실에서 나오고 있었다.

버넷은 공포에 질린 채 다가오는 아이들을 향해 닉과 다른 기자 한 사람이 뛰어가던 모습이 지금도 머릿속에 뚜렷하게 남아있다고 털어놓았다. 우트가 아이들을 향해 뛰어가는 새로운 장면이 눈앞에서 펼쳐진 것이다. 버넷은 요즘도 그날의 일이 문득문득 떠오른다며, 비교적 소규모의 접전이었던 그날 찍은 사진 한 장이 역사적인 사진이 될 줄은 몰랐다고 했다. '직업상 역사의 길을 따라 카메라를 들고 다니는 우리 기자들에겐 요즘 같은 디지털 시대에도 사진 한 장이 언어와 지역 그리고 시간을 초월하는 스토리를 전해준다는 건 정말로 흐뭇한 일입니다. 우리 기자들이 찍은 사진이냐 다른 사람들이 찍은 사진이냐는 별로 중요하지 않습니다.'

1930년경의 자동차 공장: 에어백을 기다리는 독일 운전자

# 회사 업무 시간

**야마하를 때리고 으깨서 확실하게 이기자!**

수년 전, 나는 자동차 만드는 과정을 알아야겠다고 결심했다. 미니Mini 자동차 탄생 50주년이 다가오던 무렵으로 나는 미니 자동차의 격동의 역사에 관한 글을 쓰고 있었다. 글을 쓰면서 직접 자동차 만드는 과정을 체험해 보지 않고선 자동차 생산 과정을 자세히 알 수 없다는 생각에 미쳤다. 2008년 11월의 어느 월요일 아침 6시 15분, 나는 옥스퍼드 외곽 지역인 카울리에 있는 BMW 공장으로 차를 몰았다. 미니를 생산하는 공장이다. 나는 설레는 마음으로 보안 게이트를 통과했다.

아직 동이 트기 전이라 사방이 어두웠다. 자동차에 대한 기본 지식을 배우기로 한 첫날이었다. 참가자는 나 말고도 두 사람이 더 있었는데 둘 다 자동차 제작 경험이 있었다. 나는 자동차에 대해 아는 게 거의 없어,

할 줄 아는 것이라고는 기껏해야 주유소에서 타이어에 공기를 넣는 정도였다. 그런 내가 비교적 어려운 공정에 투입되었다. 듣기로는 육체적으로도 힘든 과정이라고 했다. 그러나 난 간단한 주의사항만 잘 지키면 별 문제 없이 자동차 제작 과정을 배울 거라고 생각했다. 간단한 주의사항은 이러했다. 첫째, 자동차 제작에 참여한다는 긍지를 가질 것. 둘째, 생산 라인을 멈추게 하지 말 것. 셋째, 법정 분쟁으로 몰고 갈 가능성이 있는 실수를 하지 말 것. 최악의 경우는 큰 실수를 해놓고 아무에게도 얘기하지 않는 것이라고 했다.

적성 테스트를 거쳐 지정받은 것은 아니며 내가 일하게 될 두 공정은 자동차 제작에서 매우 중요한 작업이 이루어지는 현장이었다. 첫 번째 맡은 일은 주행 중에 갑자기 타이어 휠과 뒤쪽 브레이크가 튕겨나가는 일이 없도록 후면 서브프레임을 볼트로 잘 죄는 작업이었다. 두 번째 받은 교육은 에어백 컨트롤박스에 전원을 연결하는 일이었다. 충돌 사고가 났을 때 운전자나 동승자가 앞 유리창을 깨고 바깥으로 튕겨나가는 것을 방지하기 위한 공정이다. 교육 강사로 나온 차량 조립 부문 매니저인 마이크 쿨리 씨의 교육이 시작되었다. 그는 실습 교육장 가까이에 조용한 방이 하나 있다면서 필요하면 그곳에 들어가 기도를 하고 나와도 좋다고 알려주었다. 쿨리 씨는 공장의 기본 레이아웃을 소개한 뒤 슬라이드를 보여주면서 자동차의 구조에 대해 설명했다. "자동차 안에 플라스틱 고정 볼트 몇 개가 남겨져 있는 모습입니다." (쿨리 씨가 보여준 건 헤드에 십자 홈이 있는 자그마한 고정핀이었다.) "이 플라스틱 볼트들이 큰 소음을 일으키지는 않습니다. 하지만 여러분들이 수천만 원을 주고 최신형 새 자동차를 샀다고 칩니다. 여러분이 자동차를 인도받고 나서 제일 먼저 하는 일은 자동차 안을 둘러보면서 어디에 뭐가 있는지 살펴보고 실내 공간이 어떤지를 보는 일이겠지요. 그런데 트렁크를 열고 공구 박스가 들어있는 판을 들어올렸을 때 이런 플라스틱 고정핀들이 굴러다니는 모습을 본다면 아마 즐겁던 마음이 온데간데없어질 겁니다." 나는 플라스틱 고정핀이 몇 개 떨어져 있는 건 별 문제가 아니라는 생각이 들었다. 내가 직접 에어백 컨트롤 패널을 고정한 자동차를 사는 사람도 나와 똑같이 생각할 거라고 확신했다.

쿨리 씨는 자동차 제조 과정에서 가장 중요한 요소는 안정성과 효율성, 정확성이며 또한 생산 라인이 멈추지 않아야 한다고 강조했다. 성공적으로 하루 일과를 마치는 날이란 생산 라인의 전 직원들이 정해진 시간 내에 본인들에게 할당된 일을 정확하게 하는 날이라고 설명했다. 용접 작업과 나사 조이기 과정, 윈도우 전기장치 설치 과정을 모두 마치고 나면 바로 옆 라인에서 대기하던 작업자가 바로 다음 용접을 하고 조립을 위해 나사를 조인다. 생산 라인 직원들은 누구나 책임감을 가지고 일을 하며 각자가 맡은 임무를 차질 없이 완수할 경우 68초마다 차 한 대가 생산 라인에서 완성되어 나온다고 한다.

누군가 작업 정지 버튼을 누르지 않을 경우에 그렇다는 것이다. 일본어로 랜턴을 의미하는 '안돈' 버튼은 생산 라인 아래쪽에 3미터 내지 4.5미터 간격으로 설치되어 있다. 작업자가 이 버튼을 누르면 생산이 중단되며 매니저의 사무실로도 신호가 간다. 누군가 도움을 필요로 한다는 신호다. "그러면 매니저들이 생산 라인으로 뛰어오고, 작업자는 '이 부분 볼트가 안 끼워져요!'라고 애로사항을 얘기하는 거지요."

생산 라인이 멈추는 경우에 생기는 문제는 뻔하다. 효율이 떨어지는 것은 물론이고 회사의 이익이 감소하며 생산 라인 직원들의 스트레스가 증가할 것이다. 프로세스 개선팀 매니저인 이언 커밍스는 생산 업무가 중단되면서 스트레스를 받을 때면 자신이 이 세상에서 가장 힘든 직업을 가진 사람이란 생각마저 든다고 했다. 작업 정지 버튼에 불이 들어오지 않는 날도 전 직원이 정확한 시간에 자신의 위치에서 흔들림 없는 마음가짐으로 생산 공정에 임해야 완벽한 자동차를 만들 수 있다고 한다. 커밍스 씨는 생산 라인에 선 직원들이 마치 기계처럼 움직여주기를 바라는 날도 있다고 고백했다. 문제는 생산 프로세스에 변동성을 생기게 하는 직원들이라는 게 그의 설명이다. 합당한 사유 없이 결근을 하면 라인 전반에 큰 차질이 생긴다. 또 결근까지는 아니더라도 늦게 출근하는 직원들이 있을 수 있다. 작업 시작 3분 전에 작업을 준비하라는 벨이 울리고 생산 라인은 정시에 가동된다. 점심이나 저녁 식사를 위해 공장 밖으로 나가 테스코나 버거킹에 가는 것은 자유지만 '줄 서 있는 사람들이 너무 많았어요. 그냥 돌아오기에는 배가 너무 고팠습니다.' 등의 핑계는 통하지 않는다. 직원 한 사람이 제시간에 돌아오지 않아도 공장 라인은 정시에 움직이기 때문이다. 그러면 늦게 오는 사람 때문에 차량 대여섯 대 분량의 생산 차질이 빚어진다.

**

1959년 미니가 처음 세상에 나왔을 때 이 차가 향후 50년 동안 생산되리라고 예상한 사람은 아무도 없었다. 또한 지구촌 곳곳에 팔려 나가리라고는 생각지도 못했다. 이 차를 디자인한 알렉 이시고니스도 마찬가지였다. 교회 담벼락 밖에선 '아이콘'이란 말을 쓰지 않던 시절에 영국의 아이콘이 되었던 차다. 21세기형 미니는(예전의 Mini와 구분하기 위해 요즘은 MINI로 표기한다) 1960년대 대영제국의 상징 중 하나였던 미니에서 상당히 변모했다(그간 주인도 바뀌어 지금은 BMW사의 브랜드다). 그간 가격이 많이 올랐지만 여전히 많은 사람들의 사랑을 받는다. 시대의 변화에 맞추어 개량을 거듭한 데다 세련된 기술력과 마케팅 기법이 결합되어 21세기의 시대정신이 반영되어 있는 자동차 이미지 때문이다. 내가 교육을 받던 날도 매시간 53대의 미니가 생산 라인에서 나왔다. 복잡하기 이를 데 없는 기계장치들을 조립하여 만드는 자동차가 그토록 빨리 제작된다는 건 정말 놀라운 일이다. 더구나 미니 자동차는 8주 전에 미니 매장을 둘러본 고객이 작성한 주문서에 따라 제작된다고 한다. 1주에 800여 대가 생산되는 미니는 알로이 휠과 사이드 미러, 썬루프 외에도 100여 가지의 다양한 옵션으로 인해 옵션이 동일한 차들이 연속 생산되지 않은 한 출고일이 한없이 늦어질 수 있다. 그런데 단 한 가지, 고객이 선택할 수 없는 옵션이 있다. 나 같은 사람이 리어 브레이스를 조립하면서 책임감을 갖지 않고 일하는 것이다.

조립 라인 관리자인 리처드 클레이 씨가 리어 서브프레임에 볼트를 끼우는 방법을 알려주었다. 리어 서브프레임은 로봇이 들어 올려 차체에 장착한다. 양쪽 래터럴 암과 안티롤 바를 고정하는 게 우리에게 주어진 임무였다. 클레이 씨가 "68초 안에 끝내셔야 합니다."라고 말하자 나와 함께 교육을 받고 있던 두 교육생은 여유 있게 할 수 있겠다는 표정을 지었다. 클레이 씨의 말이 이어졌다. "이 과정에서 어느 한 부분이라도 단단하게 고정되지 않으면 그 자동차는 운행하기에 부적합하며 차가 움직이지도 못하는 사태가 발생합니다. 그리고 그런 차가 도로를 주행한다면 심각한 사고가 일어나 인명을 앗아가고 회사의 이미지에도 큰 타격을 줍니다. 그렇게 되면 우리 회사는 법정에 서게 되겠죠. 고객이나 회사 모두에게 좋지 않은 상황이 오는 겁니다."

자동차 제조는 '국제 생산 시스템 퀄리티IPSQ, International Production System Quality'으로 알려진 복잡하고도 정밀한 스캐닝과 툴링 프로세스에 의해 컨트롤된다. 각 자동차마다 추적이 가능한 전자 이력이 있어, 바코드 스캐닝을 이용해 제조 공정의 각 단계가 체크된다. 자동차가 생산 라인을 따라 이동하면 DC 툴링이란 시스템이 각 단계별 조립 상태의 정확성 여부를 점검하여 승인 여부를 결정한다. 중요성이 높은 조립 부위의 강도는 뉴턴미터 단위로 측정한다. 서브프레임의 강도는 150뉴턴미터가 적절하며 에어백 크래쉬 센서는 2뉴턴미터 정도면 충분하다. 리처드 클레이 씨가 이렇게 말했다. "트리거를 너무 일찍 놓으면 안 됩니다. 이것을 롤바 위에 놓고 스태빌라이저의 위치를 잡은 다음 이 볼트를 여기 로우어 암에 장착해야 합니다. 이걸 몸 쪽으로 당기고 정확히 물리게 하면 작업이 훨씬 쉽습니다. 다른 쪽도 똑같이 해 주십시오."

우리가 처음 맡은 임무는 보닛 위나 아래에 있는 자동차 등록번호VIN를 스캔하는 일이었다. 제조 라인 끝에 이르면 각 공정이 전부 컴퓨터에 저장된다. 그 과정에서 문제점이 발견되면 자동차는 재조립 과정을 거쳐야 한다. 대부분의 다른 공장들 생산 시스템과 마찬가지로 미니 자동차 역시 '한 번에 정확히 조립한다'는 원칙에 의해 만들어진다. 클레이 씨의 교육이 이어졌다. "스캐너를 망치로 사용하지 마십시오. 스캐너 하나 가격이 55만 원이고 배터리만 해도 20만 원이 넘습니다. 밀어 넣어야 할 게 있으면 나무망치를 달라고 하십시오."

리어 서브프레임 작업이 끝나자 다른 작업과정으로 이동했다. 전기 연결 장치가 구비된 작업대가 있는 곳으로 에어백 센서 작업장이었다.

클레이 씨가 "이 작업에도 정해진 시간이 있습니다만 여기에선 합격이냐 불합격이냐가 중요하지 않습니다. 이 작업도 생산 라인에서 일정한 속도로 이루어져야 함을 여러분들에게 보여드리는 게 목적입니다. 진지하게 잘 관찰하셔야 합니다. 전기 커넥터가 제대로 연결되지 않으면 다시 작업해야 합니다. 연결이 잘못된 부분을 찾으려면 한나절이 걸립니다. 이미 조립한 부품들을 다 들어내야 하거든요. 센서 연결이 잘 안 되면 얼른 다른 직원에게 알려야 합니다. 그리고 윤활유가 전기 장치에 닿지 않도록 하십시오. 윤활유와 전기 장치는 상극이니까요."

에어백 센서 작업을 하면서 보니 나와 함께 교육을 받는 두 사람의 작업 속도가 나보다 훨씬 빨랐다. 나는 생각대로 작업이 원활하게 되지 않았으며 내가 전혀 알 길이 없는 특별한 기술이 필요해 보였다. 다른 두 사람에겐 클레이 씨가 잘했다고 칭찬했지만 나에겐 아무 말도 하지 않았다. 생산 라인의 기계 돌아가는 소리를 뚫고 내 목소리가 울려퍼졌다 "여기가 잘 안 됩니다!"

1분 8초 안에 마쳐야 하는 작업인데 나는 8분이 넘게 걸렸다. 클레이 씨가 나더러 "8분이 지났습니다! 하지만 아주 나쁜 점수는 아니군요. 14분 만에 끝냈던 분도 있어요."라고 말했다. 그리고 당연히 그 사람은 지금 이 공장 안에 없다고 했다. 이 공장에서 일하는 2,400명 중에 나보다 더 느리게 작업하는 사람은 한 사람도 없을 것이란 생각이 들었다. 점심 식사를 마친 나는 다시 한 번 에어백 센서 작업을 시도해 보았다. 손가락 끝이 얼얼했다. 이번엔 5분 만에 작업을 마쳤다. 어느 날엔가 세상 밖으로 나갈 자동차들이 생산 라인 위에 줄지어 놓여 있었다.

\*\*

카울리에서 영국인 매니저들이 나에게 가르쳐준 기술들 중에는 뮌헨의 BMW 생산 라인을 운영하는 독일인들에게 배운 것들이 많았다. 그리고 뮌헨의 독일인 기술자들이 알고 있는 노하우는 도요타 사의 일본인들에게 배운 것들이다. 작업 현장의 시간 개념에 관한 한 일본인들을 따라갈 나라가 없다.

'한 번에 정확히 조립한다'는 원칙은 이른바 적시생산방식just in time으로 알려진 광범위한 생산원칙의 한 요소일 뿐이다. 1960년대 일본에서 시작된 적시생산방식은 실용적인 생산방식이자 대량생산 시대의 숙명적인 철학이기도 했다. 당시 도요타 사는 생산 라인의 노동자와 사용자 구분 없이 이와 같은 혁명적인 생산 시스템을 따랐다. 이는 작은 기계 장치건 거대한 선박이건 상관없이 공장에서 제품들은 만들려면 산업 종사자들의 화합이 필요하다는 생각에서 나왔다. 이러한 시스템의 개념은 불필요한 공정과 과도한 재고를 줄이며 생산과 공급 과정이 물

흐르듯이 원활하게 이루어지도록 하자는 것이었다. 또한 사고방식이 유연하고 의욕이 넘치는 인력을 배치하며 독립성을 유지하면서도 상호 연결된 생산 유닛을 유지하고 최선을 다해 제품 생산 불량의 가능성을 없애는 데 있었다. 물론 분과 초를 아껴서 일을 하라는 시스템은 아니었다. 이 시스템의 목적은 적정한 시간 안에 여러 가지 요소들을 하나로 묶어 효율성과 생산성을 극대화하는 데 있다. 이 시스템의 열쇠는 대기 시간을 줄이고 작업 공정이 마찰 없이 진행되도록 하는 것이다. 미니 생산 공장의 목표도 다르지 않아 실수와 예측 불확실성을 줄여 이윤을 극대화하는 것이다. 실제로 이 시스템은 직원들 간의 상호작용을 원활하게 돌아가는 톱니바퀴처럼 만들었다. 기계들은 버거킹에서 음식을 사먹고 늦게 돌아오는 법이 없으며 작업 정지 버튼을 누르지도 않는다. 스캐너를 망치로 사용하라고 프로그래밍하면 그대로 하는 것이 기계다.

1980년대에 도요타 자동차는 적시생산방식으로 기업의 군살을 빼는 가시적인 성과를 달성했다. 과거에도 일본의 조선소나 다른 업종의 공장에서 적시생산방식을 도입했었지만 지난 30년간 서방 국가들에 영향을 미친 건 자동차 메이커들의 적시생산방식이었다(특히 자동화의 요새로 알려진 포드 사에도 영향을 미쳤다).

도요타의 혁신은 멈추지 않았으며 다른 나라에 큰 파급효과를 주었다. 1970년대 후반, 적시생산방식 전략은 작업 현장에서 10년 전에 비해 훨씬 빠른 속도로 자동차를 만들게 했다. 하지만 소비자들에게 돌아가는 혜택은 거의 없었다. 도요타의 세일즈팀은 합리화와는 아직 거리가 멀었으며 소비자의 주문을 받아 등록을 하고 재정 처리 과정을 거쳐 공장으로 주문서를 보내는 데만 거의 한 달이 소요되었다. 그러자 도요타의 경영진은 심각한 문제점을 인지하게 된다. 소비자들이 인내심을 갖고 오래 기다리지 못한다는 점이다(요즘 소비자들도 다르지 않다). 그리하여 도요타는 1982년에 생산 부서와 세일즈 부서를 긴밀하게 연결시키는 새로운 전산 시스템을 도입했다. 이는 구매자들의 주문서를 한데 묶어서 공장에 보내 주요 정보의 병목 현상을 일으키고 시간을 낭비시키는 낡은 방식을 합리적으로 바꾸는 데 기여했다. 수년 후 보스턴 컨설팅 그룹의 수석 부사장 조지 스톡 주니어는《하버드 비즈니스 리뷰》에 이러한 생산 합리화의 결과를 분석한 글을 기고했다. 그는 이 글에서 당초 도요타 자동차는 판매와 유통의 사이클 타임(하나의 공정이 완성되는 데 소요되는 시간)이 절반으로 줄어들 것으로 기대했다고 언급했다. 즉, 4주 내지 6주 걸리던 사이클 타임이 2주 내지 3주 걸릴 것으로 내다보았다. 그런데 1987년에 이르러 사이클 타임은 자동차를 만드는 데 소요되는 시간을 포함하여 8일로 줄었다고 한다. 스톡은 이렇게 썼다. '예상했던 결과다. 판매량 예측이 보다 정확해졌고 생산 단가도 낮아졌으며 소비자들의 만족도가 높아졌다.'*

하지만 적시생산방식은 일본인들이 생산 시간 개념을 인위적으로 바꾸고 세계적인 경쟁력을 갖게 된 방법 가운데 한 가지 사례에 불과하다. 그리고 다른 나라 회사들은 이런 일본식 생산 방식을 벤치마킹했다. 다

---

• 1988년 7월《하버드 비즈니스 리뷰》에 실린 조지 스톡 주니어의 「시간 - 경쟁력 우위의 근원」 중에서

른 면을 보기 위해서는 잠시 자동차 산업을 떠나 오토바이 산업계의 사례를 살펴보아야 한다. 1980년대 초반 혼다 오토바이와 야마하 오토바이는 치열한 전쟁을 벌였다. 전쟁의 결과도 분명하게 드러나서 세계 산업계의 전설이 되다시피 했다. 두 회사의 전쟁은 짧게 줄여서 H-Y전쟁이라고 부른다.

두 회사의 전쟁은 1981년에 시작되었다. 야마하가 먼저 포문을 열었다. 야마하는 오토바이 생산 공장을 새로 지으면서 세계 1등 오토바이 제조사가 되겠다고 선포했다. 당시 오토바이 업계 1위였던 혼다는 야마하가 바라는 사태가 실제로 일어나지는 않으리라고 여기면서도 만일의 사태에 대비해 조치를 취했다. 혼다는 오토바이 판매 가격을 내렸고 마케팅 비용을 늘렸으며 '야마하를 때리고 으깨서 확실하게 이기자!'라는 슬로건을 내걸고 직원들을 독려했다. 이러한 약탈적인 슬로건을 내건 배경에는 완전히 새로운 경영 방식이 있었다. 즉, 혼다는 전반적인 구조적 변화를 단행하였고 그 후 생산 속도를 크게 높일 수 있었다. 혼다는 새로운 모델을 생산하기 시작했고 재고품을 빠르게 정리했다. 그 결과 18개월 만에 113개 모델을 교체하는 성과를 냈다. 게다가 생산 시간을 80퍼센트 향상시켰다. 같은 기간에 야마하는 고작 37개 모델을 교체하는 데 그쳤다. 혼다의 일부 신제품은 기존 제품들과 다를 바가 거의 없었지만 오토바이의 엔진 등이 기술적으로 크게 개량된 제품이 적지 않았다. 혼다 사의 목표는 분명했다. 즉, 온갖 종류의 오토바이들을 모두 출시하며 새로운 기술 및 디자인의 변화에서 어느 경쟁사들보다 발 빠르게 대응한다는 것이었다. 그리하여 젊은 층 소비자들이 예민하게 받아들이는 구식이라는 이미지를 누그러뜨린 혼다는 경쟁사인 야마하를 따돌림은 물론 다른 라이벌 회사인 스즈키와 가와사끼의 추적도 물리쳤다(치욕적인 패배를 당한 야마하의 회장은 이런 발언을 했다. "H-Y전쟁이 종료되기를 바란다. 우리 회사의 판단 착오였다. 물론 앞으로도 경쟁은 멈추지 않겠지만 양사가 각자의 위치를 상호 인정하는 기반 위에서 경쟁할 것이다.").

다른 회사들도 혼다와 야마하의 전쟁에서 큰 교훈을 얻었다. 마쓰시타는 360시간 걸리던 세탁기의 생산 시간을 2시간으로 줄였다. 미국의 백색가전 제조사들도 일본 회사들 못지않은 개선을 이룬다. 조지 스톡 주니어는 《하버드 비즈니스 리뷰》에서 이렇게 언급했다. '어느 업계의 어느 회사건 경쟁 회사보다 경쟁력이 높다는 단순한 생각에 빠지지 않는 것이 가장 중요하다는 것을 인식하게 되었다. 최고의 경쟁력을 자랑하는 최고의 기업들은 끊임없이 발전해 나가는 방법을 잘 알고 있으며 늘 최첨단 기술을 유지한다. 요즘은 시간 관리가 최첨단 기술인 시대다. 선도 기업들의 시간 관리 노하우는 경쟁력 우위 부문에서 가장 강력한 첨단 자원이 되었다. 이는 생산 과정이나 신제품 개발과 출시, 판매와 유통 등 모든 분야에 적용된다.'●

카울리의 미니 생산 공장도 혼다와 도요타의 영향에서 벗어나지 못

---

● 시간에 기반을 둔 혁신은 일본을 비롯한 극동아시아 지역의 제조사들이 텔레비전과 플라스틱 사출 금형 제품들을 미국 기업들의 3분의 1밖에 되지 않는 시간에 생산하게 만들었다. 그리고 시간은 전통적인 금융지수보다 훨씬 중요한 요소가 되었다. 기술적 혁신과 디자인에서의 선두주자는 일본에서 실리콘밸리의 디지털 산업계로 넘어간 것 같다. 하지만 효율성이 가장 높은 대량생산은 최신 핸드폰에서 호화 장정의 서적에 이르기까지 아시아의 공장들이 주도한다.

했다. 적시생산방식으로 인해 응답속도 향상과 재고율 감소 그리고 능률적인 설비 배치로 이어졌으며 이로 인해 다양한 모델이 가능해져 고객 맞춤 옵션을 서비스할 수 있게 되었다. 이 회사는 2000년에 생산 설비와 기술 개발에 막대한 금액을 투자한 결과 2001년에 42,395대였던 미니 생산량이 2002년에는 160,037대로 급격히 증가했다. 그리고 회사는 특히 일본에서의 수요를 맞추기 위해 미니 생산량을 계속 늘렸다. 좀더 좋은 자동차를 오래 기다리지 않고 받아 보기를 원하는 소비자들에겐 제품 선택의 폭도 넓어지고 인도 기한도 훨씬 짧아졌다. 그 결과 BMW와 미니 제조사뿐 아니라 옥스퍼드 외곽의 공장에서 일하는 직원들도 늘어난 주문 생산으로 발생한 회사 이익으로 수혜를 입고 있다.

하지만 다르게 생각하면 이런 성공이 브레이크 없는 재앙을 불러올 수도 있다. 미니 자동차가 크게 성공한 것은 회사의 오너들이 미니 생산 능력에 대한 믿음이 있고 마케팅에도 큰 관심을 갖기 때문이다. 이는 생산에 차질이 생기지 않도록 노력하는 직원들을 공장 관리자들이 믿는 데서 나온다. 이런 분위기에서 나는 나의 미흡한 자질을 적나라하게 드러내고 말았다! 에어백 컨트롤박스의 전기 배선 작업을 그토록 더디게 했으니 조립 라인의 생산 직원들은 내가 생산 라인에서 빠지는 게 최선이라고 생각했을 것이다. 전 세계의 많은 소비자들이 자신들이 주문한 미니가 어서 출고되기를 애타는 마음으로 기다리고 있다. 이들은 미니 생산이 단 5분도 지체되는 걸 원치 않는다. 또는 생산 라인이 멈춰 섬으로써 법정 소송으로 가는 것을 원하지도 않는다.

## 지옥의 사자, 보스

/

한때 비즈니스를 하는 사람들은 경영 컨설턴트를 가리켜 다른 사람의
시계를 빌려 당신에게 시간을 알려주는 사람이라고 농담 삼아 얘기했
었다. 그런데 과거에 실제로 그런 일이 있었다. 100여 년 전, 과학적인
기업 관리법을 창시하여 근대적 경영 컨설팅의 시대를 열었다고 평가
받는 프레드릭 테일러Fredrick Winslow Taylor란 미국인 이야기다.

테일러는 비생산적인 노동자들을 줄여야 한다며 스톱워치를 들고 다
니면서 종업원들의 일거수일투족을 관리했다고 한다. 그는 노동자들의
손 움직임, 발걸음, 호흡 시간을 측정하는 데 이 스톱워치를 사용했다.
테일러가 본 노동자들의 모습은 게으름과 비효율의 결합체였다. 테일러
는 간단하면서도 빈틈없는 솔루션을 개발했다. 그는 특정 업무를 수행
하는 데 드는 시간을 현재보다 훨씬 단축할 수 있다고 생각했다. 느리게
일하는 사람을 보면 꾀를 부린다고 생각한 테일러는 공장 오너들에게
자신이 고안한 정확한 소요시간에 기반한 새로운 관리 방식을 받아들
인다면 사업이 번창할 것이라고 설득했다. 물론 그의 제안은 노동자들
이나 노동조합에게는 환영받지 못했다. 그들 입장에서는 테일러가 마치
노동자들의 죄를 재판하려고 갑작스레 지옥에서 온 관리인 같았을 것
이다. 테일러는 직장에서 바쁘게 일하는 노동자가 최적의 근무 환경에
서 일하며 갖게 될 자부심에 관해 설명했다. 한편 테일러를 폄하하는 사
람들은 그가 제시한 방법들은 노동자들의 육체나 정신에 미치는 영향
을 간과하고 있다고 비난했다. 그런데 테일러의 아이디어를 시행해 보

니 몇 년 안에 생산량이 2배로 증가해 회사의 이익이 크게 늘었다. 결국 그의 아이디어는 뿌리를 내렸다.•

테일러의 이론은 그의 고향 근처인 필라델피아의 한 철강회사에서 정교하게 다듬어졌다. 테일러는 1878년과 1890년 사이에 다니던 회사들에서 고속 승진을 거듭한다. 그는 낭비 요소를 찾아내 없애고 효율을 높여 철도회사들과 군수공장들의 요구를 해결했다. 그가 다니던 회사의 매출을 3배나 올렸다. 테일러는 제지사 및 다른 철강회사에서도 비슷한 성과를 이루어냈다. 그는 동료 화이트와 함께 새로운 철판 절단 기술을 도입해 큰돈을 벌었다. 테일러의 전기를 쓴 로버트는 테일러와 함께 일하던 사람들은 세상이 빠르게 변해가는 것을 직접 보았다고 했다.

테일러는 '인간'이니 '톱니바퀴'니 '기계'니 따위의 표현은 사용하지 않았다. 테일러는 처음에 자신의 경영 원칙을 '태스크 매니지먼트'라고 불렀다. 그러다 '과학적 매니지먼트'라고 타이틀을 바꾸었다. 테일러의 경영기법은 미국을 비롯한 전 세계 산업계에 '테일러주의'라는 이름으로 보급되었다. 테일러의 경영 원칙은 1911년 뉴욕에서 책으로 출간되었으며, 그는 대규모의 선거 운동을 하듯 자신의 이론을 발표하는 연설

---

• 돈과 시간을 동일시하는 개념은 2,000년 전의 로마에도 있었다. 그리고 '시간이 돈이다'라는 말은 벤자민 프랭클린이 쓴 『젊은 상언에게 보내는 편지Advice to young tradesman, Written by an Old One』를 통해 널리 알려졌다. 몇 년 후 프랭클린은 1720년대 런던에서 인쇄업자로 일하던 시절을 회상하며 이런 말을 했다고 한다. "시간을 낭비하는 사람은 돈을 낭비하는 것이다. 시간의 소중함을 잘 아는 어느 알뜰하고 근면한 부인이 생각난다. 그녀의 남편은 구두를 만드는 사람으로 유명한 장인이었다. 그런데 이 남편은 시간의 흐름에 전혀 관심이 없었다. 부인이 남편에서 시간이 돈이라는 인식을 심어주려고 노력했지만 아무 소용이 없었다."

로 다시 한 번 전국적인 화제가 되었다. 전단지에는 스톱워치를 들고 있는 그의 손을 묘사한 삽화가 그려져 있었다. 테일러의 생각은 경험 과학에 근거한 설득력이 있는 이론이었다.*

100년 전에 쓰여진 그의 논문은 요즘 독자들에게도 낯설지 않은 주장으로 시작된다. '이 나라에 나무가 울창한 숲이 점점 줄어들고 있다. 수력발전소가 쓰레기가 되고 있으며 농토는 홍수에 의해 바다로 변하고 있다. 석탄과 철광석도 고갈되고 있다.' 그런데 테일러는 가장 큰 낭비는 인력 자원을 효율적으로 활용하지 못하는 것이라고 주장했다. 테일러는 이것이야말로 크나큰 실수로, 풍부한 상상력과 과학적인 훈련으로만 고칠 수 있다고 강조했다. 그는 '과거엔 인간이 최우선이었지만 미래에는 시스템이 최우선이어야 한다'고 주장하면서 산업계의 미래를 위해 필요하다고 여겼던 '위대한 인간'이 현대식 방법으로 교육받은 보통 사람들로 대체될 것이라고 설명했다.

현대식 방법이란 테일러의 경영 기법을 의미했다. '매 작업의 각 요소에 사용되는 여러 가지 방법과 도구들 가운데 다른 어떤 것보다도 빠른 방법과 도구가 있다. 이것은 사용되는 모든 도구와 수단에 대한 과학적인 연구와 분석 및 한 치의 오차도 없는 정확한 동작 연구 및 시간 연구를 통

---

* 국가의 자원을 절약한다는 개념은 합리적인 생각이었다. 그리하여 6년 후 미국이 전쟁이 돌입하면서 테일러의 아이디어는 예지력마저 갖춘, 미국에 필수불가결한 것으로 밝혀졌다. 하지만 미국을 위대한 나라로 만들겠다는 그의 욕망은 지루한 정치적 슬로건처럼 보였을 것이다. 옛날이 좋았다는 생각은 분명 흥미롭다. 하지만 테일러의 시대나 루즈벨트가 살았던 1911년이 좋았는지 아니면 도널드 트럼프가 있는 2016년이 좋은지는 말로 설명하기 힘들다.

해서만 발견되거나 개발할 수 있다. 또한 이는 어림짐작으로 대충하던 방식에서 과학적인 방식으로 점진적인 대체를 이룰 기초가 된다.'

그가 말하는 '과학'이란 직접 눈으로 확인하고 데이터에 근거한 시스템을 말한다. 노동자들을 관리자가 철저히 관찰하는 것으로 테일러는 스톱워치를 들고 다니면서 세세한 부분을 하나하나 다 점검했다. 예를 들어, 자동차에 '타이어를 장착하는 시간, 전면 프론트 엣지를 자르는 시간, 전면 프론트 엣지를 마무리하는 시간, 보어 프론트를 자르는 시간, 보어 프론트를 마무리하는 시간' 등을 일일이 체크했다. 또 노동자들이 삽에 모래를 한가득 싣는 시간을 계산해 삽의 무게가 얼마일 때 작업이 가장 효율적인지 알아내려 했다. 그리하여 각 노동자들에게 알맞은 무게의 삽을 들게 했다. 테일러 이전에는 작업 방식을 이토록 정교하게 계산한 관리자가 없었고, 그처럼 강압적으로 노동자들에게 업무량을 준 사람도 없었다. 이렇게 작업 소요 시간을 분석한 뒤엔 각 노동자들에게 작업 지침서와 경영 방침이 전달되었다. 가능한 한 푸트-파운드**를 적게 하여 최고의 성과를 내는 방법에 관한 내용이다. 테일러가 정한 가이드라인에

---

**  '푸트-파운드foot-pound'란 소비된 에너지를 대략적으로 측정하는 단위를 말한다. 손이나 발을 이용하여 무게가 1파운드인 물체를 1피트 들어올리는 데 드는 힘이다. 그래서 '인간 마력'이라고 불리기도 했다. 테일러의 시간에 중심을 둔 작업 방식은 길브레스 부부에 의해 좀더 구체적으로 확장되었다. 이들 부부는 작업장에서 근로자들의 움직임을 세세하게 분류하여 작업 효율을 극대화하는 방법을 연구했다. 넓은 의미에서 본다면 길브레스 부부는 인적 요소를 노무 관리 연구에 도입하였으며 (단순한 매출액보다는) 인적 자원의 잠재성에 더 많은 관심을 가졌다. 따라서 현대적 형태의 인사 관리와 '인적 자원' 개념의 길을 열었다고 할 수 있다. 또한 이들 부부는 시간과 움직임이라는 개념을 12명 자녀들의 교육에도 적용했다. 이 내용은 부부의 가정 이야기를 재미있게 기록한 자전적 소설 『한 다스면 더 싸다Cheaper by the Dozen』에 상세히 기록되어 있다.

따라 만족할 만한 성과를 낸 노동자들에겐 그렇지 못한 노동자들보다 약간 많은 급여를 주었다. 전후 일본 기업에서 보았던 경영 방식의 효시라고 볼 수 있다. 다만 '적시생산방식'은 테일러리즘보다 기계화되었고 적용 범위가 넓어졌으며 인간성 회복에도 관심을 둔다.

작업 시간에 초점을 둔 테일러 경영 방식의 독창성은 어느 정도일까? 테일러의 경영 방식이 가진 엄격함과 다소 과장된 논리가 분명 참신하긴 했다. 하지만 테일러리즘은 영국의 공장에서 교육받은 노동자들이 100년 전부터 알고 있었던 요소들이 포함되어 있었다. 1832년, 찰스 배비지는 『기계와 생산자의 경제학』라는 책에서 방적기와 방직기를 효율적으로 배치하여 최상의 결과를 내는 방법을 제시했다. 또한 작업 능력이 탁월한 인력과 그렇지 못한 인력을 구분하여 보수를 차등 지급하는 방법을 제시했다. 프로그램이 가능한 컴퓨터 개념의 아버지라 불리는 배비지는 이탈리아의 정치경제학자 멜끼오레 조이아의 생각을 발전시켰을 뿐이라고 고백했다. 그리고 두 사람 다 18세기 애덤 스미스의 자유시장론을 잘 알고 있었다. 하지만 테일러가 제시한 구체적인 방법론과 주장은 멜끼오레 조이아의 이론과는 사뭇 달랐다.*

---

• 영국의 역사학자 에드워드 파머 톰슨의 명저 『시간, 근무 기강 그리고 산업 자본주의』를 보면 노동 현장에서 시계를 비롯해 시간을 재는 여러 가지 기계들이 보급되어 사용되었음을 알 수 있다. 톰슨은 19세기 초 산업국가 영국에서 수많은 육체노동자가 회중시계를 지니고 다녔다고 했다. 아마 그들이 가장 소중하게 여겼던 물건일 것이다. 그런데 일부 면화 공장 등에서는 시계를 보지 못하게 했다. 생산량을 좌우하는 건 노동자들이 아니라 시간이라고 생각하여 공장 주인들이 저녁 시간에 되면 시계들을 숨겨 교묘하게 근무 시간을 늘리기도 했다.

테일러는 전임자들이 하지 못한 일을 해냈다. 그는 미국 국민들에게 게으름병이 있다는 진단을 내렸다. 테일러는 미국과 영국의 운동선수들이 세계 최고라면서 1위를 하기 위해 있는 힘을 다 쏟아붓는 노력을 한다고 주장했다. 그런데 노동 현장의 근로자들이 농땡이를 부린다는 것이다. 테일러가 정의한 근무 태만soldiering에는 두 가지 유형이 있다. 자연스런 태만과 조직적 태만이다. 자연스런 태만은 인간이라면 누구나 편해지고 싶어 하는 자연스런 본능 때문에 생기는 것이다. 이와 달리 동료 근로자보다 일을 빨리 하는 것은 동료들 사이에 분열을 조장하는 배신행위이자 경영진만 이롭게 할 뿐이라는 신념에서 벌이는 것은 조직적 태만이라고 했다. 게다가 조직적 태만은 일을 빨리 하면 결국 실업자만 늘 거라는 생각이 바탕이 된 행위라고 강조했다.** 1903년, 테일러는 직장과 집에서 다른 속도로 사는 남자를 예로 들었다.

'이 남자는 직장 출퇴근길엔 시속 5~6킬로미터의 속도로 걷는다. 하루 일과를 마치면 뛰어서 집에 가는 날도 적지 않다. 그런데 회사에 오면 지체 없이 속도를 낮추어 시속 1.6킬로미터의 속도로 움직인다. 물건이 가득 실린 외바퀴 손수레를 밀 때는 심지어 언덕을 오를 때도 움직임이 재빠르다. 가능한 빨리 짐을 부리려는 심사다. 짐을 내리고 난 후엔 얼른 다시 시속 1.6킬로미터로 느리게 걷는다. 자리에 앉을 때를 제외하곤 온갖 수단을 다

---

●● 테일러에 의하면 미국에서 '근무 태만'이라고 하는 것을 영국에서는 '늘어뜨리기hang it out', 스코틀랜드에선 '태업Ca Canae'이라고 부른다.

동원하여 느리게 움직인다. 게으른 다른 동료 직원보다 더 많이 일하는 불상사가 생기지 않도록 최대한 느리게 움직이는 것이다.'

결국 효율성을 높이는 열쇠는 새로운 규칙의 엄격함에 있지 않고 교육과 강제력에 달렸다. 선순환의 개념을 이해하여 노사간의 반목을 없애야 한다. 생산성 향상은 제품의 가격 하락으로 이어져 매출 증가와 회사의 이익 증가, 근로자들의 임금 인상 그리고 고용율 확대로 이어진다. 20세기 초엔 그러한 선순환이 당연하다고 생각한 사람들이 많지 않았기에 테일러의 생각은 시대를 앞선 것이었다. '산업화된 지금 세상에서 근로자들 대부분은 물론 고용주들도 평화를 도모하기는커녕 전쟁을 벌이고 있다. 게다가 노사가 동일한 이익을 얻는 상호관계를 도모하는 것은 불가능하다고 생각하는 사람들이 많다.'

테일러가 논문에서 강조하지는 않았으나, 노사 간의 분규와 다양한 종류의 근무 태만이 이어지면서 최대 생산의 필요성이 강조되었다. 1915년에 사망한 테일러는 그러한 모습을 직접 목격하지 못했다. 20세기에 들어 테일러의 명성은 흥망을 모두 겪는다. 1918년 미국예술과학 아카데미는 테일러의 논문이 사회를 균형 있게 변화시킬 것이라고 강조하면서 테일러를 '제임스 와트의 적자'라고 칭송했다. 하지만 테일러의 경영 방식이 위계적인 구조로 되어 있다고 비판한 사람들도 있었다. 새로운 관리 조직 내에 관리자들을 층층이 배치한 것은 20세기 말 대기업들이 하던 방식과 다르지 않다.

테일러는 화합을 강조했지만 테일러리즘은 노동 현장의 불만을 불러일으켰다. 테일러의 경영 방식을 도입한 공장에서 직원들의 이직률이 끊임없이 높아졌으며 철도와 제강 공장은 파업에 돌입했다. 어쨌든 테일러란 사람은 함께 일을 하고 싶은 유형은 아니었다. 성격도 매우 독특하여 융통성 없고 권력 욕심이 많은 데다 자신은 비속한 말을 자주 하면서도 관리자는 그런 성격을 가져서는 안 된다고 주장했다. 노동의 엄격한 분업을 주장한 테일러는 육체적으로 강인해서 무거운 선철銑鐵을 다룰 수 있고 둔하고 멍청해서 선철 다루는 일을 직업으로 선택한 노동자는 선철을 다루는 과학은 이해하지 못한다고 강조했다.

테일러의 과학적인 경영 방식은 오랫동안 패러디의 대상이 되었다. 찰리 채플린 주연의 영화 「모던 타임스」(1936년)는 비인간적인 산업 사회를 풍자했지만 포드식 조립 라인과 테일러의 경영 기법에 대한 공격이었다. 이 영화에서 찰리 채플린은 '일렉트로 스틸 주식회사'의 생산 라인에서 볼트를 조립하는 노동자로 나온다. 영화의 첫 장면엔 (커다란 벽시계의 시계판을 배경으로 영화 제작에 참여한 사람들의 명단이 흐른 뒤) 수십 마리의 양들이 무리지어 지나가는 장면이 나온다. 도살장으로 향하는 양들의 무리라는 암시를 주는 장면이다. 이어서 노동자들이 지하철역 출입구를 무리지어 나오는 장면으로 바뀐다. 영화에서 채플린은 '공장 노동자'라고 간단하게 소개되며 음식을 먹여주는 기계에 묶인 채 기계가 주는 음식을 받아먹는다. 그런데 이 기계 고장으로 인해 금속 부품을 입에 무는 수난을 당한다. 게다가 깔끔한 외모의 공장 사장은 채플린이 일하는 컨베이어 벨트의 속도를 더 높이라고 지시한다.

헨리 포드는 테일러리즘과 포디즘(포드주의)는 서로 무관하다고 입버

룻처럼 말하고 다녔다. 물론 그의 주장이 거의 옳기는 하다. 포드는 미국의 다른 산업 분야 현장에서 더 큰 영향을 받았다. 바로 도살장이다 (자동차 생산 라인은 포드가 1913년 디트로이트의 새 부지로 공장을 옮긴 후에 가동되었다. 이는 1840년대 영국에서 소형 증기 기관 제조업체인 '리처드 가렛 앤 썬스' 공장에 초기 형태의 컨베이어 생산 라인이 도입된 지 70여 년 후였다). 하지만 테일러와 포드는 몇 가지 유사점이 있다. 두 사람 다 미국 제조업체들이 자부심과 번영을 되찾길 바랐다. 그리고 과학의 힘과 소비자들의 욕구를 이용하여 기계(관리상 필요한 기계이든 강철을 만드는 기계이든 상관없이)의 우월성을 정당화하고자 했다.*

테일러를 가차 없이 비판하는 사람들은 바로 그 점이 테일러가 가장 잘못한 일이라고 주장한다. 테일러의 시간과 기업 이익에 관한 개념은 20세기 중반에 생긴 많은 대기업들의 경영 방식에 변화를 주었다(이 시기에 이르러 스톱워치가 대량생산된다). 하지만 보다 긴 안목으로 본다면 지나치게 엄격한 테일러 시스템은 미국 산업계의 번영과 노사 관계에 해로운 영향을 미쳤다. 바로 이점이 전후 일본이 미국보다 선두에 나서게 되는 원인 가운데 하나이기도 하다. 또한 1980년대에 일본식 시스템이 전 세계에 널리 보급된 이유이기도 하다.

---

- 채플린이 영화 「모던 타임스」에 대해 미국 대공황기의 삭막한 노동 환경을 담았다고 주장했지만(공장 장면은 영화의 앞부분에만 나온다) 이 영화를 본 관객들은 자동차왕 포드의 컨베이어벨트 시스템을 연상하지 않을 수 없다. 채플린은 1923년 디트로이트에 있는 헨리 포드 소유의 하이랜드 공원에서 헨리 포드와 그의 아들 에드셀 포드를 만난 적이 있다. 당시 세 사람은 「모던 타임스」에 나오는 것과 비슷한 커다란 기계 앞에 서서 기념 촬영을 했다.

**

테일러는 개척정신이 강하고 영향력 있는 독불장군이라는 이미지가 강한 사람이다. 테일러의 전기를 쓴 로버트 캐니절은 테일러가 대다수 노동자들에게 제시했던 삶과는 전혀 다른 다채롭고 호화로운 생활을 즐겼다고 폭로했다. 그는 늘 고급 호텔에서 숙박했으며 강철 커팅 기술에 혁신적 방법을 도입하면서 많은 로열티를 챙겼고 자기가 하고 싶은 일만 골라서 하는 사람이었다. 게다가 본인이 개발한 시스템에 대한 부정적인 평가를 이해하지 못했다고 한다. 그가 남긴 것은 많은 수의 관리자를 두는 강압적인 관리 이론과 엄격하게 숫자를 따지는 방식뿐만이 아니다. 로버트 캐니절은 1997년에 쓴 테일러 전기에서 이렇게 언급했다. '테일러는 시계처럼 매우 정확하게 일하도록 하는 업무 환경을 만들어 놓고 떠났다. 그는 우리에게 우리 시대의 특징인 시간과 질서, 생산성 그리고 효율성에 집착하도록 하는 사고방식을 주입시켰다. 미국을 찾는 외국인들은 숨막힐 듯 급박하게 돌아가는 미국인들의 삶에 대해 입을 모아 이야기한다. 1856년에 태어나 1917년에 세상을 떠난 테일러의 생존 기간은 미국의 산업 혁명 기간과 정확히 일치한다. 테일러는 미국인이 바쁘게 살도록 하는 데 일조한 사람이다.' 캐니절에 의하면 애플 사 회장을 지냈던 존 스컬리John Sculley는 1994년 미국 아칸소 주의 리틀록에서 열린 당시 대통령 당선인 빌 클린턴이 주최한 경제 컨퍼런스 연설에서 테일러리즘을 두고 '현대사회가 버려야만 하는 시스템'이라고 언급했다.

그 대신 우리에겐 지금 새로운 족쇄가 채워져 있다. 지금의 디지털 세상을 보았다면 테일러도 깜짝 놀랄 것이다. 모든 산업이 컴퓨터로 제어되는 모습을 보았어도 큰 충격을 받았을 것이다. 테일러는 아시아 국가들의 부상을 예견하지도 못했다. 일일 8시간 근무제도 예상하지 못했으며 커리어 우먼이란 것도 생각지 못했을 것이다. 하지만 미래에 대한 예측은 섣부른 것인 경우가 많다. 1930년 경제학자 존 케인즈는 1세기 내에 주간 15시간 근무 시대가 온다고 예상했었다. 그러면서 남는 시간에 사람들은 무엇을 할지는 본인도 모른다고 말했다.* 어쨌거나 전문적인 시간 관리 서적이나 매일 18분의 추가 시간을 활용하게 해준다는 조언 따위는 더 이상 필요 없다는 생각이 든다. 차라리 영화를 보며 시간을 보내거나 남는 시간 활용 방안을 고민하는 게 좋겠다. 독자 여러분들은 지금 이 순간 남는 시간을 어떻게 쓰고 계신지 궁금하다.

---

• 존 케인즈의 예측 가운데 단 한 가지에 대해서만은 이의를 제기할 수 없다. 그는 이렇게 말했다. "결국 사람은 언젠가 죽는다."

버즈 올드린과 그의 시계 오메가: 행방불명된 시계

# Timekeepers

3부

—

# 잡힐 듯 잡히지 않는

# 시간을 파는 방법

**12:03**

## 타이맥스 시계 '바스코 다 가마' 한정판

/

타이맥스 시계가 곧 우편으로 배달될 예정이다. 나는 나흘 전에 어느 잡지에 실린 광고를 보고 시계를 샀다. 그리고 8만 3,000원짜리 이 시계를 산다면 다시는 다른 시계에 눈길을 주지 않으리라 다짐하면서 시계 구입을 합리화했다. 잡지에 실린 다른 시계들은 대부분 수백만 원대의 고가 제품이었다. 내가 주문한 시계는 미국에서 만든 '타이맥스 익스페디션 스카우트'로 두툼한 두께에 케이스 직경이 40밀리미터인 최근에 유행한다는 제품이다. 베이지 색상의 두꺼운 나일론 시곗줄은 캔버스천 같은 질감이고 전반적인 디자인은 군용 시계처럼 보인다. 여러 가지기능이 담긴 복잡한 시계는 아니다. 수정 발진식 아날로그 무브먼트에다 시간을 맞추는 크라운이 하나만 있는 구형 스타일이다. 스톱워치 버튼도 없고 문페이즈도 없다. 무브먼트를 밖에서 볼 수도 없다(유일하게 보이는 내부 부품은 배터리뿐이다). 초침은 숫자판 위를 부드럽게 스치듯 지나가는 방식이 아니라 매초마다 덜컥덜컥 소리를 내며 움직인다. 황동 소재 케이스는 광택이 나는 스테인리스 스틸처럼 보이게 만들었으며 보석은 하나도 박혀 있지 않았고 자그마한 날짜 확인 창이 있는데 매년 2월 말에 날짜를 다시 조정해야 한다. 50미터 깊이에서도 버티는 방수 기술을 적용했고 다이얼에는 아라비아 숫자가 새겨져 있으며 시곗줄은 버클식이다. 이 제품의 트레이드마크는 인디글로 나이트 라이트 기능으로 크라운을 누르면 다이얼 전체가 발광하여 어두운 물속에서도 시간을 알 수 있게 만들었다. 야간이나 시야가 어두운 곳에서 위험한 임무를 수행하는 사람들에겐 중요한 기능이다. 물론 난 특수 요원이 아니니 위험한 임무랄 것이 없고 깊은 물에서 방수되는 시계가 필요하지도 않다. 그리고 나는 사실 무브먼트의 기계음을 즐기지 않는다. 초침이 움직일 때 나는 소리가 너무 커서 밤에 잘 때는 옷장 안에 넣어두어야 할 것 같다. 물론 그렇게 하면 인디글로 나이트 라이트 기능도 아무 소용이 없겠지만. 그러면 왜 이 시계를 샀을까? 이 문제는 좀더 근본적으로 생각해 볼 필요가 있겠다. 누구나 시계 하나쯤 지니고 있을 21세기 인간들이 기능도 별반 다를 것 없는 시계를 또 사는 이유가 뭘까?

시계 판매량을 감소시키거나 시계회사 마케팅 직원들을 곤경에 빠뜨리게 하려는 의도로 던지는 질문은 아니다. 하지만 내가 제기한 의문의 해답은 바로 시계회사 마케팅 부서에 있다. 나 역시 시계가 있는데도 하나를 더 구입한 것인데, 시계가 이미 있는 사람들 중 적지 않은 이들이

나처럼 추가로 시계를 산다. 시계회사들의 마케팅 전략에 의해 그렇게 되는 것이다. 언제 어디에서든 시간을 지키고 시간을 보아야 하는 필요성을 부각시키며, 게다가 사람들이 시계를 살 필요가 점점 없어질수록 시계회사들은 시계 판매를 더 늘리려는 마케팅 전략을 쓴다. 고품격 잡지를 보는 사람들은 기업들의 홍보 전략을 잘 알 것이다. 잡지에서 주요 기사 내용을 보려면 한참 동안 적지 않은 페이지를 넘겨야 한다. 예를 들어,《뉴욕타임스》를 펼치면 마치 신문에서 째깍째깍 소리가 들리는 듯하다. 향수나 쥬얼리, 자동차 광고와 더불어 시계 광고가 실리지 않는 날이 거의 없기 때문이다.

얼마 전《베너티 페어Vanity fair》라는 잡지를 보니 첫 페이지부터 여러 시계회사의 광고들이 다음의 순서로 실렸다.

1. '우리가 만드는 것은 시대를 초월하지만 '전통'이라고만 얘기할 수는 없습니다. 우리는 조각하고 그림을 그리고 탐험하지만 조각가도 화가도 탐험가도 아닙니다. 우리가 하는 일을 완벽하게 표현하는 단어는 없습니다. 단 하나의 길, 롤렉스 웨이만 있을 뿐입니다.'

2. '주 계곡la Vallée de Joux, 그곳은 언제나 거칠고 험한 지역이었습니다. 그 계곡의 작은 마을 르 브라쉬스에서 1875년에 오데마 피게가 탄생했습니다. 그 곳에서 시계 장인들은 처음으로 시계를 만들었습니다. 그들은 자연의 위력에 대한 경외감을 느끼면서 완벽한 시계를 만들어 자연의 신비를 정복하고자 했습니다.'

   (보름달이 어두운 숲을 비추는 사진을 실은 광고다.)

3. '몽블랑이 위대한 탐험가를 기념하는 '몽블랑 헤리티지 크로노메트리 퀀텀 컴플리트 바스코 다 가마'를 한정 제작하여 판매합니다. 은빛이 감도는 은은한 화이트 다이얼 위에 날짜와 요일, 월, 문페이즈 기능을 모든 갖춘 풀 캘린더를 탑재하고 있으며 6시 방향에 새겨 놓은 독특한 문페이즈는 바스코 다 가마가 1497년 인도양에 도착한 순간 희망봉에서 바라본 밤하늘의 모습을 재현합니다. 몽블랑 홈페이지를 방문하세요.'

(숄더백을 매고 헬리콥터에 오르고 있는 남자의 사진을 실었다.)

일반 독자들을 겨냥하여 만든 광고들이다. 이미 시계의 유혹에 빠진 사람들, 즉 여러 개의 시계를 보유하고 있으면서도 컬렉션에 추가할 새로운 시계를 찾는 시계 마니아들을 겨냥한 광고에는 더 구체적인 내용이 실린다. 그럴 수밖에 없는 것이 시계를 여러 개 차고 다니는 사람은 전쟁 시의 건달들뿐이다. 대부분의 사람들은 시계를 하나만 차고 다니며 화려한 광채나 투자 가치 등을 고려하지도 않는다. 게다가 여러 개의 시계를 차고 다니면 정확한 시간을 몰라 불안해진다. 즉, 시계를 하나만 차면 시간을 정확히 안다는 확신이 있지만 하나를 더 차면 각 시계의 시간이 약간 다르기에 그러한 확신이 깨지기 때문이다. 비용 문제도 만만치가 않다. 과거에는 누구나 하나쯤 있어야 하는 필수품이었지만 지금은 불필요한 물건이 된 시계 하나에 수백만 원을 쓴다는 건 좀더 설득력 있는 이유가 필요하다. 그러다 보니 시계 광고는 필요성 차원이 아닌 인간 본성의 다른 측면을 건드려야 한다. 결국 터무니없고 도를 넘는 내용의 광고를 하게 된다. 나도 언젠가 시계회사들의 컨벤션에 참석한 적이 있는데, 참가 등록을 하느라 내 이메일 주소를 남긴 후로 컨벤션에 참여했던 시계회사들이 최신 시계를 홍보하는 이메일을 계속 보내온다. 나는 즐거운 마음으로 이메일들을 열어보곤 한다. 메일의 내용은 대개 이렇다.

> 사이먼 가필드 선생님께,
> 프랑 빌라Franc Vila가 신제품 〈FV EVOS 18 코브라 스켈톤〉을 선생님께 소개드립니다. 텍사리움 소재 케이스로 만든 저희 신제품 시계를 첨부한 홍보물에서 보실 수 있습니다.
>
> 오펠리 드림

그러면 나는 얼른 첨부를 열어본다. 특히 텍사리움에 대해 호기심이 생겼기 때문이다. 새로 개발된 소재인지 아직 위키피디아에도 올라 있지 않다. '아, 시간이여, 운행을 멈추어라.' 홍보물은 그런 문구로 시작되었다. 이것은 마치 나를 위한 쓴 카피가 아닌가! '프랑스의 작가 알퐁스 드 라마르틴이 쓴 시의 한 구절이 해골 모양의 무브먼트를 가진 새로 나온 코브라 시계를 대변합니다……. 이 시계는 무브먼트를 눈으로 볼 수 있게 유리 다이얼을 장착했습니다. 해골 형상의 무브먼트에 눈길이 머물 때면 마치 마술을 보는 듯합니다. 시간이 멈춘 듯합니다.'*

---

* 2015년 7월에 88개 한정으로 출시된 시계 코브라는 직경 57밀리미터의 대단히 큰 시계로 케이스가 점점 커지는 트렌드를 반영하여 제작했다. 이 시계를 제작한 프랑 빌라는 독학으로 시계 제작 기술을 배운 스페인 사람으로 오펠리에 따르면 무슨 일이든 운에 맡기지 않은 사람이라고 한다.

스위스의 독립 시계 제작자 비아니 할터가 제작한 '해리 윈스턴 오퍼스 3'를 더 좋아하는 사람들도 많다. 비아니 할터는 1977년 열네 살의 나이로 파리의 시계 기술 학교에 입학하여 시계 기술을 배운 사람이다. '해리 윈스턴 오퍼스 3'은 전자계산기에 영감을 받아 만든 시계로 시 곗바늘을 사용하지 않고 숫자로 시각을 나타낸다. 시제품을 만드는 데 만 2년이 걸린 이 시계는 250개의 부품으로 구성되어 있다. 10개의 디 스크와 각각 다른 속도로 각각의 축에서 회전하는 47개의 숫자가 6개 의 창에서 시와 분, 초 그리고 날짜를 나타낸다. 윗줄 양쪽 끝 숫자 창은 시간을 나타내고 아랫줄 양쪽 끝 숫자 창은 분을 나타내며 가운데 줄의 위아래 두 창은 날짜를 표시한다. 그리고 분이 바뀔 때마다 56초부터는 윗줄 가운데 창에 숫자 56, 57, 58, 59가 차례로 나타난다. 명품 시계이 기는 하나 그다지 예쁜 디자인은 아니며 다루기가 힘들어 보이고 필요 성이 전혀 느껴지지 않는다. 25개 한정판으로 만들어 부르는 게 값인데 그 가격이 14억에 육박하는 것으로 알려져 있다.

하루는 1816년에 창립되어 스톱워치를 발명한 프랑스 시계회사 루 이 무아네에서 이메일이 왔다. 루이 무아네의 신제품은 구형 스타일의 시계로 화석이 된 공룡 뼈로 만든 다이얼이 특색이다. 쥐라기 시계로 알 려진 이 제품은 최신 설비를 이용하여 1억 4,500만 년 전과 2억만 년 전 사이에 형성된 화석으로 만들었다. 사용된 화석은 미국에서 발견된 공 룡 화석으로 스위스의 공룡 박물관의 전문가들이 진짜임을 보증했다. 목과 꼬리가 무척 긴 거대 초식 공룡 디플로도쿠스의 화석으로 시계 마 니아들에게 좋은 선물이 되었다.

사람들이 시계를 사는 또 다른 이유가 있다. 역사적인 물건을 착용하여 본인의 능력을 과시하려는 욕망이다. 현대 기업들의 마케팅 전략은 뭔가 그럴듯한 이야기를 만들어서 광고에 활용하는 것이다. 요즘은 슈퍼마켓에서 파는 달걀도 나름의 역사가 있다. 닭이 부화된 장소를 표기함으로써 혈통 있는 닭임을 홍보하는 전략이다. 시계 업계의 이야기 대가들은 영국 옥스퍼드셔 템스 강가에 있는 도시 헨리온템스에 위치한 시계회사 브레몽의 오너들이다. 브레몽은 시계 내부에 역사적인 유물을 집어넣어 명성을 얻었는데, 영국 작가 로버트 해리스의 소설 속 내용까지 인용하여 광고한다.

2002년 이 회사를 설립한 두 영국인 닉과 자일스는 항공기 디자이너 출신으로 파일럿용 시계를 멋지게 만들어 출발했다. 그리고 이 회사는 기발한 아이디어를 대담하게 실행에 옮긴다. 2013년에 출시된 시계 '코드 브레이커 크로노그래프'에 블레츨리파크 이야기 세 가지를 담았다. 먼저, 제2차 세계대전 당시 나치 독일의 암호 에니그마Enigma를 해독할 목적으로 영국 블레츨리파크에 세웠던 암호 연구소 건물의 소나무 마루판을 가져와 이를 조각내어 크라운 안에 집어넣었다. 그리고 스테인리스 스틸 또는 로즈 골드 케이스의 옆면에는 블레츨리파크 공원 암호 연구소에서 사용했던 컴퓨터 펀치 카드 모양을 구현했다. 또 한 가지, 케이스 뒷면에 독일 에니그마 암호 기계에 실제로 쓰였던 얇은 회전자를 장착했다. 가격은 대략 1,665만 원부터 시작한다.

영국인들의 창의력이 발휘된 시대를 반영한 시계도 있다. 1805년 트라팔가 전투에 투입된 배의 목재와 구리를 이용해서 만든 시계다(두 영국인 형제는 이 시계를 만들기 위해 넬슨 제독의 HMS 빅토리 호 소유주들과 협상을 벌여 구입했다). 우리의 일상생활을 바꾼 물건을 소재로 만든 브레몽 시계도 탄생했다. 1903년 12월 7일, 라이트 형제는 공기보다 무거운 동력비행기를 발명했다. 올빌과 윌버 라이트는 이 비행기로 노스캐롤라이나 주 키티호크 근처에서 하루에 네 번 비행했다. 사람들은 라이트 형제의 비행기 '라이트 플라이어 호'가 역사에 남을 유물이 될 거라고 확신했다. 하지만 블레츨리파크의 암호 연구소나 HMS 빅토리 호처럼 라이트 플라이어 호가 누군가에게 일부분이 팔려 재활용되리라곤 생각지도 못했을 것이다. 그런데 결국 그 일이 일어나고 말았다. 라이트 플라이어 호는 1948년까지는 런던 과학박물관에 전시되어 있었다. 그리고 지금은 미국 워싱턴DC의 스미소니언 국립항공우주박물관에 있다.* 이 비행기로 최초 비행에 성공한 뒤 1916년 일반에게 처음으로 공개되기 전, 두 형제는 가문비나무로 만든, 양 날개에 씌웠던 모슬린을 다른 천으로 교체했다. 좀 더 깨끗하고 밝은 색 소재로 바꾼 것이다. 브레몽은 맨 처음 씌웠던 오리지널 모슬린을 라이트 형제의 유족에게서 사들여 '브레몽 라이트 플라이어' 한정판 시계에 넣었다. 이 시계의 유리 아래를 자세히 보면 작

---

* 라이트 플라이어 호의 실제 비행 시간은 짧았다. 그보다는 나무 상자에 담겨 트럭과 배로 옮겨 다니는 데 더 많은 시간을 소요했다. 그래서 19세기 초, 그리스에서 영국으로 반출된 엘긴 대리석 Elgin Marbles의 이송과 비교되곤 한다. 이 비행기는 나무 상자에 담겨 미국 오하이오 주의 데이톤에 있는 창고에서 13년을 보냈다. 그리고 1916년에 매사추세츠 공과대학에서 잠시 공개되었다가 1917년과 1919년 사이에 공개 행사에 전시하기 위해 몇 주간 외부로 옮겨졌을 뿐이다. 그러는 동안 라이트 형제와 스미소니언 박물관 간에 비행기가 진짜 최초 동력비행기인지를 두고 논란이 벌어졌다.

은 점처럼 보이는 천 조각이 바로 그것이다. 정말 멋진 경험이 아닌가? 역사의 유물이 담겨 있는 손목시계를 차고 다니는 것이다. 타이맥스 사 사장도 말했듯이 나도 이 시계를 갖고 싶지만, 아마도 4,094만 원씩이나 하는 가격 때문에, 그러지 못하고 있으니 안타까울 따름이다.

그리고 이들에게는 광고할 것이 더 남아 있다. 이 광고는 소비자들로 하여금 죄책감을 들게 해서 시계를 사지 않고는 못 배기게 만든다. 많은 장인들이 소비자들을 위해 시계를 만드느라 눈을 혹사하여 시력이 나빠졌으며, 따라서 개념 있는 소비자라면 아르고스(저가의 가전제품을 파는 영국의 유통업체) 카탈로그에서 싸구려 시계를 골라 구입하면서 이런 훌륭한 전통을 포기하는 일은 없어야 한다고 강조한다. 혹은 오래전부터 스위스 베른의 자그마한 시계 작업장에서 가격을 매길 수 없는 소중한 시계를 만들어왔으며 이제 당신의 시계 컬렉션에도 하나를 추가할 시간이라고 광고하는 것이다.

'브레게 SINCE1775'로 잘 알려진 브레게의 크림색 광고 카피는 문학 작품 구절을 인용했다. '항상 깨어 있는 그의 브레게 시계가 정오를 알려줄 때까지, 한가로이 가로수 길을 걷는 멋쟁이 신사…….' (알렉산드르 푸시킨이 1829년에 쓴 작품 『예브게니 오네긴』 중에서) 또는 이런 카피도 있다. '그는 브레게가 만든 가장 섬세하고 멋진 시계를 꺼내들었다. 어라, 11시잖아. 일찍 일어났는걸.' (오노레 드 발자크가 1833년에 쓴 『외제니 그랑데』 중에서) 이는 요즘 영화나 텔레비전 드라마에 특정 제품을 소도구로 삽입하는 간접광고PPL와 비슷하다. '그 남자의 조끼 주머니에 멋진 황금 체인이 매달려 있었다. 그리고 납작한 모양의 시계가 살짝 보였다. 남자는 브레게가 만든 톱니바퀴 열쇠를 만지작거렸다.'(오노레 드 발자크가 1842년에 쓴 『말썽꾼』 중에서)라는 카피도 있다. 대작가들(스탕달, 윌리엄 새커리, 알렉상드르 뒤마, 빅토르 위고)의 작품을 인용하고 명품 소비자로 널리 알려진 유명 인사들(마리 앙투아네트, 나폴레옹 보나파르트, 처칠)을 언급하여 이들과 이어지고 싶도록 소비자를 유혹하는 전략이다. 즉, 돈을 주고 명사들의 타임라인과 연결되어 보라고 권하는 것이다.

## 명품 시계 전시회 '바젤월드'

요즘은 시간이 정확하게 잘 맞는다고 강조하는 시계 광고는 찾아보기 힘들다. 또는 과거 우리 할아버지들의 생각을 지배했던 다른 주제들, 예를 들자면 기업에 대한 신뢰성이나 짧은 수리 기간 같은 것을 강조하지도 않는다. 대신 위험한 곳을 탐험하는 모험가나 큰 목표를 이룬 사람들을 광고에 등장시킨다. 아메리카컵 요트대회 우승자가 착용한 시계, 그랜드슬램 우승자가 착용한 시계라는 내용으로 광고를 한다. 시적이고 아름다운 디자인으로 태양계의 모습을 그대로 담은 시계나 극한 상황에서도 견딜 수 있는 시계를 광고하는 시대에 정확성은 기본이며 사람들 역시 정확성 이상의 것을 주는 시계를 원한다. 요즘은 시간만 보기 위해 시계를 착용하는 사람은 거의 없다. 정확한 시간을 확인하는 방법은 주변에 얼마든지 있기 때문이다. 교회나 시청에 걸린 시계는 물론이고 공장이나 기차역에도 시계가 있다. 게다가 트랜지스터나 원자 물리학, 위성 등을 이용하여 시간을 맞추니 시간이 틀릴 수가 없으며 어딜 가든 시계가 있다.

우리가 사는 세상은 컴퓨터와 내비게이션, 금융, 산업의 시대이며 우주 개발의 시대다. 이 모든 것들이 정확한 시간에 의존하여 움직이지만 우리가 늘상 시계를 들여다보며 살지는 않는다. 우리가 계속 시계를 들여다보게 되는 날은 따로 있다. 바로 세계 최대 시계회사가 신상품을 출시하는 날, 그리고 세계 유명 시계회사들이 매년 스위스 바젤에서 이를 론칭할 때 말이다. 공항 크기의 거대 전시관에서 열리는 시계 페스티벌인 바젤월드는 화려한 축제 분위기로 진행된다. 그리고 사람들은 이미 시계를 가지고 있는 사람들에게 시계를 또 팔아먹으려는 수작임을 알면서도 즐거운 마음으로 새 시계를 산다. 이런 일이 벌어지는 이유가 도대체 뭘까? 헨리 8세 시대 이후 많은 사람들이 자신의 신분을 과시하기 위해 요란한 물건을 열망하기 때문이다. 요즘의 돈 많은 사람들은 보석을 주렁주렁 몸에 걸치고 외출하진 않는다. 산 정상이나 호숫가에서 보석을 걸치고 있는 사람은 더욱이 없다. 그러다 보니 이들의 과시욕과 기대치를 해결해 주는 것이 바로 시계다. 2015년 초에 만난 오데마 피게에서 시계 박물관을 관리하는 세바스티안 비바스 씨는 애플워치가 두렵지 않다고 자신 있게 말했다. 그가 정말로 걱정하는 건 어느 날 사람들이 시간을 보기 위해 시계를 찬다는 생각은 아예 하지도 않고 보석만 박혀 있는 시계를 손목에 차는 것이라고 했다.

음악이나 패션과 마찬가지로 시계 디자인도 소비자들의 갑작스런 취향 변동에 민감하다. 10년 전만 해도 묵직한 크로노그래프가 유행이었다. 다음엔 너도나도 디자인이 우아한 시계에 열광했다. 놀라운 사실은 지금 같은 디지털 시대에도 변함없이 시계가 필수품이라는 것이다. 그 이유가 뭘까? 시계회사들의 판촉 활동이나 소비지상주의, 과시욕을 넘어 다른 이유가 있다. "내 월급이나 상여금으로 고급 시계 하나쯤 살 수 있습니다. 그리고 저는 시계회사의 광고 내용이 틀리지 않다고 생각합니다. 시계야말로 개성을 표현하는 수단이며 좋은 물건을 즐기는 방법이라는 내용 말이죠." 미국의 과학사학자 제임스 글릭은 인간에겐 각종 데이터를 처리하는 장치가 두 개라고 했다. 두뇌와 손목시계다. 1995년에 글릭은 시계의 기능이 최근 들어 크게 늘어 비록 투박하고 단순한 모양이긴 하지만 고도계는 물론 수심 측정기, 나침판 기능을 갖추었다면서 "약속 시간을 알려주고 심장 박동과 혈압을 모니터링하며 전화번호를 저장하고 음악도 들을 수 있습니다."라고 언급했다.[•] 요즘은 필요 이상의 복잡한 물건을 만들거나 초소형으로 만드는 기술이 새로운 수준에 이르렀다. 과거에는 한 가지 중요 기능만 갖추었던 소형 기계에 지금은 56가지의 그다지 중요하지 않은 기능이 들어있다.[••] 하루에 두 번

---

- 《뉴욕타임스》 1995년 7월 9일자
- •• 여러 가지 기능을 담은 시계의 최고 기록은 57개다. 2015년 9월 바쉐론 콘스탄틴이 출시한 '티볼리Tivoli'가 역사상 가장 복잡한 컴플리케이션 시계다. 빅토리아 스타일의 회중시계로 웨스트민스터 까리용 스트라이킹 기능이 있고 19년을 주기로 하는 히브리 달력이 적용되었으며 천문 캘린더 기능 등을 담았다. 이전 기록은 프랭크 뮬러가 제작한 '아에테르니타스 메가 4'다. 36개의 컴플리케이션과 1,483개의 부품으로 제작한 이 시계는 지금도 복잡한 손목시계의 최고봉으로 알려져 있다. 36개의 컴플리케이션 가운데 25개는 다이얼을 통해 직접 확인이 가능하다. 웨스트민스터 대성당 시계의 차임을 보여주는 그랑 소네리 기능이 있고 그레고리 달력, 문페이즈를 넣었으며 태음월(초승달이 된 때에서 다음 초승달이 될 때까지의 시간. 약 29.5일)마다 6.3초의 오차가 있다. 프랭크 뮬러 시계는 그 위업을 자랑할 만한데, '명작'이라는 제목으로 시작되는 광고 내용은 이렇다. '이례적으로 특출한 이 시계를 바라보면 무한한 영감을 느낍니다. 명품 시계 메이커를 사랑하는 시계 애호가의 눈에도 유일무이한 명작으로 보입니다.' 가격은 31억 6,700만 원이다.

만 태엽을 감으면 구매자의 속물근성을 자극하는 기능들이 정교하게 움직여준다. 시계 알람이 교회 종소리에 가까울수록 이 시계를 찬 사람은 더욱더 의기양양해진다. 하지만 바쁘기 그지없는 세상에 태엽을 감는 데 드는 시간조차 아까운 사람들을 위해 아예 태엽을 감지 않아도 작동하는 시계도 있다. 이는 식기세척기를 이용하여 설거지를 하는 일과 별반 다르지 않다. 그냥 일상생활을 하면 팔이 언제든 움직이므로 그 힘으로 메인 스프링이 감겨 자동으로 동력을 전달해주기 때문에 시곗바늘이 정확하게 움직인다.

손목시계를 착용하는 데는 멋을 부리고자 하는 욕망을 넘어선 다른 이유가 있다. 15세기의 어느 순간부터 시간을 말하는 일이 첨단 기계나 기술을 통달하고 있음을 과시하는 방법으로 활용되었다. 시계는 직장 동료에게 자랑하고 싶은 물건일 것이다. 그런데 시계가 좀더 웅장한 무엇, 천문학적인 무언가를 보여줄 때도 있다. 즉, 시계 엔지니어들은 천문과 관련된 기능을 시계에 구현하는 기술적 경지에 도달했다. 시계 다이얼에 우주의 별들을 배열하고 더 나아가 시간 자체의 본질을 파악하는 길을 열었다. 시계추를 이용한 시계에서 시작해서 이스케이프먼트를 이용하는 시계로 진화를 거쳤으며 지금은 초소형의 가벼우면서 우아한 모양을 한 기계 장치가 되어 정신없이 바쁘게 돌아가는 세상을 통제한다. 우리가 만든 세상은 지금 인간의 통제 범위를 거의 벗어나 가속이 붙었으며 시계가 적지 않은 역할을 했다. 그리하여 하늘이 정한 보편성을 벗어나 인간의 운명을 결정하는 능력을 갖게 되었다. 그러나 그런 세상이 된 것에 시계가 책임을 질까? 정확성을 자랑하는 시계는 인간에게 책임을 돌릴 것이다. 이는 시간이 정확한 시계 탓이 아닌 인간의 책임이다. 하지만 더 비싼 시계, 더 희귀한 시계, 더 두껍거나 더 얇은 시계, 좀 더 복잡한 시계가 나올수록 인간에게 더 많은 책임이 있다고 할 수 있을까? 광고회사들은 그렇다고 말할 것이다.

**

바젤월드, 그 명칭을 참 잘 만들었다. 그야말로 시계들의 세상이다. 바젤월드는 매년 3월, 전체 면적 14만 제곱미터에 달하는 6개의 대형 전시관에서 개최된다. 이 전시관 안에서 세계 최대 명품 시계회사들의 부스는 국가 홍보관을 방불케 하는 규모다. 예를 들어, 내가 2014년에 갔을 때 브라이틀링 사는 자사 부스에 거대한 직육면체 수족관을 설치하고 수백 마리의 열대어를 풀어놓아 눈길을 끌었다. 티소와 튜더는 전시된 자사의 제품들 뒤로 현란한 불빛을 발산하는 거대한 벽을 설치했다. 한편 태그호이어 사는 부스 앞에 시계 기술자 한 명을 배치하여 쉽지 않은 시계 제조 과정을 직접 보여주었다. 자동차 경주를 좋아하는 팬들이 이따금 발생하는 충돌 장면에 열광하듯이 태그호이어 마니아들은 시계 기술자가 나사를 카펫 위에 떨어뜨리길 기대하는 듯 보였다.

나는 당시 프로축구팀 첼시의 감독이자 위블로 사의 브랜드 홍보대사로 활동했던 주제 무리뉴와 함께 위블로 컨퍼런스에 참가했다. 각 시계회사들은 브랜드 홍보대사를 두고 있다. 이들이 시합에 우승하는 순간 시계를 차고 있지 않았다는 사실은 그리 중요하지 않다. 리오넬 메시와 크리스티아누 호날두도 각각 오데마 피게와 제이콥앤코의 홍보대사를 맡았다. 위블로는 주제 무리뉴와 더불어 우사인 볼트도 홍보대사로 임명했다. 브라이틀링은 존 트라볼타와 데이비드 베컴을, 몽블랑은 휴 잭맨, 태그호이어는 브래드 피트와 캐머런 디아즈, 롤렉스는 테니스 선수 로저 페더러, IWC는 이완 맥그리거, 론진은 영화배우 케이트 윈슬렛을 브랜드 홍보대사로 삼았다. 오래도록 사용할 수 있고 세대를 초월하는 가치를 가진 브랜드라는 점을 강조하는 파텍 필립은 팝스타 테일러 스위프트나 별똥별처럼 반짝 나타났다가 사라지는 스타들에게 자사의 홍보대사를 해달라고 요청하지는 않는다. 대신 이 회사에는 빅토리아 여왕을 비롯해 다른 시대에 살았던 명사 고객 리스트가 있다.

　주제 무리뉴 감독은 콤햄에 있는 첼시 연습장에서 바젤로 비행기를 타고 날아왔다. 뮤리뉴는 회색 캐시미어 니트 위에 회색 레인 코트를 걸치고 있었다. 참석자들의 박수갈채 속에 위블로 시계를 받은 뮤리뉴 감독은 평소 위블로 시계를 좋아했었다고 짧은 소감을 발표했다. 하지만 그는 공식적인 멘트를 하는 것이다(그의 은행 통장으로 이미 계약금이 입금되었다). 그가 받은 시계는 '킹 파우어 스페셜 원'이라는 이름의 제품이었다. 거의 주먹 크기의 시계로 18캐럿 블루카본 킹 골드와 셀프 와인딩 기능이 있는 유니코UNICO 매뉴팩처 무브먼트를 장착하였으며 300개의 부품에 직경 48밀리미터 대형 케이스를 채택했다. 내부 기계 장치들을 눈으로 볼 수 있으며 푸른색 악어가죽 시곗줄과 72시간의 파워리저브를 자랑한다. 100개 한정판으로 제작하였으며 가격은 약 6,120만 원이다. 무리뉴 감독을 비유한 이 시계의 광고 카피는 이렇다. '이 시계는 도전적이며……, 단단한 겉모습 속에 천재성을 감추고 있습니다.' 굉장히 멋진 모양이지만 한편으로 흉측해 보이기도 한다. 그리고 무엇보다 실용성이 없어 보였다.

'위블로 킹 파우어' 시리즈에는 정말 이상한 점이 있다. 탱크처럼 보이는 외관이 아니라 시간이 잘 맞지 않는다는 점이다. 미국의 대중 시계 잡지《워치타임》은 이 시계의 초기 모델 하나를 테스트해 보았다. 그 결과 하루에 1.6초 내지 4.3초 빨리 가는 것으로 드러났다. 고가의 스위스 시계에서 일어날 수 없는 일이었다. 내가 산 타이맥스 익스페디션 스카우트는 한 달에 약 18초, 1년에 약 4분 늦게 가니 그나마 나은 편이다. 1년에 4분 정도 틀리는 건 크게 문제될 일 없다. 육상 선수들이 1마일을 뛰어가는 시간이다. 물론 카펫을 깔아 놓은 바젤월드 전시장을 뛰어다니려면 훨씬 더 많은 시간이 소요된다. 타이맥스를 살 정도의 돈은 있지만 위블로를 찰 능력은 안 되는 나는 전시장에서 시계회사들의 마케팅 전략을 구경하면서 대부분의 시간을 보냈다. 사실 어찌 보면 내가 그곳에 간 것도 시계회사들의 마케팅 전략 덕분이었다. 나는 스위스 기차역 벽시계 모양과 똑같이 디자인한 손목시계 '몬데인 스톱투고'의 광고 카피가 각별히 맘에 들었다. 이 시계의 특징은 초침이 58초 동안 움직이는 점이다. 즉, 초침이 12시 방향에 오면 2초간 멈추며, 초침이 멈춰 있을 때 분침이 한 칸(1분) 움직인다. 한 바퀴를 58초 동안 돌고 2초간 멈춰 있는 독특한 방식이다. 이는 스위스의 모든 기차역에 설치되어 있는 시계들의 시각을 똑같이 맞추기 위한 기능이라고 한다. 실제로 초침이 2초간 시간이 멈춘 것을 보았을 때 처음엔 어처구니가 없었지만 곧 태그라인의 문구를 보는 순간 뜨끔했다. '2초가 당신에게 어떤 의미가 있

습니까?'

'빅토리녹스 스위스 아미' 부스에서 만난 직원은 자사의 나이프 제품들처럼 시계도 실용성이 좋으며 시간이 정확하다고 자랑을 늘어놓았다. 금년도 이 브랜드의 효자 상품은 '크로노 클래식'이다. 부가 기능이라곤 퍼페추얼 캘린더와 100분의 1초까지 잴 수 있는 스톱워치 기능이 전부인 단순한 구조다. MCT Manufacture Contemporaine du Temps 부스에 몰려가 회전 플립방식 손목시계 '시퀀셜 투 S200'를 본 사람들에겐 너무나 전통적인 방식으로 보일 것이다. 시퀀셜 투 S200는 독특한 방식으로 시간을 나타낸다. 가운데 독수리 문양 주위를 감싸고 있는 'C'자 모양에서 열려 있는 부분이 현재의 시간을 보여준다. 그리고 1시간이 지나면 열려 있는 부분이 반시계 방향으로 90도 회전하여 다음 시간을 나타낸다. 1시간이 흐르는 동안 'C'자 모양의 열려 있는 부분 반대편에선 프리즘들이 움직이며 2시간 뒤의 숫자를 준비하는 모습을 볼 수 있다. 왜 이런 시계를 만들었냐고 의문을 제기할 필요는 없다. 피카소의 그림을 보면서 왜 이렇게 그렸냐고 묻는 거나 다름없다.

대부분의 시계회사들은 사회에서 크게 성공한 남성들을 구매 타깃으로 삼지만 성공한 여성들도 홍보 대상으로 삼아 판촉 활동을 벌인다. 에르메스 부스에 전시된 '드레사지 레흐 마스케'는 시곗바늘이 분침 하나만 보인다. 평소에는 '분'만 볼 수 있을 뿐이고 시침은 분침 아래 숨어 있다. 크라운을 눌러야 비로소 시침이 나타나는 방식이다. 시간을 숨김으로써 착용자에게 무한한 자유를 주려는 독창적인 아이디어에서 나온 여성용 시계다. 펜디는 새로운 아이디어를 담은 여성용 보석 시계 '크레이지 캐럿'을 선보였다. 기존 크레이지 캐럿에 밍크 시곗줄을 단다는 것은 100년 동안 아무도 시도하지 않은 아이디어다. 크레이지 캐럿은 시간 조절 크라운 외에 크라운이 하나 더 있다. 이것을 돌리면 시계 내부의 보석들의 위치가 바뀐다. 3종류의 보석으로 세 가지 모습을 나타낼 수 있는데, 이는 순간의 기분에 따라 전혀 다른 분위기를 연출해준다. 크리스토프 클라레가 선보인 제품 '마고'는 데이지꽃 모양을 연출했다. 여성들의 마음을 사로잡을 최초의 여성용 컴플리케이션 시계다. 2시 방향에 있는 푸시 버튼을 누르면 차임 소리와 함께 다이얼의 잎사귀가 하나씩 떨어지는 장면이 연출된다. 듀베이 앤드 셸던브란드는 '뀌에흐 블랑'을 선보였다. 시곗바늘은 시침과 분침 2개만 있으며 작은 다이아몬드들이 다이얼 전체에 촘촘히 박힌 매력적인 제품이었다. 크라운에도 다이아몬드를 넣어 마치 밤하늘에 별이 반짝이는 듯 아름다우며 시곗줄의 버클 역시 그 찬연한 광채에 눈이 부실 정도다.

그런데 이런 시계들은 고가의 가격과 복잡한 기능 그리고 화려함 이외에도 한 가지 공통점이 있었다. 어느 부스엘 가든 시계들은 모두 거의 똑같은 시간을 가리켰다. 정확한 현재 시간이 아니었다. 시간을 정확하게 맞추어 놓으라는 건 너무나 가혹한 요구인가 보다. 하기야 이처럼 공기도 통하지 않을 듯 꽉 막히고 화려하게 꾸민 전시관에서 정확한 시간이 무슨 의미가 있을까? 시간이 맞지 않는다는 비난으로 이 축제 분위기에 찬물을 끼얹을 이유가 있을까? 그곳에 전시된 시계들은 대부분 10시 10분에 고정되어 있다. 왜 그럴까? 10시 10분에 맞추어진 시계는 언뜻 웃는 모양으로 보인다. 그리고 날짜를 나타내는 창이 보통 3시 방향에 있어 날짜 창이 가려지지도 않는다. 게다가 시곗바늘들이 겹치지 않고 다이얼의 윗부분에 있는 제작자의 이름이 가리지 않는 등 안정된 모습을 보여준다. 타이맥스의 전시용 시계들은 10시 9분 36초에 고정되어 있었다. 1950년대 시계 광고를 보면 대개 8시 20분을 가리킨다. 눈을 내리뜬 모양이나 찡그린 모양을 피하기 위해 의도적으로 그렇게 세팅한 것이다. 요즘은 시곗바늘을 10시 9분 36초에 고정하여 고객들에게 발송한다. 10시 9분 30초보다 6초 빠른 시각에 맞추면 인디글로 나이트 라이트나 방수 깊이 등을 표시하는 글자와 헷갈리지 않기 때문이다. 몬데인 시계는 정확히 10시 10분에 고정하는 방식을 택했다. 롤렉스는 10시 10분 31초, 태그호이어는 10시 10분 37초, 애플워치는 아날로그시계나 디지털시계 모두 10시 9분 30초를 선택했다(스티브 잡스가 캘리포니아에서 아이폰을 처음 공개하던 무렵의 아이폰 광고를 보면 9시 42분이었다). 2008년 《뉴욕타임스》가 이와 관련해서 시계 광고의 동향을 조사했었다. 그 결과 아마존에서 잘 팔리는 남성용 시계 100가지 가운데 3개만 제외하고 시곗바늘이 약 10시 10분에 세팅되어 있었다. 율리스 나르딘은 보기 드물게 8시 19분에 맞추어 놓는다(율리스 나르딘의 어느 임원은 스위스 매뉴팩처인 율리스 나르딘은 변화를 추구하지 않는다면서 단지 날짜창이 잘 보이도록 하기 위해 8시 19분에 맞춘다고 설명했다). 롤렉스 시계도 다이얼의 오른편에 있는 요일과 날짜 창이 가리지 않도록 10시 10분 31초에 맞춘다. 또 한 가지 규칙이 있다. 늘 월요일이고 28일이다.

타이맥스 부스에서는 사람들의 일상생활을 부각한 홍보물을 볼 수 있었다. 함께 둘러 앉아 캠프파이어를 즐기는 잘 생긴 남녀들의 사진들이 눈에 들어왔다. 광고 문구는 '시계는 신중하게 선택하십시오Wear it well', '야외에서 즐기세요Get Outside' 등이며 책자에는 브랜드의 '가을 룩'에 관한 정보를 담았다. 이 광고들은 1950년대부터 시작된 브랜드 광고 전략과는 차별화되어 있다. 당시의 텔레비전 광고는 화살 끝에 시계를 매달아 쏘아 유리판을 관통하는 내용이었다(이 광고의 태그라인은 '타이맥스 시계는 아무렇게나 마구 다루어도 멈추지 않습니다.'였다). '충격(SHOCK!)'이라는 문구와 함께 나무망치를 든 남자의 모습을 담은 광고도 있었다. '타이맥스 시계는 콘크리트벽에 던져도 깨지지 않습니다' 하지만 내 마음에 들었던 건 이런 광고가 아닌 재미있는 스토리 한 토막이었다. 1981년 5월《보스턴 글러브》1면에 뉴욕 출신의 어느 남자가 길거리에서 노상강도를 만나자 타이맥스 시계를 꿀꺽 삼켰다는 기사가 실렸다. 5개월 후, 이 남자의 배에서 시계를 꺼낸 외과 의사는 어둡고 물기가 많은 위장 속에서 비록 시간이 정확하지 않았지만 그 시계가 멈추지 않고 작동하고 있었다고 세상에 알렸다.

나는 걸어서 전시관을 둘러보고 나서 오프닝 기자회견이 열리는 대회의장으로 발걸음을 옮겼다. 유명 인사들이 대거 연사로 참석했다. 흡사 트로이의 승리를 기념하는 행사가 재현된 듯했다. 독특한 화장에 개성 넘치는 헤어스타일의 연사들은 각자 금번 행사에 대한 소감을 밝혔다. 다들 금년 전시회가 역대 가장 규모가 크고 가장 화려하며 가장 멋진 시계와 보석들이 선보인 전시회라며, 이런 전시회에 참여하게 되어 영광이라고 입을 모았다. 바젤월드에 참석한 기자는 4,000여 명에 달해 양차 세계대전을 취재했던 기자들의 총 숫자보다 훨씬 더 많다고 한다. 그리고 그중 약 10분의 1이 오프닝 연설을 취재하고 슬라이드 프레젠테이션을 보러 대회의장에 모인 것이다. 귀에 이어폰을 끼고 통역사의 통역을 듣는 아시아 지역에서 온 기자들도 보였다. 파워포인트로 준비한 슬라이드 프레젠테이션의 내용은 이러했다. '지난해 스위스 시계 매출은 전년 대비 1.9퍼센트 증가했습니다. 2013년 수출액은 24조 7,500억 원이었습니다. 수출액이 거침없이 증가하는 추세입니다. 5년 전에 비해 9조 7,600억 원 증가했습니다. 200스위스 프랑(23만 원) 이하의 저가형 스위스 시계의 매출은 하락 추세로 4.5퍼센트 하락했습니다. 반면 3,000스위스 프랑(347만 원) 이상의 고가 제품들의 판매실적은 2.8퍼센트 증가로 양호합니다.'

위의 내용은 2014년의 상황이었다. 그런데 1년 만에 분위기가 급변했고 어두워졌다. 스위스 전역에 먹구름이 몰려왔다. 애플워치의 위협은 부분적인 요인에 불과했다. 스위스도 글로벌 경기 침체에서 자유롭지 못했다. 더욱이 환율 시장에서 스위스 프랑이 강세를 유지하여 이로 인해 물가가 비싸 보이는 요인으로 작용했다. 중국과 일본에서 수요가 줄었으며 홍콩 시장은 수요가 거의 없다시피 했고 루블화의 가격 변동이 러시아 시장을 강타했다. 리치몬트 그룹은 최근의 영업이익이 전례 없는 수준이라는 보고서를 내놓았다. 영업이익이 늘 상승 곡선을 이루었으나 최근 들어 제자리걸음으로 주주들의 심기가 불편하다는 내용이었다. 19세기에 설립된 스위스 시계 브랜드로 지금은 명품만을 만들어 파는 LVMH그룹에 편입된 제니스의 고위 임원은 《파이낸셜 타임스》와의 인터뷰에서 "총체적인 난국입니다. 앞이 보이지 않아요. 어느 누구도 해결책을 내놓지 못하고 있습니다."라고 설명했다.

하지만 다른 시계 메이커들은 200년이 넘는 기간 동안 거침없이 성장해온 메이커답게 비교적 느긋한 입장이다. 이들은 스위스의 시계 산업이 잠시 물속에 가라앉았으며 다시 수면 위로 힘차게 떠오를 것이라고 믿는다. 이들이 세계 시장에 내놓을 아름답고 정교하기 이를 데 없으며 새롭게 업그레이드된 제품들이 시계 마니아들의 눈을 부시게 할 것이라고 장담한다. 그리하여 세상 사람들이 갈망하는 시계를 영원히 팔게 될 것이라고 자신한다. 디지털 세상에서도 전통과 장인 정신은 여전히 그 막강한 힘을 발휘하고 있다. 기계식 시계를 손목에 차는 것만으로도 사람을 인간적으로 만든다. 그리고 그런 인간다움이야말로 우리들이 항상 느끼고 싶어 하는 것이다. 따라서 두려워할 필요 없다. 1970년대 쿼츠 시계의 출현에 따른 위기와는 다르다. 천지개벽할 큰 격변도 일어나지 않았다.*

## 놀랄 만한 발명품: 쿼츠 시계

/

1975년 9월,《시계저널》표지에 타이맥스 시계의 클로즈업 사진이 담긴 광고가 실렸다. 크롬 도금 케이스에 요일과 날짜가 표시되며 배터리

---

• 2015년 9월 현재 상황은 더 나빠졌다. 스위스 시계 수출액이 전년대비 7.9퍼센트 하락했다. 홍콩과 미국 시장에서 가장 크게 하락했으며, 200스위스 프랑에서 500스위스 프랑 사이의 제품들의 상황은 더욱 좋지 않아 전년 대비 14.5퍼센트나 하락했다. 애플워치의 영향이 큰 것으로 분석되었다.

로 동력을 얻는 시계로 엄지손가락과 집게손가락으로 시계를 잡고 있는 사진이었다. 광고 카피는 '믿을 수 없는 저렴한 가격의 쿼츠 시계를 선보입니다'였다. 이 광고에 소비자를 유혹하기 위한 얄팍한 상술은 없었다. 화살도 없고 유리판도 없으며 큰 망치도 없었다. 시계 끝에 자그마한 가격표만 달랑 붙어 있는 광고였다. '가격: 28파운드'

물론 아주 저렴한 가격은 아니었다(2016년 가치로 환산하면 250파운드 정도다). 하지만 스위스에서 만든 그 어떤 시계보다 시간이 정확했기에 그만하면 합당한 가격이었다. 1858년에 창간된 시계 업계 전문 잡지 《시계저널》은 이 시계를 '10년 만의 시계 바겐세일' 그리고 '시계 역사의 이정표'라고 평가했다.

《시계저널》은 이렇게 표현했다. '정확성이 미드엔드급이며 부품 교체도 매우 쉽다. 워치메이커의 꿈이 실현되었다. 고객은 어떤 시계를 원하는가? 스타일, 시간을 보기 쉬운 디자인, 정확성, 저렴한 가격? 타이맥스 모델 63 쿼츠는 이 모든 것을 다 갖추었다.' 이 시계에는 쿼츠시계의 핵심 기술이 담겨있다. 기존의 태엽 구동 방식이 아닌 작은 수정 진동자를 이용, 전지로 작동하는 시계다. 쿼츠 무브먼트 자체는 1920년대에 이미 개발되었지만 소형 무브먼트는 1960년대 말에 이르러 일본의 세이코와 카시오가 시제품을 처음 개발했다. 1970년대 초에 나온 쿼츠 시계는 수백 년간 사용해온 구식 태엽 무브먼트를 없앴을 뿐 아니라 놀라운 정확성으로 일본과 미국의 콜렉터들을 흥분시켰지만 가격이 일반 소비자들은 감당하기 힘든 수준이었다. 초창기 쿼츠 시계는 가격이 수백 달러에 이르렀지만, 이윽고 시계의 대량생산이 가능해지고 타이맥스와 타이맥스의 미국 경쟁사인 부로바의 마케팅에 힘입은 전자시계가 시계에 관한 개념을 완전히 바꾸어 놓았다(부로바가 개발한 '아큐트론' 시계는 정확도가 떨어지는 스탠더드 밸런스 휠 대신에 튜닝 포크를 장착하여 더 정확한 시간 측정이 가능한 시계였다). 1975년에 나온 타이맥스의 첫 쿼츠 시계의 수정은 1초에 49,152번 진동한다. 그리고 그 진동이 마이크로회로에 의해 전기적으로 분할되면서 시곗바늘을 움직인다. 초침이 한 번 움직이는 시간은 3분의 1초다. 이 시계의 외관은 다른 시계들과 다르지 않지만, 움직이는 부품이 없기 때문에 솔리드 스테이트 시계라고 부른다. 또한 이 시계는 쿼츠의 진동을 약간의 전기 광선에 의해 움직이는 전기 펄스로 변환시킨다. 그리하여 디지털 디스플레이가 구현되는 것이다. 극장에서 영화를 볼 때 갑자기 울리는 작은 알람은 일본인과 미국인 들에게 선견지명이 있었음을 알려주는 증거다.

쿼츠 시계의 보급이 의미하는 바는 이뿐만이 아니다. 대량생산이 가능한 기술에 기반을 둔 소비지상주의가 시작되었으며 과거 물리학자들이나 기술자들의 전유물이었던 1초를 나누는 시간 개념을 일반인들도 공유하는 시대가 왔다. 기계 시대에서 전기 시대로의 이행을 설명하는 데 이보다 더 좋은 상징물은 없다.

그렇다면 이런 사태에 대해 스위스의 시계 메이커들은 어떤 반응을 보였을까? 이들은 부인과 공포 사이에서 갈피를 못 잡았다. 1970년과 1983년 사이, 시계 시장에서 스위스 시계의 점유율은 50퍼센트에서 15퍼센트까지 하락했다. 시계 제조 기술자 절반 이상이 일자리를 잃었다. 이미 1973년에 경고가 있었다. 타이맥스는 1973년 전 세계 시계

시장에서 3천만 개의 쿼츠 시계를 팔았다. 1960년에 8백만 개를 판매한 것에 비하면 급격한 증가세를 보인 것이며, 스위스 전체 시계 판매 개수의 절반에 육박하는 수치다. 쿼츠 시계는 공업용 인조보석도 필요 없는 시계로, 다소 투박해 보이는 외관에다 덜걱거리는 소음이 조금 있다. 또한 하루에 몇 분 정도 시간이 늦어지거나 빨라지기는 하지만 가격이 고작 1만 원 정도로 차고 다니다 버릴 때 큰 부담이 없다. 쿼츠 시계는 1970년대 중반에 대량 보급되면서 스위스 시계회사들과의 경쟁이 가능해졌다.•

쿼츠 시계에 대한 대응 방안이 보이지 않는 암담한 시절이던 1980년대 초반, 스위스 시계 메이커들은 시계에 대한 새로운 철학으로 반격에 나선다. 플라스틱 케이스에 가격도 저렴하며 쿼츠와 배터리를 적용한 '스와치'였다. '스위스'와 '워치'를 합하여 시계 이름을 만든 스와치는

---

• 타이맥스는 1854년에 창립했다고 주장하지만 이는 사실이 아니다. 타이맥스 코퍼레이션은 1969년에 설립된 회사로 US타임코퍼레이션의 새 이름이다. 실상은 US타임코퍼레이션이 1854년에 창립된 워터베리 시계회사를 인수한 것이다. US타임코퍼레이션은 제2차 세계대전 후 급 성장한 회사로 조아킴 렘쿨 Joakim Lehmkuhl의 공이 컸다. 그는 1940년 나치의 침공으로 고국 노르웨이를 떠나 미국으로 망명한 사람이다. 그가 1942년 코네티컷 주에 소재한 워터베리 사의 회장으로 취임할 무렵 이 회사는 시간과 관련된 제품을 만든 경험을 바탕으로 영국군에게 탄약 신관을 제작하여 공급하였다. 하지만 그가 가진 가장 큰 자산은 스위스 시계회사들이 갖지 못한 것, 즉 발명과 혁신이었다. 당시 미국에는 잉거솔이라는 시계회사가 비록 신뢰성이 떨어지는 제품이었지만 1달러짜리 시계를 만들어 적지 않은 판매량을 올리고 있었다. 렘쿨은 미국인들이 정확성이 좋은 시계를 만들면서도 큰 이익을 얻지 못하는 이유를 이해하지 못했다. 렘쿨이 만든 제품은 10달러 시계로 이 시계는 미국에 만연하기 시작한 소비지상주의와 맞물렸고 애국심을 바탕으로 물건을 사고자 하는 욕망과도 일치했다. 렘쿨은 일반 장신구 아울렛에서 시계를 팔지 않았다. 대신 할인점 울워스나 체인 스토어 또는 대량 판매 카탈로그를 통해 판매했고, 그의 전략이 적중했다.

색상과 감정, 젊음 그리고 즐거움을 스위스 시계에 주입했다. 그리고 전 세계의 청소년들로 하여금 스와치 시계에 매력을 느끼도록 하는 마케팅 전략을 썼다. 이들의 전략은 적중하여 패션 시계 '팝 스와치'가 나오자 청소년들도 시계 컬렉션 대열에 합류했다. 스와치의 성공은 스위스 시계가 죽지 않았음을 알리는 계기가 되었다. 체코 출신의 영국 극작가 톰 스토파드의 희곡으로 대의명분에 대한 헌신을 주제로 한『진짜 사랑이란?The Real Thing』에 보면 전자시계에 대한 얘기가 나온다. 제1막은 술에 취한 건축가 맥스가 아내인 샤로테가 스위스에 가지 않았다고 의심하는 장면으로 시작된다. 아내는 남편에게 스위스에 여행 다녀온다고 말한 뒤 집을 나갔었다. 스위스의 '바젤'을 '바알'이라고 발음하며 비아냥거리는 맥스가 아내를 의심하며 이렇게 말한다.

"당신, 그 왜 스위스 제품 알잖아. 믿음이 가는 물건 말이야. 스위스 사람들은 요즘 유행하는 디지털 방식이 아닌 시계를 만들고 있지. 내가 스위스 사람들을 경탄해 마지않은 이유가 바로 그런 점이거든. 그들은 디지털이란 게 덫이고 착각이란 걸 아는 사람들이야. 디지털 손목시계가 처음 나왔을 때가 기억나는군. 마치 온도계의 수은주를 떨어뜨리는 것처럼 손목을 사정없이 흔들어야 했지. 게다가 그 디지털시계를 파는 곳은 일본 도쿄뿐이었어. 그런데도 15개의 공업용 인조보석을 넣은 기계식 무브먼트를 장착한 시계는 찾아보기 힘들었지. 사람들은 '이제 기계식 시계는 죽었다.'라고 외쳐댔었어. 하지만 스위스 사람들은 놀라거나 겁먹지 않았어. 물론 일본인들을 궁지에 몰아넣기 위한 견제 동작으로 약간의 디지털시계를 만들어서 돈을 벌기는 했지."

톰 스토파드는 이 희곡에서 디지털 손목시계의 날이 얼마 남지 않았다고 주장했다. 일종의 자기 파괴적인 기계 장치처럼 자체 내에 디지털 시계의 운명이 내장되어 있다고 힘주어 말했다. 하지만 스토파드의 예상과 달리 요즘도 스와치 사는 쿼츠 무브먼트를 장착한 시계를 만들며 그 분야에서 선도적인 역할을 하고 있다. 2014년 스와치 사의 매출액은 10조 2,720억 원에 달했다. 시계 업계의 가장 큰손 스와치는 론진, 블랑팡, 라도, 해리 윈스턴 그리고 1810년 최초의 손목시계를 제작했다고 주장하는 브레게 등 유명 브랜드들을 거느린 거대 그룹이 되었다.*

## 명품 시계와 명품 광고

/

1996년 5월, 런던의 한 광고회사 리가스 딜레이니는 글로벌 기업 한 곳의 광고를 수주했다고 발표했다. 런던의 해로드 백화점과 포르쉐와 이미 계약을 맺은 리가스 딜레이니가 초고가 시계 브랜드 파텍 필립과 138억 원 규모의 계약을 한 것이다. 파텍 필립 광고를 따내기 위해 광고회사들이 치열한 경합을 벌였다고 한다. 특히 세계적인 광고회사 바틀

---

* 많은 시계회사들이 제각각 손목시계를 '발명했다'고 주장한다. 하지만 회중시계를 만들어 고객들에게 팔고선 손목에 묶어 착용하라고 한 경우가 많았다. 브레게의 주장은 그나마 신빙성이 높기는 하다. 브레게의 옛날 주문 대장을 보면 나폴레옹 보나파르트의 여동생인 카롤린 뮈라를 위해 은색 다이얼을 채택한 타원형의 소형 시계를 만들었다고 적혀 있다. 이 시계는 팔찌에 장착 가능하도록 특별 제작한 제품이었다.

보글 헤가티와 사치Saatchi의 공략이 집요했다고 한다. 계약이 성사되자 리가스 딜레이니의 고위 임원이 이렇게 말했다. "우리 회사의 전 직원이 긴장할 정도로 경쟁사와의 접전이 팽팽했습니다. 파텍 필립 광고를 맡게 된 우리 직원들은 흥분을 감추지 못했습니다."

파텍 필립과의 계약을 발표한 보도 자료에는 롤렉스가 1년 동안 생산한 시계보다 더 적은 양의 시계를 150년 간 판 회사가 파텍 필립이라고 언급했다. 그런 판매 전략이 바람직한 것인지의 여부는 뭐라 말하기 힘들 것이며, 파텍 필립이 기다려온 새 광고가 판매량을 늘릴 수 있을지도 알 수 없다. 예전에 제작된 파텍 필립의 광고를 보면 피아노에 앉은 한 남자와 잠옷을 입고 그의 무릎에 앉아 있는 어린 아이의 사진을 실었다. 두 사람의 얼굴은 보이지 않는다. 손목도 보이지 않으며 당연히 시계도 안 보인다. 광고의 아래 부분에 광고카피가 쓰여 있고 그 아래에 시계 하나가 보인다. 광고 문구는 이렇게 시작되었다. '당신의 전통을 시작하십시오.'

'파텍 필립은 아무리 좋은 기술이 개발되어도 수작업만으로 시계를 만듭니다. 남성용 시계 애뉴얼 캘린더(Ref. 5035)는 최초의 셀프 와인딩 캘린더 시계로 1년에 단 한 번만 리셋하면 됩니다. 비범한 장인 정신을 바탕으로 직접 만든 시계이기에 제품 하나하나가 특색이 있습니다. 그래서 사람들은 파텍 필립은 실제로 소유하는 것이 아니라 단지 다음 세대를 위해 맡아두는 시계라고 말합니다.'

그리고 이 광고의 마지막 두 줄만 떼어내어 새로운 광고 카피가 탄생했다. '당신은 파텍 필립을 소유한 것이 아니라 다음 세대를 위해 잠시 맡아 두고 있을 뿐입니다.' 이 카피는 가장 유명한 광고 문구들 중 하나로 등극하여 20년 가까이 변함없이 쓰이고 있다. 프랑스어로 번역되어 쓰이기도 했다.

2011년 월간지 《크리에이티브 리뷰》는 각계 전문가들을 대상으로 가장 오랫동안 쓰이고 있는 잘 만든 광고 카피 및 슬로건을 묻는 설문 조사를 했다. 전문가들이 뽑은 최고의 카피는 무척 다양했다. '사랑해요, 뉴욕I Heart NY', '다른 맥주들이 주지 못하는 청량감을 즐기세요Refreshes the parts others beers cannot reach', '빈즈 민즈 하인즈Beanz Meanz Heinz', '부주의한 말이 생명을 앗아간다Careless talk costs lives', '평정심을 유지하고 하던 일을 계속하세요keep calm and carry on', '광고에 적혀 있는 내용 그대로입니다Does exactly what it says on the tin' 등이 선정되었다. 《크리에이티브 리뷰》의 칼럼니스트이자 프리랜서 카피라이터인 고든 콤스톡 씨는 영국 백화점 존 루이스의 '결코 싸게 팔지는 않습니다never knowingly undersold'와 인디펜던트의 '그렇습니다. 당신은 어떻습니까?It is. Are you?' 그리고 나이키의 '저스트 두 잇Just do it'을 뽑았다. 그리고 콤스톡이 선정한 1위는 '당신은 파텍 필립을 소유한 것이 아니라⋯⋯'였다. 콤스톡은 파텍 필립 광고를 1위로 선정한 이유를 이렇게 설명했다. "이 브랜드는 매년 문구는 그대로 두고 사진만 바꾸며 광고를 냅니다. 그런데도 광고회사 리가스 딜레이니에게 14억 원을 지급하지요. 그럴 만한 가치가 있는 광고라고 판단하는 것이죠⋯⋯. 광고 한 문장에 부사를 두 개(실제로actually, 단지merely)나 넣는다는 건 신념이 있는 카피라이터만 할 수 있는 일입니다."

이 카피라이터는 팀 딜레이니로 영국 광고계의 거물로 알려진 인물이자 전 세계 카피라이터 가운데 열 손가락 안에 꼽히는 사람이다. 딜레이니는 열다섯 살 나이에 메신저 보이로 광고업계에 발을 들여놓는다. 그는 1980년 이후 자신이 만든 광고회사 리가스 딜레이니의 회장직에 있으면서 소니, 필립스, 팀버랜드, 글렌피딕, 영국 육지측량부, 바클레이, 가디언, 볼링거, 현대, BBC, 영국노총, 아디다스 그리고 영국 노동당의 광고를 만들었다. 딜레이니 회장은 2007년 뉴욕의 광고 제작자들이 만든 비영리 단체 '더 원 클럽'으로부터 공로상을 받았다. 광고계 인사들의 찬사가 이어지는 가운데 팀 딜레이니와 함께 일한 적이 있는 마틴 콜턴이란 사람은 이렇게 회상했다. "누구든 위험을 감수하고 일하는 걸 회피하던 시절이었다. 우린 그야말로 바다에서 헤엄을 쳤다. 세상은 팀 딜레이니가 필요했다." 팀 딜레이니의 광고회사가 만든 팀버랜드 광고 중에는 많은 훈장을 달고 있는 아메리카 원주민 사진을 실은 광고가 있다. 광고 문구는 '우리가 이들의 섬과 버펄로 그리고 여자들을 빼앗았습니다. 우린 이제 그들에게 신발을 주기 위해 돌아왔습니다.'였다. 리가스 딜레이니의 해로드 백화점 광고 문구는 이렇다. '해로드 백화점 같은 백화점은 없습니다. 이런 세일 또한 없습니다.' 1980년대 영국의 대형은행인 '네이션와이드 빌딩 소사이어티Nationwide Building Society'의 홍보 광고도 팀 딜레이니의 작품이다. '은행들이 이 세상에서 가장 돈이 많고 막강한 기관이 된 방법을 알고 싶어 하다가는 어느 날 파산할 겁니다."

파텍 필립 광고가 유명해지면서 '세대' 광고 캠페인에 허브 릿츠, 엘렌 폰 운베르트, 매리 앨런 마크, 퍼기 시로타 등 유명 사진작가들이 찍은 사진을 실었다. 아버지와 아들이 낚시 여행하는 장면이나 오리엔트 익스프레스 열차를 타고 여행하는 모습, 아들에게 넥타이 매는 방법을 가르쳐주는 아버지의 모습을 담은 사진 들이다. 집에서 딸과 함께 환한 미소를 짓는 어머니의 모습을 담은 사진도 있다. 그런데 나는 이런 광고를 보면 속이 메스꺼워진다. 그래서 언젠가 나의 그런 느낌을 이메일을 통해 딜레이니 씨에게 전한 적이 있다.

나는 그에게 이런 내용을 전달했다. '저는 시계가 필요 없는 사람들에게 시계를 파는 방법에 관심이 많습니다. 그런 점에서 파텍 필립 광고는 참으로 감탄스럽습니다. 하지만 광고에 등장하는 완벽한 가정 그리고 그 가족의 의기양양하고 만족스런 얼굴 표정을 보면 속이 상하는군요. 광고 속 어른들의 뺨을 철썩 때려주고 싶습니다. 더 큰 문제는 그런 광고들을 보면 저도 그 예쁜 시계들 가운데 하나를 사고 싶어 미치겠다는 거죠. 파텍 필립 광고의 개념과 제작 의도에 대해 얘기하고 싶습니다. 그 광고가 효과를 보는 이유가 무엇인가요? 광고 속 모델로 등장한 어린아이들이 성인이 될 때까지, 그리고 그들이 다시 자식들에게 손목

---

• 딜레이니의 광고 중 필자가 가장 좋아하는 건 '트리프' 여행가방 광고다. 바퀴가 4개 달린 여행용 가방들이 나오기 전의 혁신 상품으로, 지퍼를 열면 가방 내부가 3분의 1 가량 더 커진다. 리가스 딜레이니는 부피가 커진 가방을 광고하기 위해 이런 표현을 썼다. '더 크게 펼칠 수 있는 가방입니다. 이 가방만 있으면 세면도구뿐 아니라 목욕용 가운도 훔칠 수 있습니다.'

시계를 물려줄 때까지 그 광고를 계속할 생각인가요? 세상의 종말이 와도 그 가족들은 손목시계를 잘 간수하다가 자식들에게 물려줄 거라고 생각하니 무척 짜릿하네요. 마치 찰리 카우프만의 영화를 보는 것처럼 말이죠.'

팀 딜레이니에게 답변이 왔다. '대부분의 명품 시계 브랜드들은 가족들이 경영하다가 지금은 대기업에 편입되었습니다. 하지만 파텍 필립은 지금도 여전히 창업자의 후손들이 경영한다는 사실을 강조하려는 것이 제 생각입니다. 우리 회사는 정신적 통찰력을 바탕으로 광고를 만들었습니다. 그 광고가 효과를 보는 것은 일관성 때문입니다. 회사에도 일관성이 있어 가족이 대를 이어 회사를 경영하고 디자인에도 그러한 정신이 반영되어 있습니다. 파텍 필립 시계는 어디든 있지만 그 시계들은 결코 우연히 생겨난 것이 아닙니다.'

리가스 딜레이니도 다른 광고사들과 마찬가지로 새로운 고객 회사를 위한 광고 제작에 심혈을 기울이지만 가끔은 시간을 내어 지난 광고를 검토한다. 카피라이터들이 의도한대로 광고가 효과를 보았는지 확인하는 시간이다. 빅토리아 여왕, 아인슈타인 등 과거 파텍 필립 시계를 소유했던 유명 인사들을 모델로 내세운 광고가 실제로 효과를 본 것으로 나타났다. "이 광고를 본 미국인들은 '그래, 그럼 나는 어떤가?'라고 생각합니다. 그에 대한 답변으로 '당신의 전통을 시작하십시오.'라는 문구가 효과가 있는 것이지요."

딜레이니 씨는 '당신의 전통을 시작하십시오.'라는 아이디어를 항공기 제조사 광고에서 얻었다고 한다. 그는 '당신은 ……을 소유한 것이 아니라……,' 라는 항공기 광고 문구를 파텍 필립 광고의 헤드라인으로 삼았다고 한다. 그런데 회사 내 어느 직원이 처음 쓴 카피인지는 기억하지 못한다고 했다. "여러 직원들이 자기가 처음 쓴 문구라고 서로 주장합니다. 성공한 사람에겐 여러 명의 스승이 있는 법이지요."

《에스콰이어》, 《GQ》, 《이코노미스트》 등의 마지막 페이지에 실린 파텍 필립 광고는 대개 독자들에게 책임감과 가족의 의무를 강조하고, 왕조의 창업과 유산을 설명하는 내용이다. 다른 명품 브랜드 광고들만큼 감동적이다. 이 광고는 스스로 번 돈이 있으면서 자손들에게 재산을 물려주고 싶은 사람들을 자극한다. 물론 비뚤어진 인간의 마음을 자극하는 것이다. 즉, 물려받은 명품 시계는 없으나 본인이 파텍 필립 시계를 사서 자손들에게 물려주는 의무를 이행하도록 유도하는 것이다. 파텍 필립 새 시계의 가격은 수천 달러에서 수십만 달러에 이른다. 경매시장에서 수백만 달러를 호가하는 중고품 고전 모델도 있다. 딜레이니 씨는 '아쿠아넛'을 착용하고 있다. 파텍 필립 시계 가운데 중간 가격대의 제품이다.

나는 딜레이니에게 그가 만든 광고 문구가 그토록 오랜 세월 쓰이는 비결을 물었다. 그는 이렇게 답했다. "제 생각에는 보편적인 내용을 담고 있기 때문입니다. 그것 때문에 사람들이 반응을 보이는 것이지요. 파텍 필립 시계를 사라고 강요하지 않잖아요. 그리고 계속 생각을 하게 만들지요. 많이 볼수록 바보가 되는 광고가 아니란 거죠……. 또 엄청나게 머리가 좋은 천재가 만든 내용도 아니고요. 여러 요인들과 우연성이 결합되어 만들어진, 쉽게 이해할 수 있는 광고입니다."

그런데 몇 년 전에 광고의 사진과 활자체에 약간의 변화를 주었다고 한다. "문화적 요구 조건과 경제적 요구 조건이 달라짐에 따라 광고에도 변화를 주어야 합니다. 그리고 시계를 살 여력이 있는 소비자들의 행동을 꼼꼼하게 모니터링해야 하지요. 광고에 싣는 사진들은 인간미와 따뜻함을 보여주어야 합니다. 진실을 이상화하는 것이지요. 이게 광고란 것은 누구나 알고 있습니다. 두 사람, 즉 아버지와 아들이나 어머니와 딸 간의 자연스런 유대관계를 나타낸 광고란 것을 알고 있습니다. 그래서 광고를 좋아하는 것입니다. 물론 광고 속의 모델들은 진짜 부자관계는 아닙니다. 소비 욕구를 억제하는 것은 우리들 자신의 문제겠지요. 광고에 몰입해 지나치게 감상적인 상태가 되는 건 바람직하지 않아요. 광고라는 인식 하에서만 좋아해야 합니다."

나는 그에게 좋아하는 시계 광고가 또 있냐고 물었다. 그는 지체 없이 얼른 대답했다. "없습니다."

## 지구상에서 가장 믿음직한 시계

하지만 딜레이니 씨도 약간은 샘을 낼 사람이 있다. 유명 시계회사의 마케팅 담당자로서 달 표면에 첫발을 내디딘 우주비행사의 손목에 자사의 손목시계를 채웠다면 아마 그는 평생 동안 그 일을 자랑삼아 떠들고 다닐 것이다. 미항공우주국NASA이 오메가 시계를 나사의 공식 시계로 선정한 순간 오메가 직원들의 기쁨이 어떠했을지 상상해보자. 우주비행사 닐 암스트롱이 평온의 바다 달 표면에 첫발을 내딛는 순간 '오메가 스피드마스터 프로페셔널 크로노그래프'를 차겠다고 동의했을 때 오메가 직원들의 기쁨은 이루 헤아릴 수 없었다. 시계 홍보대사를 맡길 사람으로 닐 암스트롱만큼 완벽한 이름이 있을까?

그런데 암스트롱은 오메가 손목시계를 차지 않고 달 표면을 밟았다. 그는 원래 오메가 시계를 차고 달 표면을 밟을 생각이었다. 그런데 달 착륙선 '이글호'가 달에 착륙할 당시 암스트롱은 손목시계를 두고 내렸다. 시계가 고장 났기 때문이다. 그래서 그와 함께 달에 내린 버즈 올드린의 오메가 시계가 인간과 함께 최초로 달 표면을 밟은 시계가 되었다. 올드린은 1973년 출간된 회고록 『지구로의 귀환』에 이렇게 기록했다. '우주비행사가 달 표면을 거닐면서 텍사스 주 휴스턴의 현재 시간을 확인할 필요까지는 없었다. 그렇지만 나는 꽤 두꺼운 우주복의 오른손에 스피드마스터를 차고 내리기로 마음먹었다.'

오메가 광고팀은 즉각 행동에 나섰다. '오메가 시계가 지구상에서 가장 신뢰할 수 있는 시계라는 표현은 지나치게 절제된 느낌을 줍니다.', '3,000만 원짜리 우주복을 입은 남자인데 고작 26만 원 하는 시계를 손목에 찼다고 쓰자고요?' 광고팀 직원들 간에 설전이 벌어졌다. '오메가 스피드마스터 프로페셔널 크로노그래프'를 복각하여 2014년에 출시한 모델인 '스피드마스터 마크2'의 광고 문구는 이렇다. '스피드마스터 마크2의 아빠가 달에 갔었다.' 1975년 미국과 구소련이 함께 기획한 미국의 아폴로 호와 구소련의 소유즈 호 도킹이 성공했다는 소식이 알려지자 오메가는 '다른 회사의 시계였다면 도킹할 때 큰 충격을 받았을 것'이라고 주장했다.

그 후 오메가 시계는 미국의 스페이스 미션에 늘 동행했다. 1972년 12월 14일 달 표면에 마지막 발자국을 남기고 돌아온 아폴로 17호 선장 유진 서난은 달에서 우주복 양팔에 각각 스피트마스터를 착용했다. 한 손에는 휴스턴 시간을 그리고 다른 시계에는 모친의 고향인 체코슬로바키아 시간을 가리켰다. 유진 서난은 "스피드마스터는 우리가 달에 가져간 장비 중에 조정을 하지 않은 유일한 장비였다."라는 말을 했다고 한다. 오메가 마케팅 부서에서 미리 써준 원고를 읽는 듯했다. "그리고 규격품으로 만든 시계였다."•

요즘도 닉네임 '문워치'인 스피드마스터의 인기는 그칠 줄 모른다. 오메가 사는 영화배우 조지 클루니를 브랜드 홍보대사로 삼아 스피드마스터 한정판을 출시했다. 조지 클루니는 업데이트된 2015년 신형 모델을 손목에 차는 영광을 안았다. 다이얼에 숫자를 모두 없애고 시곗바늘을 화살 모양으로 새롭게 디자인한 이 시계를 손목에 차고 오토바이를 타고 가는 조지 클루니가 광고에 실렸다(클루니는 부친과 삼촌도 오메가 시계를 손목에 찼다고 자랑했다). 이 시계 이외에도 '다크 사이드 오프 더 문' (산화지르코늄 세라믹 다이얼을 선택했다)과 '그레이 사이드 오프 더 문'(다이

---

• 물론 스피드마스터가 우주에 간 첫 번째 시계는 아니었다. 1961년 4월 12일, 보스톡호에 몸을 실은 구소련의 우주비행사 유리 가가린은 스투르만스키Sturmanskie 시계를 차고 인류 최초로 우주 비행에 성공했다. 단순한 기능을 가진 이 시계는 모스크바에서 제작된 군용 시계로 제2차 세계대전 후 전투기 조종사들에게 지급됐던 제품이다. 최근에 복각한 스피드마스터는 가격이 520만 원 정도이며 스페셜 에디션은 더 비싸다. 그런데 최근에 유리 가가린을 기념하여 만든 쿼츠 방식 스투르만스키가 15만 원에 판매되고 있다.

얼은 뿌연 달의 먼지를 표현하여 투명도가 약간 떨어지는 글라스를 장착했으며 민트 그린 색상의 베벨[시곗줄 거는 봉]은 차가운 금속성 느낌을 준다)도 출시되었다. 하얀색 페인트 통에 넣었다가 건진 듯 새하얀 외관의 '화이드 사이드 오프 더 문'은 지구에서 본 달빛에서 영감을 받아 만든 제품이다. 현재 오메가는 스와치 그룹 계열 브랜드다.

세상에서 가장 가치 있는 시계가 있다면 무엇일까? 버즈 올드린이 달 표면을 걸으면서 손목에 착용했던 42밀리미터 케이스에 긴 시곗줄과 칼리브 321 수동 태엽 시계 '오메가 스피드마스터 크로노그래프'일 것이다. 이 시계의 가치가 어느 정도인지는 아무도 모른다. 그리고 이 시계가 지금 어디에 있는지도 아는 사람이 없다. 버즈 올드린이 달에서 찼던 이 시계는 분실되고 말았다. 아폴로 우주선에 탑승했던 우주인들은 지구로 귀환한 뒤엔 시계를 전부 반납했다고 한다. 그리고 이 시계들은 휴스턴에 있는 NASA의 소유물이 된다(일부는 워싱턴DC에 있는 스미소니언 항공우주박물관에 보관되어 있다). 그런데 종적을 감추어 버린 버즈 올드린의 시계는 지금까지도 찾지 못하고 있다. 독자 여러분도 한번 찾아보시기 바란다. 시계 케이스 안쪽에 'ST105.012'라는 숫자가 새겨져 있다.

---

• 오메가 시계는 007시리즈의 제임스 본드가 차고 나와 유명세를 타기도 했다. 오메가사는 007시리즈 「스펙터」 개봉에 맞추어 007이라는 숫자에 의미를 두어 7,007개의 '씨마스터 300 스펙터'를 판매했다. 검정색과 회색 줄무늬가 섞인 나토 밴드 시곗줄을 채택한 이 제품의 가격은 665만 원이다. 이 영화에서 무기 개발 요원 Q 역을 맡은 벤 위쇼가 제임스 본드(대니얼 크레이그)에게 이 시계를 건네자 본드가 이렇게 묻는다. "어떤 기능이 있는 시계인가?" 그러자 Q가 "시간을 알려줍니다."라고 대답한다. 그 후 작전 수행 중 궁지에 몰린 제임스 본드는 이 시계가 폭발한 덕에 탈출에 성공한다.

MAY FAIR

BEAT
THE
CLOCK

2/6
Illustrated

JIM SMITH

Having a party?
50 delightful party
games from TV's
most successful show

시간이 게임이었던 시대: 1960년대 사람들의 파티를 즐기는 방식

# 시간을 효율적으로 활용하는 전략

○
○
12
장

## 딸기 따는 계절

/

지난 몇 년간 성공한 사람들의 시간 관리에 관한 책들이 수없이 출간되었다. 이러한 책들을 다 읽을 시간을 확보하는 방법을 가르쳐주는 책이 필요해 보인다. 대부분 정신적인 훈련과 단련에 관한 내용들로 어떤 책은 온라인으로 시간 관리법을 추가 수강하거나 설문조사에 응하라고 추천하기도 한다. 그러나 대부분의 시간 관리 관련 책들이 거의 동일한 조언을 들려주며, 책을 다 읽고 나면 오히려 피곤함이 몰려오기 일쑤다. 그중에 괜찮은 내용을 담은 책들은 다음과 같은 책들이다.

『18분: 인생을 바꾸는 시간』 피터 브레그먼

『성공한 사람들의 시간 관리 비밀 15가지』 케빈 크루스

『하루 26시간: 하루에 2시간을 더 얻는 방법』빈스 파넬라

『시간에 관하여: 일주일에 5시간을 추가로 활용하자』해럴드 로이드

『효율적인 시간 전략: 시간을 더 얻는 107가지 방법』가빈 프레스턴

『하루에 5분: 일을 미루는 습관을 가진 사람들을 위한 시간 관리 방법』진 레이놀드

『스트레스는 줄이면서 시간을 효율적으로 활용하기: 하루에 2시간을 더 얻는 방법』주디 제임스

『12주 실천 프로그램』브라이언 P. 모런, 마이클 레닝턴*

이런 책들은 시작에 불과하다. 그 이외에도 아주 쉽게 1분, 하루, 일주일, 한 달을 더 얻는 시간 관리 노하우를 소개한 책들도 있다.

『멋진 두 시간: 과학적인 시간 관리 전략』조시 데이비스

『30분의 위력』타미 바넷

『15분 만에 인생을 바꾸기: 하루 단 15분만 투자하여 당신의 인생을 바꾸는 12가지 방법』크리스티나 드버스크

『75가지 시간 관리 비밀: 3시간 만에 새롭게 변신한 당신』조 마틴

그런데 이런 책들 대부분이 전하는 조언은 크게 다르지 않다. '아침

---

• 208쪽에 이르는 『12주 실천 프로그램』을 다 읽을 시간이 없는 독자는 핵심 사항들만 간추려 34쪽에 담은 축약본을 보시기 바란다.

시간을 잘 활용하라', '멀티태스킹을 하지 말고 한 가지 일에 집중하라', '당신만의 시간을 가져라', '잠을 충분히 자라', '사람을 만나지 않는 날도 있어야 한다.' 등이다. 기발한 아이디어가 날마다 나오는 건 아닌가 보다. 7명의 억만장자와 13명의 올림픽 대회 출전 선수, 올 A 학점을 받은 29명의 대학생, 239명의 기업인 등 성공한 사람들과의 인터뷰 내용은 담은 『성공한 사람들의 시간 관리 비밀 15가지』를 쓴 케빈 크루스는 할 일 리스트를 만드는 건 별 의미 없다고 강조했다. 리스트에 올린 일들을 완벽하게 다 해내는 경우는 없다는 것이다. 오히려 일이 더 많아지기만 한다는 주장이다. 게다가 할 일을 적은 목록은 중요한 일보다는 급한 일에 우선순위를 두는 경우가 많다고 한다(천장에 물이 새는 것은 급한 일이며 가족사진을 앨범에 정리하는 건 중요한 일이다). 그리고 많은 시간이 필요한 일과 그렇지 않은 일을 구별하지 않는다고 한다. 빠르게 할 수 있는 일을 먼저 처리하고자 하는 게 사람의 본능이다. 케빈 크루스의 조사 결과에 따르면 많은 전문직 종사자들이 해야 할 일 리스트를 작성하고 있지만 실제로 그날 실천한 일은 41%에 지나지 않았다고 한다.* 케빈 크루스는 해야 할 일을 적지 말고 맡은 업무에 대한 업무 시간을 분명하게 해 두고 이를 지키는 게 바람직하다고 덧붙였다.

케빈 크루스는 "간단한 질문 3개로 일주일에 8시간을 벌 수 있을까?"라는 퍼즐식 질문법에 대한 답을 내놓았다. 물론 대답은 '예스'다. 그

---

* 신뢰성이 높은 자료다. 아이던디스idonethis.com의 데이터로 이 사이트의 〈바쁜 직장인을 위한 가이드, 해낸 일 리스트를 작성하자〉에 있는 내용이다.

는 이를 '하버드식 질문'이라고 부른다. 《하버드 비즈니스 리뷰》에 실린 런던경영대학원의 줄리언 버킨쇼Julian Birkinshaw 교수와 조던 코헨 교수Jordan Cohen의 연구결과에서 착안했기 때문이다. 연구에서 이 두 사람은 사람들이 늘 바쁘다는 느낌을 좋아하는 이유는 그런 느낌을 받으면 중요한 사람이라는 기분이 들기 때문이라고 주장했다. 하지만 2013년에 두 교수는 바쁘게 움직이는 것 자체가 실제로는 생산적이지 못하다는 사실을 발견했다. 이들에 따르면 피고용자들에게 재교육을 받게 하여 일하는 속도를 늦추도록 하고 각각 스스로의 행동에 대해 생각하는 시간을 많이 보내도록 주문한 결과, 사무 처리에서 일주일에 평균 6시간, 회의 시간은 2시간을 줄일 수 있었다. 세 가지 질문이란 다음과 같다. '그렇다면 할 일 리스트에서 어떤 내용을 제외해야 할까?', '어떤 일을 다른 사람에게 대신하도록 할까?', '좀더 효과적인 방법은 무엇인가?'

자기계발 서적을 쓴 여러 작가들이 주장하는 제한된 시간에 많은 일을 하는 비결은 다른 사람에게 일을 위임하는 것, 즉 누군가를 고용하여 일을 시키는 것이다. 베스트셀러 자기계발서 『네 안에 잠든 거인을 깨워라』를 쓴 토니 로빈스처럼 사람을 고용하여 세탁소에서 맡긴 양복을 가져오게 하고 본인은 자기 일에만 집중하면 문제없다. 그는 "다른 사람이 더 잘할 수 있는 일은 내가 하지 않는다."라고 주장했다. 또 『거절은 당신을 다치게 하지 못한다』의 공동 저자인 안드레아 왈츠의 주장을 보면 다른 사람에게 일을 많이 맡길수록 사업이 번창할 것이다. 또는 팟캐스트 '스쿨 오프 그레이트니스'를 맡은 루이스 호에스Lewis Howes라면

'당신이 가장 잘하는 일에 집중하고 나머지는 다른 사람에게 맡길 것'을 실천하면 된다. 30여 가지 책에 이와 똑같은 내용들이 들어있다. 다른 사람의 시간을 빌려서 당신의 시간을 절약하라고 한다. 하지만 다른 사람을 고용할 형편이 안 되는 사람은 어쩌란 말인가? 그런 질문을 던지면 토니 로빈스는 이렇게 대꾸할 것이다. "할 수 있습니다. 두고 보세요."

케빈 크루스는 시간 관리의 전문가다. 스물두 살에 사업을 시작한 크루스는 첫 사업을 처참하게 실패하고 말았다(그는 자그마한 원룸에서 생활했다. 씻으려면 매일같이 지방 유스호스텔의 샤워시설을 이용해야 했다). 그의 자서전을 보면 오늘의 그를 있게 한 계기는 '완전한 리더십Wholehearted Leadership', '짧은 시간 활용하기Master Your Minutes'등을 알게 되면서부터였다. 그리하여 수백만 달러 규모의 회사를 여럿 설립하게 된다. 시간의 의미를 이해한 크루스는 하루를 바꾸고 더 나아가 일주일을, 아니 인생을 바꾸었다. 크루스의 주요 정보원은 그가 세운 회사이자 시간 관리 리서치 뱅크인 크루스 그룹이다. 그가 크게 성공한 사람들과 인터뷰를 하여 얻은 결론은 이런 것이다. '성공한 사람들은 자신이 잘하는 일을 찾아 적극적으로 일하고, 나머지 일은 그 일에 적합한 능력 있는 다른 사람들에게 위임한다. 이들은 과로했다거나 일이 많다고 느끼지 않는다.' 요즘 같은 디지털 환경에서 업무 위임이란 가뜩이나 일이 많은 직원에게 일을 떠넘기는 것을 의미하지 않는다(예를 들어 힘없는 사람들을 못살게 군다는 의미가 아니다). 다른 방법, 예를 들면 스마트폰 앱이나 인터넷을 이용하면 된다. 요즘은 누구나 마음대로 시간을 절약할 수 있으며 사회

생활을 처음 시작하는 젊은이들은 시간 절약을 가장 중요한 사항으로 여긴다. 크루스는 책을 출간할 때마다 여러 사람들에게 의뢰하여 자신의 책 출간을 돕도록 함으로써 시간을 절약했다(그 가운데는 싱가포르인 북 디자이너 클라리사라는 여자도 있었다. 크루스가 만나본 적도 없는 여자다. 컴퓨터를 이용하여 대규모 자료를 도태로 새로운 정보를 찾는 일은 인도인 발라지가 했다. 이 사람도 크루스가 만나본 적이 없다. 태국의 세레나라는 여자는 크루스에게 온 이메일 문의를 처리한다. 크루스가 재능 오픈 마켓 파이버닷컴 fiverr.com에서 찾은 편집자 카밀은 미국에 살고 있으며 역시 크루스와 만난 적이 없다).

크루스가 제시한 조언들은 지극히 평범하고 지나치게 단순해 보이지만 실천하기는 쉽지 않아 보인다. 예를 들어, '올 A 학점을 받은 대학생들의 시간 관리 비법'은 다음과 같은 철저한 자기 규율에 있다.


1) 소셜 미디어를 멀리한다.

2) 밤 시간에 외출을 자제하고 함께 공부할 친구들을 사귄다.

3) 중요하지 않은 일은 5분 안에 끝낸다.

4) '내 시간'을 만든다. 뉴저지 주에 사는 의대 학생 케이틀린 헤일은 이렇게 말했다. "나는 매일 밤 적어도 1시간 정도 나만의 시간을 가집니다."


'올림픽 대회 출전 선수 13명의 시간 관리법' 역시 생산적이다.


1) 트레이닝 스케줄을 휴대폰에 입력하지 않는다. 대신 커다란 종이 달력을 활용한다. 이렇게 하면 이미 완료한 사항과 앞으로 해야 할 일을 조

망하는 데 도움이 된다.

2) 다른 사람들에게 '노No!'라고 거절한 일에 대해 마음 쓰지 않는다.

3) 휴식이야말로 간과하기 쉽고 가장 저평가된 가치다.

4) 1996년과 2004년에 미국 여자 축구팀 골키퍼로 금메달을 목에 건 브라이아나 스커리처럼 하자. 그녀는 자신에게 이렇게 묻곤 했다. '이런 행동이 내가 좀더 나은 기량을 발휘하는 데 도움이 될까? 그래서 미국 대표팀이 금메달을 따는 데 도움이 되는가?' 스커리는 이렇게 정신을 한 곳에 모으는 것을 '극단적인 집요함'이라고 표현했다.


이처럼 케빈 크루스 그리고 그와 생각을 같이하는 사람들이 들려주는 조언들은 생산성 극대화, 경쟁사 공격하기, 부자 되기, 아메리칸 드림 성취 등 유사한 미션을 수행해야 하는 직장 내에서의 시간 절약에 집중된다(이런 책들 거의 대부분은 정말로 미국식이다. 자신만의 시간을 갈구하거나 회의를 10분 안에 끝내려는 파타고니아나 페루 부족민은 찾아보기 힘들다). 또한 이런 책들은 대부분 책 제목에 숫자가 포함되어 있다. 측정할 수 있는 목표를 세우게 하는 것이다.

시간을 관리하도록 강제하기보다 일과 삶의 균형을 아우르는 삶 전반을 다루는 부담감이 적은 책들도 있다. 다음의 책들을 읽어보면 재미있는 내용이 들어있다.


『시간 없는 사람들이 일하고 사랑하며 노는 방법』 브리짓 슐트

『정신없이 바쁜 엄마들을 위한 시간 관리법』 알리슨 미첼

『마음으로 시간 관리하기』탐 에반스

『비즈니스 오너: 가족들이 당신을 보고 싶어 합니다』마이크 가드너

『개구리를 먹어라!』브라이언 드레이시

『코끼리를 먹어라!』케롤라인 브릴랜드 블룸


이런 책들을 다 읽어도 로라 밴더캠이 쓴 『나는 그녀가 하는 일을 알고 있다. 성공한 여성들의 시간 관리법』을 읽으면서 나름의 변화를 모색하기 시작했을 무렵에 비해 달라진 게 없을 것이다. 밴더캠은 '시간 관리는 언제나 인기가 많은 주제다. 사람들은 시간 속에 살기 때문이며 누구에게나 똑같은 시간이 주어지기 때문이다'라고 설명했다. 밴더캠은 『성공한 사람들의 준비된 하루』라는 책을 쓰기도 했는데 그 책에서는 '세상의 모든 돈을 다 가져도 당신 혼자 1초를 더 얻을 수는 없다.'라고 강조했다.

이러한 말들을 들으면 비웃음이 환호로 변하게 된다. 밴더캠의 글이 때론 지겨울 때도 있지만 그녀의 책에 녹아든 정서는 무척 인상적이다. 그녀는 어느 6월의 오후 펜실베이니아의 농장에서 자녀들과 함께 딸기를 따다가 큰 깨달음을 얻었다고 한다. 딸기를 담던 밴더캠의 눈에 빈 과일 박스에 쓰여 있는 시의 구절이 들어왔다. '딸기 계절은 길지 않다.' 딸기 박스는 딸기를 가득 담으면 약 4.5킬로그램이다. 그리고 넘치도록 수북이 담으면 약 6.8킬로그램까지 담을 수 있다. 밴더캠은 문득 자신의 인생도 그 딸기 박스와 다를 바 없지 않을까 하는 생각이 들었다. '인생에서 중요한 것은 1년 8,760시간, 즉 약 70만 시간(수명을 여든 살 정도로

·········· 12장. 시간을 효율적으로 활용하는 전략

가정했을 때)을 보내는 방법이다.' 그후 밴더캠은 '딸기 농장에서 많은 시간을 보내기로 작정하는 한편, 걸음마를 막 배우기 시작한 아이를 다독여 재우는 일뿐 아니라 광대한 우주의 한 구석이라도 바꿀 수 있는, 의미 있는 일을 해야겠다고 결심했다.'

밴더캠에게 그 일은 직장 여성을 대상으로 한 일과 가정, 혼자 보내는 시간을 추적하는 연구였다. 이 '모자이크 프로젝트'는 143명의 직장 여성들이 작성한 1,001일(143×7일) 동안의 일과들로 채워졌다. 밴더캠은 이를 위해 참가자들에게 일주일간의 일상을 시간대별로 상세하게 기록할 수 있는 일과표 양식을 보냈다. 이 일과표는 새벽 5시부터 자정까지 한 일을 기록할 수 있도록 30분 단위로 칸을 나누어 놓았다. 밴더캠은 참가자들에게 각 칸을 모두 채워달라고 요청했다. 아무리 단순한 일상의 일이거나 반복적으로 되풀이되는 일 또는 시간을 구분하기 애매한 일들도 모조리 기록해 달라고 했다. 페이스북을 하느라 2시간을 보냈다면 4개의 칸에 페이스북이라고 있는 그대로 쓰는 것이다.

2014년 3월 중순 서른다섯 살이 된 밴더캠 본인도 시간별 일과표를 채웠다. 나는 그녀의 책을 읽으면서 남의 사생활을 엿보는 기분이 들었다. 3월 18일 화요일, 그녀는 아침 6시에 일어나 일을 시작했다. 3칸, 즉 1시간 30분간 일하고 나서 7시 30분에 자녀들과 함께 아침 식사를 했다. 식사를 마친 후 오전 10시 30분까지 어떤 불특정한 일을 했고, 그 이후의 2칸에는 '아이디어 브레인스토밍'을 했다고 적혀 있다. 오후 1시부터 1시간 동안 이메일을 읽었고 이후 1시간 동안 인터뷰를 했다. 오후 3시와 4시 사이는 일과 조깅이 한 칸씩 차지했다. 여기까지는 다소 지루해 보이지만 이후에는 다양한 일과가 진행된다. 오후 4시부터 「오프라 윈프리 쇼」에 보낼 글의 초안을 작성하고, 모자이크 프로젝트 관련 일을 이어서 하다가 도서관에 가서 글을 썼다('소설'을 무려 2,000단어나 썼다!). 저녁 7시 30분에 외식으로 스시를 먹었고, 8시에 주유소에 들러 휘발유를 채운 다음 집으로 향했다. 그 다음 칸엔 아이들에게 책을 읽어준 뒤 잠자리에 눕혔다. 아이들을 재운 뒤 30분간 텔레비전을 시청하고 다음 칸에는 샤워도 했다. (좋았어!) 그 다음 칸들 대부분은 잠으로 채워져 있다. 수요일의 하이라이트는 '화상 통화를 위한 몸단장'이었다. 다음 칸에는 '화상 통화를 못 했음. 비효율적!'이라고 적혀 있다. 오후 2시 칸에는 '2시에도 통화 못 했음'. 그날 저녁 일과는 오후 일과보다는 좋은 편이었다. 6시 30분 '가족과 함께 저녁 식사'. 하지만 곧이어 약간 재난처럼 보이는 일정이 이어진다. '두 아이 데리고 이케아 매장 가기, 「겨울 왕국」보기.'

주말 일정은 주중과 달리 가족들과 보낸 시간들 위주로 채워졌다. 토요일 아침에는 평일보다 1시간 늦게 일어나 집안 청소를 하고 보이스카우트 자동차 경주 대회장에서 2시간을 보냈다. 그런 다음 아이들과 바깥나들이를 하고, 이후 남편과 레스토랑에서 오붓하게 데이트를 즐기며 2시간 30분을 보냈다. 쭉 읽어내려가다 보니 그녀가 남편과 섹스를 했다고 적힌 칸은 없는지 찾아보지 않을 수 없었다. 그런 기록은 없었지만 일요일 저녁 10시 30분, '샤워 등'이라고 적힌 게 유일한 힌트였다. 다른 요일에는 '샤워'라고만 써 있다.

일주일이 지나 본인의 일과표를 분석해 본 밴더캠은 멀티태스킹을 많이 했던 저녁 시간 활용이 생각만큼 효율적이지 못했던 것에 실망했다. 그녀는 저녁에 일을 하려면 이메일 받은 편지함을 들락거리며 시간을 보내기보다는 하려는 일을 좀더 구체적으로 머릿속에 그리고 추진해야겠다는 생각을 했다고 한다. 나는 밴더캠에게 그녀가 취합한 다른 사람들의 일과표에서 가장 주목할 점은 무엇이었느냐고 물었다. 밴더캠은 사람들이 가진 융통성의 수준이 인상 깊었다고 대답했다.

> "전통적인 직업을 가진 여성들도 근무 시간을 이용해서 삶의 조각들을 모아 조화로운 인생을 만들어 가고 있었어요. 제가 조사해 보니 여성들 가운데 약 75퍼센트가 직장에서 개인적인 일을 한다고 합니다. 물론 반대의 경우도 있지요. 직장 여성들 중 약 75퍼센트가 밤이나 주말 또는 이른 아침에 집에서 회사 일을 한답니다. 제가 보기에 두 경우가 서로 밀접한 연관성이 있습니다. 그래서 어느 것이 옳고 어느 것이 나쁘다고 콕 집어 말하기 힘들어요."

밴더캠은 연구 과정에서 몇 가지 가정이 잘못되었음을 밝혔다. 미국인들은 부모 세대보다 많은 시간 일한다고 생각하는 경향이 있지만 실상은 그와 정반대일 수 있다는 점이다. 세인트루이스 연방준비은행이 조사한 바에 의하면 주당 평균 근로시간이 1950대 42.4시간에서 1970년에는 39.1시간으로 줄었다. 그리고 2014년 노동통계국 자료에 의하면 주당 평균 근로시간(농업 분야 제외)은 다시 34.5시간으로 줄었다. 물론 이 평균 근로시간도 믿을 만한 것이 것이 못 되지만, 특히 사람들이 더 적은 시간을 일할수록 행복하다는 주장은 더욱 믿기 어렵다. 근로 시간이 줄어들었다는 건 수입도 줄었다는 의미일 수 있고 따라서 늘어난 여가 시간을 즐기지 못한다는 의미도 된다. 긴 근로시간이 바쁨의 척도가 되던 시대도 지났다.

밴더캠이 확인해 보니, 설문 분석 전문가들 대부분은 설문에 응한 사람들이 거짓말을 한다는 사실을 이미 알고 있었다. 밴더캠은 이렇게 설명했다. "숫자를 보면 알 수 있어요. 사람들이 그렇게 일을 많이 하지는 않아요. 시간과 직업에 관한 글을 10년 정도 쓰면서 관련 자료들을 살펴보니 화이트칼라 노동자들이 근로시간을 부풀리는 경향이 있다는 것을 알겠더군요." 이 현상은 특히 열악한 환경에서 저임금을 받으며 일하는 화이트칼라 계층, 특히 전통적으로 힘든 분야에 속하는 금융이나 기술 분야에서 두드러졌다. 밴더캠은 "다른 직원들보다 적게 일하는 사람으로 보이는 걸 좋아할 사람은 아무도 없죠."라고 덧붙였다.

이러한 견해는 메릴랜드 대학교 사회학과 존 로빈슨 교수팀이 10년 동안 실시했던 연구조사에 의해서도 뒷받침된다. 존 로빈슨 교수는 2011년 《월간 노동 리뷰》에 미국인들의 시간 활용 설문 조사 데이터를 근거로 한 보고서를 올렸다. 이 보고서에 의하면 주당 75시간을 일한다고 주장하는 사람들의 상세 일과표를 비교한 결과 약 25시간을 부풀렸음을 밝혀냈다. 런던정치경제대학에서 2014년 6개국 1,000여 명의 CEO들을 대상으로 조사한 결과 이들은 주당 평균 52시간 회사 업무와 관련된 일을 한다고 답변했다. 소설이나 영화를 봐도 그렇게 열심히 일하는 회사 중역은 없다. 설문에 응한 CEO들 가운데 70퍼센트가 일주일에 단 5일 일한다고 답변했다.

밴더캠은 이렇게 말했다. "이런 조사 결과를 보면 우울한 기분이 들고 화도 납니다. 뭔가 교활한 의도가 있다는 생각이 드니까요. 근무 시간을 과장함으로써 생계를 걱정하며 사는 사람들이 함부로 접근하지도 못할 직업으로 보이게 하려는 것 말이에요. 여성들은 물론이고 남성들로 하여금 불가피하게 직업과 가정생활 가운데 하나를 선택해야 한다고 생각하게 만들어서 다수의 경쟁자들을 미리 내쫓아 버리려는 것 아니겠어요."

시간별 일과표 작성의 진정한 가치는 매 순간을 철저하게 활용하겠다는 욕심을 버리게 함으로써 인생이 마음먹은 대로 되지 않음을 일과표 작성자들에게 알려주는 데 있다. 밴더캠은 이렇게 말했다. "일과표 작성을 통해 스스로 지금까지의 생각을 바꾸는 최상의 결과를 얻은 사람들도 있었습니다. 예를 들어, 직장맘들은 아이들과 함께 보내는 시간이 충분하지 않다는 생각을 많이 하잖아요. 그런데 참가자 중 한 여성은 제가 보낸 일과표를 작성하다가 학교 갈 나이가 다 된 자녀들이 사실은 집에서 엄마 아빠와 함께 많은 시간을 보내고 있다는 사실을 깨달았다고 해요. 그때까지 그녀는 아이들에게 미안한 마음을 갖고 있었는데 이제는 더 이상 미안해하지 않는다고 합니다. 그래서 요즘은 운동을 하고 싶으면 언제든지 헬스클럽에 간다고 하더라고요."

## 이메일 받은편지함 비우기

시간 관리법을 연구하고 그 연구에서 얻은 지식을 바탕으로 쓴 서적 출간이 한동안 유행이 되다시피 했다. 인터넷의 보급과 더불어 부모님 세대가 하지 못했던 일에 시간을 쓰자는 인식이 퍼지면서 이러한 책들의 보급이 촉진되었다. 그러면서 전통적인 사무실이나 공장에서 벗어나 프리랜서로 일을 하거나 새로운 사업을 벌이는 사람들도 늘어났다. 하지만 획기적인 내용을 담은 책들은 이미 그 이전에 세상에 선을 보였다. 그 가운데 가장 많은 영향을 준 책은 2012년에 세상을 떠난 스티븐 코비의 1989년 저서 『성공하는 사람들의 7가지 습관』이다. 스티븐 코비는 본인을 가리켜 시간 관리의 '영원한 학생'이라고 했다. 그는 '우선순위를 정하고 실행하라'고 강조했다. 실제로 코비는 후일 베스트셀러가 된 자신의 저서를 집필하는 일이 수개월 동안의 우선순위였다. 코비는 '중요한 일을 먼저 하라'는 자신의 원칙을 지킴으로써 집중력을 유지했다. 그리하여 코비는 큰 결과물을 얻었다. 그의 저서는 지금까지 2,500만 부가 넘게 팔렸다.*

코비는 이 저서에서 시간 관리에 관한 조언을 3세대로 구분했다. 각각의 시간 관리 조언은 이전 세대의 것에 기반을 두고 진화한 것이다.

---

* 오디오북까지 나왔다. 후속작으로 개인별로 활용할 수 있는 실제 전략을 담은 『7가지 습관으로 살기』는 드라이브를 하면서 자동차 안에서 카세트 플레이이어로 들을 수 있게 만든 것으로 오디오북 최초로 1백만 개가 팔렸다. 그리고 더 이상의 성공하는 습관이 없다고 생각하는 사람들을 위한 『성공하는 사람들의 8번째 습관』이란 책도 출간되었다.

시간 관리 1세대에게는 비망록을 이용하라고 조언했다. 즉, 시간과 에너지가 필요한 여러 가지 일정을 순서대로 메모해 두고 늘 인식하게 하려는 시도라고 할 수 있다. 시간 관리 2세대에게는 캘린더와 약속 메모장을 활용하여 할 일을 미리 계획하고 준비하라고 했다. 3세대에게는 우선순위에 주안점을 두게 했다. 가치 있고 중요한 것이 무엇인지를 분명하게 정하고 목표를 설정하라는 개념이었다. 하지만 코비는 시간 관리 개념의 인기가 떨어지고 있다고 설명했다. 너무나도 많은 리스트와 더불어 목표에 지나치게 집착함으로써 인간적인 반응이나 자발성을 방해한다는 것이다. 코비는 '시간 관리'라는 말이 부정확한 명칭이라고 생각했다. 그는 '도전이란 시간을 관리하는 것이 아닌 우리 자신을 관리하는 것'이라고 강조했다. 하지만 그가 내린 결론은 25년 전의 것이다. 최근에 나온 수많은 책들은 코비의 견해에 동의하지 않는 사람들이 많음을 보여준다.

이윽고 4세대 시간 관리법이 나왔다. 4세대 시간 관리법은 시간 관리 매트릭스를 활용하고 있다. 코비는 일상생활에서 시간을 쓰는 활동이나 일을 그 성격에 따라 사분면으로 분류했다.

제1사분면) 급하고 중요한 일: 위기 상황이나 기한이 정해진 중요한 일
제2사분면) 급하지 않지만 중요한 일: 중장기 계획을 세우거나 인간관계를 구축하는 일
제3사분면) 급하지만 중요하지 않은 일: 주의 집중을 방해하는 이메일에 답장을 보내거나 당신과는 무관한 회의에 참석하기(다른 사람들은 중요하다

고 생각할지 모르나 당신은 그렇게 판단하지 않는 일, 다른 사람이 설정한 우선순위와 기대심에 근거한 일)

제4사분면) 급하지 않고 중요하지도 않은 일: 일상의 압박감에서 벗어나 편하게 휴식을 취하는 일


코비는 이렇게 썼다. '어떤 사람들은 그야말로 늘 여러 가지 문제에 둘러싸인 채 괴로워하며 산다. 이런 사람들의 시간 관리 매트릭스를 보면 전체 시간 가운데 90퍼센트는 1사분면에 있고 나머지 10퍼센트의 시간은 4사분면에 있다. 그리고 2사분면과 3사분면에 있는 일들은 대수롭지 않게 생각한다. 바로 이것이 위기 중심의 삶을 사는 사람들의 시간 관리법이다. 어떤 사람들은 1사분면에 속하는 일이라고 여기지만 실제로는 3사분면에 속하는 일에 시간의 대부분을 소비한다. 이들은 대부분의 시간을 급하기만 한 일을 하며 보내면서 스스로 이 일을 중요하다고 생각한다.' 그렇다면 어떤 일로 시간을 보내야 하는 것인가? 3사분면과 4사분면에 해당되는 일만 하면서 시간을 보내면 당연히 안 된다. 이들은 근본적으로 무책임한 사람들이기 때문이다.

효과적인 자기 관리의 핵심은 2사분면에 있다. '급하지는 않지만 중요한' 일들이 여기에 포함된다. 역대 미국 대통령들이 '장기적인 계획'이라고 부르던 것뿐 아니라 인생의 목표를 글로 선언하는 일, 가치 있는 일을 분명하게 정하는 일, 규칙적인 운동, 야망을 실현하기 위해 정신무장을 하는 일 등이다. 코비가 글을 쓸 당시는 마음챙김 mindfulness이 의식의 힘으로 인식되기 전이었지만 이것도 2사분면에 포함될 것이다.

각 분면은 전통적인 비즈니스 환경에 적용하기 위해 만든 것이다. 하지만 좀더 편하고 사적인 공간인 디지털 세상에도 적용된다. 어쨌거나 전하고자 하는 메시지는 다르지 않으며 분명하다. 중요한 일을 먼저 하라는 메시지다. 코비는 데이비드 브렌트의 슬로건에도 동의한다. 즉, 효과적으로 일하는 사람은 문제점에는 개의치 않고 기회를 잡는 데 몰두한다. 이들은 기회를 먹여 살리며 문제점들은 굶겨 죽인다.

사실 82년 전에 이미 아널드 베넷이 시간 관리에 관한 책을 썼다. 『하루 24시간을 먹고 사는 방법』이라는 아이러니한 제목의 책이었다. 베넷은 잉글랜드 중부의 포터리즈에서의 생활을 담은 소설을 쓴 작가로 더 잘 알려져 있다. 그는 영국 런던의 사보이 호텔에 머물면서 소설을 썼는데, 이 호텔의 오믈렛을 좋아해 매일 오믈렛만 먹었다. 그 후 이 음식을 '아널드 베넷 오믈릿'이라고 부르고 있다.* 베넷의 시간 관리 저서는 그가 작가로 큰 명성을 얻었던 1910년에 출간되었다. 그런데 책의 분량이 적다 보니 여러 평론가들이 많은 분량의 리뷰를 내는 바람에 상대적으로 더 적어 보였다고 한다. 요즘 기준으로 보면 베넷의 분석과 조언은 엄격하고 직선적인 데다 독자들을 깔보는 듯한 태도가 느껴진다. 하지만 평론가들이나 그를 좋아하는 독자들은 그의 논리가 독창적이며 읽을 가치가 있다고 극찬했다. 저녁에는 시간이 없어서 하고 싶은 일을 다 못한다? 그럼 다음날 아침에 1시간 일찍 일어나면 된다. 아침에 1시간 일찍 일어나면 너무 피곤하고 잠을 충분히 잘 수 없을까 봐 걱정된다?

---

* 이 당시에 쓴 소설이 『다섯 마을의 안나』와 『클레이 행거』다.

베넷은 이 저서의 개정판 서문에 이렇게 썼다. '수면이란 부분적으로는 습관의 문제이자 게으름과 관련이 있다는 생각이 날이 갈수록 점점 더 강해진다. 나는 사람들 대부분이 충분히 잘 만큼 잔다고 확신한다. 다만 그들이 자는 것 외에는 머리를 식히기 위한 별다른 활동을 할 줄 모르는 것이다. (베넷은 자문을 구한 의사들이 그 점을 확인해주었다고 썼다.) 그런데 하녀조차 일어나기 전인 아주 이른 시간에 깨어서 아침 식사도 거른 채로 하루를 시작할 수 있을까? 이 역시 가능하다. 전날 밤 하녀에게 알코올램프와 티포트 그리고 비스킷을 미리 준비해 놓으라고 얘기만 하면 된다. 균형 잡힌 하루 일과를 보내는 것은 이른 시간에 차 한 잔을 마실 수 있는지 여부에 달려 있다.'

베넷은 늘 긍정적인 마인드를 갖고 살았다. 그는 인생이란 경이로우면서 동시에 너무 짧다고 생각했다. 그리고 시간이란 유한하면서, 모순되는 얘기로 들릴지 모르지만, 재생이 가능한 자원이라고 강조했다. 그는 교회 연단에 선 목사처럼 이렇게 연설했다. '매일매일 우리에게 시간이 주어진다는 사실은 정말 기적 같은 일이다. 곰곰이 생각해 보면 정말 놀랍기 그지없다. 아침에 일어나니, 이게 무슨 일인가! 정말 마술처럼 당신의 지갑은 24시간이라는 우주의 천연 화폐로 두둑하게 채워져 있다.' 그는 시간이란 참으로 민주적이어서 모두에게 공평하다고 강조했다. 칼튼 호텔 여종업원이나 호텔에 투숙한 귀족이나 똑같이 24시간이 주어진다는 논리였다. 벤자민 프랭클린이 주장했듯이, 시간은 돈이 아니다. 부자나 귀족, 천재라고 하루에 1시간이 더 주어지는 것은 아니다. 돈은 일해서 벌 수 있지만 시간은 값어치를 매길 수조차 없다.

베넷은 몇 가지 흥미롭고 재미있는 목표를 정했다. 그중에는 자신의 직업과 관련된 것도 있었다. 소설은 모두 훌륭하지만, 그걸 읽는다고 해서 괜찮은 자기계발서의 방식처럼 일할 시간을 벌어 주지는 않는다. '일주일에 3번 90분씩을 투자해서 찰스 디킨스의 작품들을 모두 읽기로 결심한 독자가 있다면 계획을 바꾸라는 조언을 자주 들을 것이다.'

한편, 시는 소설보다 더 강력한 정신적인 긴장감을 준다. 시는 문학 중에서 가장 차원이 높은 형식이다. 베넷은 서사시 『실락원』을 읽는 게 여가 시간을 보내는 방법으로는 단연코 최고라고 했다.•

베넷은 자신의 조언이 지나치게 설교적이고 독자들을 당황하게 한다는 점은 인정하면서도 이를 철회하진 않았다. 그는 바람직한 시간 관리를 하려면 이미 작성해 둔 일일 계획을 잘 지켜야 하지만 그것의 노예가 되어서는 안 된다고 강조했다. "절대로 안 됩니다." 베넷은 고민에 빠진 어떤 부인이 "우리 남편은 아침 8시면 개를 데리고 나가서 산책을 꼭 해야 하고 8시 45분에는 책을 읽어야 해서 그 시간에 다른 걸 하자고 하면 방해가 될 거예요."라고 말하던 것을 회상하며, 남편의 습관을 바꿀 수 없다고 여기는 그녀의 말 속에서 정해 둔 일정을 절대적으로 따르는 삶의 비극이 보인다고 말했다.

따라서 무슨 수를 써서라도 융통성이 전혀 없는 사람이 되는 일은 피해야 한다. '융통성이 없는 사람은 남들보다 높은 수준의 지식을 가진

---

• 예외가 몇 가지 있다. 베넷은 엘리자베스 브라우닝이 쓴 장편 소설 『오로라 리Aurora Leigh』가 사회적 사상을 가장 훌륭하게 전한 걸작이라고 평가했다. 이 작품은 운문 형식으로 쓴 소설이다.

듯이 거만을 떠는 건방진 인간이다. 또한 남들에게 자신을 과시하려고 드는 사람으로 거드름만 피우는 바보일 뿐이다. 게다가 사람에게 매우 중요한 한 부분, 즉 유머 감각이 없음을 인식하지 못한다.' 베넷은 이렇게 말한다. '시간을 잘 활용하고 싶다면 반드시 기억해야 할 일이 있다. 그것은 다름 아닌 시간이란 다른 사람의 것이 아닌 본인의 것이라는 점이다. 당신이 시간의 예산을 짜 맞추기 전에도 지구는 잘 돌았다. 당신이 시간의 재무부 장관 역할을 잘 수행하건 그렇지 못하건 지구는 쉼 없이 돌 것이다.'

베넷 이전에 헨리 데이비드 소로Henry David Thoreau가 쓴 『월든』이란 책이 1854년에 출간되었다. 이 책에는 월든 호숫가의 숲 속에 들어가 오두막에서 자급자족으로 최소한의 소비만 하면서 살았던 원조 서바이벌리스트의 경험이 담겨 있다. 소로는 좀 괴짜였다고 할 수 있으며 분명 허세가 있는 사람이었다. 『월든』에 이런 내용이 있다. '만약 당신이 공중누각을 지었더라도 헛된 일을 한 것이 아니다. 그곳이 누각이 있을 자리다. 이제 누각 밑에 토대를 쌓으면 된다.'

『월든』은 시간 관리에 관한 저서라기보다는 영혼의 사색에 관한 책이다. 이 책의 내용은 로라 밴더캠이나 스티븐 코비의 균형 잡힌 삶을 강조하는 자기계발서보다는 고대 로마의 세네카나 아우구스티누스의 철학에 가깝다. 하지만 사람을 끄는 힘이 강한 책이다. 소로는 시골 생활을 동경하는 공상적이고 비현실적인 생각을 가진 사람이었다(그는 26개월간 야생의 숲 속에서 혼자 살았다). 그는 하버드 대학을 나온 엘리트로 반사회적 성향을 가진 인물이었다. 하지만 인터넷에서 벗어나기 어려운 요즘 사람들에게 소로의 청교도적 숲속 생활은 비록 원시적이고 아무나 실천하기 쉽지는 않지만 혼자 살려는 사람에게는 매우 효과적인 매뉴얼이다. 소로를 안내자로 삼아 18개의 생산성 향상 팁을 배워 당신의 일상생활에 힘을 불어넣을 수는 없다. 하지만 당신은 태고의 차가웠던 지구에 당신의 마음을 다시 맞추게 된다. 그리고 큰 낫을 들고 숲을 거니는 사람을 이 책에서 만날 것이다. 가난한 사람들은 내심 이 책을 읽으며 흐뭇해한다. 하루 종일 연못 옆에 의자를 놓고 앉아 헤어 셔츠 아래로 배꼽을 응시하며, 흐르는 강을 바라다 볼 여유도 생긴다. 당신이 이 모든 자연의 소리를 좋아하지만 사슴진드기가 걱정이라면 위장을 하고 서바이벌 페인트볼 게임을 해도 된다.

물론 요즘은 거의 모든 사람들이 시간 관리에 관한 나름의 전문적 식견을 가지고 있다. 해야 할 일을 머릿속으로 결정할 때 소요 시간도 계산해 보아야 한다. 본인의 판단으로 의심의 여지가 없어 보이는 일도 위기라고 해석될 수 있는 문제들이 느닷없이 생겨 막히는 경우가 많다. 우리에게 주어진 시간은 짧다. 그렇다면 무엇을 먼저 해야 할까? 딸기나 수확하면서 사는 게 돈을 많이 버는 것보다 더 좋다고 말할 수 있을까? 매일 저녁 4시간 동안 부모의 얼굴을 보는 게 2시간 동안 보는 것보다 우리 아이들에게 갑절의 이익을 가져다주는가?

수많은 시간 관리 서적을 읽는다고 그러한 물음에 대한 답을 찾을 수 있을까? 매우 타당하게 구성된 불렛 포인트bullet point와 사분면 시간 관리 매트릭스를 이용해서 단단하게 경직되어 있는 마음을 바꿀 수 있을까? 4시간을 절약할 방법을 자주 생각하자는 주장은 칼 오너리가 지은

『슬로씽킹』에 강한 도전을 받았다. 이 책은 윌리엄 셰익스피어의 『오셀로』에 나오는 경구 '인내하지 못하는 자들은 얼마나 불행한가? 천천히 아물지 않는 상처가 어디 있단 말인가!'와 썩 잘 어울린다.* 오너리는 일시적인 해결책도 가치는 있다고 주장한다. 약물이나 음식 등이 목에 걸려 질식 상태에 빠졌을 때 실시하는 응급처치인 하임리히 요법, 상처의 응급처치에 쓰이는 덕트 테이프 그리고 아폴로 13호의 우주인들을 지구로 귀환시켰던 휴스턴 지상관제센터의 골판지 솔루션(예기치 못한 사고로 달 착륙은 포기한 채 지구로 긴급 귀환 중 골판지를 이용하여 이산화탄소 제거용 필터를 만든 일을 말함 ─옮긴이) 등이 이에 해당한다. 하지만 인생의 시간 관리는 그런 것이 아니다. 오너리는 많은 사람들이 현실성이 결여된 야망을 품으며 터무니없는 행동을 한다고 주장한다. 예를 들자면, 2주 내에 날씬한 몸매를 만들겠다는 주장이나 세상을 바꾸겠다고 주장하는 테드TED 컨퍼런스 연사, 경기 결과가 나빠 두 달 만에 짐을 챙겨 떠난 축구 감독 등이다.** 오너리는 산업 분야의 치명적 실패를 예로 들었

---

- 오너리는 2004년에도 삶의 속도를 늦추자고 강조한 책 『느린 것이 아름답다』를 발표해 좋은 반응을 얻었다. 깊이 생각하는 삶을 위한 간명하면서도 아주 효과적인 방안을 제시한 책으로, 느리게 살아야 하는 이유가 서두에서 간결하게 요약되어 있다. '당신은 아침에 일어나서 가장 먼저 하는 일이 무엇입니까? 커튼을 걷나요? 몸을 뒤척이며 파트너 또는 베게를 꼭 끌어안습니까? 침대에서 얼른 내려와 혈액 순환을 원활하게 하기 위해 푸시업을 10번 합니까? 아니지요. 당신이 가장 먼저 하는 일은, 누구나 다 가장 먼저 하는 일은 시계를 보는 것입니다.' 그의 주장은 아무도 반박할 수 없는 것으로, 시계가 우리의 태도를 정하고, 대응하는 방법을 알려준다는 것이다. 지금 일찍 일어난 건가? 아니면 늦었나? '아침에 눈을 뜨는 순간부터 시계가 인간을 통제한다.'고 강조하는 오너리의 저서는 독자들에게 다른 지평을 열어주었다.
- •• 오너리는 1992년부터 20년간 잉글랜드 프로 축구 감독이 평균 재임 기간이 3.5년에서 1.5년으로 줄었다고 설명했다.

다(도요타 자동차도 올바른 해결책만 있었으면 1천만 대에 이르는 대규모 리콜 사태를 피할 수 있었다). 그는 전쟁과 외교 분야에 대해서도 언급했다(미국이 이라크에 군사적으로 개입한 문제). 의료 분야와 국민건강보험 정책도 다르지 않다는 게 오너리의 생각이다. 언론과 빌 게이트 부부가 운영하는 재단에서 강조하는 잘못된 신념도 있다. 이들은 우리가 좀더 빨리 좀더 현명하게 일하고 많은 돈을 투입하기만 하면 특정 질병에 신속한 효과를 보이는 특효약으로 중대 질병의 치료가 가능하다고 주장한다. 오너리는 말라리아를 예로 들었다. 그리고 말라리아를 비롯해 열대성 질병들을 근절할 미션을 부여받고 세계보건기구의 제네바 본부에 나타난 IT마법사들에 관한 기막힌 이야기도 언급했다. 오너리가 제네바를 방문했을 당시 세계보건기구 관계자들은 미국 팰로앨토의 실리콘밸리에서 온 IT전문가들과 의견 차이로 옥신각신하고 있었다(세계보건기구 본부의 사무실 천장에는 선풍기가 달렸고 서류가 보관된 회색 캐비닛들이 즐비하며 세그웨이를 타고 돌아다니는 직원은 없다). "노트북을 들고 미국에서 건너온 IT전문가란 사람들이 이러더군요. '데이터와 지도를 주십시오. 우리가 말라리아 문제를 해결하겠습니다.'" 오너리는 세계보건기구에서 오랜 기간 근무해온 연구원 피에르 부셰 씨의 말을 인용했다. "저는 순간 이런 생각을 했습니다. '지금 당장 말라리아를 없앤다고?' 열대성 전염병은 아주 복잡한 문제거든요……. 결국 그들은 미국으로 돌아가더니 지금까지도 연락이 없어요."

여러 가지 산적한 문제를 제대로 해결하려면 임시방편이 아닌 유용한 해결 수단이 나와야 한다. 중동의 평화 협상 문제도 그렇고 게임에

중독된 청소년들 문제도 새로운 시각으로 접근해야 할 것이다. 오너리 씨가 개인적인 문제에 대해서도 언급했다. 그는 고질적인 허리 통증을 앓고 있다면서 수년 동안 일시적으로 고통만 완화해주는 치료를 받았다며 근본적인 치료 방법이 필요하다고 말했다.

하지만 오너리 씨처럼 생각하는 사람들의 수는 많지 않다. 오너리 씨처럼 생각하는 사람이 1명이라면 장기적인 안목으로 보지 않고 빨리 치료하려 드는 사람들이 20명에 이른다. 게다가 빠른 해결책에도 만족하지 못하여 초스피드 해결 방법을 찾는 사람들이 있다. 이들은 너무나도 바쁘게 살다 보니 뭐든지 빠른 걸 가장 중요시한다. 어쨌든 시간 관리에 관한 책들을 다 읽을 시간이 없다는 문제점을 해결할 방법이 한 가지 있다. 하이퍼포먼스라이프스타일highperformancelifestyle.net을 보자.『이메일함을 비우자lean Email Simple System』의 저자 코시오 안젤로프는 생산성 관리 담당자 42명에게 집중력을 유지하는 방법을 물었다. 로라 밴더캠이나 그녀와 생각을 같이하는 동료들은 세 가지 중요 항목을 만들어 불필요한 하루 일과를 줄이고 이를 계속 유지하라고 했다. 예를 들어, 웹사이트 '리게인 유어 타임Regain Your time' 운영자인 마우라 토머스는 세 가지 실천 사항을 제시했다.

1) 구체적인 목적을 가지고 긍정적으로 사고하라: (이메일 체크하는 시간을 줄이려고 하지 말고) 새로운 목적 하나를 분명하게 정하라

2) 당신을 방해하는 것이 무엇인지 분명하게 인지하라

3) 새로운 목표를 추진할 때 스트레스가 쌓이지 않도록 쉬는 시간을 가져라

주당 4시간만 일하라고 주장하는 의사 조지 스몰린스키George Smolinski
는 이렇게 조언한다.


1) 매일 같은 시간과 같은 환경에서 새로운 습관을 실행하라

2) 그것을 종이에 적어라

3) 갑자기 한꺼번에 다 하려 들지 말고 단계적으로 하라


웹사이트 '리스트 프로듀서닷컴ListProducer.com' 창립자인 생산성 연구
전문가 폴라 리조Paula Rizzo의 조언도 크게 다르지 않다.


1) 목록을 작성하고 나서 일을 시작할 것

2) 일을 나누어서 할 것

3) 좋아하는 음악을 듣는 등의 방법으로 충분한 휴식을 취할 것


그런데 인터넷에 얽매인 생활이 너무 바빠서 여러 전문가들이 제각
각 제시한 간단한 조언조차 읽을 시간이 없다면 어떻게 해야 하는가?
염려하지 않아도 된다. 42명의 전문가들이 제시한 온갖 전략들이 순위
별로 정리되어 있다.


1. (15명이 전문가들이 추천하는 조언) 작게 시작하고 본인이 감당할 수 있는
   수준으로 작업량을 줄여라

2. (11명이 전문가들이 추천하는 조언) 꾸준히 지속해야 하며 중간에 포기하지

마라

3. (10명이 전문가들이 추천하는 조언) 계획을 세우고 준비를 철저히 하라

4. (9명이 전문가들이 추천하는 조언) 믿을 만한 친구 하나를 찾아라. 당신을
   지켜봐주고 당신에게 용기를 주어 목표를 이루게 하는 데 필요한 사람
   을 말한다

5. (8명이 전문가들이 추천하는 조언) 스스로에게 보상을 주어라


여러분의 건투를 빕니다!

원 모어 타임: '시계를 가리는 좋은 방법이 있을까? 다른 시계를 만들어서 시계를 가린다!'

# 인생은 짧고 예술은 길다

13
─
장

## 영화 「시계」가 시계다

/

사람들은 온라인 매체의 전체 목록에는 시큰둥한 반응을 보이는 경향
이 있다. 하지만 '머리에 뿔 달린 괴물 유니콘조차 평범해 보이게 만드
는 이상하게 생긴 말 21마리' 또는 '여기 있는 15마리의 개들은 세상이
싫을 거다…….. 하지만 안타깝게도 이 개들은 불행한 삶을 살아갈 수밖
에 없다.'라는 제목이 붙은 사진 기사라면 누구나 관심이 가지 않을까?
그러니 시간이 남아도는 사람이라면 '거대한 시계에 매달려 있는 사람
들이 나오는 영화 8편'의 리스트를 만드는 것은 피할 수 없을 것이다.*

---

* 첫 번째 이야기와 두 번째 이야기는 '도즈닷컴Dose.com'에 나온다. 오락, 괴짜, 스타일,
할리우드, 세상, 기타 등등의 콘텐츠를 담은 웹사이트. 시계에 매달린 남자가 나오는
영화 8편 리스트는 저스틴 아바카라는 남자가 만든 뉴스 및 엔터테인먼트 웹사이트
'버즈피드BuzzFeed'에 올라와 있다.

1) 마침내 안전!

2) 백 투 더 퓨쳐(괴상한 발명가 독 브라운이 힐 밸리 시계탑의 힘을 이용하여 마티

맥플라이를 다시 현재로 보내는 장면은 「마침내 안전!」을 본보기로 만들었다).

3) 휴고(기차역을 배경으로 시계 그리고 시계의 정확성에 영감을 받아 만든 영화로

마틴 스콜시지 감독은 「마침내 안전!」에서 헤럴드 로이드가 시계에 매달린 장면을

이 영화의 한 장면에 삽입했다).

4) 위대한 명탐정 바실(셜록 홈스를 그대로 닮은 명탐정 쥐 바실이 등장하는 오락

애니메이션으로 바실과 바실의 친구들이 악당 래티건과 빅벤 꼭대기에서 싸움을 벌

인다).*

5) 상하이 나이츠(이 영화 역시 셜록 홈스를 표방하여 성룡과 오웬 윌슨이 주연한

오락영화다. 성룡은 이 영화의 액션 장면을 본인이 직접 연기했다. 오웬 윌슨이 악당

에게 떠밀려 빅벤의 거대한 분침에 매달려 절체절명의 위기에 처하는 장면이 나온

다).

6) 프로젝트A(이 영화도 「마침내 안전!」의 장면처럼 성룡이 시계탑의 시계판에 매달

려 있다가 아래로 떨어지는 장면이 나온다).

7) 39계단(1978년 버전 영화에서 리처드 하네이 역으로 나온 로버트 파월이 빅벤의

시계판 유리를 깨고 밖으로 나와 시곗바늘이 11시 45분에 닿지 못하도록 분침에 매

달린다. 그리하여 악당들의 의회 의사당 폭파 음모를 막는다는 스토리다. 1935년에

존 버컨이 쓴 오리지널 소설에는 이 장면이 나오지 않는다).

---

• 정확하게 말하면, 빅벤이란 시계탑의 4면에 있는 시계 자체를 의미하는 것이 아니라
시계탑에 달린 큰 종을 뜻하는 말이다. 이 시계탑의 공식 명칭은 엘리자베스 타워다.

8) 피터 팬(디즈니에서 제작한 애니메이션 버전에 피터와 그의 친구들이 네버랜드로 가는 길에 빅벤의 분침 위를 걷는 장면이 나온다).

그런데 사람이 시계에 매달린 모습을 담은 영화가 하나 더 있다. 작곡가이자 비디오 아티스트인 크리스찬 마클레이가 만든 영화편집영화 「시계the Clock」다. 이 영화를 보아야 하는 이유는 여섯 가지다.

첫째, 정말로 기가 막힌 아이디어로 만든 영화다. 옛날 영화들 중에서 시계가 나오는 장면들, 또는 시간에 지배당해 사는 인간들의 모습을 담은 장면 1만 2,000컷을 이어붙여서 만든 영화로 러닝타임이 무려 24시간이다.

둘째, 이 영화는 2011년 베니스 비엔날레에서 본상을 수상했으며 이 영화에 찬사를 보내는 리뷰들이 쏟아져 나왔다. 소설가 제이디 스미스는 《뉴욕 북 리뷰》에서 '최고의 영화'라고 극찬했다. 영국 신문 《더 타임스》의 서평 섹션인 「더 타임스 리터러리 서플리먼트」는 마클레이 감독의 비범한 작품에 대해 철학적이고 우아하며 최면에 걸린 듯하고 재미있다고 평가했다.

셋째, 이 영화는 누구나 공짜로 볼 수 있다. 마클레이 감독은 이 영화에 저작권을 설정하지 않았다. 이 영화가 예술 작품으로써 공정하게 사용될 거라고 믿었기 때문이다. 따라서 이 영화의 상영권을 사들인 단체들은 관객들에게 입장료를 받지 않겠다는 데 동의했다(뉴욕 현대예술박물관과 캐나다 국립 갤러리를 포함하여 총 6개 단체가 상영권을 샀다).

넷째, 이 영화를 보는 시간에는 손목시계를 들여다볼 필요가 없다. 영화 각 장면에 보이는 시간이 현재 시간을 가리킨다. 기껏해야 현재 시간보다 몇 초 정도 느리다. 2010년 10월 첫 상영을 시작한 런던 메이슨스 야드에 위치한 화이트큐브 갤러리에서 이 영화를 보는 경우, 스크린에 보이는 시계가 아침 8시 40분을 가리킨다면 아직도 바깥은 출근길 러시아워라는 얘기다. 형무소의 벽에 걸린 시계가 오후 1시 18분을 가리키는 장면이 나오면 점심을 먹어야 할 시간이다. 영화 속의 시계가 진짜 시계인 셈이다. 정말 천재적인 발상으로 만든 영화다.

다섯째, 새벽 4시에 이 영화를 보는 것도 가능하다. 물론 박물관이 문을 열어야 볼 수 있겠지만 상영권 구입 조건에는 24시간 동안 상영하도록 되어 있다. 새벽부터 이 영화를 보기 위해 박물관 앞에 줄을 선 경우도 적지 않았다고 한다. 대니얼 젤리스키는 《뉴요커》지에서 야간 취재를 맡았을 당시 이 영화를 보았다면서 무라카미 하루키 소설에서 등장인물들이 다른 세상으로 넘어가는 장면을 읽을 때와 유사한 체험을 했다고 언급했다. 젤리스키는 독자들에게 밤 10시에서 아침 7시 사이의 시간에 박물관에 가서 이 영화를 보라고 조언했다. 그는 이 영화는 '특히 자정 이후에 보면 몸을 잡아당기는 느낌이 든다. 다른 영화들의 상영이 다 지난 시간에, 오래도록 앉아 이 영화를 보면 머리가 어지럽고 의식이 혼미해지는 느낌마저 든다. 그리고 시간에 쫓겨 불안해하고 있는 영화 속 주인공들과 하나가 되는 느낌을 받게 된다.'고 언급했다.

여섯째, 이 영화는 보는 이의 넋을 빼 놓는 듯하다. 1시간 정도만 보고 나오겠다고 들어간 사람들을 3시간이 지나도록 나가지 못하게 붙잡아 두는 영화다. 이 영화를 기획하고 편집한 사람의 예술적 재능과 인내력을 뛰어넘는 강력한 매력을 지닌 영화다. 영화에 찬사를 보내는 영화이며, 영화 속에서의 시간을 보여준 작품이다(영화를 보는 동안 시간이 유예됨을 알려주고, 시간이 영화 속의 이름 없는 주인공인 경우가 적지 않음을 알려준다). 이 영화를 보면 고양된 시간 감각을 갖게 되면서 시간에서 벗어난다. 한밤중에 깨어 있을 필요가 있음을, 시간이 우리의 삶에서 주도적인 역할을 하고 있음을 생각하게 된다.

**

나는 이 영화가 발표된 지 한참 뒤에야 보았다. 내가 이 영화를 미국 로스앤젤레스 예술 박물관에서 보았던 때가 영화가 나온 지 5년 뒤였다. 물론 이 영화는 유행을 타지 않는 작품이다. 영화 상영실 바깥에는 이 작품을 보면 현재 시간을 알 수 있다는 안내문이 붙어 있었다. '여러 개의 얼굴을 가진 주인공이 드라마틱한 가능성을 보여주는 수단으로 시간이 흐름을 시시각각 보여준다'고 써 있었다. 안내문에는 영화 속의 각 장면들을 편집한 과정도 기록되어 있었다. 마클레이는 7명의 스태프들에게 옛날 영화들을 보면서 쓸 만한 장면들을 찾아 편집하도록 했다. 그 외의 사진이나 오디오 자료 그리고 비디오 녹음 자료 등은 일체 이용하지 않았다고 한다.

상영실 안에는 하얀 색상의 이케아 소파들이 놓여 있었다(마클레이 감독이 각별히 이케아 소파를 지정했다고 한다). 내가 오전 11시 30분에 들어갔을 때 이미 영화가 상영 중이었다. 아니, 이 영화는 5주 전부터 이 박물관 상영실에서 쉼 없이 24시간 돌아가고 있었다. 실제 시간과 정확히 맞추기 위해 박물관이 문을 닫는 야간에도 필름이 돌아가는 것이다. 영화를 중단하면 사람들이 보지 않는 시간에는 시간이 멈추는 것과 다름이 없다.

상영실에서 나를 포함한 세 사람이 영화를 보았다. 나는 영화 「폴링 다운」에서 마이클 더글러스가 엉망진창이 된 하루를 보내는 장면부터 보기 시작했다. 영화 속 시계가 11시 30분을 가리켰다. 마이클 더글러스는 맥도날드가 오전 11시 30분에 아침식사 메뉴를 중단한다는 얘기를 듣는다. 이어서 영화 「나는 살고 싶다」 속의 한 장면이 나왔다. 어느 여인이 의자에 묶여 사형 집행을 기다리고 있다. 시계 초침이 그녀의 마지막 순간을 향해 가고 있다. 그녀의 사면을 통보해 줄지도 모를 전화벨은 울리지 않는다. 그 다음 장면은 「트와일라잇 존(환상특급)」 중 '시간의 문제' 편에서 잘라낸 장면이다. 어느 미국인 커플이 2시간 동안 시간의 구멍에 빠져 있다. 그 구멍에서 역사 속의 각 시간들이 다른 세상을 보여준다. 주인공이 이렇게 말한다. "실제 시간이 다가오는 소리야!" 이어서 시계가 부서졌음을 알게 된 피터 폰다의 모습이 보이는 영화 「이지 라이더」다. 그리고 11시 42분, 「39계단」의 한 장면이 이어졌다. 주인공이 시곗바늘에 매달려 있는 장면이다. 그리고 정말 놀랍게도 11시 44분에도 시계에 매달려 있는 어느 남자를 보여주는 「박식한 내 친구」의 한 장면이 보였다. 이어서 이 영화에서 가장 긴 장면이 나왔다. 「펄프 픽션」에서 잘라낸 장면으로 크리스토퍼 월켄이 가문 대대로 내려오는 손목시계에 대해 독백하는 장면이다.

나는 두 시간 정도 보다가 상영실에서 나가려 했었다. 그런데 3시간이 지나서도 자리를 뜨고 싶은 생각이 들지 않았다. 자이디 스미스를 비롯한 평론가들의 말이 맞았다. 박물관의 딱딱한 의자에 앉아 순환 회로 모니터를 통해 보는 비디오 작품들은 5분만 앉아 있으면 인내상을 받을 자격이 된다. 하지만 영화 「시계」는 내가 극장에서 보았던 다른 영화들보다 더 강력한 힘으로 나를 꼼짝도 하지 못하게 만들었다. 흡사 MTV(뮤직비디오 전문 케이블 채널)의 초창기와 비슷했다. 내용이 맘에 들지도 않고 뻔한 내용들이지만 다음 장면이 기대되어 눈을 떼지 못하는 것처럼 영화 「시계」가 바로 그랬다. 오후 2시 36분, 잉그마르 베르히만 감독의 「화니와 알렉산더」에서 잘라낸 두 장면에 이어 우디 앨런의 「인테리어」 중 한 장면이, 그리고 뒤이어 해럴드 로이드가 시계에 매달린 장면이 보였다.

콜라주 기법의 이 대작을 본 사람들은 그 진가를 인정한다. 이 영화를 보는 사람들은 누구나 자신이 보았던 영화의 한 장면이 나오기를 고대한다. 그러다 기대했던 장면이 나오면 탄성을 발한다. 그런데 자세히 보면 더욱 대단한 장면들이 전개된다. 배우들이 늙어가는 모습을 보게 되는 것이다(이와 반대로 배우들의 젊은 시절로 거슬러 가는 경우도 있다. 예를 들자면, 주름이 쪼글쪼글한 잭 니콜슨의 모습을 「어바웃 슈미트」의 한 장면에서 보다가 잠시 후 눈이 부리부리한 젊은 시절의 잭 니콜슨을 「뻐꾸기 둥지 위로 날아간 새」의 한 장면에서 만나게 된다. 마이클 케인과 매기 스미스 그리고 알 파치노도 마찬가지다). 또한 이 영화는 무성영화들의 거칠고 단순한 화면에서부터 컴퓨터 그래픽 이미지CGI, Computer Graphic Image의 화려한 영상에 이르기까지 영화의 기술적 발달 과정도 관찰할 수 있다. 속임수, 즉 시간을 조작하여 관객들로 하여금 환상의 세계로 빠져들게 하는 트릭은 100년의 역사를 가졌다. 이를 가능하게 한 기술은 그것을 믿지 않는 인간의 능력과 함께 발전해 왔다(기술의 발전으로 인해 마클레이 감독은 러닝타임 24시간의 영화 한편을 컴퓨터 파일에 담을 수 있었다. 그리고 수시로 원하는 장면을 찾아 볼 수 있다. 단순한 동작 위주의 야단법석을 떠는 코미디 영화에 출연했던 해럴드 로이드나 패티 아버클 그리고 스탠 로렐이 보면 달가워하지는 않을 것이다. 셀룰로이드 필름이나 디지털 필름의 물리적 성질은 특히 시간과 관계된 내용을 다룬 영화 장면에 큰 변화를 주었다).

나는 오후 3시경이 되어서야 박물관 밖으로 나와 태양을 보았다. 그런데 다시 안으로 들어가 그 영화를 더 보고 싶은 충동을 느꼈다. 처음 경험해 보는 아주 색다른 느낌이었다. 이 영화는 24시간 내내 상영되기에 관객이 필요하지 않은 영화다. 관객 수를 세는 사람도 없다. 관람하는 사람이 없어도 아무도 손실을 입지 않는 영화다. 돈을 내지 않고 관람하면서 시간을 보내는 영화로 엔터테인먼트 분야에서나 예술계에서 극히 드문 사례다.

영국영화협회가 월간으로 발행하는 영화 전문지 《사이트 앤 사운드 Sight&Sound》의 조나단 롬니와의 인터뷰에서 마클레이는 영화 속 시간과 실제 시간을 정확하게 맞추는 일보다는 사람들의 시간에 대한 일반적 개념에 관심이 많았다고 설명했다. "무언가를 기다리는 사람은 그 몸짓을 보면 알 수 있습니다. 몸짓이 조급함이나 갈망 또는 지루함을 보여주지요. 몸짓이 좀더 상징적인 경우도 있습니다. 시들어가는 꽃이나 떨어지는 꽃잎, 지는 해처럼 죽음을 암시하는 이미지들이지요.' 조나단 롬니가 「시계」에 매료된 이유 가운데 하나는 여러 영화들에서 잘라낸 각 장면들이 전체적인 조화를 잘 이루었기 때문이다. 우리가 편안함 마음으로 공간과 시간을 잊을 수 있는 시간은 영화를 볼 때뿐인지도 모른다. 마클레이는 인터뷰에서 이렇게 말했다. "내가 만들고자 했던 인위적인 연속성은 시간 흐름의 방식과 연결됩니다. 끊이지 않는 시간의 흐름이 나타나며 여러 영화의 장면들이 계속해서 이어집니다. 물론 컬러 영화의 한 장면에서 흑백 영화의 한 장면으로 넘어가는 부분도 있습니다. 그런 장면들을 접하는 관객들은 거슬려 하면서도 화면에서 눈을 떼지 못합니다." (미국 캘리포니아에서 태어난 마클레이가 스위스에서 자란 점도 「시계」 제작에 영향을 끼쳤을 것이다. 마치 내일이 안 올 것처럼 시간과 관련된 물건을 부지런히 만들어 파는 나라 아닌가!)

로미는 「시계」가 시간에 대한 학구적인 관심과 강박 수준의 페티쉬즘 사이 어느 중간쯤에 있는 작품이라고 평가했다. 로미의 의견은 틀리지 않다. 게다가 이 영화는 재미도 있다. 평소에는 DJ로 일하는 마클레이는 녹음된 사운드를 다루는 일에 일가견이 있었다. 사운드믹싱의 경험을 바탕으로 영화 속 장면들을 서로 섞어 재미있게 만들었다. 예를 들어, 1930년대를 배경으로 한 영화로 2009년에 개봉한 「글로리어스 39」에서 여배우 로몰라 가레이Romola Garai가 차를 운전하는 장면을 1970년대 배경으로 한 영화에서 버트 레이놀스가 차를 모는 장면과 이어 붙였다. 그래서 마치 버트 레이놀스가 로몰라 가레이를 추격하는 것처럼 보이게 만들었다. 예를 하나 더 들자면, 장 피에르 레오Jean-Pierre Léaud가 1970년대 파리에서 1940년대 「브라이튼 록」에서 콜리 키버 역을 연기한 알랑 위틀리Alan Wheatley를 추격한다.

유럽과 할리우드를 제외한 다른 지역의 영화는 거의 찾아볼 수 없다. 마클레이에 대해 연구한 사람들은 인도 영화에 시계가 등장하는 장면이 드물다면서 이는 인도가 시간 엄수보다는 다른 어떤 것에 더 큰 가치를 두는 사회임을 뜻하는 것이라고 해석했다.

「시계」에 이용된 영화들의 목록은 없다. 하지만 크라우드소싱으로 운영되는 위키아Wikia에 시시각각으로 변하는 각 장면의 영화 제목이 상당수 올려져 있다.[*] 이 영화 목록은 자정부터 시작된다. 「브이 포 벤데타」에서 빅벤이 폭발하는 장면이다. 이 홈페이지는 누구나 자유롭게 각 장면의 영화 제목과 간단한 설명을 써 넣을 수 있다. 그리고 AM과 PM을 혼동하지 말라고, AM은 아침을 PM은 저녁을 의미한다는 상세 안내문도 있다. 참여자 한 사람은 마클레이와 그의 스태프들이 한 가지 실수를 했다고 지적했다. 빌리 와일더 감독의 「행운의 쿠키」의 한 장면으로 아침 7시 17분을 저녁 7시 17분에 넣은 내용이다. 크게 본다면 영화 「시계」에 그 정도의 오류가 있다는 것은 큰 문제는 아니며, 누군가 오류를 찾아냈다는 사실이 중요하다.

LA에서 「시계」를 본 지 5주가 지난 어느 날, 나는 케임브리지로 차를

---

• theclockmarclay.wikia.com 참조. 위키아에 각 시간대별 영화 제목을 채운 목록을 보면 사람들이 주로 「시계」를 오전 10시에서 오후 12시 30분 사이, 그리고 오후 1시 30분에서 저녁 7시 20분 사이에 보았음을 알 수 있다. 그리고 저녁 7시 20분에서 자정 사이(10시 15분에서 10시 45분까지를 제외하고는)는 비어 있는 곳이 많다. 이 시간에는 「시계」를 보러 간 사람이 많지 않다는 의미일까? 아니면 보러 가서 졸다가 나왔나? 영화에 너무 몰두해서 메모를 하지 못한 것일까?

몰았다. 러닝타임이 24시간인 다른 영화의 영국 시사회에 가는 길이었다. 러닝타임 24시간의 야심찬 영화들이 하나의 장르가 되고 있었다. 시간이 무엇인지, 시간 개념을 탐구하는 영화들이다. 「밤과 낮」은 「시계」에서 아이디어를 얻었다. 그렇지만 「시계」가 주로 오래전에 제작된 영화 속 장면들을 이어 붙여 만든 반면, 「밤과 낮」은 기존 영화의 장면들이 등장하지 않는다. 이 영화는 영국 BBC에서 제작한 시리즈물 「아레나」의 장면들로만 모아져 있다.

「아레나」는 1975년부터 방영된 프로그램으로 일반 시청자들이 이해하기 쉽도록 만든 문화 예술 다큐멘터리다. 현재까지 600여 편이 제작되었으며 영국에서 가장 방송 내용을 예측하기 힘들고 영감을 불러일으키는 오락 프로그램으로 자리 잡았을 뿐만 아니라 창조성이 높은 프로그램의 하나로 평가 받는다(텔레비전 예술 다큐멘터리 가운데 최장수 프로그램으로 기록될 전망이다). 내가 간 날, '케임브리지 필름 페스티벌'에서 「아레나」 40주년 기념행사가 있었다. 「밤과 낮」에는 정확한 시간이 나오지 않아 시간이 다소 애매모호하다. 예를 들어 아침식사나 점심식사를 하는 모습 또는 러시 아워 장면 또는 일요일 아침 장면 등으로 대략적인 시간만 알려준다. 그 대신 「밤과 낮」은 「시계」보다 사색적인 분위기를 주며 빠른 템포 대신 감성적인 풍경을 보여준다. 게다가 「시계」와 유사하게 끊김 현상이 없으며 보는 이로 하여금 눈을 뗄 수 없게 만든다. 「시계」처럼 시간을 잊은 채 몇 시간이고 보게 된다.

이 영화의 부제는 '아레나 타임머신'으로 과거의 장면들을 모아 담았다. 정오와 오후 1시 사이의 시간, 록그룹 롤링스톤스 멤버들이 모로코에 도착하는 장면이다. 이들은 모로코에서 젊은 음악가들에게 드럼을 가르친다. 그리고 멕시코의 영화감독 루이스 부뉴엘Luis Buñuel이 완벽한 드라이 마티니 만드는 방법을 소개한다. 오후 4시와 5시 사이, 영국 화가 프란시스 베이컨Francis Bacon과 소설가 윌리엄 버로스William Burroughs가 티타임을 갖는다. 극작가 해롤드 핀터Harold Pinter의 작품「더 러버」에 출연한 영화배우 주드 로Jude Law의 모습도 보인다. 자정에서 새벽 1시까지의 시간에는 영국의 희극배우 켄 도드Ken Dodd가 무대 위에 올랐고 펑크록 밴드 섹스 피스톨스Sex Pistols의 보컬 존 라이든John Lydon이 무대에 나타났다. 새벽 2시에서 3시 사이에는 첼시 호텔에서 노래를 부르는 니코Nico의 모습이 보이고 미국의 무용가이자 가수 겸 배우 프레드 아스테어Fred Astaire와 프랭크 시나트라Frank Sinatra가 조용히 노래를 부른다. 아침 6시에서 7시 사이, 영국의 사진작가 돈 맥컬린Don McCullin과 브라질의 사진작가 세바스치앙 살가두Sebastião Salgado가 사진을 찍고, 색소폰 연주자 소니 롤린스Sonny Rollins가 뉴욕의 어느 다리 위에서 색소폰을 분다. 아침 11시에서 정오 사이, T. S. 엘리어트가 434행의 시「황무지」를 쓰고, 영국 화가 피터 블레이크Peter Blake가 레슬링 선수 겐도 나가사키를 모델로 그림을 그린다. 이 영화에 나오는 사람들이 보여주는 재능은 카메라의 안팎에서 대단하여, 보는 사람들로 하여금 예술에 대한 낙관주의에 빠져들게 한다. 이것이 그들의 가치다. 누구나 시간을 현명하게 이용하면 가치 있는 것을 창조할 수 있으며 감상할 수도 있다.

나는「밤과 낮」을 보다가 잠시 휴식을 취하는 동안「아레나」시리즈의 프로듀서인 앤서니 월 씨와 대화를 나눌 기회가 있었다. 그는「아레나」시리즈의 초기부터 제작에 참여했고 지금도 편집자 엠마 매튜스와 함께 새 시리즈를 제작중이다. 월 씨는 내게 「밤과 낮」이 온라인이나 스마트폰 앱으로 24시간 방영되지 않는 이유를 모르겠다고 했다. 「밤과 낮」을 보면 「아레나」 시리즈의 지난 방송 내용들을 볼 수 있다. 그런데 「시계」와 달리 「밤과 낮」은 아직 완성된 작품이 아니다. 월과 매튜스는 계절(겨울철에는 여름철보다 밤이 일찍 시작될 것이다)이나 하루 일과(주말의 모습을 담은 장면이라면 발걸음도 여유 있을 것이고 사무실 장면이 적을 것이다)와 관련된 내용들을 추가할 예정이다. 월 씨는 이렇게 설명했다.

"저는 늘 엔딩이 없는 다큐멘터리를 만들고 싶었고, 「밤과 낮」이 그것이라고 생각합니다. 이 영화가 참 신기하고 대단히 멋진 점은, 어떤 특정 장면을 잘라내어 그걸 다른 장면들과 연결했더니 전혀 새로운 의미가 생겼다는 겁니다. 제 생각에 어떤 것을 오랫동안 보다 보면 질서와 카오스의 결합에 매력을 느끼게 됩니다. 가장 중요한 건 빅벤을 멈추게 할 수 없듯이, 이 영화도 보다가 멈출 수가 없다는 것이지요. 이 영화는 어느 플랫폼에서든지 재생할 수 있습니다. 하지만 제가 보기에 가장 이상적인 방법은 스마트폰 같은 도구를 늘 휴대하고 다니면서 영상을 보는 것이지요. 그렇게 하면 진짜 시계처럼 활용할 수 있습니다."

「밤과 낮」 그리고 「시계」의 24시간 러닝타임은 매력적인 요소다. 지구가 지축을 중심으로 한 바퀴 도는 시간으로 자연의 법칙이다. 하지만 러닝타임은 한 요소일 뿐이다. 영화를 만든 감독의 실력을 보여주는 건 영화의 내적 타이밍이 정확하고 감정이 깃들어 있어야 한다.

러닝타임 때문에 관심을 받는 영화들은 이와 다르다. 예를 들어, 비디오 아티스트 더글러스 고든 Douglas Gordon이 만든 「24시간 사이코」가 있다. 히치콕 감독의 러닝타임 2시간 영화 「사이코」를 초당 약 2프레임으로 늦추어 24시간으로 늘린 작품이다(재닛 리의 샤워 장면이 약 45분으로 늘어났으며 침대 위에 가만히 누워 눈을 뜨고 있는 장면이 5분 이상 지속된다). 「시네마톤 Cinématon」이라는 제목의 영화도 있다. 제라르 쿠랑 Gérard Courant이 무려 36년 동안 제작한 작품으로 거의 3,000명에 이르는 사람들이 아무 말도 없이 춤을 추고 다른 사람을 바라보고 식사를 하고 웃고 꼼지락거리는 장면 등을 담았다. 각 장면은 약 3분 25초이며 전체 시간은 195시간(8일 3시간)이다. 이 영화를 제대로 끝까지 본 사람은 거의 없다.* 「아레나」의 책임 프로듀서 앤서니 월은 예술 프로그램 프로젝트 자체보다 당초 예상을 넘어 크게 늘어난 방송 기간을 중요시한다. "관객들이 비디오 작품을 마지막 장면까지 다 보는 것을 중요시하지 않는 비디오 아티스트는 만나본 적이 없습니다. 데이비드 베컴 David Beckham이 50분 동안 잠만 자는 모습을 담은 영화도 있습니다. 저는 그 영화를 끝까지 보았습니다. 사실 그런 영화를 볼 필요가 있을까요? 반드시 보아야 한다면 3초면 충분할 겁니다."** 앤디 워홀은 1964년에 사람들의 조롱을 받아가며 8시간 5분간 카메라를 고정하여 엠파이어스테이트 빌딩을 찍어 영화를 만들었습니다."

뤼미에르 형제나 해럴드 로이드의 영화에서 보았듯이 영화 초창기부터 시간은 중요한 고려 사항이었다. 최근에 크게 인기를 모았던 영화들도 마찬가지다. 「메멘토」(크리스토퍼 놀란Christopher Nolan 감독의 영화로 장면의 시간 순서를 바꾸는 방식을 이용했다), 「보이후드」(리처드 링클레이터Richard Linklater 감독의 영화로 여섯 살 소년이 성장하는 모습을 실제로 12년 동안 카메라에 담아 만든 영화), 「빅토리아」(야간에 발생한 사건을 다룬 세바스티안 쉬퍼Sebastian Schipper 감독의 원테이크 스릴러물) 등 시간이라는 주제가 영화를 만든 감독이나 관객 모두를 매료시켰다. 37일간 상영되는 「물

●　발전된 기술이 오락물의 길이와 소비를 좌우하는 시대다. 영화를 보는 방법도 다양해졌다(개봉 후 몇 주만 지나면 여러 경로로 볼 수 있다). 텔레비전과 라디오도 프로그램별 방송 시간이 줄어드는 추세다. 프로그램 길이는 30분 단위로 쉽게 편성된다(밤 8시 55분에 시작하는 프로그램은 별로 없으며, 9시 17분에 시작하는 프로그램은 더욱 적다). 한때는 시청자들의 집중력 지속 시간이 고려 대상이었다. 그런데 방송 프로그램 편성표를 보는 시간을 줄인 두 가지가 있다. 즉, 최소한 당분간은 비디오 레코더와 인터넷 스트리밍 서비스로 인해 텔레비전 화면의 권력에서 빠져나올 듯하다. 이젠 서스펜스 드라마의 결말을 놓치지 않을까 걱정할 필요가 없어졌다. 스트리밍 방식의 프로그램을 보는 것은 책을 읽는 것과 다를 바가 거의 없다. 이용자가 프로그램 보는 속도와 분량을 직접 결정한다. 그리고 폭식을 하듯이 한꺼번에 몰아서 보게 되는 바, 재미있는 소설을 읽는 도중에 중단할 수 없는 것과 유사한 이치다. 요즘은 어느 가정에나 소설책 대신 컴퓨터가 자리를 차지하고 있다. 결과적으로 우린 예전보다 영화나 드라마를 더 많이 보게 된다. 다음 회 방송분이 자동으로 재생되며 따라서 아무 때나 시청을 중단할 수도 있다. 넷플릭스나 아마존 비디오 서비스로 일시에 제공되는 8~10시간 분량의 시리즈물들은 프로그램 제작 방식을 아예 변경시켰다. 좋은 방향의 변화라고 생각한다. 그러므로 시리즈물은 첫 회 방송에서 시청자들을 사로잡아 다음 회 방송을 꼭 보도록 만들 필요가 없어졌다. 스토리가 다소 느리게 진행되어도 상관없다(「24시」 같은 시리즈물만 아니면 상관없을 것이다. 「24시」에서는 마치 너무 많이 감은 시계태엽처럼 시간적 전제가 지나치게 팽팽하다). 따라서 긴장감이 덜한 스토리가 전개되는 프로그램이 늘게 될 것으로 보인다. 특히 휴일에 더 심할 것이다. 예를 들어, 시트콤 「패밀리 가이」나 「프렌즈」의 휴일 방송분은 마치 CNN방송이나 스카이뉴스Sky News의 30분 뉴스 단신처럼 내용이 지루하다.
●●　샘 테일러 우드Sam Taylor-Wood 감독의 작품으로 레알 마드리드 시절 연습 경기를 마친 후 잠을 자고 있는 베컴의 모습을 담은 영화는 2004년 영국 국립초상화미술관에서 상영되었다.

류Logistics」라는 영화도 있다. 이 영화를 만든 스웨덴 사람 다니엘 안데르손과 에리카 매그누손의 웹사이트에 의하면 '기계들은 어디에서 왔는가?'라는 물음에 대해 선문답 형식으로 답을 얻기 위해 기획한 영화라고 한다. 여기서 기계들이란 킨더 에그, 핸드폰 전기 회로판, 커피 머신들을 말한다. 그리고 '세상은 때론 그 깊이를 알 수 없다.'라는 답을 제시한다.

별로 놀랄 일도 아니지만 이들의 물음에 대한 답은 간단하다. 이 기계들은 거대 화물선에 실려 중국에서 왔다. 이 과정을 촬영하기 위해 카메라를 기차와 화물선 그리고 트럭의 앞부분에 부착하였으며 관객들은 계보기가 중국에서 스웨덴으로 수입되는 37일간의 경로를 모두 본다. 이들 스웨덴 아티스트들은 이런 질문도 던졌다. '화물의 운송 과정을 보는 게 세상을 알고 글로벌 경제를 이해하는 데 도움이 되는가?'

결론을 말하자면 세상을 알고 글로벌 경제를 이해하려고 37일간의 화물 운송 과정을 본다는 건 무척 지겨운 고역이다. 이 영화를 처음부터 끝까지 보려면 철저히 바보가 되어야 한다. 처음 이틀은 그런대로 참을 만하다. 화물 트럭과 화물 열차로 운송하는 날이기에 주변 풍경을 볼 수 있기 때문이며, 또 하루 이틀째이기 때문에 그렇다. 그런데 3일부터 36일까지는 화물선의 앞부분에 설치된 카메라 영상이 나온다. 그리하여 대단히 느리게 가는 배에서, 망망대해만 보일 뿐이다. 걸음걸이 수를 재는 계보기가 엄청나게 느린 속도로 가는 배에 실려 있는 것이다. 그나마 하루나 이틀 정도는 일출이라도 볼 수 있어 다행이다. 나머지 대부분의 광경은 배 위에서 바라본 직사각형 모양의 컨테이너들과 회색 수평

선뿐이다.* 영화 제목이 말해 주듯 물류를 다룬 영화다. 이 영화를 만든 감독들은 '소비지상주의와 시간'에 관한 영화라고 언급했다. 앤디 워홀이 보았다면 발끈했을 영화다. 요즘 예술작품들은 대부분 소비지상주의와 시간을 다루고 있지 않은가?

## 백인들이 미쳤다

/

영국의 밀턴케인스 갤러리, 백인들은 정말 미쳤다. 2015년 초에 이곳 갤러리에서 '타임머신 만드는 방법'이라는 전시회가 열렸다.** 이 전시에는 25명의 작가들의 작품이 전시되었다. 영국 왕립미술대학교 인문학부에서 철학박사 학위를 받은 마퀴드 스미스가 큐레이팅했으며, 예술가들이 인간들의 시간과 관련된 경험을 어떻게 해석했는지 보여주는 역사적인 작품들과 현대 작품들이 전시되었다. 전시회 입구를 향해 걸어가는 방문객들은 루스 이완의 작품 「10시간 시계」부터 보게 된다. 이어서 전시장에 들어서면 작곡가 존 케이지가 1952년에 만든 「4분 33초」 동영상이 흐른다. 전시회 카탈로그에 텅 빈 악보 사진으로 소개된 작품

---

• 이 영화는 2014년 중국의 선전에서 개최된 '비주류 영화 및 비디오 페스티벌'에서 러닝타임 9일로 크게 줄여 상영되었다.
•• 이 타이틀은 1899년 프랑스에서 출간된 극작가 겸 시인 알프레드 자리Alfred Jarry의 에세이 『타임머신 건조 지침서』에서 따왔다. 이 에세이는 영국의 물리학자 켈빈 경Lord Kelvin에 의해 세상에 알려진 근대 물리학의 새로운 개념을 비과학적인 방식으로 탐색한 책으로 4년 전에 출간된 H.G.웰스의 과학 소설에 나오는 환상의 타임머신이 실제로 가능한 이유를 설명했다.

이다(존 케이지 본인도 약간은 마음이 편치는 않았을 작품으로 4분 33초간 아무 소리도 들리지 않는다. 물론 아무 소리도 들리지 않는 건 아니다. 즉, 악기 연주 소리가 아닌 다른 소리들이 들린다. 3악장으로 구성된 이 작품에서 솔로 피아니스나 또는 오케스트라 단원들은 아무것도 연주하지 않는다. 대신 이 작품은 연주회장 내에서 들려오는 여러 가지 소리를 담고 있다). 2010년 런던의 바비칸 센터에서 이 작품이 실행되었을 때 관객들이 각 악장이 끝날 때까지 기침을 참았다고 한다. 아무 연주 소리도 들리지 않으니 아무 때나 기침을 할 수도 있었을 것이지만 각 악장이 끝날 때까지 기다린 것이다. 그리고 4분 33초가 지나자 박수갈채가 쏟아졌다. 지휘자는 이마의 땀을 닦았고 단원들은 미소를 지으며 관객들에게 인사를 건넸다. 무성영화 코미디나 다름없었다. 이 연주회 동영상이 유튜브에 공개되자 160만 이상의 조회수를 기록했으며 다음과 같은 댓글이 올라왔다.

'혹시 이 작품 악보 갖고 계신 분 있나요? 저도 해보고 싶어요.'
'가장 참혹한 건, 이 작품 연주를 위해 단원들이 6주간 리허설을 했다는 사실이다.'
'연주회장에서 누군가 방귀를 크게 뀌었어야 했다.'
'백인들, 정말 미쳤구나.'

타이완 출신의 아티스트 테칭 시에는 「1년간의 퍼포먼스 1980~1981」라는 타이틀로 러닝타임 6분의 동영상을 만들었다. 미국에서 일자리를 구하지 못한 자신의 처지를 작품으로 만든 것이라고 한다. 테칭

시에는 무려 1년 동안 매시 정각에 은회색 공장 유니폼을 입고 출근 기록계에 출근 카드를 찍는 모습을 사진에 담았다. 이 사진들을 모아 예술작품을 만든 것이다. 이 동영상은 8,627장의 사진을 이어붙여서 만든 것으로 작가의 1년간의 노고가 압축되어 있는 작품이다.* 테칭 시에가 사진으로 찍은 출근 카드들은 시간의 흐름을 보여준다. 그는 시간의 흐름을 표현할 다른 방법도 시도했다. 수염을 다 깎고 사진을 찍기 시작하여 시간이 흐르면서 수염이 자라는 모습을 사진에 담은 것이다.

전시회 카탈로그에서 큐레이터 마퀴드 스미스는 예술과 시간이라는 주제는 매우 시의적절하다고 밝혔다. 스미스는 크리스틴 로스의 연구 결과를 인용하여 설명했다. 로스의 저서 『과거는 현재이자 미래다. 현대 예술의 시간적 전환』에 의하면 2005년부터 이 책이 출간된 2014년까지 시간을 주제로 한 전시회가 최소 20회 열렸다고 한다. 2014년, 마퀴드는 뉴욕의 할렘과 암스테르담, 로테르담, 바르셀로나 그리고 자그레브에서 시간을 주제로 한 전시회를 개최했으며 관련 주제의 컨퍼런스도 수차례 열렸다. 마퀴드는 시간이라는 주제를 선택한 이유에 대해 흥미롭고 다면적이며 항상 존재하는 것이고 사람들의 지속적인 관심을 갖는 주제라는 말 이외에 다른 언급은 하지 않았다. 마퀴드는 한 공간에 전시된 작품들이 서로 전혀 다른 듯 보이지만 일정한 리듬이 있음을 발견했다고 했다. 그는 작품들끼리 서로 충돌하는 부분과 겹치는 부분에

---

* 이 퍼포먼스에 쓰인 전자 출근 기록계란 직원들이 출퇴근 시간에 출근 카드를 집어넣어 각 직원들의 근무 시간을 정확하게 알 수 있게 해주는 기계를 말한다.

대해 설명했다. 그리고 이 작품들이 과거와 현재 그리고 미래라는 자연의 질서를 재미있게 재창조함으로써 타임머신 같은 역할을 한다고 설명했다.

　그는 전시된 작품들 가운데 정말 재미있는 작품도 있다고 소개했다. 마틴 존 캘러넌Martin John Callanan의 작품「전 세계 항공기 출발 시간표」도 흥미로운 작품이다. 25개 항공기의 출발시간을 보여주는 전광판을 벽에 걸어 놓았는데, 전광판에는 암스테르담 공항에서 그란 카나리아 공항, 멜버른 공항에서 두바이 공항, 파리 공항에서 리야드 공항으로 가는 항공편이 모두 2시 11분에 이륙 예정임을 보여준다. 마크 웰링거Mark Wallinger의「시간과 공간의 상대적 차원Time And Relative Dimensions in Space」도 흥미롭다. 런던 경찰 비상박스(공중전화박스)와 영국 드라마「닥터 후」('타디스'를 타고 미래와 과거를 넘나들며 외계인들로부터 지구를 지키기 위해 싸우는 닥터의 시간 여행 스토리 ― 옮긴이)에 등장하는 타디스Tardis를 새롭게 해석한 작품이다. 이 작품은 타디스 안에서는 무한한 모험이 펼쳐지지만 그 바깥세상은 그렇지 못함을 상징적으로 보여준다.

　규칙적으로 순환하는 시간은 아티스트들로 하여금 강박에 사로잡히게 만드는 경향이 있다. 하지만 일본의 예술가 온 가와라On Kawara보다 시간의 흐름에 더 집착하려면 매일 아침 일찍 일어나야 할 것이다. 가와라는 1965년 고향 일본에서 뉴욕으로 이주한 후부터「오늘」시리즈를 시작했다. 노트북 사이즈의 아크릴판에 매일의 날짜만 적은 작품이다. 어두운 색상의 아크릴판에 하얀색으로 날짜를 기록했으며 자신이 현재 머물고 있는 국가에서 선호하는 표기법을 이용했다. 그는 대부분의 시간을 뉴욕에 살면서 미국식 표기법으로 APRIL.27,1979 또는 MAY.12,1983 라고 기록했다. 밀턴케인스 갤러리에 전시된 것은 그가 아이슬란드에 있을 때 작품으로 27.ÁG.1995라고 적혀 있다. 온 가와라는 날짜를 기록한 후, 아래쪽에 그 나라에서 발간된 그날 신문의 주요 기사 하나를 날짜가 보이게 붙여서 작품을 완성했다. 이런 방식으로 완성하지 못하면 그날은 작품을 폐기했다고 한다. 그의 작품을 보는 것은 나에게 에너지를 주는 효과가 있었다. 자전거 사고에서 구사일생으로 살아난 일이나 부상에서 회복된 일 등 살다보면 있을 수 있는 일을 겪고 난 후의 느낌처럼 살아갈 날이 얼마나 남았는지 생각하게 했다. 나는 가와라의 작품에서 향수를 느끼지는 못했으며, 안도감을 느꼈다. 이런 단순하고 강박적인 예술에 정신적 가치를 둘 수 있는가?• 2014년 6월에 작고한 가와라는 약 3,000일의 날짜를 기록한 완성작을 남겼다.

밀턴케인스 갤러리의 전시 작품 중에서 내 마음에 든 작품 하나는 영국인 아티스트 캐서린 야스Catherine Yass의 영화 「마침내 안전!」이었다.

---

• 금전적 가치는 더 쉽게 만들어졌다. 2001년 뉴욕 소더비 경매에서 그의 작품 가운데 하나인 'FEB.27,1987'이 1억 8,739만 원에 팔렸다. 그런데 날이 갈수록 금전적 가치가 더욱 더 커졌다. 2006년 6월에 열린 런던 소더비 경매에서 「MAY.21,1985」와 「JULY.8,1981」이 각각 2억 4,587만 원에 낙찰되었다. 2012년 10월엔 역시 런던에서 「JAN.14,2011」이 3억 6,744만 원에, 2015년 7월 런던 소더비 경매에서 「OCT.14,1981」이 5억 9,706만 원에 낙찰되었다. 가와라의 작품 가격이 그처럼 높아져 가는 이유가 몇 가지 있다. 시간, 인플레이션, 점점 더 높아지는 작가의 명성, 작가의 죽음 그리고 광기다.
가와라에겐 죽음을 피할 수 없는 인간의 운명과 일반 사람들의 시간 개념에 대한 관심을 표현하는 다른 배출 수단도 있었다. 그는 수년 동안 매일 가까운 친구들에게 아주 짧은 전보문을 보냈다고 한다. '나는 아직 살아 있다네.'

고작 2분이 조금 넘는 러닝타임에다 12초가량 되는 장면 하나가 반복되는 영화다(제목이 암시하듯이 헤럴드 로이드가 시계의 분침을 붙들고 매달려 있는 장면이다). 그런데 야스 버전에는 필름에 세로 방향으로 스크래치가 생긴다. 장면이 반복되면서 긁힘 현상은 점점 더 심해져 마지막 10번째 반복될 때는 내용을 거의 알아볼 수 없다. 이는 야스가 컬러 필름을 이용해서 오리지널 버전을 다시 촬영하고 컬러 필름의 감광 유제에 스크래치를 가한 것이다. 야스는 이 작품에 대해 이렇게 설명한다. '흑백 영상의 이미지와는 반대되는 효과를 주는 꿈과 기억의 공간을 만들었다.'

나는 10대 시절부터 캐서린 야스와 알고 지냈다. 하지만 밀턴케인스 갤러리의 전시회에서 그녀의 작품을 보기 전까지는 그녀가 헤럴드 로이드에 큰 관심이 있음을 알지 못했다. 야스는 내게 헤럴드 로이드의 「마침내 안전!」을 너무 좋아한다고 말했다. 희극과 비극적 요소가 결합된 내용이 맘에 든다는 것이다. 야스는 시간을 거슬러 가는 개념을 좋아한다면서 필름에 스크래치를 가한 것은 영화를 만드는 새로운 기술이 개발되면서 흑백 영화는 사라졌음을 표현한 것이라고 덧붙였다.

나는 야스에게 아티스트들이 시간이란 소재를 좋아하는 이유를 물었다. 그녀는 이렇게 말했다. "지금 많은 아티스트들이 모더니즘을 되돌아보고 있어요. 시간을 예술로 표현하는 건 미래주의와 보티시즘 그리고 큐비즘까지 거슬러 올라갑니다(큐비즘이란 동시에 여러 가지 관점으로 아래를 내려다보는 비행기와 유사하지 않을까?). 물론 모더니즘 이전에도 정지되거나 전도된 시간을 표현한 사진이나 초창기 영화가 있었어요. 현대 아티스트에게도 시간이란 탐험할 가치가 무궁무진한 주제입니다."

'타임머신 만드는 방법' 전시회가 끝나고 얼마 후 코넬리아 파커Cornelia Parker는 인파가 붐비는 공간에 자신의 작품을 선보였다. 파커는 런던의 세인트 판크라스 기차역을 운영하는 회사인 HS1이 로얄 아카데미와 협력하여 기획한「테라스 와이어스」시리즈에 전시될 작품을 만들었다. 주최측은 파커에게 유로스타로 여행하는 사람들이 기차역에서 철제 천장을 올려다보게 작품을 만들어 달라고 제안했다. 즉, 기차역의 천장에 매달 작품을 요청한 것이다. 파커는 어떤 작품을 만들어야할지 고심했다. 파커보다 먼저 이 프로젝트에 참여한 사람이 두 명 있었다. 아티스트 데이비드 베첼러David Batchelor는 투명 아크릴 수지 판에 무지개 색깔을 칠한 작품을 매달아 놓았다. 아티스트 듀오 루시와 호르헤Lucy+Jorge는 구름 모형을 만들어 매달았다. 코넬리아 파커의 위트가 넘치면서 도전적인 작품들은 심원한 시간과 지구의 중력에 관한 추상적인 의문을 제기했다. 대표작으로는「차가운 암흑물질: 폭발의 순간」이 있다. 그리고 그녀는 미국 보스턴에서「호수 바닥에 달 조각이 가라앉았다」라는 타이틀로 퍼포먼스를 했다. 인터넷에서 구매한 달 운석을 호수에 던져 놓은 것으로 그녀는 이 이벤트에 대해 "인간이 달에 발을 내디뎠지만 여기서는 달이 지구에 온 모습을 보여줍니다."라고 설명했다.

"세인트 판크라스 기차역 천장에 매달아 놓을 작품을 만들어달라는 요청을 받고 처음엔 거절하려고 했어요. 이미 설치된 다른 작품들과 경쟁하기가 쉽지 않잖아요? 그러다 마침 좋은 아이디어가 떠올랐죠. 제가 프랑스에 갔다가 유로스타를 타고 영국으로 돌아오는 길이었는데요, 세인트 판크라스 기차역에 내려서 걸어가다 보니 데이비드 베첼러의 작품이 보였어요. 그런데 베첼러의 작품이 기차역 벽시계를 가려서 시계가 잘 보이지 않는 거예요. 순간 저도 기차역 시계를 가리는 작품을 만들어야겠다고 생각했습니다. 시계를 가리는 좋은 방법이 있을까? 다른 시계를 만들어서 시계를 가려야겠다는 아이디어가 떠올랐지요."

파커는 세인트 판크라스 기차역 구내의 영국 작가 존 베처먼John Betjeman 동상 옆에 있는 샴페인 바에서 60여 명의 사람들에게 자신의 작품에 대해 설명하는 시간을 가졌다. 평일 저녁시간의 역내는 오가는 인파로 북적댔다. 샴페인 바에 모인 사람들만 움직이지 않는 듯 보였다. 파커는 기차역 벽에 걸린 하얀색 시계와 똑같은 시계를 만들게 된 과정을 설명했다. 그런데 그녀가 구상한 시계는 검정색 시계였으며 매달아 놓고 보니 마치 공중을 떠다니는 듯 보였다. 파커의 시계는 기차역 벽시계와 크기가 같고(직경 5.44미터에 무게는 1.6톤이다), 벽시계에서 약 16미터 떨어진, 기차역을 오가는 사람들의 머리 바로 위에 매달려 있다. 두 시계의 시간은 똑같으나, 어느 각도에서 보느냐에 따라 약간, 30초 정도 차이가 나 보인다. 또한 어느 각도에서 보면 벽시계는 전혀 보이지 않는다.* 파커는 이 작품을 통해 세속과 동떨어진 시간의 본질을 표현하고자 했다. 즉, 바쁘게 오가며 기차 출발 시간에 늦지 않으려고 조바심을 내는 사람들로 가득한 기차역의 시간으로부터 초연한 시간을 의미한다. 위험스레 천장에 매달려 있는 샹들리에나 다모클레스의 검처럼 시간의 지배를 받으며 위험한 삶을 사는 사람들을 표현한 작품이다. 파커는 슬로 타임 개념과 심원한 정신적 시간 또는 행성 시간 개념을 좋아하는 아티스트다. 또한 그녀는 심오하면서 천문학적인 의문 하나를 제기했다. '시간 그 자체가 아니라면 무엇이 시간을 가릴 수 있을까?' 파커는 이 작품, 아니 자신이 구상한 아이디어의 명칭을 '원 모어 타임One More Time'이라고 정했다. 파커는 이 시계의 시간을 런던 타임보다 1시간 앞선 프랑스 타임에 맞추려고 했지만 승객들이 기차 시간에 늦었다고 착각하거나 혼란을 줄 우려가 있어서 포기했다. 많은 사람들이 믿음을 갖고 있는 국제 기차역의 시계를 고의로 실제 시간과 다르게 설정한다는 것은 분명 시간에 대한 아티스트의 해석을 벗어나 도를 지나친 일이다. 만약에 시계의 시곗바늘이 거꾸로 가게 하면 어떻게 될까? 장차 영국의 국왕이 될 남자만이 그런 마술을 부릴 수 있다.

---

* 파커가 만든 복제품 시계는 '스미스 오프 더비' 사에서 만들었으며 오리지널 벽시계는 빅벤을 만든 '덴트 오프 런던' 사 제품이다. 그런데 원래 벽에 걸렸던 시계는 이 시계가 아니다. 1970년대 어느날 소유주인 '영국철도' 사가 기차역 리모델링 자금을 마련하기 위해 벽시계를 매각했다고 한다(알려진 바에 의하면 어느 미국인 수집가가 3억 7,000만 원을 주고 사갔다고 한다). 그런데 운반 도중에 떨어뜨려 시계가 박살났으며 부서진 조각들은 퇴직한 기관사 로날드 허가드가 3만 7,000원에 사들였다. 허가드 씨는 1년이 넘는 시간을 들여 이 조각들을 다시 맞추어 영국 노팅엄셔 주의 자기 집 창고의 벽에 고정해 두고 있다(그 창고는 한때 기관차 창고로 쓰던 곳이다). 그 후 '덴트 오프 런던' 사가 허가드 씨가 조립해 놓은 시계를 모델로 하여 새 제품을 만들었다. 회색 바탕에 황금색을 입힌 시곗바늘이 있는 이 시계는 GPS를 이용해서 시간을 맞춘다.

다시 행복해지는 길: 미국 에더블 스쿨야드에서, 국제 슬로푸드 부회장 앨리스 워터스와 영국의 찰스 왕세자

# 다시 사람이 살기 좋은
# 세상을 만들려면

14
장

## 시간이 정지된 도시

시간이 20세기 후반을 향해 가고 있을 무렵, 영국 찰스 왕세자가 번뜩이는 아이디어를 구상했다. 1980년대 말 도시의 급격한 확장에 환멸을 느낀 찰스 왕세자는 도심의 현대화된 건축물들이 영국에 주는 피해가 제2차 세계대전 당시 독일공군의 런던 공습보다 더 크다고 선언했다. 그래서 찰스는 조치를 취하기로 결심을 굳힌다. 그 결과 공공시설이나 상업시설, 직장, 주택 등 다양한 시설들을 도보권 내에 근접 배치하는 계획을 세웠다. 서민들이 부자들과 섞여 살고 전통적인 가치가 지켜지며 아이들이 티끌 하나 없는 깨끗한 거리에서 마음껏 뛰어놀게 한다는 구상이었다. 그처럼 큰 권력을 가진 남자라면 시간을 뒤로 되돌릴 수 있을지도 모른다.

왕세자는 도르셋 지방 도체스터 외곽에 있는 본인 소유의 땅을 대상으로 골랐다. 코른웰 공국에 속한 지역으로 넓이는 약 5억 제곱미터에 22개 자치구가 있었으며 그에게 수입을 안겨주는 요지였다. 왕세자는 이 지역을 '파운드베리 뉴타운' 또는 '뉴파운드베리'라고 불렀다(인근에는 왕세자가 몹시 싫어하는 제품들을 파는 매장들이 즐비한 '구 파운드베리'가 있다. 뉴타운을 세운다는 소식이 알려지자 저가형 제품 판매점인 파운드랜드와 파운드월드가 구 파운드베리에 우후죽순처럼 생겼지만 안타깝게도 뉴타운은 뉴파운드베리로 결정되었다). 그리하여 뉴파운드베리의 약 162만 제곱미터 크기의 땅에 5,000명의 인구를 수용할 계획안이 마련되었다. 세상을 멈추게 하고 싶거나 최소한 세상이 변화하는 속도라고 줄이고 싶은 사람들에게는 보증금을 내고 들어올 만한 가치가 있는 장소였다.

파운드베리 계획이 1989년에 허가되었을 때 사람들은 냉소적인 반응을 보였다. 특히 런던에서 기차를 타고 와서 이 지역을 둘러본 사람들의 비판이 거셌다. 텔레비전 안테나도 없고 앞마당도 없으며 집 앞에 주차장도 없었다. 그러다 보니 보기에 흉한 것 없이 깔끔하긴 했지만 주민들이 지켜야 할 규칙이 너무 많았다. 마치 사탕 포장지 하나라도 떨어뜨리면 감시 헬리콥터가 지켜보고 있다가 급강하하여 체포해 갈 듯한 분위기였다.

파운드베리 계획을 단순한 견본형 마을이나 소규모의 뉴타운 정도로 여긴다면 잘못 생각하는 것이다. 도심 유토피아를 세운다는 의도로 계획되었으며, 찰스 왕세자만의 구상이 아닌 욕심 많은 도시 계획 전문가, 시대에 뒤떨어진 건축가 그리고 핏불테리어(투견용 개)가 어린아이를 물었다는 신문 기사를 보고 놀란 덕망 있는 주민들의 생각이었다. 하지만 언론들은 그 개념을 제대로 이해하지 못했다. 1930년대 스코틀랜드의 헤브리디스 유토피아나 1960년대 오스트리아의 유토피아 같은 문명의 이기와 떨어진 자급자족 공동체와는 다른 개념의 계획이었다. 문명의 진보를 막기 위한 구상도 아니었다. 헨리 데이비드 소로가 쓴 『월든』의 주인공처럼 반사회적이고 거만한 태도를 보이지도 않았다. 게다가 열광적인 반응도 없었다(물론 찰스 왕세자는 이 계획에 열성적으로 찬성했다). 대신 뉴파운드베리 계획은 이 세상에서 가장 훌륭한 가치, 즉 영국의 고결한 윤리 기준과 품위를 인터넷 시대의 생태 효율성 및 농업과 결합하는 데 목표를 두었다. 옛 양식을 바탕으로 하여 건물도 친환경적으로 건축하기로 했다. 파운드베리는 첨단 기술을 반대하지는 않는다. 다만 각종 케이블은 사람 눈에 띄지 않게 처리하고 디지털화로 인한 무미건조하고 비인간적인 면이 생기지 않도록 계획했다. 따뜻하고 인간적인 면을 강조했으며 산업사회가 가진 조급함을 줄일 수 있는 것이라면 무엇이든 환영한다는 목표를 세웠다. 푸른 하늘 아래 수준 높은 지역 사회로 되돌린다는 시도다. 그리고 그런 세상이 도르셋이나 다른 지역에 실제 존재했었는지를 확인하기 위한 토론회가 열렸다.

나는 2001년 봄에 처음으로 파운드베리에 가 보았다. 입주를 시작한 지 6년여의 시간이 지난 뒤로 이미 500여 명의 주민들이 살고 있었다. 정말 신기한 곳이었다. 토머스 하디의 소설 속 분위기와 유사했다. 우선 영국 왕세자의 꿈은 룩셈부르크 출신의 도시 계획가 레온 크리에 Léon Krier가 만든 설계도에 반영되어 있었다. 크리에는 나치 시대의 건축가 알베르트 슈페어의 설계 원칙에 정통한 전문가로 알려져 있다(크리에는 슈페어에 관한 저서도 썼으며 그의 포스트모던적 고전주의의 이론도 분석해 놓았다. 그는 형편없는 모더니스트가 만든 건물이 형편없는 시민을 만든다고 생각한다).

뉴밀레니엄의 초기에 파운드베리 거리를 걷자니 왠지 으스스한 느낌이 들었다. 그리고 그런 느낌이 드는 연유를 알 수 없었다. 많은 주택에 사람들이 살고 있었지만 거리는 한산했다. 미국 플로리다에서 보았던, 대문이 굳게 닫힌 공동체를 연상하게 했다. 물론 파운드베리의 주택에는 대문이 없고 보안 장치도 없다. 사업 추진 국장 사이먼 코니베어 씨는 내게 파운드베리의 건축 원칙이 인간적인 주거 환경을 만들 목적으로 설계된 미국의 고밀도 주거지 계획인 '미국 신도심 운동'의 설계 원칙과 유사하다고 설명했다. 내용을 보면 자가용 승용차에 대한 의존도를 줄이고 공공 운송수단인 버스를 주로 이용하도록 한다는 계획도 포함되어 있다. 그런데 수년 후에 조사해보니 파운드베리의 가구당 자동차 보유 대수가 인근 지역의 그것보다 더 많은 것으로 밝혀졌다. 물론 파운드베리의 거리에 불필요한 도로 시설물이 적다는 점은 칭찬할 만하다. 기획 단계에서 이 도시에 적용될 적지 않은 여러 가지 규칙이 만들어졌지만, 규정 속도를 지키라거나 어린이 보호구역이라는 등의 표지판은 많지 않다. 이는 도로 그 자체의 규칙 때문이다. 운전자가 앞을 볼 수 없는 사각 시대에서는 시속 20마일을 넘지 못한다. 게다가 이곳 도로에선 자동차 경적 소리를 거의 들을 수 없다. 물론 부분적으로는 이곳 사람들이 점잖기 때문이겠지만 한편으론 경적을 울릴 일이 거의 없기 때문이다. 그리고 낮에도 자는 사람이 많아 경적을 울리면 자는 사람을 깨우는 일이 늘 발생한다.

코니베어 씨의 설명이 이어졌다. "이 길은 여왕 폐하가 오셔서 걸으셨던 도로입니다." (어느 주민이 내게 이곳 도로가 아들의 학교 숙제를 돌봐주는 어머니 같다고 말했다.) 도처에 은행이 있고 명상 센터, 응급진료소, 심신 통합 의료 기관 등 주민들의 건강과 관련된 시설들이 들어서 있다. '계관 시인'이란 간판을 건 술집도 있고 블라인드 파는 가게, 자전거 수리점, 신부 의상 빌려주는 가게 등 각종 전문점들도 적지 않았다. 파운드베리에서 가장 큰 사업장은 북동쪽 끝자락에 자리한 도르셋 시리얼 뮤즐리 공장이다. 하지만 이 공장의 주소에는 파운드베리가 아닌 낭만적인 느낌을 주는 명칭인 도르체스처라고 표기되어 있다. 파운드베리에는 예쁜 건물들이 많지만 규격화되어 있지는 않다. 석조 세공 및 설계(신 조지안 양식Neo Georgian Style에서부터 빅토리아 시대의 도시주택 그리고 헛간을 리모델링한 주택에 이르기까지)는 도르셋의 다른 마을에 있는 그림처럼 아름다운 건물들의 외양을 그대로 따왔다. 그렇게 만든 파운드베리 마을은 한 폭의 풍경화 같은 모습을 갖추었다. 나는 그곳 주민들에게 마을이 마치 영화 「캐스터브리지의 시장」에 나오는 풍경과 비슷하다고 말했지만 주민들은 그렇지 못하다고 대꾸했다. 주민들은 마을이 항상 조용하지는 않다면서 아이들이 학교에서 돌아와 축구를 하는 시간이면 시끌벅적하다고 말했다(물론 아이들에게 다른 집 담벼락에 공을 차지는 못하도록 주의는 준다고 한다). 그런데 마을이 조용하지 않은 건 아이들 때문만은 아니었다. 인근에서 2단계 공사를 진행중이다 보니 불도저나 레미콘 차량 소리가 늘 들려온다고 한다.

사이먼 코니베어 씨는 나를 '하우스 오프 도체스터' 초콜릿 공장으로 안내하면서 이렇게 말했다. "공장 뒤편에 가면 초콜릿 부스러기들을 한 봉지에 1,800원에 팝니다." 나는 코니베어 씨에게 파운드베리 관리 규칙이 무엇인지 물었다. "우린 이 지역을 자연 환경 보호구역처럼 아주 엄격하게 관리합니다. 주민들도 반대하지 않습니다. 다들 이 지역이 흉하게 망가지는 걸 원하지 않거든요." 이곳의 주택 가격은 2억 2,100만 원에서 5억 1,600만 원 정도라고 한다. 에버샷워크, 롱모아스트리트, 푸메리스퀘어 등의 도로명은 왕세자 소유의 농장 등의 이름에서 땄다. 그렇게 늘 찰스 왕세자를 염두에 두고 운영된다. 그런데 눈에 띄는 한 가지 예외는 있었다. 이곳의 중심인 브라운스워드 홀은 앤드류 브라운스워드Andrew Brownsword의 이름을 딴 것이다. 그는 축하 카드 제조회사를 운영하는 기업가로 파운드베리에 많은 돈을 투자했다.

브라운스워드 홀을 나와 자박자박 소리를 내며 걸어가니 멀지 않은 곳에 옥타곤이라는 이름의 카페가 있다. 맛 좋은 커피와 파니니(이탈리아 빵)를 파는 곳이다. 전 재산을 다 털어 카페를 열었다는 카페 주인 클레이와 메리는 손님들이 방명록에 남긴 글을 보며 즐거워했다. '케이크가 정말 맛있어요. 그리고 소파도 편안합니다!'

출입문 가까이에 있는 테이블에서 릴리안 하트 부인과 로즈메리 워렌 부인이 파운드베리의 미래를 화제 삼아 담소를 나누고 있었다. 연금 생활을 하는 워렌 부인과 그녀의 남편이 이곳에 제일 먼저 집을 사서 이주해왔다고 한다. 역시 직장에서 은퇴한 하트 부인과 그녀의 남편은 1995년 1월에 이사 와서 두 번째 주민이 되었다. 두 부인은 이곳이 정말 맘에 든다고 했다. 하트 부인은 "집에서 차를 몰고 4, 5분이면 슈퍼마켓에 도착해서 주차를 하고 쇼핑을 할 수 있답니다."라며 만족한 표정을 지었다. 이 마을을 설계한 건축가보다 스피드와 시간의 경제에 대해 더 많은 관심이 있는 듯 보였다. "2분 30초 만에 병원에 갈 수 있고 30초면 밭에 나가요. 저는 집을 새로 지어서 살고 싶었어요. 이제 나이가 들어서인지 집을 수리 보수하면서 살고 싶지는 않았거든요. 이 집은 단열도 아주 잘 된답니다." 두 부인은 공항과 가까운 곳에 살고 싶었다고 한다. 다른 파운드베리 주민들도 대부분 같은 생각이다. 겨울철에는 따뜻한 지역으로 여행을 많이 다니기 때문이다. 자그마한 규모지만 식료품 가게와 우체국도 있어서 편하다고 한다.

"하지만 한 가지 아쉬운 점이 있어요." 하트 부인이 말을 꺼냈다. "우리 집 건너편에 아이들 놀이터가 하나 있어요. 그런데 너무 작고 위치도 좋지 않아요. 그래서 찰스 왕세자의 비서실에 편지를 보냈더니 놀이터를 다른 곳으로 옮긴다는 소문이 돌더군요." 워렌 부인도 한마디 했다. "찰스 왕세자는 이곳 주민들의 의견에 관심이 많으세요. 남편과 사별했을 때 찰스 왕세자가 내게 위로의 편지를 보내주셨지요."

하지만 주민들의 요구가 다 받아들여지지는 않는다. 예를 들면, 수 맥카르티-무어 씨가 불평을 했던 자갈 문제다. "저는 10대 딸이 둘 있습니다. 딸들은 집에 들어오고 나갈 때 늘 자갈을 밟게 되지요." 카멜 색상의 자갈이었다. 물론 아스팔트보다야 좋긴 하지만 코블 스톤보다 값이 싼 돌이다. 파운드베리 거의 대부분의 지역에 자갈을 깔아 놓았으며 자갈을 밟고 지나다니면 그 소리가 다 들리고 사람들이 다 쳐다보게 된다고 한다.

이보다 더 심각한 문제들도 있었다.《가디언》지의 건축 및 디자인 분야 에디터를 역임했던 조너선 글랜시Jonathan Glancey는 이렇게 말했다. "균형이 맞지 않아요. 너무 과도하게 공을 들였지요. 새 건물들을 지으려면 건물들 사이에 적당한 간격을 두는 등 세심한 주의가 필요하긴 하지만 파운드베리는 너무 지나쳤어요. 도로들을 보세요. 너무 넓어요. 파운드베리가 벤치마킹한 다른 마을들과 달리 지나치게 엄격한 규정을 지켜서 지은 거지요. 그래서 큰 소방차도 지나가기에 충분하도록 도로를 이렇게 넓게 만든 겁니다."

분명한 것은, 얼마나 많은 엄격한 규칙과 윤리 강령을 적용하든 간에 견본 사회를 만드는 일이 모델하우스를 짓는 일보다 훨씬 어렵다는 점이다. 글랜시 씨는 내게 이런 말을 했다. "찰스 왕세자는 주민들이 집 앞에 의자를 내놓고 앉아 있는 모습을 상상했었나 봐요. 하지만 현실은 그렇지 못해요. 사람들은 2층 침실에 들어앉아서, 뭔지는 모르겠지만, 인터넷으로 다운로드하면서 시간을 보내잖아요."

나는 그로부터 10년이 지났을 때 파운드베리를 한 번 더 방문했었고, 그 후 5년이 더 흘러 파운드베리를 다시 찾아가 보았다. 2016년의 파운드베리는 여전히 나에게 흥미를 주었으며 여러모로 매력적인 마을이었다. 마을의 모습도 변함이 없었으며 사회성도 살아 있었다(여러 사람들이 우려했던 것처럼 유령 마을은 아니었다). 이곳저곳에서 새 건물을 짓고 있는 광경에서 알 수 있었다. 목표치에는 겨우 절반 정도 수준에 이르렀지만 현재 2,500여 명의 주민들이 산다고 한다. 중등학교의 학생 수도 늘어나고 있으며 마을 외곽에는 불도저와 채굴기 들을 동원한 공사가 한 창이었다. 마을 외곽이 도체스터 시와 점점 가까워지는 형국이었다. 사람들의 관심도 여전히 높아 멀리 떨어진 소도시에서 이곳으로 이주해 오는 이들도 있다고 한다. 살고 있던 지역이 만족스럽지 않은 사람들이다. 너무 빠르게 변해가는 세상이 싫어서 파운드베리로 오는 사람들이 많다고 한다. 영국독립당UKIP 시대의 리틀 잉글랜드Little England다. 언제든지 비상 버튼을 누를 수 있으며 소방차들이 대기하고 있는 엄청나게 큰 소방서는 이 지역의 명물이 되었다. 왕세자 본인이 직접 소방서를 설계했다는 얘기도 들린다. 파운드베리의 모든 것이 대부분 그렇듯이 소방서 문제도 주민들 간에 의견이 양분되었다. 주민들 대부분은 찬성하는 입장이지만 옛것을 좋아하는 순수주의 주민들은 억지웃음을 짓는다. 건축과 디자인 전문 잡지《아이콘》의 편집자는 파르테논 신전에 브룩사이드 초콜릿을 가져다 놓은 격이라고 하면서 소방대원들도 19세기 초에 남자들이 입던 반바지를 입고 가발을 걸쳐야 하며 마차를 타고 화재 현장으로 달려가 우물에서 물을 퍼다 날라야 한다고 강조했다. 한편 《데일리 메일》구독자 한 사람은 시민들을 고달프게 하는 쓰레기 같은 도심보다는 훨씬 좋다고 평가했다.•

찰스 왕세자는 아무리 술에 취해 기분이 좋았어도 파운드베리를 모

---

• 《아이콘》지는 150호 특집 기사에서 반드시 근절해야 할 언어 목록을 실었다. 그중 다수가 슬로리빙 운동에 필수 불가결한 낱말들이다. '환경', '치유', '장인', '수공예', '경험적인', '환경파괴 없이 지속가능한', '북유럽 스타일', '세월이 흘러도 변치 않는' 등이다.

두가 좋아하지는 않을 것임을 깨달았어야 했다. 물론 이런 독특한 계획
은 부분적으로는 매력적인 면도 있다. 나도 도심 속 네모난 상자 같은
자그마한 집을 떠나 새로운 곳에서 살고 싶기는 하지만 파운드베리는
내 취향에도 별로다.

그런데 가장 아이러니한 것은 파운드베리 계획이 과거를 지향하는
것이면서도 삶의 질 향상이라는 미래 지향성이 있다는 점이다. 파운드
베리 계획이 처음 논의되던 1980년대 후반, 서구 사회의 탐욕과 스피
드, 출세지향주의의 회오리바람은 끝이 없어 보였다. 사회적 비용과 환
경적 비용도 감안하지 않았고 경제 상황도 나쁘지 않았기에 파운드베
리 프로젝트의 부정적인 측면을 간파하지 못한 사람들이 많았다. 하지
만 요즘은 파운드베리 구상이 색다른 삶을 추구하는 사람들의 생각과
곧잘 들어맞는다. 좀더 조용하게 허둥대지 않으면서 살고 싶은 사람들,
사색에 잠기거나 삶의 목표를 다시 생각해 보고 싶은 사람들이 점점 늘
고 있다. 마음챙김 명상을 통해 그런 삶을 찾기도 하며 컬러링북이나 통
나무 자르기에 관한 책 혹은 곤도 마리에가 쓴 『인생이 빛나는 정리의
마법』 등에 몰두하기도 한다. 수공예나 공작 등 무얼 만드는 일에 빠지
거나 환경 문제에 대해 진지하게 고민을 하며 《킨포크》나 《오크》, 《홀
앤 코너》 등의 라이프 스타일 대중 잡지에 탐닉하는 이들도 많다. 이 잡
지들에는 나무로 스푼을 만드는 방법이나 북유럽 스타일의 디자인을
소개하는 내용이 들어있다. 또는 도시에 살면서 커피 만드는 일에 몰두
하기도 한다. 서로 전혀 다른 듯이 보이기도 하고 우스꽝스럽기도 하지
만 부지불식간에 공감대가 형성되어 '슬로리빙 운동'이나 '신 공예 운

동'으로 발전했다. 이는 스피드와 관련된 모든 것을 다 거부하는 운동은 아니지만 순간적인 희열이나 신속한 해결책이 아닌, 보다 의미 있는 것을 포용하는 삶을 추구하는 캠페인이다. 예를 들어, '슬로리빙 인테리어'라는 부제가 붙은 『킨포크 홈』에서 편집자 네이선 윌리엄스와 케이티 설-윌리엄스는 이렇게 설명한다. '슬로리빙은 스타일보다는 인간의 깊은 정신세계를 추구하며……, 보다 적게 소유하는 방법이 아니라 꼭 필요한 것만 갖고 사는 방법을 모색한다.' 슬로리빙의 목표는 게으른 생활방식이 아닌 조심성과 참을성을 길러 삶의 즐거움을 찾는 것이다(슬로리빙 운동의 또 다른 특징은 슬로리빙의 개념을 자주 설명해야 한다는 점이다). 어쨌든 파운드베리 프로젝트로 인해 슬로리빙 운동은 손쉽게 패러디하거나 조롱할 대상이 되었다. 슬로리빙을 좋아하는 사람들을 나르시시스트이거나 과거 지향적이며 혼자 잘난 체하는 골칫덩이로 여기는 사람들도 있다. 그들은 슬로리빙이 하찮은 낭만주의를 넘어 진정한 가치가 있는가라는 의문을 제기하는 것이다. 그중 가장 악의적인 비난은 세계적인 큰 문제에 대해 전문가들이 너무 평범한 해결책을 내놓았다는 것이다. 하지만 슬로리빙 운동의 몇 가지 사항은 케일이나 치아 씨앗을 심어 농사를 짓는 차원을 넘는다. 한 가지 예를 들자면, 슬로리빙 운동은 단순한 즐거움의 추구를 지속가능성(생태계가 미래에도 유지될 수 있는 제반환경) 정책과 건강 보장, 변함없는 국가의 부유함과 동일시한다. 다른 말로 표현하면, 훌륭한 건축물과 좀더 완만한 생활 템포를 만들겠다는 욕망으로 시작된 운동이 인간의 영혼과 지구를 구하는 실행 가능성이 높은 방법처럼 보인다.

## 프랑스 사람들처럼 살기

/

셰파니스는 미국 캘리포니아 주에 있는 레스토랑으로 역사에 남을 음식점 가운데 한 곳이다. 겉보기에는 영국의 파운드베리와 아무런 공통점이 없어 보인다. 우선 셰파니스가 위치한 지역의 기후가 파운드베리보다 온화하고 프랑스인들을 대하는 태도가 훨씬 더 정중하다. 그런데 두 곳의 삶에 대한 기본 원칙은 비슷하며 현대인의 획일적인 삶에 대해 혐오감을 가지고 있다. 게다가 두 곳을 각각 만든 사람들이 오랜 기간 절친한 친구 사이다. 찰스 왕세자는 셰파니스 레스토랑을 무척 좋아할 뿐 아니라 레스토랑 주인이 염원하는 정치적 또는 사회적 목적도 높이 평가한다.

셰파니스 레스토랑은 1971년 앨리스 워터스라는 여자가 캘리포니아 주 버클리에 처음 문을 열었다. 초창기에 많은 어려움과 위기가 있었지만 미국 슬로푸드 운동의 중심지라는 명성을 얻게 된다. 그리고 창업자 앨리스 워터스는 유기농 음식계의 챔피언이 된다. 이 레스토랑의 핵심 가치는 지역에서 생산되는 제철 재료를 사용하여 음식을 만들고 농약과 인공 비료 사용을 최소한으로 줄이며 유전자 변형 농산물을 절대 사용하지 않고 환경을 파괴하지 않는 것이다.

워터스는 미국 뉴저지 주 출신이지만 1960년대 중반 버클리에서 성년을 맞이했다. 자유연애와 언론 자유의 시기였다. 워터스는 세상을 바꾼다는 슬로건으로 시작된 반문화 운동에 참여했으며 '요정'이라는 호칭과 더불어 불굴의 의지를 가진 여자란 말을 자주 들었다. 작가 애덤

고프닉은 그녀에 대해 이렇게 평했다. '100년 전에 태어났다면 손도끼를 들고 술집을 돌아다녔을 테지만 지금은 그저 신선한 콩을 찌고 있는 미국 여자다.'

워터스에게 슬로푸드는 무드보드(보드판 위에 이미지를 보기 좋게 모아놓은 것)였다. 스토브 위에 놓인 냄비의 길이와는 별 상관이 없다. 에일룸 heirloom(대대로 계속 심고 그 씨를 받아 이력을 확인할 수 있는 종자) 토마토 한 접시가 그녀의 신념을 대변하기 때문이다. 워터스의 신념이란 완전한 음식을 먹고 원산지를 확인하고 원재료를 사는 것이다. 그다지 바쁘지는 않았을 우리 부모님들이 먹던 방식으로 음식을 먹자는 주장이다.

2004년 찰스 왕세자가 앨리스 워터스의 요청으로 미국 투린 시의 슬로푸드 운동 협회에서 주최한 컨퍼런스에 참석하여 연설을 했다. 찰스 왕세자 역시 그 자리에서 분명하게 강조했다. "슬로푸드란 전통 음식을 말합니다." 이 컨퍼런스의 이름은 테라 마드레Terra Madre('대지의 어머니'라는 뜻)였다. 왕세자의 연설은 다음과 같이 이어졌다.

"또한 지역 음식을 말합니다. 지역 음식은 우리가 살고 있는 장소와 지역에 대한 일체감을 주는 가장 중요한 수단 중 하나입니다. 우리 동네와 도시, 마을에 있는 건물들과 같은 것입니다. 지역성과 자연 경관과 조화를 이루고 자동차보다 사람을 우선하도록 잘 설계된 공간과 건물들은 지역 공동체 의식과 뿌리 의식을 불어넣습니다. 이 모든 것들이 서로 연결되어 있는 것이지요. 우리는 더 이상 세계 어느 곳이나 똑같은 모습을 하고 누가 만들었는지도 알 길이 없는 콘크리트 벽 안에서 살기를 원치 않습니다.

또한 세계 어느 곳에서나 팔리고 있는 쓰레기 음식을 먹고 싶지 않습니다. 우리가 하루 일과를 끝내고 식사를 하면서 느끼는 지속적인 안정감, 공동체 의식, 건강 그리고 맛과 같은 가치들이 편리함보다 더 중요합니다."

찰스 왕세자는 슬로푸드 운동의 중요성을 아무리 강조해도 지나치지 않다고 믿는다.

"이것이 내가 여기에 와 있는 이유입니다……. 그리고 19세기에 존 러스킨(영국의 사상가)이 강조했듯이 '예술이 없는 산업은 야만'이라는 점을 여러분들에게 다시 한 번 말씀드리고자 이곳에 왔습니다."

앨리스 워터스는 나에게 이렇게 말했다. "컨퍼런스에 151개국이 참여했습니다. 찰스 왕세자가 정말로 참석해서 연설을 하리라곤 다들 생각도 못했죠. 연설이 끝나자 참석자들 모두 자리에서 일어나 박수를 보냈습니다." 찰스 왕세자의 연설을 통해 슬로푸드가 슬로리빙 운동의 핵심이라는 게 분명해졌다. 그러나 슬로푸드 운동은 단순히 음식에 관한 캠페인이 아니다. 중산층만의 문제도 아니다. 슬로푸드는 원래 좌파 정치와 사회복지 문제에 뿌리를 둔 이슈다. 북서부 이탈리아에서 시작되었으며 농업의 보수성과 융합된 전통적 급진주의를 주장했다.
'슬로푸드 선언'은 1987년 11월에 발표되었다. 물론 슬로푸드라는 개념은 이미 오래 전부터 심도 있게 논의되고 있었다. 주로 이탈리아의 피에몬테 지방의 도시 브라Bra에서 수십 년 동안 논의되었다. 슬로푸드 선언서는 작가 폴코 포르티나리Folco Portinari가 작성한 것으로 그는 세상 사람들이 '빠른 삶이라는 바이러스'에 전염되어 산다면서 '효율성과 광란의 차이를 모르는' 사람들이 있다고 비판했다. 그리고 요즘 사람들의 가장 큰 손실은 음식을 먹는 즐거움이 없어진 점이라고 강조했다. 식탁에서 즐거움이 없어진다는 것은 인생의 기쁨이 사라진 것을 의미한다는 것이다. 선언서가 나오게 된 계기는 1986년에 로마의 스페인 광장 근처에서 영업을 시작한 맥도날드다. 그러나 1982년에 음식과 관련된 좋지 못한 사건이 하나 더 있었다. 카를로 페트리니 Carlo Petrini라는 사람을 자극한 사건이었다.

페트리니는 당시 사람들이 돈을 주고 사먹는 평범하고 만든 이의 정성도 들어있지 않은 음식들, 특히나 빨리빨리 만들어야 한다는 생각만으로 만든 음식들의 가격이 지나치게 비싸다고 생각했다. 『슬로푸드 스토리: 정치와 쾌락』의 저자인 제프 앤드루스에 따르면 카를로 페트리니와 그의 친구들이 이탈리아 투스카니 지방의 몬탈치노에서 노동자 사교 클럽인 카사 델 포포로Casa Del Popolo 모임의 점심 식사에 초대를 받았다. 그런데 이들의 테이블에 나온 음식이 아주 불결했고 차갑게 식어있었다. 페트리니는 브라의 집으로 돌아오자마자 그가 겪은 참담한 일을 규탄하는 공개서한을 작성했다. 그런 음식은 지역 사회에 대한 모독이며 그 지방에서 생산되는 고급 와인에 대한 모독이었다. 그가 작성한 서한은 많은 사람들의 지지를 받았고 동시에 조롱을 받는다. 진보적 성향의 지역 의회 의원이었던 페트리니를 비웃거나 깔보는 사람들은 점심 음식이 형편없다고 투덜대지 말고 일이나 열심히 하라고 그를 비난했다. 사실 그에겐 진보적이라고 할 만한 점이 많았다. 바로 이때부터 이탈리아인들이 열망하는 쾌락주의 시대의 서막이 열렸으며 실비오 베를루스코니를 이탈리아 총리 자리에 올라서게 했다. 페트리니는 인간의 삶에서 음식이 가장 중요하다고 강조했다. 사발에 담겨 나왔던 불결하고 차가운 칠리 파스타가 중요한 것이 아니다. 그것이 상징하는 바가 중요했다. 즉, 전통을 무시하고 각 지역에서 생산되는 농산물을 우습게 여기며 음식을 급하게 만드는 풍조가 문제였다. 그리하여 슬로푸드의 기본 원칙이 정해졌고 지금은 150개국에 450개 지부를 두고 회원이 10만 명을 넘어선 운동으로 확산되었다. 슬로푸드가 선언된 지 30년이 지나면서 이젠 격렬한 논쟁 단계를 벗어나 실천 단계에 이르렀다. 그리고 최근 들어 슬로푸드 운동의 목표가 다양해졌다. 예를 들어, 전통 음식과 문화 보전 프로젝트인 '맛의 방주Ark of Taste'를 진행하고 있다. 이는 각 지역에서 생산되는 농산물들의 리스트를 만들어 이를 보호하는 사업이다. 또한 각 지역에서 가축을 도살하도록 하고 이를 독려하고 있다. 지역 농장을 지원하는 사업도 벌이고 있으며 패스트푸드로 인해 생기는 당뇨병이나 영양실조 등 건강의 위험성을 경고하는 일에도 앞장서고 있다. 푸드 마일(원거리 수송 음식)과 유전공학에 반대하는 캠페인도 벌이고 있다. 이 캠페인은 방어적인 보호주의적 성향이 있지만, 지속가능성을 위한 투쟁은 진보적인 면이라고 하겠다. 앞으로 서구 사회는 기후 변화의 영향을 경험할 것이다. 예를 들어, 몇 가지 특정한 음식의 부족 사태를 겪을 수 있다.

찰스 왕세자는 투린 시에서 개최된 테라 마드레 컨퍼런스 연설에서 미국의 식품 저널리스트인 에릭 슐로서가 쓴 『패스트푸드 제국』의 내용을 인용하여 이렇게 말했다. "지금의 식량 시스템이 추구하고 있는 지나친 중앙 집중화와 산업화는 최근 20년간 비교적 짧은 기간에 걸쳐 생겼습니다.* 패스트푸드는 값이 싼 음식으로 보일 수 있고 실제로 싼 경우도 없지 않습니다. 그러나 이는 막대한 사회적 비용이나 환경적 비용을 제외하고 계산한 것입니다. 패스트푸드의 실제 비용은 식품이 옮기는 질병의 증가와 E 콜라이 박테리아나 0157 대장균 같은 새로운 병원균의 출현, 동물 사료에 약품을 많이 사용하여 생긴 항생제에 대한 내성, 집중화된 농업 시스템으로 인한 광범위한 수질오염 등의 요인들을 함께 고려해야 합니다. 이러한 비용들이 패스트푸드의 가격에 직접 반영되지는 않지만, 우리 사회가 그 비용을 지불하기 때문입니다."

앨리스 워터스가 슬로푸드 운동을 알게 된 건 1980년대 후반으로, 미국 샌프란시스코에서 카를로 페트리니의 연설을 처음 듣게 되면서였다. "저는 페트리니의 연설을 들으면서 그와 함께 하리라 생각했어요. 정말 흥분된 순간이었죠." 워터스는 국제 슬로푸드 운동연합의 부회장이 되

---

- 사실 이 내용은 좀더 오래전으로 거슬러 올라간다. 맥도날드는 1940년대 캘리포니아에서 시작되었다. 맥도날드는 이른바 '스피디 서비스 시스템Speedee Service System을 구축했으며 이를 바탕으로 햄버거 마케팅에 나섰고 획일적인 패스트푸드 개념을 대중화하는 데 성공했다. 그런데 자신들이 최초의 패스트푸드업체라고 주장하는 회사가 있으니 '화이트 캐슬'이다. 이 식품회사의 역사는 1921년으로 거슬러 올라간다. 이 회사가 일명 '슬라이더'의 원조 제조사다. '슬라이더'는 양파를 넣어 만든 정사각형 모양의 자그마한 햄버거로 공장 생산 라인에서 대량으로 만들어 5센트에 판매했었다. 화이트 캐슬은 미국 캔사스의 햄버거 레스토랑에 '봉지에 담아 가세요'라는 슬로건을 내걸었으며 손님이 테이크아웃으로 주문하면 햄버거 5개를 10센트에 주었다.

면서 본격적으로 슬로푸드 캠페인에 앞장서기 시작했다. 하지만 워터스가 정치에 대한 욕심으로 음식에 관심을 가진 건 아니다. 그녀의 삶에서 중요한 것은 좀더 단순한 것이다. 바로 음식 자체에 대한 사랑이다. 그녀의 미식에 대한 최초의 열정은 프랑스 음식에서 시작되었다. 워터스는 1965년에 처음 프랑스에 갔다. 그리고 프랑스에서 자신의 지역 음식점을 미국에 내겠다는 아이디어를 생각해 냈다고 한다. 워터스는 프랑스 식탁이 무척 맘에 들었다. 어머니의 품과 같은 따뜻한 분위기와 와인이 일상 식사의 필수라는 프랑스인들의 사고방식이 그녀를 사로잡았다. 아무도 식사를 마치고 나서 일자리로 돌아가고 싶어 하지 않는 듯한 느낌도 맘에 들었다. 워터스는 나에게 이렇게 말했다 "프랑스를 떠나 다시 패스트푸드 문화로 돌아온 저는 큰 충격을 받았습니다." 그때부터 워터스는 가능한 한 프랑스 방식으로 살기로 결심했다. 그녀는 그야말로 이 세상에 마법을 걸고 싶었다. 워터스는 프랑스식 패션과 영화 제작자 마르셀 파뇰이 만든 1930년대 프랑스 영화들에 나오는 '삶의 기쁨'에 푹 빠졌다(마르셀 파뇰이 만든 프랑스 영화의 배경은 주로 마르세이유이며 그곳의 시간은 사랑과 온후함 그리고 연인들 간의 재미있는 말다툼 속에 흘러갔다. 이 프랑스 영화들 중에 어느 주인공의 이름이 파니스Panisse였고 그래서 워터스는 레스토랑 이름을 '셰파니스Chez Panisse'로 지었으며 본인의 딸 이름도 파니Fanny라고 지었다).

셰파니스 레스토랑에 가면 프랑스 음식을 먹으면서 영화도 보는 체험을 한다. 어느 자리에 앉든지 마르셀 파뇰의 영화 포스터들이 눈에 들어온다. 워터스 여사가 직접 조리를 하는 경우는 드물지만 그녀의 요리에 대한 애정을 곳곳에서 느낄 수 있다. 메뉴가 한때는 털더큰Turducken(칠면조 뱃속에 오리를 넣고, 그 오리의 뱃속에 닭을 넣어 구운 요리) 등 전통 프랑스 요리 일색이었다. 조리 방법은 주로 플람베 Flambé, 즉 센 불에서 조리중인 요리에 적당한 도수의 브랜디나 꼬냑을 첨가하여 단시간에 알코올을 날리는 조리법을 쓰거나 양념을 듬뿍 발랐다. 그러다 1970년대 후반 스타급 셰프인 제레미아 타워 Jeremiah Tower가 셰파니스를 떠난 후 분위기가 달라졌다.* 요즘은 캘리포니아식 요리를 주로 내놓는다. 메이어 레몬(레몬과 오렌지의 교배종)을 많이 사용하여 정성을 담아 만들지만 음식에 지나치게 공을 들이진 않는다. 슬로푸드라는 표현보다는 '진짜 음식'이라는 표현이 더 어울린다.

2015년 9월 어느 날 밤에 셰파니스를 찾은 나는 2층 카페에서 식사를 했다. 아래층에 있는 메인 레스토랑보다 가격이 저렴했기 때문이지만 계절 재료를 사용하여 심플하면서도 맛있게 만든 음식은 다를 바가 없었다. 회향과 함께 무화과 나뭇잎으로 구운 큰 넙치와 콩과 오크라를 넣어 조리한 닭 가슴살 또는 바닐라 아이스크림을 곁들인 복숭아 갈

---

• 워터스는 제레미아 타워가 그녀의 레스토랑에 기여한 바는 고맙게 생각했지만 타워와 생각이 달랐다. 뉴욕으로 진출한 타워는 레스토랑 스타스 Stars를 연다. 이 레스토랑의 요리사들은 하나같이 요리 솜씨 과시하기를 좋아하여 서커스 스타일의 호화로운 음식을 만들어 손님들에게 깊은 인상을 주었다. 분자요리(음식의 조리 과정과 맛에 영향을 주는 요인들을 과학적으로 분석하여 독특한 식감을 창조하는 일)가 뉴욕에서 주목을 받으면서 도미니크 크렌 Dominique Crenn 등의 셰프들이 재능을 발휘한다. 패스트푸드와 대립각을 세운 분자요리는 지적 호기심을 불러일으키며 노동 집약적이고 음식을 예술로 생각하는 개념이다. 따라서 아무나 집에서 만들 수 있는 요리가 아니었다. 한편 셰파니스 레스토랑은 음식의 기본으로 돌아왔다. 맛있는 양고기 요리를 만들었고 난로 불에서 구운 치킨 요리를 선보였다.

레뜨를 먹고 있자니 시간 가는 줄 몰랐다(내가 먹은 음식의 재료는 인근 리버 독 농장에서 기른 닭과 8월의 햇빛을 밝은 복숭아다. 그리고 아래층에 나오는 음식은 울프 목장, 제임스 목장, 캔라드 농장에서 수확한 토마토와 퀘일, 양고기로 만든다. 농장에서 직접 음식을 먹는 것과 다를 바가 없으며 재료들의 이력이 분명하다. 종업원이 "맛이 괜찮으신가요?"라고 묻고 난 후 재료들에 대해 설명하지만 말이 필요 없어 보였다). 그런데 그날 밤에 내가 의아하게 생각한 점이 있었다. 즉, 슬로푸드 음식들인데 음식이 순식간에 나온 데다 프랑스 레스토랑임에도 불구하고 음식들이 전부 프랑스식이 아니고 유기농인데도 거친 느낌이 들지 않았다. 또한 프랑스 남서부 도르도뉴 강 지역의 체크무늬 테이블보가 깔린 식탁이 있는 야외 레스토랑과는 달리 식사를 시작하고 나서 1~2시간 후엔 다음 손님을 위해 자리를 비워주어야 한다.

오래전부터 셰파니스 레스토랑을 프랜차이즈화하자는 요청이 있었지만 워터스는 이를 거절하고 있다. "저는 레스토랑을 운영해서 돈을 많이 벌고 싶은 생각은 없습니다. 제가 레스토랑을 운영하는 이유는 여기서 일하는 사람들과 이곳에 오는 손님들과 친해지고 싶기 때문입니다. 매장이 많아지면 신경 쓸 일도 많잖아요." 그 대신 워터스는 여러권의 요리책을 썼다. 정말 유익하고 멋진 재미있는 책들이다. 워터스를 깎아내리고 싶어 하는 사람들에겐 메스꺼움이 느껴지겠지만 가장 감동적인 책은 『셰파니스의 파니』다. 워터스를 포함해 세 사람이 함께 쓴 이 책은 워터스의 딸 파니의 목소리를 통해 다양한 조리법과 더불어 재미있는 이야기를 곁들여 슬로푸드 철학의 순수한 정신을 전달할 목적으로 쓴 책이다. 이 책에는 이런 내용이 실려 있다. '나는 수요일이 기다려진다. 랜초 산타페에 있는 치노 가족 농장에서 야채가 들어오는 날이니까. 치노 가족은 이 세상에서 가장 멋진 농장을 가지고 있다. 그곳에서 자라는 다양한 종류의 채소들 모두 내겐 보석과 다름이 없다……'

워터스가 레스토랑이나 요리책들보다 더 심혈을 기울이고 있는 것은 '에더블 스쿨야드' 프로젝트다. 이 프로젝트 안내서를 보면 '학교 안 정원에서 키운 채소를 재료로 학교 주방에서 바로 조리하여 학교 급식을 변화시키고 학생들에게 슬로푸드 에코시스템을 알게 한다'고 쓰여 있다. 영국을 대표하는 요리사 제이미 올리버는 이 프로젝트의 열렬한 지지자이며 클린턴 부부와 오바마 부부도 큰 성원을 보내고 있다. 워터스 여사는 내게 이런 말을 했다. "나는 다른 사람을 이기기보다는 다른 사람을 설득하는 사람이 되고 싶어요. 그래서 그들이 아름답고 좋은 것만 갖게 하고 나쁜 행동을 버리게 하고 싶습니다."

70대 초반인 워터스 여사와 만나 얘기를 나눈 건 2015년 추수감사절 전날이었다. 여사가 사랑하는 프랑스에 대규모 테러 공격으로 많은 희생자가 생긴 지 2주 후였다. 워터스 여사는 과거를 회상하면서 자신이 대화를 나누었던 젊은 사람들에게 힘을 얻고 있다고 말하면서도 자신의 신념과는 다르게 흘러가는 세상을 안타까워했다.

"나도 다른 사람들처럼 핸드폰을 사용하지만 테이블 위에 올려 놓은 시간이 더 많아요. 음식을 의사소통의 수단으로 이용해야 합니다. 그런데 젊은 이들은 식사를 하면서도 핸드폰을 손에서 놓지 않더군요. 40년 전엔 이상하게 생각하고 충격을 받았던 것들이 이젠 우리 시대의 문화가 되었어요.

요즘 세상의 가치는 빠르고 값이 싸고 편하게 얻을 수 있는 거지요. 제가 생각하는 음식의 가치는 점점 희미해져 가고 있어요. 우리 시대가 진보한 것일까요? 약간은 발전했겠지요. 하지만 그러한 시대 문화에 갇혀 있는 느낌이에요."

## 패스트푸드

/

그렇지만 우린 바쁜 일상을 살고 있다. 그리고 음식을 먹어야 하지만 셰파니스 레스토랑이나 다른 레스토랑에 예약할 틈이 없다. 셰파니스 레스토랑 등이 동참하여 확산되면서 많은 관심을 받고 있는 슬로푸드 운동에도 불구하고 대량생산되는 패스트푸드는 여전히 줄지 않고 있다. 30년 전부터 반대 운동을 했던 공공의 적 패스트푸드가 여전히 먹는 즐거움을 주고 있다. 여전히 건강에 해로운 대량생산 음식을 저렴한 가격에 사 먹을 수 있다. 가장 큰 문제는 패스트푸드가 맛이 좋다는 점이다. 그리고 음식에 들어있는 설탕과 소금이 인간 뇌의 감각기관을 자극할 뿐 아니라 짧은 시간에 만들어 내는 점이 시간에 쫓기는 현대인들이 패스트푸드를 좋아하는 이유다. 값싼 패스트푸드가 시내 중심가를 점령하고 있는 가운데 부자 동네에서는 좀더 몸에 좋은 음식(좋은 음식이라고 상상할 뿐이다)을 먹겠다며 샌드위치 전문점 프레Pret, 스시 체인 잇츄Itsu, 푸드트럭 등을 찾는 사람들이 늘고 있다. 음식의 다양성과 음식에 대한 인식에 약간의 변화는 있지만 현재의 트렌드는 여전히 패스트 푸드다.

그런데 최근 들어 전혀 새로운 종류의 패스트푸드가 모습을 드러냈다. 우리가 지금까지 먹어본 온갖 종류의 음식이 8시간 동안 조리해야 먹는 고기 찜처럼 보이는 패스트푸드다. 우리 시대의 특징적 현상은 음식이란 게 부분적으로만 음식이고 나머지 부분은 기술이라는 점이다. 독특한 기술을 이용하여 조만간 억만장자 반열에 오를 남자가 있다.

2012년 말, 20대 초반의 해커 롭 라인하트Rob Rhinehart는 새로운 출발을 위한 돌파구를 모색하고 있었다. 핸드폰 관련 사업을 구상하여 시작했지만 실패로 끝났기 때문이다. 음식물 섭취 비용을 줄이기 시작한 라인하트는 정크푸드를 먹기 시작했지만 곧 환멸을 느꼈다. 그러고는 신체 건강을 유지하는 데 필요한 요소들이 무엇인지 연구하기 시작했다. 라인하트는 약 30가지 필수 영양소의 목록을 만든 다음 인터넷에서 분말 형태의 화학약품과 비타민 등을 사들였다. 그리고 그것들을 물에 섞어서 마셔 보니 몸이 훨씬 가뿐해지는 느낌을 받았다. 라인하트는 이런 방법을 자신의 블로그에 올렸다('음식을 먹지 않고 사는 법'이란 제목으로 포스트했다). 그의 블로그를 본 친구들이나 독자들의 첫 반응은 냉소적이면서도 호기심을 보였다. 블로그 독자 몇 사람은 음식을 전혀 먹지 않는 다이어트를 위해 각자의 미네랄 공식을 만들기도 했다.

해리 해리슨Harry Harrison이 쓴 공상과학 소설『메이크 룸! 메이크 룸! Make Room! Make room!』을 읽은 라인하트는 자신이 만든 제품을 소일렌트라고 이름 지었다. 이 소설은 작가가 1966년에 쓴 것으로 배경은 30년 후인 1999년의 미국 뉴욕이다. 이 책은 부족한 식량 자원과 함께 인구 과잉 문제를 안고 있는 세상을 다루었다. 이 소설에서 가장 바람직한 대체식품으로 등장한 게 콩과 편두로 만든 스테이크 소일렌트다(이 작품은 「소일렌트 그린」이란 제목의 영화로 제작되었다. 영화를 보면 뉴욕 시민들이 소일렌트 웨이퍼로 연명하는 장면이 나온다. 영화 속에서 이 대체식품은 바다에서 나는 좋은 원료로 만든 것이라고 광고하지만 사실은 그렇지 않다. 사람의 피부로 만들었다).

라인하트가 개발한 소일렌트는 인기를 얻기 시작하였고 크라우드 펀딩 crowd funding(웹사이트 등을 통해 여러 사람으로부터 기금을 모아 프로젝트의 자금을 대는 일 ─옮긴이) 사이트인 '틸트Tilt'에서 시간을 절약해 주는 히트 상품이라는 평가를 받았다. 그 결과 라인하트와 그의 친구들은 순식간에 11억 원 이상의 투자금을 조달하는 데 성공했으며 소일렌트는 외국 언론에도 소개되어 해외로 수출되는 성과를 올린다. 라인하트를 인터뷰 하러 간《뉴요커》의 리지 위디콤 기자는 라인하트가 매우 건강해 보였으며 미래의 음식을 발명했다는 강한 확신에 차 있었다고 전했다. 라인하트는 당근과 같은 것도 '기분 전환용 음식'이라고 표현했다. 소일렌트는 조리가 필요 없다. 10여 초 만에 다 마실 수 있는 양으로 마시고 나면 배가 부르다. 옐로베이지 색깔을 띤 이 액체는 어떤 맛일까? 이에 대해 라인하트가 분명하게 언급하지는 않았지만 위디콤 기자는 팬케이크 반죽과 약간 비슷한 맛이 나고 귀리가 들어있는 듯하며 입자가 거칠다고 설명했다. 그리고 감미료인 수크랄로스를 넣어서 비타민 맛이 나지 않았다고 전했다.

《에스콰이어》지에서 의뢰를 받아 5일 동안 소일렌트만 먹고 다이어트를 했던 윌 셀프will Self 작가는 그 맛이 약간 달면서도 짠 듯하고 싸구려 밀크셰이크 같은 농도에 뒷맛이 개운하지 않다고 설명했다. 5일이 지난 후 윌 셀프는 소일렌트만 매일 먹으면서 엄청나게 지루했던 게 가장 힘든 점이었다고 말했다. 윌 셀프는 자신이 비록 대단한 식도락가는 아니지만 음식을 아작아작 씹고 싶은 생각이 간절해졌고 다양한 음식과 양념을 먹고 싶어 못 견딜 정도였다고 토로했다.

당연한 얘기겠지만 소일렌트는 식도락가들에게 먹는 즐거움을 주려고 만든 식품은 아니다. 유용성을 목적으로 한 제품이다. 라인하트가 이렇게 설명했다. "제 생각에 눈에 보이지 않는 게 최고의 요리 기술입니다. 물은 아무 맛도 없고 향기도 없지만 이 세상에서 가장 인기 있는 음료입니다." 물과 달리 소일렌트에는 카놀라유에서 추출한 지방질과 말토덱스트린에서 추출한 탄수화물 그리고 쌀에서 얻은 단백질이 들어있다. 또한 오메가3가 함유된 생선 기름이 있으며 마그네슘, 칼슘, 구리, 요오드, 비타민 B2, B5, B6 등이 풍부하다. 소일렌트 홍보용 공식 동영상은 날씬한 몸매를 가진 젊은이들이 직장이나 체육관에서 소일렌트를 마시면서 만족스런 삶을 즐기는 모습을 보여준다. 이 동영상에서 라인하트는 컴퓨터를 공부하면서 '세상 모든 게 부품으로 구성되어 있으며 고장 날 수 있다'는 교훈을 얻었다고 말한다. 이 동영상에는 하루 일과를 시작하기에 앞서 소일렌트를 준비하는 잘생긴 남녀 커플이 등장한다. 하루에 3번 1포씩 물에 섞어 마시면 아침, 점심, 저녁 식사를 대신할 수 있으며 총 비용은 약 1만 원에 불과하고 하루에 약 2시간의 시간 절약 효과가 있다고 광고한다.

한동안 액상 식품이 인기를 모은 적이 있다. 주로 우주 비행사들과 병원에서 이용했었다. 그런데 요즘 들어 예전과 달라진 게 있다. 소일렌트가 단순한 편의 식품이 아닌 주식으로 자리 잡고 있다는 사실이다. 라인하트가 주장하는 대로, 소일렌트는 그가 하루에 먹는 음식 가운데 약 90퍼센트를 차지한다. 이는 비록 먹는 즐거움을 주지는 못하지만 생존과 음식물에 관한 완전히 새로운 차원의 사고방식이다. 구석기시대 이후 우리에게 익숙했던 음식 문화와의 결별을 의미하는 음식으로, 일반인들만 염두에 두고 미식가 또는 식도락가 들을 무시하는 것이다.

사정이 이렇다 보니 소일렌트를 추종하여 사람들의 하루 일상을 간소화해주는 경쟁 제품들이 대거 선보였다. 소일렌트 레드, 피플 츄 3.0.1, 슈모일렌트, 퀼앤비탈, 앰브로, 케토푸드, 나노 그리고 조이렌트 등이다. 또한 이런 제품들의 시장 규모가 급속도로 커지는 추세다. 소일렌트는 하루가 다르게 매출이 늘고 있으며 2016년 초에 이 제품의 미래를 확신하는 투자자들로부터 약 285억 원의 투자금을 유치했다. 투자자들이 중요시하는 것은 급증하는 지구촌 인구를 먹여 살려야 한다는 전 지구적 딜레마가 이젠 과거의 문제가 될 수 있다는 점이다.

소일렌트와 이를 모방한 유사 제품들은 미국 첨단 산업 단지인 실리콘밸리에서도 히트 상품이다. 이들에게는 점심시간에 한 끼 식사를 위해 짧은 시간이라도 사무실을 비운다는 건 신규 프로젝트를 망칠 가능성이 있음을 의미한다. 소일렌트 홍보영상엔 이런 내용도 있다. '에너지원으로 소일렌트를 이용하면 시간을 벌 수 있습니다. 사람들은 보통 식사 준비, 식사, 설거지 등으로 시간을 소비합니다. 그 시간을 다른 일에 활용하시기 바랍니다. 소일렌트가 여러분들이 원하는 삶을 살 수 있는 자유를 드립니다.' 수천 명의 사람들(아직은 소수에 불과하다)이 소일렌트를 비롯해 온라인으로 판매하는 유사 상품들을 영양 주공급원으로 삼고자 한다. 음식도 디지털 방식으로 충족하려는 것이다. 장기적으로 건강에 미치는 영향이 어떠한지는 앞으로 지켜보아야 할 일이다.

그런데 벌써 사람들의 삶에 미치는 영향이 분명히 보인다. 식량을 재배하지 않고 소비하지 않는다면, 그리고 우리의 생활에 끼어들어 잠시 일상을 중단시키는 음식이 없다면 우린 지금과는 전혀 다른 종족이 된다. 우선 사교성이 없어진다(친구들과 함께 모여 앉아 소일렌트를 마실 것 같지는 않다). 그렇게 되면 의사소통도 적어질 것이며 감수성도 약해질 것이다(음식을 사러 시장에 가지도 않고 마음을 열고 새로운 경험을 하려고 하지도 않을 것이다). 그러면서 점점 더 획일적인 인간 집단이 될 것이다(소일렌트 소비가 전 지구적 현상이 된다면 우린 모두 똑같은 화약약품을 먹는 것이다). 그러면서 식중독에 노출될 염려도 그만큼 커진다(공상과학 영화에 나오는 규모의 식중독을 일으키기 더 쉬워진다. 여러 가지 음식이 아닌 한 가지 썩은 음식 섭취로 인하여 식중독에 걸리는 것이다). 그렇게 되면 우리 인간은 우리가 잡아먹는 가축들과 다름이 없어진다. 패스트푸드가 좋았다고 회상하게 될 날이 올지도 모른다. 소일렌트는 시작에 불과할 수도 있고 마지막일 수도 있다. 소일렌트를 통해 얻는 자유, 결코 아름다워 보이지 않으며 진정한 자유로 생각되지도 않는다.

This Ticket entitles

to a Sight of the

BRITISH MUSEUM,

at the Hour of *One* on *Wednesday*

the *3* of *March* 1790.

No Money is to be given to the Servants.

1790년 대영 박물관 입장권: 개인별 입장 날짜와 시간이 적혀 있다

# 대영박물관과
# 우라늄(핵무기)의 역사

## 시간에 관한 책(대영박물관 전시품 카탈로그)

/

액체 음식에 관한 얘기를 마치면서 이제 시간에 대한 나의 고찰을 고체 물질이 있는 장소에서 마무리하려 한다. 시간의 흐름이 다른 곳들과는 전혀 다른 장소다.

1759년에 오픈하고 2년이 지난 뒤 대영박물관이 처음으로 전시품 카탈로그를 발행했다. 대영박물관의 컬렉션 목록을 보면 정신이 어지러울 정도다. 서적, 프린트물, 보석, 광물, 동전, 망원경, 신발, 화석, 고대이집트의 화병, 고대 로마의 램프, 에트루리아의 항아리, 자메이카의 물병, 미라 등, 여기에는 한 인간의 폭넓은 관심사와 오랜 수집욕이 반영되어 있다.

방대한 양의 수집품을 대영박물관에 기증한 사람은 한스 슬론 경Sir

Hans Sloane*이다. 박물관 개관 첫 해에 약 5,000명의 관람객이 슬론 경의 컬렉션을 보러 왔었다. 요즘은 비가 내리는 화요일에도 시간당 약 5,000명의 관객이 대영박물관을 찾는다. 대영박물관은 개관했을 때도 마찬가지이고 지금도 입장료를 받지 않는다. 그런데 개관 초기에는 매우 조심스럽고 신중하게 처신해야 화석 등 전시품들을 볼 수 있었다. 일단 박물관 관리자를 찾아가서 화석에 관심이 많다는 사실을 알린다. 그러면 관리자가 주소를 물어보고 관람 적격성 여부를 체크한다. 며칠 후에 다시 와야 하고 관리자의 승인이 떨어지면 그가 서명한 티켓을 받는다. 그리고 또 다시 지정된 날짜에 박물관에 와서야 전시품을 볼 수 있었다. 5명이 한 조를 이루어 안내자와 함께 박물관을 둘러보았으며 당시 박물관 기록에 따르면 매우 빠르게 움직이면서 구경했다고 한다. 밖에서 다음 차례를 기다리는 관람객들이 지루함에 흥미를 잃지 않도록 하기 위한 조치였다.

커다란 돌계단을 올라가 처음 눈에 들어오는 전시품은 산호와 알코올에 담긴 독수리 머리였다. 방문자들로 하여금 박람회나 서커스 장에

---

• 슬론 경은 내과의사로 이질과 눈병 전문의였으며 영국의 해군 대신 사무엘 피프스 및 영국 군주 3부자의 주치의를 역임한 인물이다. 또한 슬론 경은 천연두 예방 접종 분야에서 큰 업적을 남겼다. 해외여행을 마치고 돌아오면서 마시는 밀크 초콜릿을 영국에 들여오기도 했다. 아흔두 살에 세상을 떠났으니 18세기로서는 이례적으로 장수를 누렸다고 할 수 있으며 그 덕에 많은 물품들을 수집할 시간이 있었다. 1753년, 슬론 경은 죽기 직전에 자신이 모은 골동품들을 영국 왕실에 2만 파운드에 팔기로 하고 대금은 가족들에게 주라는 내용의 계약서에 서명을 했다. 런던의 첼시에 그의 땅이 있었으며 지금도 그의 이름을 딴 슬론 스퀘어가 있으며 나이츠브리지의 샛길 일부도 그의 이름으로 명칭을 붙였다.

온 듯한 느낌을 주는 전시품도 있었다. 신기하게 생긴 '외눈박이 돼지'는 물론이고 마리 데이비스라는 이름의 여인의 머리에서 나왔다는 뿔 등이 전시되어 있었는데 이러한 전시품들은 박물관을 세운 본래의 웅대한 목적과는 다른 듯한 느낌을 준다. 이 박물관은 본래 '내국인이건 외국인이건 학자들이나 학구파 방문객의 이해를 돕기 위해'•• 만들어졌다. 대영박물관 안에 있는 열람실은 최초로 원형 돔 형식으로 천장을 지은 열람실로, 당시 규정에 따라 연구 목적이 아닌 일반 관람객에게는 개방하지 않았다. 학술 연구라는 숭고한 목적을 위해 열람실에 온 사람들은 이곳에서 관람객들의 방해를 받지 않고 의자에 앉아 책을 읽거나 글을 썼다. 이 열람실이 문을 열던 날 8명이 방문했다고 한다. 박물관 입장권을 얻으려고 일반 관람객들이 발휘해야 했던 인내심은 수장고의 유물 공개를 반대하는 박물관 관리자들의 인내심에 비하면 아무것도 아니었다. 예를 들어, 런던 그레스헴 칼리지에서 수사학을 가르치는 존 워드 교수는 전시된 물품들 대부분이 너무나 진귀한 것들이어서 지위의 높고 낮음이나 교파를 막론하고 평범한 사람들은 감상할 수 없다며 우려를 표명했다. 런던 시민들이 박물관을 엉망으로 만들어 놓을 것이라고 걱정하는 사람들도 많았다.

박물관 직원 몇 사람이 막을 수 없는 사고가 일어날 것이다. 직원들이 관람객들을 통제하려 들면 욕이나 먹을 것이다. 점잖은 상류층 인사들이 박

---

•• 「신탁관리자 법령과 규칙」 1757년 발간

물관에 오지는 않을 것이다. 떼를 지어 밀려드는 시민들에게 질서를 지키라고 요청하는 일은 불가능하다. 일반인들에게 박물관을 공개해야 한다면 이사회에 운영 위원회를 구성하여 블룸즈베리 지역을 관할하는 치안 판사와 경찰관이 책임을 맡도록 해야 한다.*

워드 교수가 깊은 우려를 나타냈다시피 박물관은 살아 있는 것이다. 유물들이 잘 보전되어 있어야 호기심 많은 사람들이 박물관을 찾는다. 대영박물관은 개관 초기부터 고대 그리스 식의 박물관 개념은 고려하지도 않았다. 뮤지엄museum이란 명칭은 그리스어에서 유래한 것으로, 뮤즈의 신the Muses들에게 경의를 표하는 장소이자 최고 수준의 문화적 목표와 업적을 보여주는 장소란 의미다. 그리하여 박물관을 전시물들이 아닌 인간의 정신적 역량에 경의를 표하는 장소로 여겼다. 알렉산드리아 도서관에서는 학식이 깊은 사람들은 포르티코(큰 건물 입구에 여러 개의 기둥들로 지붕을 바치고 한쪽 편은 개방되어 있는 건축물 – 옮긴이) 양식의 텅 빈 도서관에 들어가는 것만으로도 돈을 받았다. 오늘날 유명인사의 '홍보대사'와 같은 역할이었다. 그러다 도서관과 대학이 생겼으며 사람들의 호기심을 불러일으키는 다양한 수단이 생겼다. 그러면서 역사적인 유물들이나 상징성이 있는 유물들은 박물관 전시실의 유리벽 너머에 보존되었다. 그리하여 박물관은 새로운 역할을 맡게 된다. 박물관은 시간의 흐름을 상징적으로 알려주는 공간으로 시간의 흐름과 시간의 발

---

* 에드워드 J. 밀러가 쓴 『대영박물관 역사』에서 인용(1974년 런던 발행)

자취, 역사적 사건들을 보여준다. 박물관은 어떤 형태로든 역사를 연대순으로 보여주는 역할을 하는 바, 역사적 사건들을 순서대로 나열하여 설명해준다. 특히 블룸즈버리의 대영박물관은 매우 엄격하게 시간순으로 유물들을 전시하고 있다.

1759년, 대영박물관 개관과 운영을 목적으로 조직된 위원회는 지금의 버킹엄 궁전인 버킹엄 하우스를 첫 번째 후보지로 고려했다. 그런데 영국 정부가 부담해야 하는 버킹엄 하우스의 매입 가격이 3만 파운드로, 블룸즈버리의 몬태규 하우스보다 3배가량 비쌌기 때문에 버킹엄 하우스는 후보지에서 제외되었다. 그리하여 그레이트러셀 스트리트에 위치한 17세기 건물인 몬태규 하우스의 갤러리와 서재에서 첫 번째 전시가 열렸다(다분히 실험성이 강한 전시회였다). 그 이후로 지금까지도 몬태규 하우스가 대영박물관으로 쓰이고 있다. 당시의 전시품들은 노팅힐의 재래시장인 포토벨로 마켓Portobello Market에 비해 정리가 약간 더 잘 되어 있는 수준이었다. 거기에서는 인간 정신의 발전 또는 모험심의 발전을 느낄 수 없을 뿐만 아니라 세계에서 영국이 차지하는 어떤 위상도 찾아볼 수 없었다.

하지만 대영박물관 100주년을 기념하여 1860년에 발간된 카탈로그에서는 전시품이 많아졌다는 사실과 더불어 대영박물관의 비전을 엿볼 수 있다. 단순히 유물들을 수집하는 차원을 넘어 전시의 목적과 체계성이 생긴 것이다. 그 가운데는 바람직하지 않은 약탈 행위와 광분한 대영제국의 실상을 보여준다는 목적도 포함되었다. 전쟁이 끝난 후 전리품을 주워 담아 오거나 유물들을 훔쳐 온 역사를 영국인들 스스로 밝히는 일이다. 그리고 지금은 폭넓은 연구를 통해 단순히 신기한 물건들을 모아 놓은 방이 아닌 지향성이 있는 연대기와 역사를 보여주는 공간이 되었다(이 카탈로그엔 자연사박물관의 필요성이 언급되어 있다. 그리고 30년 후 자연사 박물관이 대영박물관에서 분리되어 독립했다. 로제타스톤과 엘긴 마블을 비롯해서 말벌집과 도도 두개골, 달팽이 껍질, 엘크 화석, 이구아노돈 화석, 박제 플라밍고, 공작새, 멸종된 유대목 동물 등이 초창기 대영박물관의 전시실을 채우고 있었다). 대영박물관은 이미 적자생존 원리를 포함한 찰스 다윈의 진화론을 염두에 두고 있었던 것 같다. 다윈의 『종의 기원』과 알프레드 월리스의 저서는 1850년대 후반에야 출간되었다. 뒤늦게 알려지기로는 대영박물관에 새로 마련된 전시실들은 비록 고대 그리스의 미의 이상을 보여주는 작품들로 퀴퀴한 냄새가 풍겼지만 이미 진화생물학과 보조를 맞추고 있었다고 한다. 물론 대영박물관 관계자들이 진화론에 대해 구체적으로 생각하거나 알고 있지는 못했다. 19세기 중반에 이르러서야 박물관을 찾는 현대인들이 가장 열망하던 것, 즉 '이야기'가 실현된다.*

　박물관에서 시간 순으로 유물을 배치하는 일은 큐레이터들의 몫이다. 1851년 대영박물관의 고미술품 담당자가 된 어거스트 월러스턴 프랭크Augustus Wollaston Franks는 도자기 유물과 유리 유물 등 다양한 분야로 컬렉션을 확대하여 고미술 전문가로 명성을 얻었다. 프랭크는 컬렉

---

* 박물관이 처음 개관했을 당시나 지금이나 이야기를 듣는 게 중요하다. 박물관에 온 사람들은 투탕카멘의 황금관만 보고 가려고 오랜 시간 줄을 서서 기다리는 것이 아니다. 관람객들은 투탕카멘 무덤 발굴 당시의 이야기를 듣고 싶어 한다. 도예가 그레이슨 페리Grayson Perry도 마찬가지다. 이 아티스트의 기이한 면과 예측 불가능한 큐레이션 자체가 이야기다.

터라는 직업은 치유하기 힘든 고통을 안겨주는 동시에 행복을 준다고 생각했다. 그리고 그러한 기질을 가진 프랭크 덕분에 경매장으로 흘러 들어갈 뻔한 영국의 주요 고대 유물들이 대영박물관으로 들어왔다(프랭크는 사재 5만 파운드를 들여 '왕의 금성배Royal Gold Cup'를 매입, 대영박물관에 기증함으로써 자신의 명분에 헌신하고 있음을 입증했다. 몇 년 후, 프랭크가 사들인 왕의 금성배가 대단한 유물임을 확인한 대영박물관 측은 그에게 5만 파운드를 지불했다).

하지만 이보다 더 큰 그의 업적은 컬렉터 헨리 크리스티와 교분을 쌓아 그로부터 2만 점이 넘는 유물을 기증받은 일이다. 은행업과 공장 운영으로 큰돈을 모은 크리스티는 인류학과 고생물학 그리고 인류 진화론에 남다른 열정을 가진 인물이었다. 1850년대 초반 스톡홀름과 코펜하겐의 박물관에 두 차례 다녀온 크리스티는 크게 깨달은 바가 있었다. 즉, 여기저기 분산되어 있는 유물들을 한 곳에 모아 인류의 문화의 발달 과정을 보여주는 방법을 찾아야겠다는 생각을 한 것이다. 대영박물관 측은 현재 박물관 1층에 어거스트 월러스턴 프랭크와 헨리 크리스티 두 사람이 기증한 유물들을 별도의 전시실을 마련하여 전시하고 있다. 두 사람은 영국의 다른 박물관들에도 큰 영향을 주었다. 대영박물관의 안내판에 보면 프랭크의 지휘 하에 크리스티의 컬렉션이 체계적으로 분류되어 정리되었다고 쓰여 있다. 그리고 유물들의 출처별로 '멀리 다른 나라에서 영국으로 온 유물들은 유사 문명권별로 분류되었다.'고 적혀 있다. 연대순으로 나열만 해두는 것은 주입식 교육과 다를 바가 없다. 상호 연관성을 알아야 진정한 지식이 되는 것이다.

시간이 흐르면서 박물관의 모습도 바뀌었다. 대영박물관에서 문서 보관 담당자이자 관리자로 수년간 근무했던 전기 작가 에드워드 존 밀러는 너무나도 많은 박물관들이 예술성이 부족한 시대를 대변한다고 언급했다. 대작을 들여놓을 능력이 없는 박물관들은 임시방편으로 활력이 넘치는 시대의 유물들로 먼지투성이 전시실을 채웠다고 강조했다. 1931년에 『대영박물관의 낭만』을 쓴 전기 작가 W. H. 볼턴은 '박물관에 가는 것을 비 오는 날 시간을 보내는 여러 가지 재미없는 방법 중에서도 가장 재미없는 일이라고 여기던 시절이 있었다. 많은 런던 시민들에게 박물관에 가는 일은 박물관에 전시된 미라만큼이나 건조한 일이었다.'라고 언급했다.

하지만 변하지 않는 한 가지가 있다. 대영박물관은 지금도 여전히 다른 어느 박물관보다 더 충실하게 역사적 주요 유물들을 지키고 보존하는 역할을 수행한다. 그리고 다른 박물관이나 미술 갤러리 들과 마찬가지로 대영박물관도 소장품들의 제작 시기와 해당 문명, 법적인 소유권 등을 분명히 표기한다. 호박 속의 화석들은 현재 사람의 손이 닿지 않는 두터운 유리판 뒤에 보존되어 있다. 하지만 이제 누구든 들어가서 마음껏 볼 수 있는 공간이 되었다. 한때 오만하고 폐쇄적으로 운영되던 대영박물관은 더 이상 우매한 군중들이 몰려와 박물관을 파괴하지 않을까 걱정하지 않는다. 포르티코와 회색 기둥을 넘어, 고대 그리스 시대의 건축물 외관을 재현한 웅장함을 넘어, 학생들이 모여 앉아 점심 식사를 즐기는 그레이트홀이자, 더 나아가 대영박물관은 보물급 유물들을 수집하고 분류, 보존하는 작업에 그치지 않고 물리적인 형태로 시간을 추적하는 프랭크와 크리스티 시대의 전통을 오늘까지도 지켜 오고 있다.

대영박물관은 최고 수준의 컬렉션을 갖추게 된 방법에 관한 스터디 가이드도 공개하고 있다. 38번 전시실과 39번 전시실엔 휴대용 시계와 벽걸이 시계가 상설 전시되어 있다. 초창기 탑시계와 기계식 수제 진동 추도 볼 수 있으며 잉거솔Ingersoll이 1950년대에 만든 희귀한 회중시계 댄 데어Dan Dare에서부터 1970년대에 제작된 전동식 부로바Bulova의 아큐트론Accutron도 전시되어 있다. 애플워치도 언젠가는 이곳에 한 자리 차지할 것이다. 다른 전시실에 가면 먼 옛날의 인류가 만든 시간을 알려주는 유물들이 있다. 그중 하나가 약 1만 3,500년 전, 매머드 상아로 만든 조각품이다. 이 유물은 대영박물관의 역사에 관한 기본 인식을 보여주는 걸작이다. '인류는 먼 옛날부터 가까운 미래 그리고 약간 먼 미래를 예측하여 생존을 유지하는 방법을 알았다.' 예를 들면, 고대 동물들의 계절 이동 패턴을 보여주는 유물이 있다. 프랑스의 몽테스트뤽 동굴에서 발굴한 매머드 상아 조각품은 가을에 순록 2마리가 물을 건너 이동하는 모습을 조각한 것이다. 앞서서 헤엄을 치는 순록은 가을철 털가죽의 모습까지 상세하게 조각했다. 당시 사람들에겐 이 계절이 순록을 사냥하기 가장 좋은 계절이다. 순록들이 통통하게 살이 쪄 있고 물을 헤엄쳐 이동하다 보니 사냥하기도 수월했다. 12.4센티미터 길이의 이 조각품은 나무로 만든 창의 끝부분이었을 것이다. 그리고 이 창을 순록 사냥에 이용했을 것이다.

두 번째 전시품으로 98센티미터 길이에 나무와 연옥에 정교하게 조각한 와카파파Whakapapa 막대기가 있다. 이 물건은 뉴질랜드의 마오리족이 그들의 족보를 기록한 막대기로 18개의 눈금이 있다. 즉, 이 막대기를 소유한 마오리족 사람의 선조 18명을 의미하며, 태고의 시대 그리고 이들이 믿는 신과의 연결됨을 의미했다. 게다가 이 유물은 피할 길 없는 죽음을 손으로 직접 만져 느낄 수 있는 상징물이다. 영국 식민지 시대의 타임라인은 마오리족의 타임라인을 지우고 말았다. 마오리족의 족보 막대기는 19세기의 유럽 자연주의자들이 소중하게 여긴 기념물이 되었다. 물질적 욕망을 없애는 데 안성맞춤인 물건이었다.

세 번째 물건은 어느 부족의 영적인 의미를 담은 조각 작품으로 오랜 세월 동안 사용되던 것으로 추정된다. 대영박물관이 소장한 것은 나무로 만든 쌍두견 코조Kozo다. 이것은 아프리카 콩고민주공화국의 전통 은키시Nkisi 조각상으로 샤먼의 소장품이었다. 당시 샤먼들은 어떤 실수를 저지른 부족민이 실수를 바로잡아 달라거나 병을 치료해 달라고 하면 요청을 들어주어야 했으며 은키시 조각상에 뾰족한 못이나 날카로운 칼날 등을 박음으로써 강한 힘을 발휘할 수 있다고 믿었다. 오랜 시간에 걸쳐 강력한 기운을 발산했을 것이며 마치 고슴도치 모양으로 날카로운 칼과 못이 가득 박혀 있던 조각상이다.

네 번째 물건은 베드포드 경의 기도서다. 대영박물관에 들어온 고서들 중에서 가장 화려하게 채색된 책이다(지금은 영국도서관에 소장되어 있다). 기독교인들이 예배 시간에 사용하던 일력 형식의 기도서로 삽화와 기도문이 들어있다. 1410년과 1430년 사이에 파리에서 만든 것으로 헨리 6세가 옥좌에 오르기 전 젊은 시절에 소장했다. 성경 속의 내용을 담은 38개의 삽화에는 성모 마리아와 아기 예수의 고통이 묘사되어 있다 (수태고지와 동방 박사의 경배 모습도 그려져 있다). 새벽부터 해질녘까지 새벽부터 해질녘까지 하루 8번의 가톨릭 교회 예배 시간도 표기되어 있다. 즉, 마틴스Matins(해뜨기 전), 라우데스Lauds(해 뜰 때), 프리메Prime(오전 6시), 떼르체Terce(오전 9시), 섹스트Sext(정오), 논네스Nones(오후 3시), 베스퍼스Vespers(해 질 때) 그리고 콤프리네Compline(보통 베스퍼스 직후)다. 벨벳으로 꾸민 멋진 외양의 이 기도서는 한때 베드포드 공작 소유였다. 공작은 부르고뉴의 앤과의 결혼을 기념하기 위해 이 기도서에 결혼 서약 내용을 넣고 가문의 문장을 그려 넣었다. 기도서는 유럽의 부유한 가문에게는 필수품으로, 하루 일과를 위해 신이 정해 준 안내서이자 인생의 반려 같은 존재였다.

다섯 번째와 여섯 번째 소장품은 두 장의 15세기 석고 패널로 시간의 끝을 알려주는 물건이다. 부조는 묵시록의 두 장면을 보여준다. 그중 하나는 사람들이 인사불성이 되어 집에서 뛰쳐나오는 장면이다. 다른 그림은 살아 있는 생물들이 남김없이 죽음을 맞는 모습을 담았다. 최후의 심판과 인류의 죽음은 이 책의 마지막 부분에 담기에 적합한 내용일 것 같다. 최근 21세기형 지옥의 묵시록이 이 세상에서 가장 잔인한 테러 집단에 의해 저질러졌다. 고대 도시들을 마구 짓밟고 인류의 문화유산을 파괴하는 행위는 시간을 파괴하는 것이다. 지금 박물관의 미래가 심각한 위기에 직면해 있다. 특히 디지털 시대를 사는 사람들의 호기심은 다른 곳으로 향해 있다. 하지만 여전히 수많은 관람객이 대영박물관을 찾고 있음을 생각해 본다면 아직 박물관이 쇠락하는 조짐은 보이지 않는다. 우리들은 질서 있는 타임라인에 기반한 과거를 바란다. 유리 진열장 속에 전시된 호박 화석은 과거와 미래가 결합된 것이며 동화 속 이야기처럼 낭만적이고 반향이 있다.

## 지구종말시계

/

옛날에도 한밤중에 끔찍한 사건이 일어나곤 했다. 타고 가던 마차가 갑자기 멈추어 서는 것이다. 요즘도 그런 일이 생기는 건 굴욕적이긴 해도 그다지 나쁜 일이라고 여기지는 않는다. 오늘날 한밤중에 벌어질 수 있는 가장 끔찍한 사태는 인류의 종말이다.

1947년 6월, 월간 뉴스레터 《미국 핵과학자 회보》에는 핵을 만든 과학자들이 핵의 희생자가 되었다는 기사가 실렸다. 또한 전후 국제 정세와 관련하여 가장 큰 논쟁은 누가 핵무기를 책임지고 관리하느냐에 집중되었다. 이 회보는 원자과학자 비상위원회Emergency Committee of Atomic Scientists 의장이었던 알베르트 아인슈타인의 지지를 받았으며 편집위원에는 맨해튼 프로젝트와 전쟁기간 동안 핵 연구에 참여했던 인사들이 대거 포함되어 있다. 핵과학자 한 사람은 이런 말을 남겼다. "핵폭탄을 만든 과학자들이 핵으로부터 세상을 보호할 것이란 희망을 갖지 마십시오."

하지만 《미국 핵과학자 회보》 편집위원들이 당면한 딜레마는 핵 폐지 문제 말고도 더 있었다. 이들은 회보 커버를 어떻게 꾸며야 할지 고심했다. 《미국 핵과학자 회보》는 1945년 12월 시카고에서 6쪽짜리 회보를 발간하면서 시작되었다. 그리고 18개월 후 버트란트 러셀 경의 기고문과 방사능 측정 기계 광고를 실은 36쪽 분량의 잡지 형태로 확대되었다(광고 문구는 '방사능 측정 장비는 정확성과 안정성이 가장 중요합니다.'였다). 1947년 6월호에서 처음으로 전문가가 표지를 디자인했다(이전에는 텍스트만으로 회보를 구성했었다). 잡지의 이미지를 구성하는 문제를 놓고 편집위원들 사이에 논의가 벌어졌다. 우라늄의 화학 기호인 알파벳 U를 크게 쓰자고 제안한 위원도 있었으나 디자이너로 물리학자 알렉산더 랭스도르프와 결혼한 마틸 랭스도르프Martyl Langsdorf가 좀더 설득력이 강한 것으로 하자고 제안했다. 그리고 그녀의 제안이 받아들여져 그 후에 발간된《미국 핵과학자 회보》의 표지에는 커다란 시곗바늘 그림을 배경으로 기사 제목들이 실렸다. 시곗바늘을 매우 크게 그렸으며 45분부터 0시까지만 표시했다. 검정색으로 그린 시침은 0시에 가 있고, 왼편에 하얀색으로 그린 분침이 0시를 향해 가고 있는 모습이다. 상당히 불길하면서 영속적이고 영원한 이미지다.

지구종말시계가 처음 실린 회보에는 지구 파괴 7분 전이었다. 이 시계가 보여주는 상징성이 매우 강하여 구체적인 설명이 필요 없었다. 시침과 분침이 겹쳐지는 순간 어마어마하게 무서운 일이 벌어지는 것이다. 이 시계가 처음 등장한 회보의 내용은 끔찍한 사태를 막기 위한 방법을 다룬 기사가 실렸다. '원자폭탄에 대해 고민하는 미국 육군성', '히로시마 원자폭탄 희생자 위원회와 함께' 등이었다. 첫 기사는 이렇게 시작된다. '우리가 핵에너지를 제대로 다루지 못하는 것은 생각이 혼란스럽기 때문이며 또한 무지와 편견, 당파적인 사리 추구, 이상만 높고 실천이 따르지 못하는 정책 탓이다.' 시계 디자인만큼이나 날카로운 메시지를 전달하는 기사였다.

그렇다면 이 시곗바늘의 위치를 누가 어떻게 결정했을까? 처음엔 다분히 임의적이고 주관적인 감각에 따라 결정을 내렸다. 12시 7분 전을 선택한 사람은 마틸 랭스도르프로 그녀는 "내가 보기에 좋았다."고 설명했다(마치 시곗바늘을 10시 10분에 맞추어 놓으니 시계가 웃는 모습으로 보인다는 시계회사의 설명을 듣는 듯하다). 그러다 생물리학자 유진 라비노비치가 편집 책임을 맡게 되었고 1949년 구소련이 첫 핵실험을 단행하자 라비노비치는 시곗바늘을 12시 3분 전으로 밀었다.

1973년 라비노비치가 세상을 뜨자 시간 맞추는 일이 과학 안보 위원회로 넘어갔다.《미국 핵과학자 회보》수석 자문 위원인 케네트 베네딕트에 따르면 과학 안보 위원회 위원들은 1년에 두 번씩 모여 세계정세를 논의했으며 다른 분야 전문가들의 다양한 의견을 들었고 16명의 노벨상 수상자들이 포함된 자문 위원회의 의견을 청취했다. 이처럼 많은 사람들의 의견이 반영되어 여러차례 중대 결정을 하게 된다. 1953년 이 시계의 바늘이 12시 2분 전을 가리킨 적이 있다. 미국과 구소련이 각각 6개월 내에 생산이 가능한 수소 폭탄 실험을 실시한 해였다. 1972년은 긴장감이 풀리면서 숨 돌릴 여유가 생긴 해였다. 양국 간에 전략무기제한협정 Strategic Arms Limitation Talks 과 ABM anti-ballistic missile (탄도요격미사일) 협정 등이 맺어지며 시곗바늘은 12시 12분 전을 가리키게 되었다. 그러다 1998년에 이르러 다시 12시 9분 전에 맞추어졌다. 인도와 파키스탄이 3주 간격으로 핵실험을 했기 때문이다. 러시아와 미국은 15분 안에 상대국을 향해 발사할 수 있는 총 7,000발의 핵탄두를 보유하고 있는 것으로 전해졌다.

케네트 베네딕트는 '《미국 핵과학자 회보》를 질병을 진단하는 의사 같은 존재'라고 언급했다. "의사들이 실험실 테스트 자료와 엑스레이 사진를 보듯이 우리도 데이터를 점검합니다……. 우리도 가능한 한 여러 가지 징후와 수치 그리고 세계정세를 고려해서 판단을 내립니다. 각국의 지도자들과 국민들이 조치를 취하지 않을 경우 벌어질 사태를 함축적으로 보여주는 것이지요."

2016년에 이르러 21가지 사건들로 인해 시곗바늘의 위치가 바뀌었다. 세계적인 핵무기 감축도 고려했으나 여전히 핵무기의 위협이 누그러지지 않고 있다. 2015년 북한이 핵실험을 감행했다는 소식이 전해지자 일반인들은 물론이고 《미국 핵과학자 회보》 위원회도 긴장했다. 하지만 강대국들 간의 역학 관계와 테러의 위협, 종교적 극단주의자들의 위협도 주요 고려 사항이다. 또한 기근이나 가뭄, 해수면 상승 등 전지구적 문제들도 고려해야 한다(2016년의 첫 회보에는 중동지역의 핵 원자로 판매 문제가 기사로 실렸으며 인도와 방글라데시의 기후 변화와 첨단 기술의 연관성에 대한 내용도 다루었다).

'지구종말시계Doomsday Clock'가 정치적 목적으로 만든 유언비어를 퍼뜨리는 기계라는 비난에 대해 케네트 베네딕트는 이 시계의 분침은 자정을 향해 가기도 하지만 역방향으로 가는 경우도 있다고 강조했다. 또한 미국에서 공화당이 정권을 잡을 때나 민주당이 정권을 잡을 때나 다르지 않다고 주장했다. 1991년 미국의 부시 대통령이 구소련과 전략 무기 감축 협정에 합의할 당시엔 시곗바늘이 자정에서 17분이나 멀어졌었다. 그러나 지구종말시계의 시간에 대한 우리의 대응 방안은 명확하지 않다. 시계 분침이 자정을 향해 가면 어딘가에 숨어 있다가 다시 뒤로 돌아오면 나와서 안도해야 하나? 핵에 대해 지나치게 걱정이 많은 사람들이 가끔씩은 집에서 나와 산책을 하도록 돕는 홍보용 잡지에 지나지 않는가? 주요 정책 결정이 이 시계에 영향을 받는가? 어쨌든 이 시계는 생과 사의 문제를 논하는 근거가 되었다. 이 시계가 없었다면 너무 중요하고 무거운 이슈인 핵 문제를 함부로 다룰 수 없었을지도 모른다.

케네트 베네딕트는 이런 질문을 자주 받는다고 한다. "지구종말시계는 어디에 가면 볼 수 있나요?" 물론 《미국 핵과학자 회보》에 글을 쓰는 사람들 또는 위원회가 지구종말시계를 보여줄 거라고 기대하지 않는다. 베네딕트는 그런 질문을 하는 사람들에게 진짜 시계가 아니어서 태엽을 감을 수도 없으며 날짜가 바뀌지도 않는다고 대답한다. 그런데 그렇게 답변해 주어도 사람들이 이해하지 못하는 모습을 자주 본다고 한다. 그래서 2016년 1월 워싱턴DC의 내셔널프레스클럽에서 열린 종말 시간을 발표하는 기자회견에서 그 모습이 형식적으로나마 공개되었다. 이 자리에는 4명의 저명한 과학자들과 2명의 전직 국무장관이 참석했다. 지구종말시계를 공개하기에 앞서 《미국 핵과학자 회보》 발행인 레이첼 브론슨Rachel Bronson은 지구종말시계의 시간이 워싱턴DC와 캘리포니아 스탠퍼드 대학에서 동시에 공개된다고 발표했다. 그리고 참석한 지식인들이 푸른색 가리개를 걷어내어 지구종말시계의 시간을 공개하는 행사가 진행되었다. 레이첼 브론슨이 "시간을 공개합시다!"라고 말하자 마치 밀랍 인형 박물관 마담 투소Madame Tussauds의 새 밀랍 인형 공개 순간처럼 기자들이 우르르 모여들었다. 그리고 참석 인사들이 이젤 위에 올려져 있는 지구종말시계의 가리개를 걷어냈다. 지구종말시계의 시간은 12시 3분 전으로, 변화가 없었다. 기자들의 카메라 셔터 소리가 요란하게 장내에 퍼졌다. 참석 인사들 가운데 웃는 사람은 없었다.

진짜 시계건 아니건 그리고 시계가 멈추어 있든 아니든 상관없이 인류의 종말에 대한 메타포로 이보다 더 효과적인 게 있을까? 지구종말시계는 시곗바늘이 종말을 향해 째깍거리듯이 인류에게 다가올 가능성이 있는 온갖 재난들을 내포하고 있다. 그래서 이 시계는 마케팅이나 뉴스 보도의 목적만으로 만들었다 해도 충분한 가치가 있다. 볼 만한 게 없는 곳에 볼 게 있는 법이다. 2016년 1월 26일 기자회견에서는 지금처럼 위기를 어렴풋하게나마 느끼는 상태에서 완전히 망각하는 상태에 이르는 시간은 달걀을 삶는 데 걸리는 시간보다 짧다는 언급이 있었다. 기자회견 이후 지구의 운명을 다룬 이 시계에 대한 내용이 트위터를 통해 전파되었다. 그것이 현대인의 운명이다. 당신은 살 날이 3분 남은 것이다. 그리고 당신은 그 3분 가운데 일부 시간을 트윗을 하면서 보내고 있다.

지구종말시계가 주는 파멸이라는 상징성은 우리들로 하여금 시계를 중요하게 여기고 동시에 두려워하라고 경고한다. 현대인은 시계 없이 아무것도 하지 못한다. 우리가 이용하는 온갖 의사소통 수단과 내비게이션 시스템들은 시계에 기반을 두고 있다. 금융 거래 수단도 마찬가지고 인간의 온갖 행동들도 대부분 시계에 의지한다. 시계를 보지 않고 살 수 있는 대안은 동굴 속에 들어앉아 아침 해가 뜨기를 기다리는 방법뿐이다.

우리들 개인의 종말 시나리오는 핵무기로 인한 종말 시나리오보다 훨씬 더 현실적이다. 시간이 흐르면서 겁을 먹고 차츰 약해지면서 종말로 향하는 게 우리 인간들이다. 시간은 우리의 삶을 통제하며 시간을 지키면서 사는 것이 거의 불가능함을 알게 한다. 더 심할 수도 있다. 시간을 지키면 지킬수록 다른 것에 고통이 따른다. 우리들은 영원히 희생을 감내하고 타협하며 산다. 가족과 함께할 시간이 많지도 않고, 그렇다고 일할 시간이나 아니면 요즘 사람들이 점점 더 중요하다고 여기는 일, 즉 아무것도 하지 않고 노는 시간도 많지 않다.

이것이 말도 안 되는 상황임을 우리는 잘 알고 있다. 이런 생활에 만족하지도 않는다. 시간 엄수를 갈망하면서 마감일에 치를 떤다. 섣달그믐에 새해가 몇 초 남았는지까지 세면서 이후 시간은 쉽게 날려버린다. 비행기에 일찍 올라서 다른 사람들이 다 타기를 기다리고, 착륙한 후엔 남들보다 먼저 내리는 '우선 탑승' 서비스를 받기 위해 비용을 지불한다. 과거엔 천천히 생각한 뒤에 답장을 보낼 수 있었지만 요즘의 온라인 메신저는 생각할 겨를도 없이 상대방에게 제꺽 대꾸해야 한다. 지상 낙원 같은 해변에서 파도를 바라보거나 느긋하게 책을 읽으려 해도 이메일이 훼방을 놓는다. 콘택트리스 카드(신용카드 등에 스마트칩이 내장되어 단말기 근처에 카드를 가져가면 결제가 진행됨)가 있는데 왜 충전식 오이스터 카드(한국의 티머니 같은 런던의 교통카드)를 쓰는가? 애플페이가 있는데 왜 콘택트리스 카드를 들고 다니는가? 크리스마스에 일을 안 올 거면 박싱데이(크리스마스 다음날인 12월 26일)에도 올 필요 없어요. 물건을 내일까지 받으려면 앞으로 1시간 27분 안에 구매를 완료하십시오. 스피드 데이트로 2시간 동안 15명의 이성과 멋진 만남을 가질 수 있습니다! 인터넷에서 '시간 관리'를 검색하면 0.47초 만에 3,830만 개가 넘는 결과를 보여준다. 광대역 인터넷으로 200Mbps의 초스피드를 즐길 수 있다. 킨들에서 이 책을 모두 읽기까지 대략 7시간 43분이 소요됩니다.

애플의 '아이타임 iTime'이라는 기술이 공장에서 만든 시계를 대체했다. 이젠 기술과 분리해서 시간을 체험하기 불가능한 세상이 되었다. 시간과 관련하여 아무런 희망이 없는 느낌을 '정신없이 바쁘게 움직이지만 멈춰 있는 상태'라고 표현할 수 있겠다. 나는 이 표현을 언젠가 우연히 듣게 되었으며 이 책의 서두에서 비유해서 소개한 이집트 어부의 이야기와 잘 어울린다고 생각한다. 또한 독일의 사회학자 하르트무트 로자 Hartmut Rosa의 저서 『가속: 현대사회 시간구조의 변화』의 내용과도 연결된다. 로자는 이 책에서 우리가 비극적인 정체停滯 시대에 살고 있다고 강조했다. 그리고 그런 상황은 빠르게 진행되는 기술 팽창과 우리가 갈망하는 목적을 이룰 수 없다는 풍조가 충돌한 데서 비롯되었다고 설명했다. 앞서려고 발버둥칠수록 목적을 이룰 가능성은 줄어든다. 스마트폰 어플리케이션이나 컴퓨터 프로그램을 많이 다운로드해서 사용할수록, 그리고 우리의 삶을 질서 있게 만들려고 애를 쓸수록 점점 더 소리를 지르고 싶어진다. 이집트 어부의 생각이 옳다. '멈춰 서기 위해 뛰어가네 running to stand still'라고 노래한 보노 Bono의 생각도 옳았다.

하지만 긍정적으로 생각해 보면 '정신없이 바쁘게 움직이지만 멈추어 있는 상태'가 전혀 새로운 현상은 아니다. 1950년대부터 쓰인 '햄스터 쳇바퀴 위의 삶'이라는 말이 있다. 1970년대엔 '러닝머신 위를 달린다.'라는 말이 생겼다. 더 먼 시절까지 추적해 보면, 1920년 2월, 아인슈타인은 친구 루드비히 호프에게 보낸 편지에 이렇게 적었다. '여기저기서 초대를 해오고 질문 공세를 하는 바람에 내가 몸살이 날 지경이네. 밤이면 지옥에서 내 몸이 불타는 악몽을 꾼다네. 집배원도 악마 같은 놈이야. 내게 온 편지들을 던져주면서 고래고래 내 이름을 부른다네. 난 지난번에 받은 편지들도 아직 답장을 쓰지 못했어.'

더 멀리 올라가 보자. 1825년, 괴테는 작곡가 칼 프리드리히 첼터에게 보낸 편지에 이렇게 썼다. '요즘 세상은 모든 게 다 너무 빨라졌네. 젊은이들은 시간의 소용돌이에 빠져든 것 같아. 세상 사람들은 돈과 스피드를 최고로 여기고 그걸 얻기 위해 애를 쓴다네. 문명화된 세상은 온갖 종류의 의사소통 수단을 원하고 있지.'

안타깝게도 가속도를 내는 온갖 것들이 좋은 효과만 주지는 못하고 있다. 로자는 자신이 저서에서 최악의 시나리오, 즉 마지막 단계를 가정했다. 그는 이를 '억제하지 못하고 깊은 구렁으로 빨려 들어가다'라고 설명한다. 시간에 의한 죽음을 의미한다. 이는 활발한 움직임과 그렇지 못한 상태가 서로 균형을 잡지 못하기 때문이다. 로자는 '깊은 구렁은 생태계의 파괴 또는 사회적 질서의 붕괴 현상으로 구체화될 것이다. 핵으로 인한 재앙 또는 환경 재앙도 가능하다. 그리하여 신종 질병이 빠른 속도로 퍼질 것이며 새로운 형태의 정치 붕괴 현상이 일어나고 통제 불능의 폭력사태도 일어난다. 특히 가속화와 성장 과정에서 소외된 대중이 가속된 사회에 항거하는 곳에서 그런 사태가 일어날 가능성이 크다.'고 강조했다.

시간의 붕괴 그리고 우리들이 만든 블랙홀이 언제 시작될지 알 수 있을까? 현대성과 진보를 이루기 위한 인류의 탐구가 몇 개월 또는 몇 년 내에 아니면 수백억 년이 흐른 뒤에 허무하게 종말을 맞을 것인가? 하지만 이런 시나리오에는 정해진 일정이 없다. 게다가 애석하게도 우린 이미 대혼란의 소용돌이 속에 들어와 허우적거리고 있다. 그런 고통은 당하는 건 서구 사회만이 아니다. 환경보호의 입장으로 본다면 시간은 이미 끔찍한 결론에 도달해 있다. 실제로 이슬람국가ISIS가 이라크와 시리아의 유물들을 파괴하고 있다. 시간의 기록이 파괴된 것이다. 참혹한 죽음을 맞이할 벼랑 끝은 아니지만, 이미 소설의 결말 부분, 역사의 종말 언저리에 도달한 것 같다. 사회적 문화적 정치적 운동에는 하나같이 '후기post'라는 접두사가 붙는다. '후기후기 post-post'를 붙이지는 않는다. 역설적이게도 결국 '후기후기 post-post'를 붙인 것은 '모더니즘modernism'과 '아이러니 irony'다. 가속화가 냉소주의라는 재앙을 불러온 것이다.

하르트무트 로자의 독일어 저서는 정치철학자 조너선 트레조-매시스Jonathan Trejo-Mathys가 영어로 번역했다. 그는 2014년 서른다섯의 젊은 나이에 암으로 세상을 떠났다. 트레조-매시스는 번역가로서는 이례적으로 장문의 서문을 직접 썼다. 이 서문에서 그는 기존의 온화하고 수동적이던 시간이 그 자체로 돈에 눈이 먼 인간처럼 악의에 차 있는 듯한 최근의 사건을 살피고 있다.

그 첫 번째 사건은 2008년의 금융 위기로 촉발되었다. 누구나 알고 있듯이 당시의 위기는 시장이 급격하게 팽창하면서 과열된 데다 규제가 미흡해서 일어난 일이지만, 순식간에 회복되어 다음해인 2009년에는 수익을 내는 사람들이 나타났고 주식 거래량도 엄청나게 늘었다. 전례가 없을 정도로 빨리 돈을 버는 새로운 방법, 즉 초단타매매high-frequency trading가 있었기 때문이다.

벤자민 프랭클린의 '시간이 돈이다'라는 말에 이보다 더 적절한 사례는 없을 것이다. 2010년 5월 6일 오후 2시 40분경, 초단타매매가 외부 세계에 알려지게 되는 사건이 터진다. 미국 증시에서 몇 분 사이에 약 1조 달러가 증발한 것이다. 다우존스공업지수가 불과 7분 만에 700포인트 폭락했으며, 바로 안전장치가 작동되어 추가 폭락 사태를 막았다. 갑작스런 주가 폭락사태인 '플래시 크래시flash crash'는 빠르게 진정되었고 주식시장은 한 시간 만에 손실금액 대부분을 회복했다. 그리고 4개월 후 거의 비슷한 양상의 증시 폭락이 다시 발생했다. 이번엔 107년의 역사가 있는 공기업 '프로그레스 에너지'(300만 명이 넘는 고객과 1만 1,000명의 임직원을 거느리고 있다)의 주가가 단 몇 초 만에 90퍼센트 폭락했다. 이때는 트레이더 한 명이 키보드를 잘못 눌러 프로그램 매매 알고리즘의 대혼란을 불러일으킨 경우였다. 두 경우 모두 그때까지 수익을 내는 일등공신이었던 초고속 광섬유 인터넷 때문에 벌어진 사건이다.

빛의 속도에 근접한 초스피드로 수십억 달러의 금융 거래가 가능한 컴퓨터의 능력은 어느 날 갑자기 재앙이 닥치기 전까지는 환상적인 것으로 여겨졌다. 가장 이상한 건 골드만삭스의 엘리트 트레이더조차 납득할 만한 해명을 내놓지 못했다는 점이다. 또한 차후 이런 사태가 발생하지 않도록 하기 위한 대책도 제시하지 못했다. 너무 순식간에 일어났기 때문이다. 당시 《뉴욕타임스》는 2010년 5월의 폭락은 캔자스 주의 어느 뮤추얼펀드 회사에서 거래 시간을 잘못 설정해서 일어난 것이라고 보도했다. 하지만 그로부터 5년 후, 런던 히드로 공항 인근의 나무가 무성한 교외 지역에 사는 나빈더 싱 사라오라는 서른여섯 살 남자에게 혐의가 씌어진다. 이 남자는 불법 초단타매매의 일종인 스푸핑spoofing 혐의로 2015년 4월에 하운슬로에서 체포되었다. 그는 거짓으로 매수 주문을 넣은 다음 주문을 취소하여 주가를 조작하는 수법을 쓴 것으로 밝혀졌다. 엄청나게 많은 양의 주문을 초단타로 매도하고 취소하는 방법으로 시세를 교란시켰다는 주장이었다. 이후 수개월 동안 분석을 해본 결과 이 시나리오는 가능성이 희박하다는 결론을 내렸다. 하지만 서방 세계 경제의 취약성을 부모님 집에서 파자마 차림으로 시중에서 판매되는 컴퓨터로 거의 신화에 가까운 거래 주문을 넣은 한 남자에게 전가했다는 사실은 관련 당국이 금융 시장을 완전히 통제하지 못하고 있을지 모른다는 우려를 낳기에 충분한 이유였다(단속기관에서 이 남자를 찾기까지 5년이나 걸렸다는 사실은 가속도가 붙은 세상과 보조를 맞추지 못하고 있음을 보여주는 사례였다. 최악의 무능력을 보인 금융 당국은 얼마 전부터 내부자 거래 여부를 조사 중이다. 정말 괴상한 사건이다). 내가 이 글을 쓰고 있는 지금, 나빈더 사라오는 22건의 주가 조작 혐의로 기소되어 재판을 기다리고 있다.

전직 월스트리트 트레이더로 초단타매매의 위법성을 지적한 마이클 루이스의 저서 『플래시 보이스』를 읽어보면 이들 초단타매매 트레이더들의 시간을 이용한 거래 수법을 알 수 있다. 1초도 안 되는 극히 짧은 시간 차이로 어마어마한 이익이 생기기도 하며 치명적인 손실을 입기도 한다. 이와 관련된 최대 스캔들이라고 할 수 있는 사례가 통신업체 버라이즌과 AT&T에서 발생했다. 두 회사의 데이터 전송 속도가 서로 달라 벌어진 사건이다. 표준 속도로 시카고에서 뉴욕으로 데이터를 전송하는 데 걸리는 시간이 12밀리초인데 한 회사의 전송 시간이 17밀리초 걸린 것이다(밀리초는 1,000분의 1초로, 사람이 눈을 한 번 깜빡이는 속도는 100밀리초, 즉 0.1초다). 그리고 새로운 금융 거래 환경에서 우려할 점은 사람이 거래 상황을 일일이 감시하지 않는다는 점이다(따라서 규제 불가능한 상황이 생긴다). 과거의 트레이더들은 전화 수화기를 입에 대고 소리를 지르거나 손을 흔들어 주문을 넣었다. 하지만 요즘은 컴퓨터에서 1밀리초 사이에 거래가 이루어진다.

그런데 마이클 루이스가 지적했듯이 진짜로 큰돈을 번 트레이더들은 첨단기술의 수면 아래에서 시장을 조작하는 방법을 알고 있다. 이른 바 다크 풀 거래dark pool trading(투자자로부터 장 시작 전에 대량 주문을 받아 매수 또는 매도 주문을 입력한 후, 이를 시장 종료 후 당일 거래량 가중평균가격으로 매매를 체결하는 시스템 – 옮긴이) 방식으로 일반 투자자들의 눈을 피해서 행하는 거래다. 마이클 루이스가 쓴 책에서 어떤 트레이더가 이렇게 말한다. "결국 누가 더 빠르냐로 판가름 나는 거래라고 다들 말했지요. 우리가 더 빨라야 했어요." 하지만 사실 그 반대였다. 큰돈을 번 쪽은 남들보다 더 느리게, 즉 장 종료 후 거래를 했다. 초단타 트레이더들, 심지어 정직한 사람이라도 단타 매매시에는 수익을 위해 공익을 무시하는 경향이 있다. 하지만 이것은 분명히 전체 사회와 관련이 있다.

왜 우리가 주식시장에서 일어나는 사건들까지 관심을 가져야 할까? 증권회사의 투자 안내서나 영화에서 다루어야 할 문제 아닌가? 하지만 우린 관심을 가져야 한다. 그런 문제들이 순식간에 대공황을 일으키는 요인이기 때문이다. 내가 이 글을 쓰고 있는 지금 이 순간, 광섬유케이블을 타고 초당 100페타바이트 이상의 정보가 1킬로미터 떨어진 곳까지 전송된다. 1페타바이트는 1,000테라바이트이며 1테라바이트는 1,000기가바이트이므로 2시간짜리 HD 고해상도 영화 5만 개를 순식간에 다운로드할 수 있는 속도. 이 영화들을 다 보려면 11.4년 이상이 걸린다(일본에서 실험한 것으로 최적의 환경에서 제한된 조건하에서 낼 수 있는 최고 속도. 아직 지역 인터넷 사업자들을 통해 누구나 이용하는 서비스는 아니지만 상용화는 시간문제다). 경제에 미치는 긍정적인 효과라면 소수의 사람들에게 엄청난 부가 창출된다는 점이다. 부정적인 효과는 1920년대 주식시장 붕괴처럼, 잠시 부주의하면 순식간에 소파 밑으로 동전을 떨어뜨려 잃어버린 것 같은 세계적인 금융 위기를 불러온다는 점이다.

그리고 물론 우리 주변의 일상 세계의 문제도 있다. 기후변화, 멸종 위기에 처한 야생동물 문제나 얼음이 녹아내리는 극지방 문제, 바다를 오염시키는 플라스틱 해양 쓰레기 문제 등을 다루는 논의에서 중요 쟁점은 시간이 얼마나 남았느냐다. 그리고 얼마나 빨리 또는 얼마나 늦게 그 문제들을 해결하느냐다.

## 생각이 다른 사람들

/

지질학자, 우주과학자, 생태학자 그리고 박물관 큐레이터 등은 시간을 보는 관점이 매우 독특하다. 이들이 보는 시간은 연대와 시대로 구성된 시간층으로, 임박한 지구 종말의 날을 걱정하는 세상 사람들의 마음을 편안하게 해주는 시간 개념이다. 현대사회가 주는 시간의 압력은 계속 커지고 있지만 지구는 그에 아랑곳 않고 여전히 돌고 있다는 식이다.

하지만 그들이 주는 위안은 믿을 만한 것이 아닐 수도 있다. 그렇다면 우리는 어디에서 위로를 찾아야 하는가? 북극에 사는 이누이트족(에스키모)에게 받아야 할까? 이누이트 원주민들이 쓰는 언어에는 시간에 관련된 낱말이 없다. 1920년대 캐나다 동쪽 북극지방에 살던 어느 원주민 사냥꾼이 쓰던 달력에는 해야 할 일의 우선순위가 적혀 있었다. 선교사나 기독교인 들을 만난 일요일에는 중요 표시를 해 두었다. 하지만 눈에 가장 잘 띄는 달력 가운데 부분에는 커다랗게 순록, 북극곰, 물개, 해마 등 사냥감을 그려 놓았다. 19세기에 유럽인들이 이곳에 그 가치조차 의심쩍은 시계라는 기계를 들여오기 전에는 시간이 계절과 날씨, 태양과 달의 움직임, 동물들의 이동 패턴에 의해 결정되었다. 마치 기원전 영국인들의 생활상을 보는 듯하다. 이누이트인들은 새들이 둥지를 짓거나 빙하가 녹아 깨지는 모습처럼 눈앞에 벌어지는 일들을 보며 각 달의 이름을 지었다. 이누이트인들은 밤이 계속되는 겨울철에는 이글루 밖으로 나와서 활동하는 시간이나 개에게 먹이를 주는 시간, 음식을 만들기 위해 땔감을 준비할 시간을 하늘을 보고 판단했다. 털가죽 상인들을 통해 시계를 알게 된 키와틴 지역의 이누이트족은 시간의 의미를 자신들만의 방식으로 해석했다. 예를 들어, '도끼처럼 보이는 시간'은 7시를 의미했고 정오(12시)는 '식사 시간'을, 9시는 '시계 태엽 감는 시간'이었다. 지금은 이러한 이누이트족의 생활 방식이 서구인들의 시간 개념과 이누이트족이 '질서'라고 부르는 개념이 도입됨으로써 거의 무너져 버렸다. 물론 누나부트 연구센터의 존 맥도널드가 지적했듯이 이들은 여전히 전통적인 시간 개념을 고수하기도 한다(존 맥도널드가 자신의 글에 이누이트족의 멋진 언어를 담진 않았다). '이들은 봄이 오면 자연이 주는 풍요로움을 즐기고 싶은 욕망을 억제하지 못한다……. 집을 나와 조상들이 해온 전통 방식으로 낚시나 사냥을 하러 돌아다닌다……. 일시적으로 전통적인 시간을 되찾음으로 인해 고용주들의 시계에 맞추어진 일정이 엉망이 되기도 한다.'

또는 우리들은 고대 멕시코인들의 정확한 시간 개념, 즉 서양인들이 침입하기 전에는 존재하지 않았던 시간 개념에 매료되기도 한다. 고대 멕시코인들이 해시계를 사용했다는 증거는 없다. 하루를 시간 단위로 측정하는 데 집착하지도 않았다. 오히려 다소 복잡해 보이는 고대 인도의 시간 체계를 주로 이용했던 것 같다. 24시간을 하루로 삼은 것은 낯설지 않은 시간 개념이다. 하지만 48분을 의미하는 30무르타스muhrtas나 24분을 의미는 60가티카스ghatikas 등은 너무 낯설다. 가티카는 48초를 의미하는 30칼라kala 또는 24초를 의미하는 60팔라pala로 나뉜다. 이러한 60이라는 기본 단위는 고대 바빌로니아에서 기원한 것으로 19세기까지 유지되었다. 영국은 거의 모든 분야에서 영국처럼 표준화할 것을 명령했으며, 그에 따라 인도 전역이 1947년에 국제표준시UTC보다 5시간 30분 빠른 인도 표준시로 되돌아갔다(캘커타와 봄베이만 수년 동안 지역 고유의 타임존을 고집했다. 그리고 아삼 주는 비공식적으로 본래의 티타임을 즐겼으며 차 생산업자들은 생산량을 늘리기 위해 표준시간보다 1시간 빠르게 시계를 조정했다). 2007년, 베네수엘라도 유사한 이유를 들어 시간대를 30분 늦추는 독자적인 표준시를 시행하기 시작했다. 국민들에게 보다 많은 자연 채광 시간을 준다는 명분이었다(우고 차베스 대통령이 정치적인 이유로 그랬거나 지나치게 외고집인 성격이었을 수도 있다. 어쨌거나 그는 시간대를 바꾸기 전 국기와 헌법을 바꾸었으며 크리스마스도 11월로 옮겼다).

또는 크리스마스를 1월로 옮기고 12시간 시계를 사용하는 에티오피아에서 위안을 삼을 사람들도 있을 것이다. 그 나라의 특성을 반영한 나름의 논리가 있는 제도로 이 나라는 자정이 아닌 동이 트는 새벽을 하루의 시작으로 여긴다. 자메이카로 휴양 온 서양 사람들은 이곳 원주민들의 시간 개념에 몹시 화를 낸다고 한다. 금방 돌아오겠다고 말하고 나서는 돌아오지 않는 경우도 있는데, 그럴 때는 퇴근해 버린 것이다. 서방 세계는 2015년 8월 15일 북한의 시간 독립 선언에 왠지 모를 감탄을 했다. 북한은 광복 70주년을 맞아 일본 제국주의의 잔재를 청산하는 의미로 평양 시간을 30분 늦추었다. 과거 사악한 일본 제국주의자들은 한국 표준시를 일본 표준시에 맞추어 바꾼 역사가 있다.

현대 사회의 무한한 확장 가능성은 1996년에 설립된 '롱나우 재단Long Now Foundaton'의 약속이 되었다. 이 재단은 1만 년이라는 긴 시간 틀 안에서 장기적인 안목으로 보다 나은 생각을 하면서 살자는 취지로 만든 조직이다. 그래서 연도를 다섯 자리로 표기하여 재단이 01996년 에 설립했다고 표기한다. 이는 약 8,000년 후에 발생할 데카밀레니엄 버그를 예방하기 위한 수단이기도 하다(정말 그날이 기다려진다!).

이 재단은 정신적 지도자 대니 힐리스와 스튜어트 브랜드 그리고 음악가 브라이언 에노가 설립한 것으로 문학적이면서 기특하기 이를 데 없는 목표를 내걸었다. 문명의 시간이 너무 빠르게 흐른다는 생각에 근거한 이들의 강령은 매우 간단하다. '긴 안목으로 본다.' 즉, '책임감을 갖는다. 인내에 보답한다. 경쟁자와 협력한다. 편을 가르지 않는다. 장생을 도모한다. 그리고 신화적인 깊이를 염두에 둔다.'

하지만 롱나우 재단이 말만 많고 행동이 없는 단체는 아니다. 롱나우 재단은 미국 서부 텍사스의 어느 산악지대에 대형 시계 하나를 세웠다(붉은 색상의 시계로 지구종말시계와는 대조를 이루는 의미의 시계다). 1995년, 컴퓨터 엔지니어인 대니 힐리스는 시곗바늘이 1년에 한 번만 똑딱거리는 시계를 구상했다. 괘종이 한 세기에 한 번 울리며 뻐꾸기는 1,000년에 한 번 나타난다. 그리고 무려 1만 년 동안 작동할 시계이며 시계추는 열에너지로 동력을 얻는다(즉, 바람과 온도 등 자연에서 공급받는 방식이다). 현재 텍사스 주에서 제작 중인 이 시계는(하루 종일 걸을 각오를 해야만 이 시계를 볼 수 있다). 당초 계획보다는 자주 종이 울리도록 설계가 변경되었지만 기획자의 기본 의도는 변함이 없다. 대니 힐리스는 이렇게 설명했다. "제가 생각하기에 바로 지금이 장기 프로젝트를 시작할 때입니다. 사람들로 하여금 미래가 짧다는 마음의 장벽을 허물게 할 프로젝트지요." 아마존 설립자 제프 베조스는 1만 년 시계 프로젝트에 일부 금액을 투자했다. 주문 후 1시간 안에 물건을 배달해준다는 목표를 세운 회사 오너에게는 최고의 투자처인 셈이다.

또한 롱나우 재단은 인류가 축적한 지식을 보관하는 방법도 모색 중이다. 다음 세대에게 지식을 물려주겠다는 구상이 아닌 인류의 시대가 종말을 고한 뒤 지구를 지배할 생명체를 염두에 둔 보관 방식이다. 이같은 장기적 관점을 많은 사람들에게 알리기 위한 방법으로 장기 베팅을 생각해 볼 수 있다. 선거나 스포츠 경기 결과에 대한 내기가 아닌 반세기 앞의 일에 내기를 거는 것이다. 마권업자 케빈 켈리는 이런 관점에서 다양한 예측에 도전한 인물이다. 그는 2060년이 되면 전 세계 인구가 현 시점의 인구보다 줄어들 것이며, 2063년에는 전 세계 통화 가운데 세 가지만 남아 전 세계 인구의 95퍼센트 이상이 그 가운데 하나를 이용한다는 데 걸었다. 그가 베팅한 내용이 적힌 장부를 잘 보관해 두어야 한다.

누구나 롱나우 재단에 회원으로 가입할 수 있다. 02016년 중반 현재 7,500명 이상이 가입비를 내고 이 재단에 가입했다. 다른 클럽들과 마찬가지로 롱나우 재단도 회원별로 차별화된 특전이 주어진다. 스틸멤버는 연회비가 약 11만 원으로 각종 이벤트와 세미나에 참석할 수 있으며 롱나우 숍에서 물건을 사면 10퍼센트 할인 혜택을 준다. 텅스텐멤버는 연회비가 약 110만 원으로 상기 혜택에 추가하여 롱나우에서 발행한 책 한 권과 브라이언 에노의 음악 CD를 받는다. 물론 그런 혜택을 누리기 위해 회비를 내는 건 아니다. 먼 미래에 투자를 하는 것으로, 아니면 장기적인 미래가 있다는 신념에 투자하는 것이다.

신경과학자들에 따르면 인간의 의식은 실시간보다 약 0.5초 늦다고 한다. 외부의 신호를 받아들이고 그 신호를 뇌로 보내어 무슨 일이 일어났다는 메시지를 뇌가 수용하기까지 시간이 걸리는 것이다. 인간의 뇌는 그 시간차를 교정하고 유동적인 이야기를 구성하기 때문에 손가락으로 딱 소리를 내겠다고 생각한 후 결심을 하고 그 행동을 실행하여 눈으로 보거나 듣기까지는 항상 생각보다 늦다. 따라서 인간은 늘 지금now보다 뒤에 있으며 절대 지금을 따라잡지 못한다.

그럼 어쩌란 말인가? 지구종말시계나 정부 관료들의 타임존 설정 고민이 아닌 철학적으로 시간에 접근하는 방법이 있는가? 영화감독 우디 앨런은 비록 대단한 현자는 아니지만 시간에 관한 탁월한 견해를 가진 인물이다. 짧은 인생 또는 우울한 시간에 대한 답을 얻으려면 막스 형제가 출연한 영화를 보면 되는데, 영화 「한나와 그 자매들」에 자살충동을 느낀 우디 앨런이 권총 자살을 시도하지만 뜻을 이루지 못하는 장면이 있다. 잠시 후 우디 앨런은 어리벙벙한 상태로 극장에 들어가 영화 「식은 죽 먹기」를 본다. 막스 형제가 헬멧을 쓰고 경비병으로 나오는 영화로 우디 앨런은 이 영화를 보며 생의 기쁨을 다시 느낀다. 인생을 즐기지 못할 이유가 무엇이란 말인가? 「애니 홀」에서 알비 싱어 역으로 나온 우디 앨런은 이렇게 말한다. "인생에는 외로움과 고통, 괴로움 그리고 불행이 가득하지만 그 순간들조차 순식간에 지나간다."

우디 앨런은 「애니 홀」 개봉 수년이 지난 후 인터뷰에서 자신의 인생 철학을 밝힌 바 있다. 하지만 그 때는 전혀 다른 해결 방법을 제시했다.

"나는 인생이 암울하고 고통스러우며 악몽 같고 의미 없는 경험이라고 생각합니다. 그리고 행복해지는 단 한 가지 방법은 자신에게 거짓말을 하고 스스로를 기만하는 것이라고 생각합니다. 하지만 제가 제일 먼저 그렇게 말한 사람이 아니며, 저는 그렇게 논리 정연한 사람도 아닙니다. 니체가 그렇게 말했으며 프로이트도 그런 말을 했습니다. 인간은 각자 나름의 망상을 가져야 살 수 있다고요." 사람들은 자신들의 삶에서 큰 가치를 둔 것들이 조만간 전부 사라져 버릴 거라고는 생각하지 않으며 그런 생각을 가지고는 살 수도 없다. 그래서 우리는 인생을 다 바쳐 돈을 벌고 사랑하며 우리가 중요하게 여기는 것을 얻으려 애쓴다. 또한 우리가 중요하게 여기는 일을 행하고 잘못된 일을 바로잡으며 타인을 돕고 세상에 대한 이해력을 넓히고 기술 발전과 삶의 안락함을 추구한다. 스스로를 예술인이라고 여기는 사람은 아름다움과 진리를 추구한다. 그리고 이 모든 것들을 자신에게 주어진 짧은 시간 안에 이루려 한다. 그렇게 100년을 살다가 사라지면 다른 사람들이 나타나 똑같이 되풀이한다. 지질학자들이 말하는 심연의 시간이 아닌, 우리에게 주어진 시간이 다한 후의 시간이다. 그렇게 시간은 쉬지 않고 계속 흘러간다. 늙은 흑인의 생각이 처음부터 옳았다.*

---

• 어느 지질학자가 말하는 심원이 시간이란 파텍 필립 광고와 유사하다. '사실 당신은 지구에서 사는 게 아닙니다. 다음 시대에 나타날 종을 위해 또는 빙하기를 위해 잠시 지구를 지키고 있을 뿐입니다.' 이 문구는 우리들이 가진 시간(스위스의 시간과 아이패드의 시간)과 그보다 더 긴 시간, 특히 약 44.5억 년이라는 지구 시간의 차이를 말해준다. 뚜렷한 차이점이다. 지구에 사는 하찮은 존재 중 하나임을 곰곰이 생각해보면 잠자리에서 일어나지 못할 것이다.

우리가 가장 중요하게 생각하는 자유라는 비전은 멈추어선 시간의 모습을 하고 있다. 이는 시계라는 전제군주로부터의 자유를 말한다. 광고기획자들은 행복이라는 이미지를 표현할 때 텅 빈 모래사장이 있는 해변의 장면을 이용한다. 문학에서는 이러한 상징성을 독일의 철학자 발터 벤야민이 잘 설명했다. 거북이를 데리고 거북이걸음으로 해질녘의 파리 도심을 한가롭게 거니는 사람의 모습이다.**

천문학자 칼 세이건Carl Sagan도 1994년 저서 『창백한 푸른 점』에서 그런 점을 강조했다. 1990년 2월 우주왕복선 보이저 1호는 칼 세이건의 요청으로 태양계를 벗어나면서 지구로부터 37억 마일(약 59억 5,457만 킬로미터) 거리에서 지구의 모습을 카메라에 담았다(이 사진의 명칭도 '창백한 푸른 점'이다). 사진으로 본 지구의 모습은 예상과 크게 다를바 없이 정말 보잘것없는 작은 점으로 보였다. 불꽃놀이를 하듯 아름다운 우주의 광선 속에서 지구는 말로 표현할 수 없을 정도로 초라했다. 너무 작아서

----

•• 이 책 제2장의 주석에서 발터 벤야민에 대해 소개했다. 거북이 이야기는 벤야민이 1927년에서 1940년 사이에 쓴 『아케이드 프로젝트Arcades Project』에 나온다. 이 작품에서 거북이를 데리고 거니는 사람을 벤야민이 관찰하는 장면이 나온다. 한가하게 길을 거니는 사람의 모습은 1세기 전에 출간된 보들레르의 작품으로 거슬러 올라간다. 그리고 거북과 시간을 연결한 스토리는 이솝 우화에도 나온다. 하지만 가장 적절하게 연결한 것은 스티븐 호킹의 난해한 저서 『시간의 역사』의 서두에 나오는 일화의 한 구절이다. 호킹은 여기에서 우주론의 모순과 세상의 일관성을 논한다. 어느 중년 부인이 유명한 학자(버트란트 러셀이라는 말이 있다)에게 지구는 평평하며 거대한 거북이의 등에 있다고 말했다. 그러자 과학자가 부인에게 점잖게 묻는다. "그렇다면 그 거북이는 어디에 의지하고 있습니까?" 그러자 부인이 이렇게 대답했다. "그 거북이는 다른 거북이 등에 올라와 있지요." 과학자가 다시 물었다. "그러면 두 번째 거북이는 어디에 의지하고 있습니까?" 부인이 이렇게 대답했다. "거북이들이 계속 나타나서 아래에서 받쳐주는 거예요!"

안경 렌즈에 묻은 작은 먼지 하나를 닦아내듯이 치워버릴 수 있을 듯했다. 칼 세이건은 이렇게 표현했다.

'저 점을 다시 보세요. 여기 있습니다. 저것이 우리 인간들이 사는 곳입니다. 저것이 우리입니다. 우리가 사랑하는 모든 이들, 우리가 알고 있는 모든 사람들, 당신이 들어보았을 모든 사람들, 존재했던 모든 사람들이 그곳에서 삶을 영위했습니다. 수많은 사람들의 기쁨과 고통, 자신감 넘치는 수많은 종교들, 이데올로기, 경제적 독트린, 사냥꾼과 약탈자, 영웅과 비겁자, 문명의 창조자와 파괴자, 왕과 농부, 사랑에 빠진 젊은 연인들, 아버지와 어머니 들, 희망에 찬 아이들, 발명가와 탐험가 들, 덕성을 갖춘 교사들, 타락한 정치인들, 슈퍼스타, 최고의 지도자들, 인간의 역사 속에 등장하는 모든 성인과 죄인들이 바로 저곳, 태양 빛 속에 부유하는 티끌 위에서 살았던 것입니다…….

우리의 만용, 우리의 자만심, 우리가 우주 속에서 특별한 존재라는 망상에 대해 저 창백하게 빛나는 점은 이의를 제기합니다……. 멀리서 찍은 이 사진 속 먼지만한 크기의 지구만큼 인간의 자만심이 어리석다는 사실을 잘 보여주는 건 없을 겁니다.'

이 사진을 보고 있으면 슈퍼스타들이란 사람들이 하나같이 보잘 것 없어 보인다. 이처럼 우리가 사는 세상의 초라한 모습과 인간의 어리석음을 주장한 칼 세이건이 전하고자 하는 메시지는 무엇일까? 서로에게 조그만 더 친절한 태도로 대하자는 것이다.

물리학자 리처드 파인만Richard Feynman은 좀 다른 의견을 제시한다. 그는 우리 인류가 우리에게 주어진 시간의 시작점에 서 있다고 주장한다. 우리가 자멸하지만 않는다면, 우리가 가진 시간이 목적하는 바는 다음 세대에게 시간을 넘겨주는 것이다. 우리는 다음 세대에게 메시지와 증거를 남기며 우리가 이룩한 진보를 전해준다. 우리 인간은 호기심 많은 티끌이다. 그것만으로도 우주에서 가장 작은 점으로 살아갈 충분한 의미가 있다. 따라서 우리는 웃을 수 있으며 공허한 인생에서 즐거움을 찾는다.

묘비에 새겨진 태어난 날짜와 죽은 날짜 사이의 하이픈처럼 짧은 시간 동안 미미한 존재임을 거부하며 살아간다. 그래서 나도 이 책에서 시간이 덧없다는 생각을 잊고 잠시나마 관심을 가졌던 현실적인 문제들과 역사의 주요 순간들을 다뤘다. 영화 「토이 스토리」의 주제곡을 작곡한 가수 겸 작곡가 랜디 뉴먼Randy Newman은 2011년에 런던에서 라이브 공연을 했다. 관객들에게 미국인들에 대한 슬프면서도 재치가 넘치는 이야기를 자주 들려주는 뉴먼은 스타인웨이 앤 썬스Steinway and Sons 피아노에 앉아 노래를 부르기 전에 이런 얘기를 들려주었다.

"제가 지금 여러분들에게 들려 드릴 곡은 '루징 유Losing You'입니다. 저는 제가 작곡한 음악들 대부분이 어디에서 영감을 떠올라 작곡했는지 잘 모릅니다. 제가 저의 임무라고 생각하는 일을 제외하면 누군가 나에게 돈을 주며 영화 음악을 만들어 달라고 하고 저는 작곡을 합니다. 하지만 지금 들려드릴 곡은 다릅니다. 제게는 남동생이 하나 있는데 직업이 의사입니다. 암 전문의예요. 동생이 젊은 의사 시절 스물세 살 난 축구 선수를 진료한 적이 있습니다. 그런데 그는 뇌종양이었어요. 얼마 살지 못하고 세상을 떠났습니다. 촉망받는 축구선수였지요. 그의 부모님이 제 동생에게 이런 말을 했다고 해요. '저희는 40여 년 전에 폴란드의 강제 수용소에서 가족을 잃었습니다. 하지만 우린 슬픔을 이겨냈습니다. 슬픔을 극복하고야 말았어요. 하지만 지금 우리에게는 슬픔을 이겨낼 시간이 없네요.' 듣고 보면 어느 정도 일리가 있는 생각이긴 합니다."

일리가 있는 이야기이며, 마음에 와 닿기도 하다. 우리는 상세하게 시간이 정해진 사소한 일들을 좋아한다. 출발 시간이 구체적으로 정해진 기차시간표나 정확한 시계를 좋아한다. 하지만 한 발짝 뒤로 물러나 생각해 본다면 우리에겐 많은 시간이 주어져 있음을 알게 된다. 누구나 다 아인슈타인처럼 시간이 상대적이란 생각을 가질 필요는 없다. 사랑하는 사람을 너무 일찍 잃은 것만으로도 충분할 것이며, 또는 심각한 질병과 싸우는 것만으로도 충분할 것이다. 인생은 너무 짧고 고통의 연속이며 우린 목숨을 부지하는 방법과 오래 사는 방법을 찾는 데 거의 대부분의 시간을 보낸다. 인간이 확실하게 할 수 있는 건 그게 전부이기 때문이다.

하지만 여기에 다른 메시지가 있다. 우린 그 젊은 축구 선수나 그의 가족을 만나 보지 못했다. 그리고 랜디 뉴먼이나 그의 노래를 좋아하지 않는 사람들도 있겠지만 그들이 살아온 겹겹의 시간층이 느껴진다. 랜디 뉴먼의 노래나, 노래를 부르기 전에 들려주는 이야기엔 복잡다단한 삶이 녹아들어 있다. 이야기를 들려주는 게 우리가 아는 시간의 흐름을 알려주는 가장 좋은 방법이니까. 이야기는 시간을 의식하게 하는 가장 좋은 방법이기도 하다. 우리는 시간에 대한 엄격한 규율이 생기기 전부터 그리고 시계가 발명되기 전부터 스토리를 이용하여 길을 찾아왔다. 우디 앨런이나 프로이트가 말한 고집스런 '망상'도 이야기일 뿐이며 언젠가는 죽음을 맞이할 현실에서 도피하기 위해 세심하게 마련한 수단이다. 바로 그것이 우리가 대영박물관의 골동품들과 슬로푸드 그리고 카르티에 브레송의 사진에 매료되는 이유다. 비틀스의 「플리즈 플리즈 미」와 베토벤의 「교향곡 제9번」이 여전히 팬들의 마음을 사로잡는 이유이기도 하다. 그들의 인간애에 우리들의 이야기가 담겨 있다.

지금까지 살펴보았듯이 사람들마다 각자의 방식으로 시간에 관한 이야기를 썼다. 먼 곳까지 철도를 놓은 사람들로 인해 시간에 혼란이 생겼지만 기차시간표를 만든 사람들이 이 문제를 해결했다. 시계를 만든 장인들로 인해 시간 관리가 오히려 복잡해졌지만 시간 관리 전문가들이 이를 단순화했다. 크리스티안 마클레이 감독이 분침을 움직일 때 영화배우 해럴드 로이드는 시계판에 매달려 있었다. 버즈 올드린이 최첨단 시계를 손목에 차고 달나라에 갔지만, 아티스트 루스 이완은 프랑스 혁명력을 재현했다. 로저 배니스터는 신기록이라는 목표를 위해 달렸으며, 닉 우트는 전쟁의 참상을 사진으로 알리기 위해 전쟁터를 향해 뛰었다.

우리는 지금 극단적으로 시간에 사로잡혀서 살지만 극단을 넘어서진 않았다. 이 책에서 소개한 옛 이야기들은 우리에게 미래의 모습을 보여준다. 우리는 우리가 생각하는 것 이상으로, 창백한 모습으로 돌고 있는 푸른 지구의 운명에 많은 영향을 줄 능력이 있다.

스누즈 알람

# 배려심 시계

나는 새 시계를 하나 더 샀다. 내가 태어나기 3년 전인 1957년에 제작한 것이지만 나에겐 새 시계다. (시계 케이스의 뒷면에 새겨진 글자를 보니) 영국 철도회사인 '런던 미드랜드 리전'에서 어느 철도원에게 45년 근속 기념으로 준 시계였다. 15석 무브먼트 시계로 푸른빛의 얇은 스틸 시곗바늘에 다이얼 숫자는 금색이다. 거의 60년 전에 영국에서 제작된 수동식 기계 시계인데도 시간이 잘 맞는다. 그런데 블랙프라이어스 다리 인근의 템스 강이 보이는 곳에 위치한 시계 숍 주인은 시간이 정확하지 않다며 이 시계를 팔려 하지 않았다. 하루에 15초 정도 늦거나 빠를 거라고 했다. 그런데 지금 이 시계는 하루에 72초 늦다.

시계의 시간 오차는 다기능 타임그래퍼Multifunction Timegrapher라는 장비를 이용하여 측정한다. 시계 무브먼트의 타이밍을 측정하는 작은 크기의 디지털 장비다. "시계를 만들 때는 힘을 아주 약하게 주어야 하지요. 그리고 마찰을 최대한 줄여야 합니다." 시계 숍 주인은 마치 본인의 라이프 스토리를 얘기하듯 진지하게 설명했다. "방금 사신 시계는 한쪽 밸런스가 약간 납작해졌습니다. 무엇인가에 부딪히거나 얻어맞아서 그렇게 되었어요. 다른 밸런스는 공장에서 출고될 때와 다르지 않아요. 둥근 모양이 그대로 살아 있고 사람이 손댄 흔적도 거의 없어요."

시계의 상태를 진단한 시계 숍 주인은 시계를 재조정해 놓을 테니 며칠 후에 와서 가져가라고 했다. 일주일 후에 찾아가자 그가 이렇게 말했다. "조정이 잘 되었습니다. 이젠 믿을 만해요. 별 문제 없을 겁니다."

나는 즐거운 마음으로 그 시계를 손목에 찼다. 자전거 사고가 나던 날, 나는 이 시계를 찬 채 자전거 핸들 위로 넘어졌지만 시계는 하나도 상하지 않았다. 이 시계는 '스미스 오프 챌턴험' 제품으로 1860년대부터 시계를 만든 회사다. 이 회사 최고의 순간은 1953년 5월 힐러리 경이 세계 최초로 에베레스트 등반에 성공한 날이었다(당시 이 회사의 광고는 '당신의 시계를 차고 세계 정상에 올랐습니다. 이 시계는 여기서도 완벽하게 작동했습니다'였다). 그 이후 골드 케이스를 장착한 '스미스 오프 챌턴험' 시계는 오랜 기간의 노고를 치하하는 기념 선물로 각광받았으며 내가 지금 차고 있는 15석 디럭스 시계도 1957년에 직장에서 은퇴한 O. C. 워커라는 철도원에게 수여한 제품이다. 워커 씨는 그의 시간을 회사를 위해 바쳤다. 철도회사는 그가 평생을 보낸 직장에 자부심을 갖기를 바라며 이 시계를 증정했을 것이다.

나에게 시계를 판 시계 숍의 주인은 마흔 살로 런던 출신의 크리스핀 존스 씨였다. 마른 체구지만 강단 있어 보였고 매너가 좋았으며 나이가 많지 않은데도 벌써 머리가 벗겨져 있었다. 영화배우 주드 로를 닮은 외모에 무척 순수한 인상이었다. 그는 빈티지 시계를 주로 파는 시계상은 아니었지만 구매자들로 하여금 새로운 방식으로 시간을 생각하게 하는 제품들을 많이 취급했다.

존스는 원래 조각가였으나 후일 컴퓨터 디자인을 공부하면서 한동안 두 가지 일을 병행했다고 한다. 그는 몇 년 전 재미있는 사무용 책상 하나를 제작했다. 사용자에게 질문을 던지는 장치가 있는 책상이다. 질문 내용은 이러하다. "내 사랑이 돌아올까?", "내 친구들은 나를 어떻게 생각할까?", "잃어버린 내 물건을 찾을 수 있을까?" 그런 질문들이 총 30장의 카드에 들어있다. 질문에 대한 답을 얻으려면 책상 위에 있는 금속 슬롯 위에 카드를 올려놓아야 한다. 존스는 이렇게 설명했다. "고대 문명인들이 원탁을 사용했던 방법과 유사하게 우린 컴퓨터를 이용합니다. 답이 나오면서 금속 슬롯이 차츰 뜨거워집니다." 각 카드에 바코드에 숨겨져 있어 카드를 금속 슬롯에 대면 전자 리더기가 작동하여 느린 속도로 도트 매트릭스에 답을 보여주는 방식이다. "내 사랑이 돌아올까?"라는 질문에 대해 "만약에…… 당신이…… 사랑하는 사람에게…… 진실…… 하다면……, 돌아옵니다."라는 답을 생성해 낸다. 그리고 답변이 천천히 나오면서 카드 슬롯은 차츰 뜨거워진다. 하지만 손을 떼면 시스템이 리셋되면서 나머지 내용을 볼 수 없게 된다. 마지막 낱말에 이를 즈음에는 장치가 매우 뜨거워진다.

존스는 첨단 기술에 의한 삶의 변화에 관심이 많다. 첨단 기술은 우리에게 주는 것도 있지만 빼앗아 가는 것도 있다. 2002년 존스 씨는 핸드폰으로 몇 가지 실험을 했다고 한다. 전화 통화 에티켓을 지키지 않는 사람들이 많던 시절이었다. "지하철을 타면 조용한 칸이 하나도 없었어요. 누구나 다 공공장소에서 전화기를 붙들고 큰소리로 통화를 했지요." 존스는 너무 큰 소리로 통화하는 핸드폰 사용자에게 다양한 레벨의 전기 쇼크를 주는 전화기를 만들었다. 전화 수신시에 벨이 울리지 않고 진동만으로 알려주는 핸드폰도 개발했다. 간단한 통화일 경우 진동이 약하게, 급한 일이면 진동도 세게 지속적으로 느껴지도록 만든 전화기였다.

그 후 존스는 시계에 대해 생각하기 시작했다고 한다. "시계는 참 재밌는 물건입니다. 사람들은 전화기나 컴퓨터는 첨단 기술이라고 여기지만 시계를 그렇게 생각하는 사람은 많지 않아요. 그리고 시계는 생명력이 대단히 강한 물건입니다. 대부분의 첨단 제품들은 10년만 지나도 구식으로 보입니다. 그러니 제가 만약 10년 전에 만든 전화기를 지금까지 사용한다면 몹시 유별난 사람으로 보일 겁니다. 하지만 시계는 다릅니다. 선생님처럼 1950년대에 생산된 손목시계를 착용해도 전혀 이상해 보이지가 않아요." 존스는 요즘 사람들 대부분이 같은 종류의 전화기를 사용한다면서, 하지만 시계는 자신만의 개성을 표현하는 수단 중 하나라고 설명했다. "시계가 있으면 재미있는 이야기들을 많이 만들 수 있고 시간에 대한 사고방식도 바꿀 수 있지요."

존스 씨는 영국 왕립예술대학에 재학 중일 때 당시 학생이던 앤서니 던Anthony Dunne의 영향을 받았다고 한다. 디자이너 앤서니 던은 저서 『헤르츠 이야기『Hertzian Tales』에서 전자 제품들에 대한 좀더 깊이 있는 비판을 촉구했다. 특히 보기에만 좋게 만든 생활용품의 생산을 재검토할 것을 주장했다. 2004년, 존스 씨는 두 가지 물음을 담은 글을 발표한 적이 있다. '시계 하나로 시계 착용자의 자신감을 누그러뜨리는 방법이 있을까?' 그리고 '시계가 착용자의 개성 가운데 부정적인 측면을 표현하는 수단이라면 어떨까?' 하지만 그가 품은 물음들 가운데 가장 흥미로운 것은 '기존의 시계와는 다르게 시간을 표현하는 방법이 있을까?'였다.

존스 씨는 디자인을 전공한 동료들 가운데 안톤 슈베르트와 로스 쿠퍼 그리고 그래험 펄린의 도움으로 실용적인 답안을 찾았다. 이들은 몇 종류의 시계 시제품을 내놓았다. 그런데 그 시계들 중 단 하나만 시간의 정확성에 중점을 두었다. 대부분 다소 투박한 외관에 로즈우즈(자단紫檀)와 강철, 전자 디스플레이가 적용되었으며 한번 충전에 닷새 가는 재충전 배터리를 장착했다. 이 시계들은 케이스가 둥근 모양이 아닌 직사각 형태로 애플워치 시제품을 많이 닮았다.

존스 씨는 이 시계들에 라틴어 이름을 붙였다. 일부러 현학적인 분위기를 보인 것이다. 우선 '숨미수스The Summissus'라는 이름의 시계로 일명 '휴밀리티 워치(겸손의 시계)'다. 이 시계는 죽음이 언제든 올 수 있음을 상기시키기 위해 디자인한 제품으로 작은 크기의 페이스에 시간과 더불어 '죽음을 기억하라'라는 메시지가 번갈아 나타난다.

'아비더스The Avidus'는 일명 '스트레스 시계'다. 이 시계는 착용자가 스트레스를 받으면 시간이 빨라지는 느낌을, 그리고 긴장이 풀리면 시간이 느려지는 느낌을 받게 하는 시계다. 착용자가 시계 페이스에 있는

2개의 금속 버튼을 누르면 시계판에 맥박이 표시되어 긴장 여부를 알려준다. 사람은 스트레스를 많이 받을수록 시간이 빨리 가는 느낌을, 긴장이 풀릴수록 시간이 늦게 가는 느낌을 받는다. 명상의 상태가 되면 시간이 거꾸로 간다.

'프루덴스The Prudens'는 일명 '배려심 시계The Discretion Watch'로 시계를 보지 않아도 시간을 알 수 있다. 예를 들어 회의 도중이나 데이트를 할 때 시계를 쳐다봄으로써 상대방에게 지루함이나 무례함을 내보이는 무례를 범하지 않도록 고안한 시계다. 다이얼에는 시간이 표시되지 않는 시계로 시간을 알고 싶을 때 손목을 흔들면 정확한 시간을 진동으로 알려준다.

일명 '어니스트 워치The Honest Watch'인 '팔락스Fallax'는 착용자의 성실함을 반영하는 시계다. 시계란 대부분의 경우 착용자의 부와 사회적 지위를 반영하지만 팔락스는 그보다 순수한 의도를 가진 시계다. 손가락에 연결된 두 줄을 이용해서 거짓말 탐지기 역할을 하는 시계로 착용자가 거짓말을 하면 '거짓말'이라는 글자가 반짝인다. 가까이 있는 사람들에게 이 시계를 찬 사람이 믿지 못할 인간임을 경고하는 것이다.

'아드시두스The Adsiduus', 일명 '퍼스널리티 워치The Personality Watch'는 '당신은 멋쟁이입니다', '당신은 진정한 친구가 없군요', '당신의 미래는 어둡습니다' 등 긍정적인 내용과 부정적인 내용의 문구가 랜덤하게 표시되는 시계다.

마지막으로 '도시루스The Docilus', 일명 '인터널 워치The Internal Watch'다. 약하긴 하지만 불쾌하게 느껴지는 전기 쇼크를 예고 없이 보내 시간을 내면화하도록 하고 시계와 정확한 시간에 대한 의존을 줄여준다.

이 시계들은 모두 악몽이 될 것 같은 마르셀 프루스트 풍의 백일몽을 나타낸다. 내가 만나본 타임키퍼스 가운데 존스 씨가 가장 재치 있는 인물로, 시간에 대한 의존성의 영향과 결과에 대해 오랜 세월 많은 생각을 해온 듯 보였다. 존스도 분명 시간이 우리의 삶을 지배한다고 생각하지만 그것이 의미 있고 건설적인 방식인지에 대해서는 의문을 제기한다. 만약 그렇지 않다면 다시 옛날로 돌아가야 하지 않을까? 존스는 2005년에 자신의 생각을 구현할 시계들의 시제품을 만들 결심을 했다고 한다.

런던 남동부의 캠버웰 지역에 위치한 '미스터 존스 워치' 공장은 템스 강변에 있는 가게와는 약 6.4킬로미터 거리다. 금방이라도 천장이 주저앉을 듯한 분위기지만 활기가 도는 장소였다. 햇빛이 잘 들어오는 공간으로 자전거를 기대 놓은 벽에는 제2차 세계대전 종전 후에 제작된 것으로 보이는 포스터가 붙어 있다. 작업대마다 다양한 시계 부품과 공구, 시계 부품 제작 기계, 시계 조정 기계, 포장지와 완성품 시계 들이 놓여있다. 10여 년의 기간 동안 시계를 만들면서 각종 테스트를 하고 새로운 아이디어를 창출한 흔적이 고스란히 남아 있다. 작업대 아래쪽으로는 철제 캐비닛들이 여러 개 있었다. 그 안에는 더 많은 것이 들어 있으리라. 존스의 공방은 실험실이자 박물관, 공장이었다.

존스가 만든 첫 시계는 사각형 케이스 시계 '숨미수스The Summissu'를 리메이크한 제품이었다. 그는 자신이 만든 시계의 이름을 애큐러트The Accurate라고 정하고 숨미수스처럼 '기억하라'와 '당신도 필히 죽는다'라는 문구를 각각 시침과 분침에 새겨 넣었다. 허무한 인생을 생각하게 하는 문구를 넣은 시계로 착용자는 다이얼을 보면서 언젠가 죽음을 맞이해야 하는 운명을 생각할 것이다. 케이스를 둥근 모양으로 바꿨기 때문에 예술 작품 같은 분위기는 '숨미수스'보다 덜하다. 그리고 존스의 시계 디자인이 대부분 그렇듯이 이 시계도 부정적인 분위기는 다소 줄이고 긍정적인 측면을 높이는 데 초점을 맞추었다. 시간이란 골치 아프면서 통제 불가능하기도 하지만 매력적이기도 하니까.

존스가 두 번째로 디자인한 작품은 '맨트라The Mantra'로 '아드시두스'처럼 긍정적인 내용과 부정적인 내용의 문구가 표시되는 시계다. 이 시계는 다이얼에 길쭉한 모양의 창이 있어 여러 개의 문구가 나타난다. '최고가 되어라', '인생은 언제나 혼자다', '당신은 축복받은 존재다', '인생은 따분하다' 등 긍정적인 내용과 부정적인 내용의 문구가 30분이 지날 때마다 교대로 표시된다. 존스가 카탈로그에 쓴 내용을 보면 '맨트라는 온순한 사람들에게 자신감을 갖게 하고 오만한 사람들은 겸손하게 만든다.' 이 시계는 프랑스의 심리학자 에밀 쿠에Émile Coué의 이론에서 영감을 받아 만들었다고 한다. 에밀 쿠에의 '낙관인 자기 암시' 치료법은 긍정적인 생각을 통해 치료 효과를 높인다고 알려져 있다(에밀 쿠에의 이론은 영국 BBC의 1970년대 인기 시트콤 「별 얼간이도 다 있군Some mothers do 'ave 'em」에 등장하는 프랭크 스펜서가 보여주었다. 무슨 일을 해도 망치기만 하고 실수를 연발하는 스펜서는 이렇게 말한다. '나는 매일 매일 다방면으로 좋아지고 있다네.')

존스가 초기에 디자인한 시계들에 대한 소비자들의 첫 반응은 고무

적이었다. 그래서 존스는 호기심으로 만든 자신의 시계에 만족스러웠다고 한다. 특히 자신이 디자인한 제품이 영향력 있는 블로그인 '워치스모 타임스Watchismo Times'에 실리면서 큰 용기를 얻게 되었다. 존스는 더 많은 영감을 얻기 위해 시계 업계에 종사하지 않는 사람들의 도움을 받았다. 스코틀랜드의 사이클 선수 그램 오브리Graeme Obree가 '아우어The Hour'라는 이름의 시계를 만드는 데 영감을 주었다. 지구력이 요구되는 자세로 장시간 레이싱을 하여 유명해진 선수다. 이 시계는 다이얼 창에 '가치', '즐거움', '이해', '사색', '약속' 등의 중요 낱말이 표시되게 하여 착용자에게 각 낱말들의 의미를 되새겨볼 시간을 줄 목적으로 만들었다. '돈 웨스트 더스크 이스트Dawn West Dusk East'라는 시계는 영국의 조각가이자 시인인 브라이언 캐틀링Brian Catling과 함께 디자인했다. 이 시계는 시간이 천천히 가는 느낌을 주고자 시곗바늘을 전부 없애고 단 하나의 점만으로 시간을 표시하는 방식이다. 그래서 이 시계를 보면 시간이 4시 15분이거나 4시 30분 정도로 보일 뿐 정확한 시간을 알 수가 없다. 뭐, 무슨 문제 있을까?

존스의 시계 디자인을 도와준 또 한 사람은 옥스퍼드 대학 시간활용 연구센터 소장 조너선 거셔니Jonathan Gershuny 교수다. 거셔니 교수의 도움으로 디자인한 시계의 이름은 '애버리지 데이The Average Day'다. 이 제품의 다이얼에 평범한 시곗바늘은 있지만 숫자가 없으며 그 대신에 일반 유럽인들이 특정한 시간에 하는 용무가 표시되어 있다. 오전 7시 30분에서 8시 사이에는 시침이 '세면'이라는 글자를 가리키며, 8시 15분에서 9시 사이는 '산책', 10시에서 11시 사이는 '업무', 11시에서

12시 사이는 '미팅'이라는 글자를 가리킨다. 오후 시간은 12시 15분에서 1시 사이에 '식사'라는 글자를 가리키며, 5시 15분에서 6시 30분 사이는 '친구 만나기', 8시 15분에서 11시 사이에는 'TV'를 가리킨다. 이 시계 착용자가 도전해야 할 과제는 지나치게 시간을 엄수하는 사고방식에서 벗어나는 일이다.

존스의 시계를 찾는 고객들이 생겨났고 가격은 16만 원에서 85만 원 사이로 평균 가격은 29만 원 수준이다. 존스는 시계를 판매하여 얻은 이익을 새로운 디자인 개발과 선반, 인쇄 장비 구입에 투자했다. 그 결과 2015년 봄에 이르러 존스는 기본 쿼츠 무브먼트 및 기계식 무브먼트(아시아 지역과 스위스에서 들여오는 무브먼트들이다)를 제외한 다른 부품들을 독립적으로 만들거나 조립할 수 있게 되었다. '미스터 존스 워치'는 이제 영국 시계 산업의 부흥에 이바지하고 있으며 고객들로 하여금 전통적인 방식으로 시간을 생각하도록 만들었다. 사람들의 시간에 대한 강박은 여전하지만 차츰 변해 가고 있다.

존스가 디자인한 시계 가운데 내 맘에 쏙 드는 제품은 '사이클롭스Cyclops'로 기본 형태는 '크로마크론Chromachron'이란 시계를 모방했다고 설명한 시계다. 크로마크론은 스위스의 티안 할렌이 디자인한 시계로 매시간 다른 색깔을 통해 시간을 알 수 있다. 사이클롭스는 이와 거의 유사한 방식으로 시간을 알린다. 다이얼에 시곗바늘과 숫자가 없으며 대신 숫자가 있어야 할 자리에 각기 다른 12가지 색이 표시되어 있고 검정색 고리 모양이 다이얼 가장자리를 느릿느릿 지나가면서 시간을 알려준다. 따라서 착용자가 분과 초까지 정확한 시간을 알기는 불가능하다. 시계 개발자가 '느긋함을 준다'고 언급한 시계다.

　분침 없는 시계, 생각만 해도 독특한 아이디어다. 우리 현대인들은 산업화된 사회에서 시간과 싸우며 200여 년의 시간을 보냈다. 기차를 타기 위해 뛰었고 결승선 테이프를 끊기 위해 달렸으며 능률적인 세상을 만든다고 앞만 보고 뜀박질을 했다. 이제 속도를 늦추어야 할 때다. 속도를 늦춘다는 건 도시를 떠나 밭에서 쟁기질을 하는 일과 같은 것이다. 우리들 가운데 누가 그런 일을 감당해 낼 것인가?

감
사
의
글

시간이라는 폭넓은 주제를 다룬 이 책을 쓰는 데 방대한 양의 자료가
필요했다. 그래서 많은 서적을 참고했으며 여러 사람을 만나 인터뷰했
다. 글을 쓰는 내내 도움을 주고 의견을 제시해준 모든 분들께 감사의
인사를 전한다. 이 책의 주제는 원래 캐논게이트 출판사 편집 주간 안야
세로타가 내게 제안했다. 그리고 책이 완성되기까지 담당 편집자 제니
로드가 많은 조언을 해주었다. 제이미 빙, 제니 토드, 안나 프레임, 제니
프라이, 앨런 트로터, 비키 러더퍼드, 로라 콜 그리고 알레그라 르 파뉴
등 이 책의 출간을 위해 애써 준 캐논게이트 출판사 직원들에게 감사한
다. 내 에이전트인 로즈메리 스코올러가 이번에게 큰 도움이 되었다.

　시간이라는 주제는 그 범위가 너무나도 넓다 보니 글을 쓰는 동안 여
러 사람들의 아이디어를 즐거운 마음으로 받아들였다. 나는 우선 영국
인 작가 제이 그리피스가 쓴 시간을 주제로 한 멋진 저서에 매료되었다.

책을 쓰기 위해 많은 인터뷰를 했지만 인터뷰 내용을 전부 다 내 저서에 담지는 못했다. 인터뷰에 응해준 테리 퀸, 루시 필핀, 루시 플라이쉬만, 데이비드 스피어스, 캣 기버드 등에게 감사를 전한다. 내 친구 앤드루 버드가 이번에도 내 원고를 읽고 오류를 정확히 지적해 주었다. 참고 서적들과 인터뷰할 사람들을 추천해 준 나오미 프리어즈, 존 프리어즈-호그, 마크 오스터필드, 샘 쏜, 패니 싱어, 대니얼 픽, 브래드 아우어바흐, 제레미 애닝 그리고 킴 엘스워스에게도 감사한다.

시계와 사진 이야기를 실은 챕터의 일부 스토리는 예전에 《에스콰이어》지에 실린 바 있다. 《에스콰이어》 영국판 편집장 조니 데이비스 덕분에 좋은 글을 쓸 수 있었다. 영국 파운드베리 이야기는 원래 영국항공 British Airways이 제공하는 기내 잡지 《하이라이프》에 실렸던 내용이다. 《하이라이프》 편집장을 지낸 폴 클리먼츠에게 감사한다. 1장 도입부에 실은 하루살이 삽화를 멋지게 그려 준 키퍼 윌리엄스에게도 깊은 감사의 마음을 전한다.

다음 장에 나올 참고문헌들 가운데 대다수는 영국 최대 연구 기관 중 하나인 런던도서관이 소장한 서적들이다. 런던도서관 직원들에게도 감사하고 싶다. 참고문헌들을 빠짐없이 정리할 목적으로 목록을 작성하지는 않았다. 다음의 참고 문헌들은 읽어보면 독자 여러분들에게 더 깊은 시간 탐구를 위한 영감을 줄 것이다.

참고
문헌
ㅡ

Andrews, Geoff, The Slow Food Story: Politics and Pleasure (Pluto Press: London, 2008)

Bannister, Roger, The First Four Minutes (G.P. Putnam's Sons: New York, 1955)

_____ Twin Tracks (The Robson Press: London, 2014)

Bartky, Ian R., Selling the True Time: Nineteenth-Century Timekeeping in America (Stanford University Press: Stanford, 2000)

Beethoven, Ludwig van, Letters, Journals and Conversations, edited, translated and introduced by Michael Hamburger (Thames and Hudson: London, 1951)

Brookman, Philip (ed.), Helios: Eadweard Muybridge in a Time of Change (Corcoran Gallery of Art Exhibition Catalogue: Washington DC, 2010)

Brownlow, Kevin, The Parade's Gone By (University of California Press: Berkeley, 1992)

Burgess, Richard James, The History of Music Production (Oxford University Press: Oxford, 2014)

Conrad, Joseph, The Secret Agent (J.M. Dent & Sons Ltd: London, 1907)

Crary, Jonathan, 24/7: Terminal Capitalism and the Ends of Sleep (Verso Books: London, 2013)

Dardis, Tom, Harold Lloyd: The Man on the Clock (Penguin: New York, 1983)

Dohrn-van Rossum, Gerhard, History of the Hour: Clocks and Modern Temporal Orders (University of Chicago Press: London, 1996)

Eagleman, David, The Brain: The Story of You (Canongate: Edinburgh and London, 2015)

Falk, Dan, In Search of Time: Journeys Along a Curious Dimension (National Maritime Museum: London, 2009)

Freeman, Eugene and Sellars, Wilfrid (eds), Basic Issues in the Philosophy of Time (Open Court: Illinois, 1971)

Garfield, Simon, The Last Journey of William Huskisson (Faber and Faber: London, 2002)

Gleick, James, Time Travel (Fourth Estate: London, 2016)

Glennie, Paul and Thrift, Nigel, Shaping the Day: A History of Timekeeping in England and Wales 1300?1800 (Oxford University Press: Oxford, 2009)

Griffiths, Jay, Pip Pip: A Sideways Look at Time (Flamingo: London, 1999)

Groom, Amelia (ed.), Time: Documents of Contemporary Art (Whitechapel Gallery: London, 2013)

Grubbs, David, Records Ruin the Landscape: John Cage, the Sixties, and Sound Recording (Duke University Press: Durham, NC, and London, 2014)

Hammond, Claudia, Time Warped: Unlocking the Mysteries of Time Perception (Canongate: Edinburgh and London, 2013)

Hassig, Ross, Time, History, and Belief in Aztec and Colonial Mexico

(University of Texas Press: Austin, 2001)

Hoffman, Eva, Time (Profile Books: London, 2011)

Honoré, Carl, In Praise of Slow: How a Worldwide Movement is Challenging the Cult of Speed (Orion: London, 2004)

_____ The Slow Fix: Lasting Solutions in a Fast-Moving World (William Collins: London, 2014)

Howse, Derek, Greenwich Time and the Discovery of the Longitude (Oxford University Press: Oxford, 1980)

Jones, Tony, Splitting the Second: The Story of Atomic Time (Institute of Physics Publishing: Bristol and Philadelphia, 2000)

Kanigel, Robert, The One Best Way: Frederick Winslow Taylor and the Enigma of Efficiency (Little, Brown: London, 1997)

Kelly, Thomas Forrest, First Nights: Five Musical Premieres (Yale University Press: New Haven, Conn., 2000)

Kern, Stephen, The Culture of Time and Space 1880?1918 (Weidenfeld and Nicolson: London, 1983)

Klein, Stefan, Time: A User's Guide (Penguin: London, 2008)

Koger, Gregory, Filibustering: A Political History of Obstruction in the House and Senate (University of Chicago Press: Chicago, 2010)

Landes, David S., Revolution in Time: Clocks and the Making of the Modern World (Belknap Press of Harvard University Press: Cambridge, Mass., 1983)

Levine, Robert, A Geography of Time: On Tempo, Culture and the Pace of Life: The Temporal Misadventures of a Social Psychologist (Basic Books: London, 1997)

Lewisohn, Mark, The Beatles—All These Years: Volume One: Tune In (Little, Brown: London, 2013)

Macey, Samuel L., The Dynamics of Progress: Time, Method and Measure (University of Georgia Press: Athens and London, 1989)

McEwen, Christian, World Enough & Time: On Creativity and Slowing Down (Bauhan Publishing: Peterborough, New Hampshire, 2011)

Mumford, Lewis, Art and Technics (Oxford University Press: Oxford, 1952)

O'Malley, Michael, Keeping Watch: A History of American Time (Viking Penguin: New York, 1990)

Perovic, Sanja, The Calendar in Revolutionary France: Perceptions of Time in Literature, Culture, Politics (Cambridge University Press: Cambridge, 2012)

Phillips, Bob, 3:59.4: The Quest for the Four-Minute Mile (The Parrs Wood Press: Manchester, 2004)

Pirsig, Robert M., Zen and the Art of Motorcycle Maintenance (The Bodley Head: London, 1974)

Quinn, Terry, From Artefacts to Atoms: The BIPM and the Search for Ultimate Measurement Standards (Oxford University Press USA: New York, 2011)

Rooney, David, Ruth Belville: The Greenwich Time Lady (National Maritime Museum: London, 2008)

Rosa, Hartmut, Social Acceleration: A New Theory of Modernity (Columbia University Press: New York, 2013)

Sachs, Curt, Rhythm and Tempo: A Study in Music History (Columbia University Press: New York, 1953)

Shaw, Matthew, Time and the French Revolution: The Republican Calendar, 1989—Year XIV (Boydell Press: Woodbridge, 2011)

Sobel, Dava, Longitude: The True Story of a Lone Genius Who Solved the Greatest Scientific Problem of His Time (Penguin: London, 1995)

Solnit, Rebecca, Motion Studies: Eadweard Muybridge and the Technological Wild West (Bloomsbury: London, 2003)

Vance, Jeffrey and Lloyd, Suzanne, Harold Lloyd: Master Comedian (Harry N. Abrams Inc.: New York, 2002)

Whitrow, G J., What Is Time? (Thames and Hudson: London, 1972)

Young, Michael Dunlop, The Metronomic Society: Natural Rhythms and Human Timetables (Thames and Hudson: London, 1988)

Zimbardo, Philip and Boyd, John, The Time Paradox: Using the New Psychology of Time to Your Advantage (Rider Books: London, 2010)

- 20쪽 그림    키퍼 윌리엄스 제공.

- 38쪽 사진    저자 제공.

- 56쪽 사진    저자 제공.

- 83쪽 사진    Courtesy of Case Antiques, Inc. Auctions & Appraisals.

- 122쪽 사진   베트만 아카이브 소장, 게티이미지.

- 152쪽 사진   ⓒ 2011 The Harold Lloyd Entertainment, Inc..

- 175쪽 그림   웹사이트 Timezone.com 및 TimeZone Watch School 제공.

- 210쪽 사진   Courtesy of Norman Potter, Hulton Archive, 게티이미지.

- 226쪽 사진   저자 제공.

- 252쪽 사진   Imagno, Hulton Archive, 게티이미지.

- 277쪽 사진   Space Frontiers, Archive Photos, 게티이미지.

- 344쪽 사진   Tim P. Whitby, Getty Images Entertainment, 게티이미지.

- 370쪽 사진   Pool, Getty Images Entertainment, 게티이미지.

- 398쪽 사진   대영박물관 제공.

- 436쪽 그림   웹사이트 www.cartoonstock.com 제공.

## (ㅂ)

···················· ····· 찾아보기

# 거의 모든 시간의 역사

**초판 1쇄 발행** 2018년 2월 26일
**초판 3쇄 발행** 2020년 1월 13일

**지은이** 사이먼 가필드
**옮긴이** 남기철
**펴낸이** 김선식

**경영총괄** 김은영
**기획편집** 이수정 **디자인** 유미란 **책임마케터** 권장규
**마케팅본부장** 이주화
**채널마케팅팀** 최혜령, 권장규, 이고은, 박태준, 박지수, 기명리
**미디어홍보팀** 정명찬, 최두영, 허지호, 김은지, 박재연, 배시영
**저작권팀** 한승빈, 이시은
**경영관리본부** 허대우, 하미선, 박상민, 윤이경, 권송이, 김재경, 최완규, 이우철
**외부스태프** 본문조판 아울미디어

**펴낸곳** 다산북스 **출판등록** 2005년 12월 23일 제313-2005-00277호
**주소** 경기도 파주시 회동길 357 3층
**전화** 02-702-1724 **팩스** 02-703-2219 **이메일** dasanbooks@dasanbooks.com
**홈페이지** www.dasanbooks.com **블로그** blog.naver.com/dasan_books
**종이** (주)한솔피엔에스 **출력·제본** (주)갑우문화사

**ISBN** 979-11-306-1543-1 (03900)

• 책값은 뒤표지에 있습니다. • 파본은 구입하신 서점에서 교환해드립니다.
• 이 책은 저작권법에 의하여 보호를 받는 저작물이므로 무단 전재와 복제를 금합니다.
• 이 도서의 국립중앙도서관 출판시도서목록(CIP)은 서지정보유통지원시스템 홈페이지(http://seoji.nl.go.kr)와
  국가자료공동목록시스템(http://www.nl.go.kr/kolisnet)에서 이용하실 수 있습니다. (CIP제어번호 : CIP2018005422)
• 이 책은 한국출판문화산업진흥원의 출판콘텐츠 창작자금을 지원받아 제작되었습니다.

다산북스(DASANBOOKS)는 독자 여러분의 책에 관한 아이디어와 원고 투고를 기쁜 마음으로 기다리고 있습니다.
책 출간을 원하는 아이디어가 있으신 분은 이메일 dasanbooks@dasanbooks.com 또는 다산북스 홈페이지 '투고원
고'란으로 간단한 개요와 취지, 연락처 등을 보내주세요. 머뭇거리지 말고 문을 두드리세요.